Architektur für ein gutes Leben

AF282525

Waxmann Verlag GmbH
Steinfurter Straße 555, 48159 Münster
info@waxmann.com

Theoretische Untersuchungen zur Architektur

Herausgegeben von

Eduard Führ

Band 5

In der Reihe ‚Theoretische Untersuchungen zur Architektur' werden Arbeiten vorgestellt, die den klassischen Rahmen der theoretischen Auseinandersetzung in der Architektur um Ansätze aus Philosophie, Psychologie, Ethnologie und den anderen Kulturwissenschaften erweitern.

Martin Düchs

Architektur
für ein gutes Leben

Über Verantwortung, Moral und Ethik
des Architekten

Waxmann 2011
Münster / New York / München / Berlin

Bibliografische Informationen der Deutschen Nationalbibliothek
Die Deutsche Nationalbibliothek verzeichnet diese Publikation in
der Deutschen Nationalbibliografie; detaillierte bibliografische
Daten sind im Internet über http://dnb.d-nb.de abrufbar.

Zugleich:
Universitäts-Dissertation an der LMU München unter gleichem Titel.
Tag der mündlichen Prüfung: 14.02.2011.

Gedruckt mit Unterstützung der Ludwig Sievers Stiftung, Hannover

Theoretische Untersuchungen zur Architektur, Bd. 5
ISSN 1434-5919
ISBN 978-3-8309-2533-0
© Waxmann Verlag GmbH, Münster 2011
Postfach 8603, 48046 Münster

www.waxmann.com
info@waxmann.com

Umschlaggestaltung: Pleßmann Design, Ascheberg
Umschlagbild: © Martin Düchs

Gedruckt auf alterungsbeständigem Papier, säurefrei gemäß ISO 9706

für Gerhard Düchs (1947–2007)

Inhalt

Vorwort

Von allen Bereichsethiken ist die Ethik der Architektur wohl am schwersten fassbar. Wer sich jemals selbst auf dieses Gebiet gewagt hat, dem dürfte die Erfahrung nicht fremd sein, dass es dort von moralisch relevanten Aspekten zwar nur so wimmelt, diese aber mit technischen, ökonomischen, ästhetischen Aspekten so eng vermittelt zu sein scheinen, dass man ihre moralische Kontur kaum hervorheben und analysieren kann. Die Ethik scheint in der Architektur zugleich überall und nirgends, d.h. ubiquitär präsent und utopisch zu sein. Das Buch von Martin Düchs schafft nunmehr ein hohes Maß an begrifflicher und ethischer Klarheit, ohne die Komplexität der architektonischen Praxis zu reduzieren. Das Buch schlägt einen weiten Boden von begrifflichen Grundfragen über relationale Beziehungen, einer luziden Analyse der Verantwortungshinsichten und der berechtigten Ansprüche der an einer Bauaufgabe Beteiligten bis hin zu sieben Grundsätzen. Was letztere anbetrifft, so lehnt sich die Arbeit methodisch an den medizinethischen Ansatz von Beauchamp und Childress an. Dieser Ansatz bietet Orientierung und macht auf vielfältige Konflikte aufmerksam, ohne deren Lösung durch eine Setzung von Prioritäten zu entscheiden. Genau dieser Ansatz erscheint mir gerade für die Architekturethik fruchtbar zu sein, da der Architekt die unvermeidlichen Konflikte immer tiefer durchdenken kann und diese Reflexion sich in der Lösung der Bauaufgabe niederschlagen könnte und sollte. Als besonders instruktiv empfinde ich hier die Ausführungen zum Sorgecharakter der Architektur. Martin Düchs stellt seinen Ansatz in den Kontext der Umweltethik im weitesten Sinne. Der Grundsatz der Nachhaltigkeit, der von Martin Düchs im Sinne einer Konzeption ‚starker' Nachhaltigkeit interpretiert wird, könnte (eher als der Begriff der Umwelt) eine verbindende Klammer zwischen einer Naturschutzethik, einer auf Landnutzung bezogenen Landethik und einer Ethik der gebauten Umwelt sein. Letztere müsste allerdings über die Ethik der Architektur im von Düchs definierten Sinne hinausgehen. Das Buch von Martin Düchs eignet sich in dem Sinne zum Standardwerk, dass mit Gründen behauptet werden kann, es könne nicht hinter diese Arbeit zurückgegangen werden. Es war für mich persönlich ein großes intellektuelles Vergnügen, im Kontext des Stipendienschwerpunktprogramms „Umweltethik" an der Entstehung dieser Arbeit beteiligt gewesen sein zu dürfen.

Prof. Dr. Konrad Ott

1 Architektur und Philosophie – Einleitung

Dass das Schicksal von Labormäusen ethisch ausführlicher disputiert wird als [Urbanisierungs-] Prozesse, könnte (bei aller Tierliebe) auch eine Fehlsteuerung moralischer Aufmerksamkeit sein.
(Konrad Ott)

Zum Inhalt dieses Kapitels

Dieses Kapitel enthält zunächst eine allgemeine Einführung in das Thema und eine Diskussion seiner gesellschaftlichen und wissenschaftlichen Relevanz. Nach genauerer Festlegung des Untersuchungsbereiches und Hinweisen zur Methode wird kurz auf den Forschungsstand eingegangen. Abschließend wird das Thema als der Umweltethik zugehörig verortet.

1.1 Die Relevanz von Architektur

Immer wieder werden die Schlagzeilen in Deutschland durch Themen mit Bezug zur Architektur bestimmt: Seien es Diskussionen auf lokaler und regionaler Ebene, bei denen etwa häufig der Abbruch denkmalgeschützter Bausubstanz oder der Streit um „moderne Architektur" Thema sind, oder Debatten auf nationaler Ebene bei Projekten wie „Stuttgart 21", dem Neuaufbau des Berliner Stadtschlosses oder der Diskussion um das Hamburger Gängeviertel. Und sogar auf internationaler Ebene wird um Architektur gestritten, wie bei der Auseinandersetzung um die Dresdner Waldschlösschenbrücke, die mit dem Bau der Brücke und der folgenden Aberkennung des Weltkulturerbestatus durch die UNESCO endete. In den Diskussionen wird dabei auch emotional und moralisch „aufgeladenes" Vokabular verwendet, sowohl von Fachleuten wie Architekten[1] oder Stadtplanern als auch von Laien, also „normalen" Bürgern mit fachfremden Berufen. Es ist die Rede von „Bausünden", „Verschandelung der Landschaft", „Betonklötzen", „Ghettos" oder „Vorstadt-Tristesse", und manche Gestaltungswünsche lassen sich nicht mit dem „Architektengewissen" vereinbaren.[2] Dieser eher negativ konnotierten Sichtweise auf Architektur, die sich in den oben genannten Begriffen spiegelt, steht ein Star-Kult um Architekten gegenüber, in dem einzelne Gestalter wie Pop-Stars behandelt und hofiert werden. In vielen Fällen kann ein einzelnes Gebäude zu *dem* zentralen Identifikationsmerkmal eines Viertels oder sogar, wie im Fall von Bilbao, einer ganzen Stadt werden, die erst seit dem spektakulären Museumsneubau von Frank Gehry für viele Menschen „ein Begriff" ist. Architektur bewegt die Menschen emotional also sowohl im Positiven

---

1 Begriffe wie „Architekt" oder „Bauherr" werden hier und im Weiteren als terminus technicus verwendet und implizieren ausdrücklich nicht die Festlegung auf das männliche Geschlecht. Ebenso wie Männer können selbstverständlich Frauen als „Architekt" oder „Bauherr" fungieren. Mit der Verwendung von Bezeichnungen in der männlichen Form, wie zum Beispiel „Planer" oder „Handwerker", ist im Folgenden also nie eine geschlechtsspezifische Festlegung intendiert.

2 Im Übrigen sind emotionale und „moralisch aufgeladene" Diskussionen keine Erscheinung, die erst in jüngster Zeit aufgetreten ist. Ein bekanntes Beispiel ist der berühmte Aufsatztitel „Ornament und Verbrechen" von Adolf Loos. Vgl. dazu: [170, 171] Loos ([1921]/1997, [1931]/1997b).

wie im Negativen sehr stark. Darüber hinaus ist sie nicht zuletzt auch im Alltag permanent und unvermeidlich präsent. Wir erledigen und erleben die alltäglichen und die außergewöhnlichen Vorgänge, Verrichtungen und Erlebnisse in der Regel in Häusern oder einer gebauten Umwelt. Wir verbringen unser Leben in Architektur.[3] Gebäude und städtische Räume sind die Bühne, auf der die täglichen Dramen und Komödien ihren Lauf nehmen. Und so wie eine Bühne den Hintergrund bildet und nur selten besondere Aufmerksamkeit erfährt, so nehmen wir die uns täglich umgebende Architektur häufig erst wahr, wenn sie unser Leben in besonderem Maße positiv oder negativ beeinflusst. Aber so wie jedes Theaterstück irgendeine Art von Bühne braucht, so ist der Mensch auf Architektur[4] angewiesen, um sein Leben leben zu können. Auch Architektur beeinflusst das Leben der Menschen in umfassender und massiver Art und Weise, allerdings viel stärker im Hintergrund als zum Beispiel die Medizin. Daher wird erstens das Interesse an Architektur und das Bewusstsein über ihren großen Einfluss auf unser Leben häufig von kurzfristigen dringenden Bedürfnissen überlagert. Zweitens kann keine ständige Konzentration auf Architektur erfolgen, weil sie permanent und überall vorhanden ist. Drittens ist „gute Architektur" oder „gute gebaute Umwelt" eine zu vage Zielvorstellung, um durch politisches Handeln direkt umsetzbar zu sein.[5] Dennoch kann man davon ausgehen, dass Architektur sowohl für das individuelle Wohlbefinden als auch in gesellschaftlicher Hinsicht für funktionierende soziale Strukturen und Prozesse außerordentlich wichtig ist.[6] Da jedoch jedes Individuum und jede gesellschaftliche Gruppe und Institution unterschiedliche Bedürfnisse, Wünsche und Ansprüche an die gebaute Umwelt hat, ergeben sich Fragen, Konflikte und Probleme, die auch moralischer Art sein können und oft sind. Diese Feststellung ist alles andere als erstaunlich oder neu.

---

3   Vgl. dazu auch Abschnitt 4.2 zum öffentlichen Charakter von Architektur.

4   Beide Begriffe, „Bühne" und „Architektur", sind hier in einem weiten Sinn zu verstehen.

5   [44] Botton (2008) drückt dies folgendermaßen aus. Zur Wichtigkeit von Architektur, die häufig durch kurzfristige Bedürfnisse überlagert wird: *„[...] auch die edelste Architektur vermag gelegentlich weniger für uns zu tun als eine Siesta oder ein Aspirin."* (S. 17). Ein gewisses Desinteresse an unserer gebauten Umwelt erklärt er damit, dass man nicht ständig daran erinnert werden will, was man ändern würde, es aber sowieso nicht kann. *„Wir wollen nicht ständig sensibel auf eine Umwelt reagieren, zu deren nachhaltiger Verbesserung uns die Mittel fehlen – und deshalb sind wir ihr gegenüber so aufmerksam, wie wir es uns eben leisten können."* (S. 13). Zur Architektur als politisches Ziel: *„Schöner Architektur fehlen die zweifelsfreien Vorzüge eines neuen Impfstoffes oder einer Schale Reis. Ihre Umsetzung wird daher nie zum politischen Ziel werden, denn selbst wenn die gesamte, von Menschenhand geschaffene Welt durch schonungslose Anstrengung und Selbstaufopferung so gestaltet würde, dass sie mit dem Markusplatz konkurrieren könnte, selbst wenn wir den Rest unseres Lebens in der Villa Rotonda oder im Glass House verbringen dürften, würden wir doch oft genug schlechter Laune sein."* (S. 18).

6   Diese These halte ich dabei für offensichtlich richtig, ich erläutere und begründe sie aber im Folgenden auch ausführlich. Vgl. dazu insbesondere Abschnitt 3.1.2 und 4.2. Zur – auch und nicht zuletzt zu nennenden – volkswirtschaftlichen Bedeutung des Baugewerbes vgl. Abschnitt 4.2.

Erstaunlich ist aber zum einen, dass der Architektur trotz ihrer enormen Bedeutung für das individuelle und soziale Leben des Menschen sehr wenig Interesse von Seiten der Philosophie allgemein und der Ethik im Speziellen entgegengebracht wird.[7] Dementsprechend ist das Thema aus philosophischer Sicht schon deshalb relevant, weil Architektur von der Philosophie und der Ethik im Speziellen immer noch weitgehend ignoriert wird.[8] Dies ist unverständlich, da Architektur und die mit ihr verbundenen moralischen Fragen jeden Menschen betreffen, und es ist ungerechtfertigt, da Architektur eine immense Bedeutung für den Menschen hat. Des Weiteren ist, insbesondere aus Sicht der Architekturtheorie und -geschichte, das Thema dieser Untersuchung wichtig, weil sowohl die Problematik normativer Konflikte als auch eudaimonistische Überlegungen geradezu paradigmatisch sind für den Beruf des Architekten.[9] Man könnte mit einiger Berechtigung die These vertreten, dass sich die Geschichte der Architektur und ihrer Theorie auch als Geschichte des Wandels eudaimonistischer Ideale und den damit verbunden Axiologien und normativen Systemen erzählen ließe.[10]

Erstaunlich ist neben der Nicht-Beachtung von Architektur durch die Philosophie zum anderen, dass auch Architekten bis dato relativ wenig Interesse daran zeigen, ihr Wissen bezüglich moralisch-ethischer Probleme in der Architektur systematisch zu erweitern. Während eine Bibliothek für bioethische Literatur ein riesiges Gebäude bräuchte, würden die Veröffentlichungen zu einer Ethik der Architektur vermutlich nicht mehr als ein einzelnes Brett im Bücherregal besagter Bibliothek beanspruchen. Und während jeder angehende Mediziner zumindest eine Einführung in die Bioethik hören wird, kommt Ethik im Curriculum eines Architekturstudenten überhaupt nicht vor. Mit anderen Worten: Es besteht ein geradezu grotesk anmutendes Missverhältnis zwischen der tatsächlichen Bedeutung der gebauten Umwelt für den Menschen und der philosophisch-theoretischen Reflexion auf ihre Entstehung, deren Bedingungen und deren Aus-

---

7   Vgl. dazu: „*architekten sind keine philosophen. architektur und philosophie berühren sich kaum. scheinbar. architektur war eine niederung, zu der die philosophie selten herabstieg. das könnte sich ändern. wenn die philosophie sich weiter mit der frage beschäftigen will, wie erkenntnis zustande kommt, muss sie sich dem machen zuwenden, der erkenntnisform, die aus dem machen entsteht.*" [5] Aicher (1991, S. 106). Im Übrigen wurde der Architektur auch von Seiten der Soziologie und der Psychologie lange relativ wenig Interesse entgegengebracht. Ein steigendes Interesse der genannten Disziplinen an der Architektur lässt sich erst für die letzten Jahre beobachten. Vgl. dazu z.B.: [67] Delitz (2009, S. 5ff.) für die Architektursoziologie und [225] Rambow (2000) für die Architekturpsychologie.

8   Vgl. dazu auch den folgenden Abschnitt 1.2 und Fußnote 7 in diesem Abschnitt.

9   Vgl. dazu auch Kapitel 3 und: „*Das Entwerfen, das kompromisslos, ohne nach Kopierbarem zu schielen, die Einzelaufgabe verfolgt, setzt technisch, analytisch und moralisch höchste Ansprüche. Otl Aicher sagt, ‚ein designer ist ein moralist‘.*" [290] Vossenkuhl, in: Aicher (1993, S. 40).

10 Vgl. dazu insbesondere die in Abschnitt 3.2 gemachten Andeutungen und die Hinweise in Abschnitt 6.7.

wirkungen. Das Handeln des Architekten ist ein „blind spot" des Ethikers; und vice versa ist die Ethik weitgehend „terra incognita" für die Architekten. Die praktische Relevanz einer Untersuchung zu „Verantwortung, Moral und Ethik des Architekten" ergibt sich also aus der großen Bedeutung von Architektur für das individuelle und soziale Leben der Menschen, die vergleichbar ist mit derjenigen von Medizin oder Politik. Dementspechend sollten sich – nicht nur, aber auch – Architekten hier systematische Problemlösungskompetenz und Fachwissen aneignen.

1.2 Untersuchungsbereich, Methode und Forschungsstand

1.2.1 Untersuchungsbereich

Die vorliegende Arbeit ist eine systematische Untersuchung moralischer Fragen im Bereich der Architektur. Es werden also erstens die Zusammenhänge von Architektur und Moral sowie von Architektur und Ethik behandelt. Dies ist dabei einerseits umfassend zu verstehen, insofern normative wie eudaimonistische Fragen und Probleme behandelt werden. Es ist andererseits einschränkend zu verstehen, insofern der Begriff „Architektur" gemäß meinem Verständnis eine Abgrenzung von anderen Bereichen wie denen der gebauten Umwelt, der Natur oder dem Städtebau beinhaltet.[11]
Es geht zweitens um die Rolle und das Handeln des Architekten. Das heißt, es wird nicht die Rolle *aller* an der Entstehung der gebauten Umwelt Beteiligten in moralischer Hinsicht untersucht. Diese Einschränkung ist insofern zu rechtfertigen, als für den Bereich der Architektur der Architekt als *die,* beziehungsweise zumindest *eine* zentrale Gestalt anzusehen ist.
Drittens beinhaltet das Programm der Untersuchung moralischer Fragen in der Architektur eine Fokussierung beziehungsweise den Ausschluss angrenzender Forschungsbereiche. Das bedeutet konkret, dass weder eine eigenständige Architekturtheorie entwickelt noch detaillierte architektur- oder kunstgeschichtliche Äußerungen gemacht werden.[12] Auch Fragen aus dem Bereich der Architektursoziologie und -psychologie werden nicht direkt bearbeitet. Das Thema bringt es allerdings mit sich, dass die Grenzen der Disziplinen bisweilen nicht exakt zu bestimmen sind.

---

11 Vgl. dazu Abschnitt 2.1.
12 Die Verweise auf architekturgeschichtliche Zusammenhänge verstehen sich dezidiert eher als Illustrationen, denn als Beiträge zur Architekturgeschichte.

Trotz der erwähnten Fokussierungen ist das Thema immer noch sehr umfassend und allgemein. Angesichts der Tatsache, dass es relativ wenige Untersuchungen in diesem Themengebiet gibt und es so etwas wie anerkannte Schulen oder einen bestimmten Kanon von anerkannten Meinungen zum Thema Architektur und Ethik noch nicht gibt, wäre die Spezialuntersuchung eines bestimmten moralischen Problems im Handeln des Architekten aber verfrüht. Es handelt sich daher bei dieser Arbeit nicht um eine Detailstudie, die alle Facetten eines bestimmten moralischen Problems analysiert und dann ein Argument entwickelt, sondern um den Versuch, den Zusammenhang von Architektur mit moralischen Fragen, Problemen und Strukturen umfassend zu skizzieren. Bildlich gesprochen: Bevor der Stuck an die Zimmerdecke kommt, sollte der Rohbau stehen.

1.2.2 Aufbau und Methode

Bei Fragen der Moral und der Ethik ist auf Seiten der Architekten keine einheitliche Meinung festzustellen und auch die Heterogenität der Äußerungen von Philosophen bezeugt letztlich nur eine das Thema betreffende große Konfusion.[13] Es bieten sich also nicht sehr viele „feste Punkte", auf denen man eine Untersuchung methodisch „aufbauen" könnte. Dass Architekten aber eine hohe Verantwortung tragen, kann man als eine von allen Seiten akzeptierte Tatsache begreifen. Deshalb nimmt diese Untersuchung, nach Klärung begrifflicher und systematischer Grundlagen, ihren Ausgangspunkt bei der Verantwortung des Architekten. Verantwortung ist allerdings ethisch und moralisch sekundär und damit auf ein Gerüst normativer Aussagen verwiesen, das heißt auf eine Ethik oder Moral. Bestehende normative Systeme sollen daher in einem zweiten Schritt deskriptiv bestimmt und systematisiert werden. Abschließend wird in einem dritten Schritt mit den „Prinzipien einer Ethik der Architektur" auch ein normativ gehaltvoller Vorschlag für die Orientierung des Handelns eines Architekten gemacht. Der Untertitel der Arbeit, „Über Verantwortung, Moral und Ethik des Architekten", erklärt sich also aus dem skizzierten Vorgehen in einem Dreischritt ausgehend von der Verantwortung über die Moral zu einer Ethik in der Architektur.

Die angewandte Methode ist dabei die einer ethischen Untersuchung, das heißt über Analyse und Diskussion moralischer Fragen und mit Verweisen auf andere Autoren und Gedankengänge versuche ich, neue Systematiken und Argumen-

---

13 Vgl.: *"Architects live and work today in a functioning but weakend profession that lacks a dominant design ethic. [...] The professions' ethical dissarray may be more accurately described as the result of an unnecessary narrow view of what constitutes an ethical outlook brought on by modernism's exclusive reliance on a philosophy of utilitarianism."* [261] Spector (2001, p. IX–X).

te im Bereich Architektur und Ethik darzustellen und zu entwickeln. Dies impliziert, dass inhaltlich bestimmte „Standards" des Ethik-Wissens vorausgesetzt werden. Der Fokus der Studie ist interdisziplinär: Er berührt verschiedene Disziplinen und verbindet Ethik mit Architekturtheorie, Kunstgeschichte und vor allem der Architekturpraxis.

1.2.3 Forschungsstand

Die Erkenntnis, dass die Arbeit von Architekten und Gestaltern auch moralisch bedeutsam ist, ist mittlerweile zwar bereits in den Feuilletons angekommen,[14] systematische Beiträge zu dem Thema sind aber immer noch selten.[15]
Von Seiten der Architekten werden die mit dem eigenen Handeln verbundenen moralischen Probleme zwar thematisiert und das Thema ist durchaus präsent,[16] eine systematische Auseinandersetzung in schriftlicher Form erfolgt aber nur

---

14 Vgl. dazu z.B.: [89] Erlinger (SZ-Magazin vom 17.4.2009).
15 Dies wurde auch verschiedentlich in der Literatur angemerkt: Vgl. dazu wie bereits eingangs dieses Kapitels zitiert: „*Dass das Schicksal von Labormäusen ethisch ausführlicher disputiert wird als [Urbanisierungs-] Prozesse, könnte (bei aller Tierliebe) auch eine Fehlsteuerung moralischer Aufmerksamkeit sein.*" [202] Ott (1997, S. 715).
Oder: "*How best to cope with the ethical dimension of architecture has yet to be resolved by the leading architectural theorists. Does the failure in this regard portend that any account of the moral dimension of architecture is doomed to inconsistency? Is the fact that little agreement exists concerning the place of moral deliberation in design, or even the importance of architecture to the greater good, telling about the prospects for such agreement? Architectural theory has not explored these issues with the help of the perspectives moral philosophy can supply.*" [261] Spector (2001, p. 61).
Oder: "*Very little theoretical or practical work has been done in the area of the morality of building. Apart from Karsten Harries' book 'The Ethical Function of Architecture', few authors have attempted to link the design profession to an ethical framework.*" [115] Greusel, et al. (2007).
Auch [74] Dittmar (2007) weist darauf hin, dass der hohen moralischen Bedeutung von Architektur keine adäquate ethische Reflexion entspricht. Illies stellt fest, dass eine Philosophie der Architektur bis dato unverständlicher- und bedauerlicherweise noch nicht weit entwickelt ist: „*Die Philosophie der Architektur steckt noch in ihren Kinderschuhen. Und doch lohnt die Aufgabe, Architektur philosophisch weiter zu denken: Wenig umgibt uns so umfassend wie die gebaute Umwelt – zugleich sind unsere Augen und Ohren oft verschlossen für ihre Botschaft und Philosophie. Es ist an der Zeit, denkend tiefer in diesen wichtigen Bereich menschlicher Kultur vorzudringen, damit wir die Architektur unserer Gesellschaft – und damit uns – besser verstehen: und so vielleicht in Zukunft auch besser bauen.*" [129] Illies (in: APuZ 25/2009, S. 6).
16 Vgl. z.B. die im Jahr 2000 veranstaltete 7. Architektur-Biennale, in Venedig unter dem Titel "Città: less aesthetics, more ethics": [100, 99] Fuksas (2000; 2000b). Auch die Diskussionen zwischen Architekten über die moralische Relevanz ihres Tuns wie zum Beispiel die zwischen Meinhard von Gerkan und Christoph Ingenhoven sind ein Beispiel für die Präsenz des Themas „Moral in der Architektur": [108] Gerkan/Ingenhoven, in: Spiegel Special (2008, S. 84ff.).

selten.[17] In Untersuchungen von Kunst- und Architekturhistorikern wird Moral und Ethik in der Architektur zwar bisweilen als ein Aspekt unter anderen erwähnt und diskutiert, spezialisierte Untersuchungen sind aber wiederum nur vereinzelt zu finden.[18] Von philosophischer Seite schließlich gibt es ebenfalls keinerlei „Standardwerk", sondern nur einige mehr oder weniger allein stehende größere Beiträge und Aufsatzsammlungen.[19]

Obwohl also einzelne Autoren versuchen, dem Thema gerecht zu werden und wichtige Aspekte in systematischer Form diskutieren, erscheint es insgesamt noch nicht möglich, von einem erreichten Forschungstand wie in anderen Gebieten der Ethik zu sprechen. Dazu sind die Beiträge zum Thema zu vereinzelt, häufig zu unsystematisch und sie bauen in der Regel nicht aufeinander auf. Es gibt kein Standardwerk und man kann auch nicht sinnvoll von unterschiedlichen Strömungen innerhalb des Themas sprechen. Vor diesem Hintergrund könnte man also lediglich die Positionen einzelner Autoren wiedergeben, was mir an dieser Stelle aber nicht hilfreich und zielführend erscheint, insofern diese Untersuchung nicht auf bestimmten fachlichen Beiträgen aufbaut.

1.3 Verortung des Themas in der Umweltethik

Das Thema der vorliegenden Arbeit ist systematisch in der Umweltethik zu verorten. Dies erscheint auf den ersten Blick überaschend, insofern sich die Umweltethik traditionellerweise nur mit dem moralisch richtigen Umgang mit „der Natur" auseinandersetzt.[20] Eine klare Trennung zwischen den Begriffen „Umweltethik", „ökologische Ethik" und „Naturethik" wird in der Literatur genauso wie bei „Umwelt" und „Natur" nicht vorgenommen. Die genannten Begriffe

---

17 Einschränkend muss man auf einige größere Arbeiten hinweisen, die in der ein oder anderen Form das Problem der moralischen Verantwortung des Architekten thematisieren, allerdings zum Teil in einer Art und Weise, die höheren Ansprüchen an Wissenschaftlichkeit und Systematik nicht genügt. [107] Gerkan (1982); [155] Kühn (1989); [216] Pelletier und Pérez-Gómez (1994); [43] Botta (1997); [298] Wasserman (2000); [217] Pérez-Gómez (2006); [93] Fisher (2008); [92] Fewings (2008).

18 Eine Ausnahme bildet [299] Watkin (1977).

19 Vgl.: [118] Harries (1997); [202] Ott (1997); [95] Fox (2000); [261] Spector (2001); [132] Illies und Ray, in: Meijers (2009).

20 Vgl.: *„Umweltethik im allgemeinen Sinne (engl.: environmental ethics) bedeutet die ethische Reflexion des Verhältnisses von Menschen zur nicht menschlichen Natur. Umweltethische Normen und Werte bestimmen den moralischen Status und den normativ richtigen Umgang mit ‚der' Natur insgesamt sowie mit einzelnen ihrer Bestandteile. ‚Umwelt' oder ‚Natur' umfasst dabei belebte und unbelebte Objekte. Anders als in der Tierethik geht es in der Umweltethik um die moralische Relevanz aller Organismen und Naturausschnitte, z.B. natürliche Ressourcen, lokale Populationen, Spezies, Lebensgemeinschaften, ökologische Systeme, Landschaften, die Biosphäre oder gar den Kosmos."* [224] Potthast, in: Düwell (2002, S. 286).

werden mehr oder weniger synonym und gleichberechtigt nebeneinander verwendet.[21] Im Gegensatz zu der vorherrschenden Definition bin ich der Meinung, dass die ausschließliche Beschäftigung der Umweltethik mit dem moralisch richtigen Umgang mit der Natur eine Engführung darstellt. Der Beschäftigungsbereich der Umweltethik sollte die gesamte Um-Welt des Menschen, die natürliche und die gebaute, beinhalten. Umweltethik hätte dann zwei Teile: die Naturethik und die Ethik der gebauten Umwelt. In letzterem Teilbereich der Umweltethik hätte das Thema „Architektur für ein gutes Leben" seinen systematischen Platz. Dafür sprechen Überlegungen auf begrifflicher, inhaltlich-praktischer und philosophisch-systematischer Ebene.

1.3.1 Der Begriff „Umwelt"

Auf begrifflicher Ebene unterscheidet sich die in der Umweltethik-Literatur verwendete Definition von „Umwelt" in der Regel nicht von der von „Natur".[22] Dies ist aus verschiedenen Gründen unverständlich.

In erster Linie legt der Begriff der „Um-Welt" selbst ein Verständnis im Sinne von Um-den-Menschen-herum-Seiendes nahe. Gemäß diesem Verständnis müsste unter Umwelt sowohl die natürliche als auch die gebaute Umwelt des Menschen gefasst werden. Für dieses weite Verständnis von „Umwelt" spricht neben dem Begriff selbst auch die Tatsache, dass der Begriff in anderen Wissenschaften, wie z.B. in der Umweltpsychologie, eher in der weiten Form gebraucht wird.[23] Für ein weites Verständnis von „Umwelt" spricht auch, dass eine Beschränkung des Begriffes Umwelt auf die natürliche Umwelt insofern defi-

---

21 Vgl.: „Naturethik (ethics of nature) als umfassende Verhältnisbestimmung des moralischen Status von Natur und Natur-Stücken entspricht der Umweltethik [...]" [224] Potthast, in: Düwell (2002, S. 286) und: „Die ökologische Ethik fragt nach dem ethisch richtigen Umgang des Menschen mit der Natur." [148] Krebs, in: Nida-Rümelin (1996, S. 347).

22 Vgl. z.B.: „Umweltethische Normen und Werte bestimmen den moralischen Status und den normativ richtigen Umgang mit ‚der' Natur insgesamt sowie mit einzelnen ihrer Bestandteile. ‚Umwelt' oder ‚Natur' umfasst dabei belebte und unbelebte Objekte." [224] Potthast, in: Düwell u.a. (2002, S. 286).
Zu einer Definition von Natur vgl.: „Folgt man der Etymologie von ‚Natur' (abgeleitet aus lat. ‚nasci' = geboren werden, entstehen, sich entwickeln), dann kann man Natur bestimmen als dasjenige in unserer Welt, das nicht vom Menschen gemacht wurde, sondern (weitgehend) von sich aus entstanden ist und neu entsteht und sich verändert, z.B. Tiere, Pflanzen, Steine, Flüsse, Berge, Planeten. Der Gegenbegriff zu ‚Natur' in diesem Sinne ist der Begriff des Artefakts. Beispiele von Artefakten sind Möbel, Autos, Statuen." [148] Krebs, in: Nida-Rümelin (1996, S. 349). Gegen diese Definition ließen sich Einwände erheben, wonach z.B. Kulturlandschaften oder bestimmte Tierzüchtungen auch vom Menschen gemacht sein. Die Antwort darauf lautet, dass die genannten Beispiele lediglich ursprüngliche wilde Natur überformen, nicht aber machen. Die Grenzen des Begriffs sind also fließend, er ist an den Rändern unscharf und graduell.

23 Vgl. dazu z.B.: [137] Kannheiser (1989), [154] Kruse (1978), [267] Stokols (1987).

zitär ist, als der westliche Mensch den weit überwiegenden Teil seiner Zeit in geschlossenen Räumen verbringt,[24] und von der restlichen Zeit einen weiteren großen Teil in städtischen Räumen, also in gebauter Umwelt. Insofern ist es unverständlich und lediglich definitorisch festgelegt beziehungsweise nur aus der Genese des Faches begründet, dass die Umweltethik den Begriff „Umwelt" in enger Form als „natürliche Umwelt" versteht.

Deswegen scheint es sinnvoll, auch in der Umweltethik den Begriff der „Umwelt" weiter zu fassen als „das den Menschen Umgebende". Das hieße, dass sowohl die gebaute als auch die natürliche Umwelt darunter fiele.

1.3.2 Der Einfluss der gebauten auf die natürliche Umwelt

Auf praktischer Ebene spricht die Tatsache, dass Gebäude und Infrastrukturprojekte zu den Hauptverursachern der Naturzerstörung zählen, dafür, dass die Umweltethik sich mit Architektur und gebauter Umwelt auseinandersetzt. Die gebaute Umwelt beeinflusst die natürliche Umwelt so massiv, dass die traditionelle Umweltethik, wenn sie sich auch für die Gründe der Naturzerstörung interessiert, eigentlich nicht umhin kann, sich mit der gebauten Umwelt zu beschäftigen. Dies ist ein Punkt, der, zumindest gemäß meiner Wahrnehmung, von Seiten der Umweltethik zu wenig wahrgenommen wird, obwohl die Zahlen eigentlich eine deutliche Sprache sprechen. So lag der Flächenverbrauch im Jahr 2003 in Deutschland bei 93ha täglich,[25] der Energiebedarf für Heizung, Warmwasser und Beleuchtung macht über ein Drittel des Gesamtenergieverbrauchs in Deutschland aus,[26] ca. ein Drittel des weltweiten CO_2-Ausstoßes ist durch den Betrieb von Gebäuden verursacht[27] etc. Der Ressourcenverbrauch durch Gebäude ist also sehr hoch. Dabei ist zu berücksichtigen, dass bei Energie- und Ressourcenverbrauch hier nur die Gebäude selbst zu Buche schlagen, also z.B. nicht der Verkehr, der durch nicht ressourcenschonenden Städtebau erzeugt wird. Man könnte mit vielen weiteren Zahlen den Einfluss der gebauten auf die natürliche Umwelt belegen, aber schon durch die drei Beispiele ist deutlich geworden, dass auf der praktischen Ebene das Thema der Gestaltung der gebauten Umwelt von

---

24 Vgl.: [90] Evans und Mitchell McCoy (1998) sprechen in einem Beitrag zur Umweltpsychologie von über 90% der Zeit, die wir in Gebäuden verbringen: *"We spend upwards of 90% of our lives within buildings, yet we know much more about the effects of ambient environmental conditions on human health than we do about how buildings affect our health."*

25 Vgl. [178] Merkel und Bergner (2004, S. 3).

26 Vgl. [55] Bundesministerium für Wirtschaft und Technologie (April 2009, S. 24) sowie die sonstigen auf der Homepage des Bundesministeriums für Wirtschaft und Technologie (www.bmwi.de; accessed 2010-08-18) bereitgestellten Daten.

27 Vgl. zu diesen Zahlen: Detail 6/2007 energieeffizientes Bauen, München (2007).

hoher Bedeutung für eine Umweltethik ist, da Bau und Betrieb von Gebäuden ein Hauptverursacher der Naturzerstörung ist.

1.3.3 Natürliche und gebaute Umwelt als wichtige Faktoren des „guten Lebens"

Auf systematisch-inhaltlicher Ebene stellt die gebaute Umwelt zum einen eine fundamentale Bedingung der Möglichkeit, Ethik zu betreiben, dar und ist insofern als transzendentale Bedingung selbst Thema der Ethik, wenn auch nicht unbedingt der Umweltethik. Dieser Punkt wird später genauer erläutert.[28] Zum anderen könnte man die „ästhetischen" Argumente der Umweltethik auf die gebaute Umwelt erweitern und damit zumindest die ethische Relevanz für die Umweltethik begründen. Ethik beschäftigt sich umfassend damit, wie das gute Leben der Menschen möglich werden kann, entweder in Form einer Konfliktwissenschaft oder im Nachdenken über das gute Leben. Die Umweltethik befasst sich (zumindest in anthropozentrischer Perspektive) mit einem Teilbereich, nämlich damit, wie die Natur das gute Leben des Menschen beeinflusst und ermöglicht. Die – von mir so genannten – ästhetischen Argumente der Umweltethik besagen nun, sehr verallgemeinernd gewendet, dass die Natur, indem sie die Möglichkeit ästhetischer Erfüllung und von Heimaterfahrungen bietet, einen wesentlichen Beitrag zum guten Leben des Menschen leistet. Daher muss sie aus eigenem Interesse und aus Interesse daran, das gute Leben der anderen zu ermöglichen, weitgehend geschont und erhalten werden.[29] Dieses Argument kann durchaus überzeugen, allerdings sollte man es insofern ergänzen, als auch und gerade auch die gebaute Umwelt das gute Leben des Menschen in starkem Maße beeinflusst und insofern auch ethisch relevant ist. Wenn man die nicht selbstverständliche, aber, wie zu zeigen sein wird, sinnvolle Voraussetzung macht, dass in der Umweltethik der ganze Ethik-Teilbereich des Einflusses der Umgebung des

---

28 Vgl. dazu Abschnitt 3.1.2.

29 Zu den Ästhetischen Argumenten zähle ich das von [149] Krebs (1997) so genannte Aisthesis-Argument von Gernot Böhme, das Argument der ästhetischen Kontemplation von Martin Seel, das Heimat-Argument von Klaus Michael Meyer-Abich beziehungsweise Hermann Lübbe und auch das Design-Argument von Friedrich Kambartel, wenngleich dieses gerade den Unterschied zwischen gebauter und natürlicher Umwelt betont. Eine vielfach geäußerte Kritik an dieser Art von Argumenten bezweifelt, dass eine ästhetische Erfahrung oder die Erfahrung von Heimat zum Kern des guten Lebens gehört. Selbst wenn ich dies verneinen würde – was ich durchaus nicht tue – muss man mit Krebs (1996) festhalten: *„Aisthetische Naturerfahrung ist eine allgemein zugängliche, wesentliche Option guten menschlichen Lebens, und moralische Rücksicht auf andere umfasst nicht nur Rücksicht auf ihre Grundbedürfnisse, sondern auch auf Grundoptionen guten menschlichen Lebens, die sie wählen mögen oder nicht wählen mögen."* ([148] Krebs, in: Nida-Rümelin, 1996, S. 370) Vgl. daneben: [252, 253, 254] Seel (1996, 1996b, 1997), [40, 41] Böhme (1989, 1992), [180, 181] Meyer-Abich (1979, 1990).

Menschen auf sein gutes Leben behandelt werden soll, dann kann Umweltethik nicht auf die Beschäftigung mit der Natur beschränkt sein, sondern muss auch die gebaute Umwelt als Teil der Umgebung des Menschen betrachten.

Eine Umweltethik, die sich auf die Beschäftigung mit der natürlichen Umwelt beschränkt, lässt einen für das gute Leben des Menschen wesentlichen Teil seiner Umgebung aus, nämlich die gebaute Umwelt.

1.3.4 Das weite Verständnis von Umweltethik

Gegen eine Erweiterung des Gegenstandsbereichs der Umweltethik, für die ich hier argumentiere, könnte man einwenden, dass es lediglich eine definitorische und eher belanglose Frage sei, ob die Umweltethik auch die Behandlung moralischer Probleme der Gestaltung der gebauten Umwelt beinhaltet. Dem kann man allerdings zweierlei entgegenhalten:

Erstens könnte die ganze Disziplin der Umweltethik einen „positiveren Charakter" erhalten, wenn das zugrundeliegende Verständnis der Aufgaben des Fachgebiets ein anderes wäre. In der Umweltethik geht es bis dato – etwas salopp formuliert – darum, wie man „die Natur" schützen kann, beziehungsweise wie man deren Schutzansprüche begründen kann. Dies ist auch zweifellos eine Kernaufgabe der Umweltethik, allerdings beinhaltet die Frage, was vor Zerstörung zu schützen sei und was nicht, methodisch ein Vorgehen ex negativo. Dagegen hätte eine Umweltethik, die sich als Disziplin der Untersuchung der moralisch richtigen Gestaltung des Um-den-Menschen-herum-Seienden versteht, einen positiveren Charakter. Hier ginge es nicht primär um das Verbot bestimmter zerstörender Verhaltensweisen, sondern positiv um die Gestaltung der Umwelt, der natürlichen und der gebauten.[30] Dies könnte der ganzen Disziplin zu einem positiveren Charakter, im Gefolge zu einer größeren Breitenwirkung und einer besseren Erreichung der „Ziele" der Umweltethik verhelfen. Dieses Argument kann leicht als ein „weiches PR-Argument" angesehen und zurückgewiesen werden, wenn man auf den rein neutralen und theoretischen Charakter der Wissenschaft verweist, der eine Parteinahme und eine Beachtung der Wirkungen der eigenen Aussagen verbietet. Ich bin aber der Meinung, dass es angesichts dessen, was mittlerweile aufgrund der dramatischen Zerstörung natürlicher Lebensgrundlagen „auf dem Spiel" steht – nämlich das Überleben und Wohlergehen des Men-

---

30 Mir ist dabei bewusst, dass eine solche Vorgehensweise leicht mit dem Vorwurf eines unberechtigten inhärenten Anthropozentrismus konfrontiert werden könnte und einer ausführlichen Diskussion und Begründung bedürfte. Unabhängig davon, ob man den Vorwurf eines inhärenten unberechtigten Anthropozentrismus konzediert, kann man allerdings festhalten, dass man in der Ethik generell und damit auch in der Umweltethik zumindest einen epistemischen Anthropozentrismus ohnehin nicht vermeiden kann. Vgl. dazu auch [148] Krebs (1996). Vgl. zur Frage nicht anthropozentrischer Begründungen in der Umweltethik: [114] Gorke (1999).

schen und der, die Erde ebenfalls bewohnenden, nicht menschlichen Kreaturen – auch der Ethik nicht erlaubt sein kann, sich um die Wirkung ihrer Aussagen nicht zu kümmern und sich gleichsam in den Elfenbeinturm der theoretischen Wissenschaft zurückzuziehen. Eine Umweltethik, die nicht – zumindest inhärent – die Dinge „zum Besseren wenden" will, gibt es meiner Meinung nach nicht und ich hielte sie auch nicht für sinnvoll.

Zweitens wäre die Ausweitung des Untersuchungsbereiches insofern nicht belanglos, als sich damit das Verständnis des Untersuchungsgegenstandes, der Methodik und einiger inhaltlicher „Paradigmen" oder „Standards" ändern könnte.[31] Im Zusammenhang mit der Thematik der Umweltzerstörung kann man – wie

---

31 In ähnlicher Weise weist Leatherbarrow darauf hin, dass die traditionelle Umweltethik von einer Beschäftigung mit der gebauten Umwelt profitieren könnte: *"My purpose [...] is to suggest that ethos [...] is the key to oikos. Rendered in more familiar vocabulary, I want to argue that reflection on dwelling habits will help us discover the real importance and applicability of ecological understanding. And I will say more, that attention to the horizon of prosaic affairs, praxis, provides a key to the conflict or alternative to the bio- and anthropocentric worldviews. Perhaps this will be a controversial argument, for much of the current embrace of ecological consciousness suggests otherwise: that awareness of the environment can be used to reorder the ways we live our lives, that ecological consciousness should even determine the character of buildings in the future. I do not want to diminish the importance of this consciousness, only say that the real test of its relevance is its congeniality to matters of ethos."* [164] Leatherbarrow (2007).
Biella führt einen ähnlichen Punkt ins Feld, wenn er betont, dass Architektur hilfreich für den Umgang des Menschen mit Natur sein könnte, insofern sie als auch künstlerische Disziplin ein Verständnis von Natur entwickeln könnte, das über dasjenige als Natur-Kapital hinausgeht: *„Obwohl bauend seine Welt und damit auch seine Mitwelt verändernd, muß der Architekt versuchen, den Anderen bzw. das Andere (z. B. ein Naturseiendes), für das er baut, in seinem Sein zu lassen, d. h. im Planen, Entwerfen und Bauen ihn oder es sein zu lassen als das, was er oder es selbst ist. [...] Architektur kann wie jede andere Technik Natur zerstören oder ihr (i. S. des Seinlassens) mit Umsicht begegnen. Einer menschenwürdigen Welt wäre ein dem Seinlassen gemäßer Umgang des Menschen mit der Natur zuträglich – gleichwohl es keine sog. unberührte Natur mehr gibt. Anders als andere Techniken indes kann Architektur durch ihre Verbindung zur Kunst in ein Verhältnis zur Natur treten, das nicht ausschließlich von Verwertung und Vernutzung bestimmt ist; die Natur ihrerseits ist als Zeichen für das mögliche Andere, als Bild für das Offene erfahrbar, und als Natur erscheint qua Leib auch der Andere, der Wohnende, für den gebaut werden soll."* [32] Biella (2006).
Interessant ist in diesem Zusammenhang auch ein Gedanke, der in (loser) Verbindung vor allem mit der Thematik der Paradigmen der Umweltethik steht. Häufig wird in der Umweltethik zumindest unterschwellig „die Natur" und das „Organische" im Sinne eines „zurück zur Natur" als „das Authentische" und damit „Gute" gesehen. „Natur" und „das Organische" sollten möglichst vor Eingriffen des Menschen bewahrt werden, weil dieser deren Authentizität zerstören könnte. In diesem Sinn wird „Wildnis", das heißt vom Menschen unbeeinflusste „Natur", häufig als Ideal betrachtet und die gebaute Umwelt der Stadt als artifiziell, potentiell lebensfeindlich und „falsch" verurteilt. Gegen diese Sichtweise argumentiert Vossenkuhl: *„Das Organische ist kein Vorbild aktiver Selbstbestimmung. Es verurteilt den Menschen eher zu Passivität und Fremdbestimmung. Wir wissen nicht, was wir tun sollen, wenn wir uns an dem orientieren, was „organisch" ist. Die Analogie zwischen Authentischen und Organischem ist falsch, weil sie suggeriert, dass wir in der organischen Struktur der natürlichen Umwelt unsere eigene Natur entdecken können. Unsere Natur und unsere Einheit mit der natürlichen Umwelt bestimmen und gestalten wir selbst. Des-*

Ott (1997) – darauf hinweisen, dass Bauen zwar einerseits traditionell moralisch positiv konnotiert[32] ist ("*Einen Baum pflanzen, ein Kind zeugen, ein Haus bauen*")[33]. Gleichzeitig ist Bauen aber angesichts des unvermeidbaren Ressourcenverbrauchs prinzipiell betrachtet immer ein aggressiver Akt gegen die Natur. In diesem grundlegenden Konflikt könnte aber eine Chance sowohl für die Ziele der Uweltethik als auch für die Architektur liegen. Zum einen führt er zu einer Verantwortung des Architekten für die natürliche Umwelt. In diesem Sinne könnte man Gropius zustimmen, wenn er sagt: "*Wer anders als der schöpferische Planer und Architekt ist berufen, der legitime verantwortliche Hüter unseres kostbarsten Besitzes, unserer natürlichen landschaftlichen Umgebung zu sein?*"[34] Zum zweiten allerdings müsste man Gropius (und Ott) ergänzen, indem man fragt: Wer anders als der Umweltethiker ist berufen, dem Architekten zu erklären, wie er in verantwortlicher Weise mit moralischen und eudaimonistischen Fragen bei der Gestaltung der gesamten Um-Welt des Menschen – der natürlichen und der künstlichen – umgeht?

Zusammenfassend kann man sagen, dass es keine "*triviale Frage [ist], welche ,Natur' oder welche ,Umwelt' eigentlich den Gegenstand ethischer Reflexion bildet*"[35] Dieses Zitat, das eher die qualitative Bedeutung von "Umwelt" intendiert, kann und sollte auch quantitativ gelesen werden, denn es sprechen gute Gründe dafür, die gesamte Umwelt des Menschen – natürliche und gebaute – in der Umweltethik zu untersuchen.

---

halb sind wir auch für unsere eigene Natur und die Umwelt verantwortlich." [288] Vossenkuhl, in: Aicher (1991, S. 10).

32 Das folgende Argument führt Gedanken von Ott weiter. Er weist auch zunächst auf die traditionell moralisch positive Konnotation von Architektur hin: "*Die Errichtung eines Gebäudes gilt vielen Personen per se als gut, weil es immer Raum für menschliche Nutzung schafft. Hier trifft man auf tiefsitzende Überzeugungen, die das Bauen moralisch-sittlich gutheißen. Das Bauen wird in überlieferten Maximen (ein Sohn, ein Haus, ein Baum) als Teil einer Lebensleistung bestimmt, die über sich hinausweist, und es wird als Pflicht gegenüber eigenen Nachkommen, jungen Familien, sozial Schwachen, Immigranten usw. sogar moralisch gefordert.*" [202] Ott (1997, S. 761).

33 Daneben könnte man auf Mt. 17,4: "*Petrus aber fing an und sprach zu Jesus: Herr, hier ist gut sein! Willst du, so will ich hier drei Hütten bauen, dir eine, Mose eine und Elia eine.*" verweisen.

34 Gropius, Architektur, Frankfurt a.M. (1956, S. 138), zit. in: [202] Ott (1997, S. 762). Ott selbst ergänzt: "*Der Architekt als Architekt muß mehr sein als nur Partei, obwohl er auch Partei ist. Als Architekt steht er von Haus aus gleichsam auf der Seite des Bauens, während er künftig auch zum Advokaten der Umwelt- und Naturschutzbelange werden soll.*" [202] Ott (1997, S. 763).

35 Vgl.: "*Neben der jeweiligen ethischen Theorie beruhen alle Entwürfe der Umweltethik auf bestimmten Naturkonzeptionen, die wiederum auf naturwissenschaftliche und naturphilosophische Vorannahmen verweisen. Es ist keine triviale Frage, welche ,Natur' oder welche ,Umwelt' eigentlich den Gegenstand ethischer Reflexion bildet.*" [224] Potthast, in: Düwell u.a. (2002, S. 286).

2 Architektur und Philosophie – Begriffe

Kultur ist ein Geisteszustand der Rechtwinkligkeit.
(Le Corbusier)

Zum Inhalt dieses Kapitels

Um den Gegenstand der Untersuchung klar fassen zu können, gebe ich zunächst mein Verständnis von „gebauter Umwelt" und „Architektur" an. Dazu wird auch auf den Entstehungsprozess von Architektur und auf die an diesem Prozess beteiligten Akteure eingegangen. Anschließend erläutere ich mein Verständnis von für diese Untersuchung wichtigen Begriffen aus der Ethik.

2.1 Gebaute Umwelt und Architektur

Augustinus musste beim Nachdenken über die Frage „Quid est enim tempus"[1] feststellen, dass „Zeit" sich einer exakten Definition hartnäckig widersetzt, obwohl man zu wissen meint, was die Zeit sei oder ausmache. Ähnlich verhält es sich mit dem Begriff der Architektur. Man meint zwar genau beschreiben zu können, was Architektur sei, wenn man sich allerdings konkrete Beispiele vorstellt, so wird die vermeintliche Gewissheit erschüttert. Eine Straße wird in der Regel nicht als Architektur angesehen, muss aber wohl als Element der gebauten Umwelt zählen. Aber ist beispielsweise eine banale Autobahnbrücke oder ein Fertig-Carport Architektur? Diese Fragen sind intuitiv nicht eindeutig beantwortbar, sie machen aber deutlich, dass die im Folgenden zu behandelnde Frage „Was also ist Architektur?" durchaus komplex ist. In einem ersten Schritt unterscheide ich daher zwischen „Architektur" und „gebauter Umwelt". „Gebaute Umwelt" ist dabei in Abgrenzung zur natürlichen Umwelt des Menschen als eine durch menschliche Bauten geprägte Umgebung zu verstehen. Der Terminus „Architektur" ist zunächst auf Gebäude beschränkt. Allerdings wird dieses Urteil etwa durch gestalterisch ambitionierte Brückenbauten sofort wieder in Frage gestellt. Bauwerke dieser Art sind zwar keine Gebäude, werden aber in der Regel als „Architektur" aufgefasst. Um eine eindeutigere Unterscheidung zwischen „Architektur" und „gebauter Umwelt" finden und begründen zu können, scheint es ratsam, sich grundlegend mit dem Entstehungsprozess der gebauten Umwelt zu befassen. Im Übrigen ist eine ausreichend detaillierte Kenntnis des Entwurfs- und Bauprozesses und der Rolle der beteiligten Akteure auch deshalb geboten, weil es bei der Untersuchung des Themas „Architektur und Ethik" auch sehr wesentlich um normative Fragen geht und die Untersuchung spezifischer normativer stets auf der Basis hinreichend genauer deskriptiver Aussagen erfolgen sollte.[2]

---

1 Augustinus, Confessiones XI, Kap.14. Vgl. [19] Augustinus ([ca.400]/1987, S. 627).
2 Vgl. [291] Vossenkuhl, in: Eckensberger und Lutz (1993).

30

2.1.1 Bauten und gebaute Umwelt

Menschen gestalten seit jeher aktiv die Welt, in der sie wohnen – ihre Um-Welt – für bestimmte Zwecke. Sie kultivieren und überformen die natürliche Umwelt und sie bauen, das heißt sie errichten Bauten. Die durch menschliche Bauten geprägte Umwelt des Menschen bezeichne ich als „gebaute Umwelt". Unter „Bauten" verstehe ich dabei alle von Menschen zu verschiedensten Zwecken errichteten Artefakte, die in der Regel wesentlich größer als ein Mensch und ortsstabil sind. Nicht ortsstabile Bauten werden in der Regel mit einem Zusatz als „mobile Bauten" (z.B. Zirkuswägen) oder „fliegende Bauten" (z.B. Zelte) gekennzeichnet. Somit fallen Gebäude und Brücken, aber auch Straßen oder Dämme, unter den Ausdruck „gebaute Umwelt", nicht aber von Menschen überformte Natur wie z.B. Ackerflächen oder Skipisten.

2.1.2 Der Entstehungsprozess von Bauten und die beteiligten Akteure

Der Entstehungsprozess von Bauten ist heute de facto eine komplizierte Angelegenheit mit vielen beteiligten Akteuren. Wenn man den Prozess des Bauens allerdings systematisch untersucht, zeigt sich, dass zur Errichtung von Bauten lediglich drei verschiedene aktive „Rollen" zu besetzen sind: Am Anfang steht jemand, der das Bedürfnis nach einer Behausung für einen bestimmten Zweck hat: Ein *Bauherr* benötigt einen Bau. Um den Bau verwirklichen zu können, ist ein Entwurf nötig und damit auch jemand, der den Entwurf erstellt und den Bau plant: ein *Planer*. Schließlich muss der Bau errichtet werden. Derjenige, der den Bau errichtet, füllt die dritte und letzte Rolle aus: der *Ausführende*.

Damit sind die drei aktiven „Rollen" vergeben, die nötig sind, um einen Bau entstehen zu lassen: ein Bauherr, ein Planer und ein Ausführender. Dabei werden die drei genannten „Rollen" allerdings erstens nicht notwendigerweise durch natürliche Personen besetzt, sondern häufig durch Kollektive oder juristische Personen (Bauabteilungen, Planungsbüros, Bautrupps). Zweitens sind Bauherr, Planer und Ausführender nicht notwendigerweise verschiedene Personen: Der Bauherr kann seinen Bau auch selbst entwerfen und ausführen. Oder er gibt Planung und Ausführung oder nur eine der beiden Rollen in fremde Hände. Allerdings ist es heute zumindest in der westlichen Welt meistens so, dass sowohl die Planung als auch die Ausführung eines Baus rechtliche und fachliche Kompetenzen erfordern, die ein Bauherr in der Regel nicht hat. Drittens bedarf ein Entwurf nicht unbedingt einer zeichnerischen oder schriftlichen Ausführung. Überlegungen dazu, wie man eine Idee zu einem Bau umsetzen kann, fallen auch schon unter den hier verwendeten Begriff des Entwurfs.

Demnach bezeichne ich mit „Bauherr" eine natürliche oder juristische Person, die einen Bau initiiert, planen und ausführen lässt und auch finanziert. Planung und Ausführung können dabei, sofern die nötigen Kompetenzen vorhanden sind, auch vom Bauherr selbst ausgeführt werden. Dieser Fall stellt zwar zu Anfang des 21. Jahrhunderts im westlichen Kontext in der Regel die Ausnahme dar, er war allerdings früher nicht ungewöhnlich und ist es in vielen Ländern der Erde immer noch nicht.

Mit „Planer" bezeichne ich eine natürliche oder juristische Person, die einen Bau funktional, technisch, konstruktiv, wirtschaftlich und gestalterisch konzipiert und dessen Ausführung umfassend überwacht.

Als „Ausführenden" bezeichne ich diejenige natürliche oder juristische Person, die den auf Initiative des Bauherrn vom Planer erstellten Entwurf bauend verwirklicht.

Eine herausgehobene Bedeutung kommt in diesem Modell dem Planer zu, insofern er die mehr oder weniger abstrakten Wünsche des Bauherren in eine konkrete Planung umsetzt und insofern die Beeinflussung der Umwelt durch den im Entwurf neu konzipierten Bau bereits festgelegt ist und durch den konkreten Bau lediglich realisiert wird. Somit ist zu fragen, wie ein Entwurf entsteht und wodurch er beeinflusst wird. Zunächst ist festzustellen, dass der Planer einen Entwurf nach den Vorgaben des Bauherrn entwickelt. Die Rolle des Bauherrn kann dabei variieren. Er kann in enger Zusammenarbeit mit dem Planer den Entwurf entwickeln oder sich darauf beschränken, die Vorgaben zu liefern. In den Entwurfsprozess können oder müssen außerdem noch Vorgaben oder Wünsche weiterer Beteiligter mit einbezogen werden, wie etwa von Nachbarn, den zuständigen Baubehörden oder dem künftigen Nutzer des Gebäudes, wenn dieser nicht ohnehin mit dem Bauherrn identisch ist. Der Planer erstellt im nächsten Schritt einen Entwurf. Er tut dies entweder allein oder im Dialog mit den Beteiligten; Ziel ist die Verwirklichung eigener und „fremder" Wünsche und Erwartungen an das Bauwerk unter Berücksichtigung technischer und gesetzlicher Anforderungen.

Der Planer muss also bei der Erstellung eines Entwurfs mit allgemeinen und speziellen äußeren Einflüssen zurechtkommen und wird von inneren Voraussetzungen beeinflusst. In einer ersten Näherung unterscheide ich zunächst innere und äußere Einflüsse. Erstere sind die Intentionen und Kompetenzen der beiden am Entwurf Beteiligten, des Bauherrn und des Planers. Letztere sind die einen Entwurf mitbestimmenden, nicht von den beteiligten Personen zu beeinflussenden äußeren Gegebenheiten, wobei diese Einteilung nicht ganz trennscharf ist. Dies wird am Beispiel funktionaler Anforderungen deutlich, die auf der einen Seite vom Bauherrn definiert werden, aber auf der anderen Seite auch von den Umständen diktiert werden können.

Bei einer detaillierteren Betrachtung kann man zusätzlich zwischen allgemeinen und speziellen äußeren Einflüssen unterscheiden. Allgemeine äußere Einflüsse, die einen Entwurf beeinflussen, sind die Gesetze der Physik, die Möglichkeiten der Technik und allgemein geltende Gesetze und Normen sowie gesellschaftliche Ideale und gestalterische Moden. Spezielle äußere Einflüsse sind besondere Gesetze und Normen für bestimmte Bauaufgaben und Orte, die ökonomischen Rahmenbedingungen, der spezielle Ort und seine Gegebenheiten und funktionale Vorgaben. Schließlich beeinflussen auch die Interessen derjenigen einen Entwurf, die durch einen Bau passiv betroffen sind, wie zum Beispiel Nutzer, Nachbarn, Passanten und die Gesellschaft.

Daneben sind innere Einflüsse wie Intentionen, Kompetenzen, Wertvorstellungen und moralische Überzeugungen von Bauherr und Planer entscheidend für einen Entwurf. Allerdings sind weder Intentionen noch Kompetenzen der genannten Akteure in der Regel gleich. Der Bauherr erwartet sich durch den zu errichtenden Bau (in der Regel) einen näher zu bestimmenden funktionalen Nutzen, wobei eine Voraussetzung der Zweckerfüllung die problemlose Funktion aller technischen Systeme und Konstruktionen ist. Daneben kann sich der Bauherr von einem Gebäude auch einen symbolischen Nutzen versprechen, das heißt die Erfüllung einer symbolischen Funktion. Ergänzt werden diese Aspekte durch ein ästhetisches Interesse, das heißt der Bau soll einem bestimmten gestalterischen Ideal entsprechen. Dazu kommen in der Regel noch ökonomische Interessen; diese können ein primäres Interesse sein, z.B. wenn ein Gebäude nur errichtet wird, um möglichst gewinnbringend veräußert zu werden; sie können auch sekundär sein, aber dennoch einen Entwurf entscheidend beeinflussen, insofern sie mit festlegen, was ein Bauherr „sich leisten" kann.

Auf Seiten des Planers sind als Intentionen ökonomische Interessen zu nennen und der Wunsch, die funktionalen, technischen und gestalterischen Anforderungen des Bauherrn zu erfüllen. Daneben findet sich zumindest bei Architekten häufig der Wunsch, mit einem Entwurf dem eigenen ästhetischen Ideal zu genügen und darüber hinaus einen Beitrag zur Baukultur zu leisten. Außerdem wollen viele Architekten durch ihre Entwürfe „der Gesellschaft einen Dienst erweisen" und den Bauherrn nicht nur zufriedenstellen, sondern sein und das Glück des Menschen in umfassender Weise ermöglichen.[3]

---

3   Mir ist bewusst, dass dies zunächst nur eine Behauptung ist, die pathetisch und überspannt erscheinen muss. Ihre Plausibilität wird aber im Folgenden deutlich werden. Als Hinweis, dass es sich nicht um eine völlige Fehleinschätzung des Sachverhalts handelt, sei auf die Einschätzungen des Architekturtheoretikers und -historikers Norberg-Schulz und der Architekten Frei Otto verwiesen. Norberg-Schulz: *„Solange das Haus einem geliebten Vorbild ähnlich sieht und nicht allzuviel kostet, ist das Problem für den Laien gelöst. Jede nähere Betrachtung der Ideen der letzten hundert Jahre jedoch zeigt, dass die neue Architektur keinem l'art pour l'art-Wunschbild entspringt, sondern dem Streben idealistisch gesinnter Persönlichkeiten, die Umwelt des Menschen zu verbessern."* [196] Norberg-Schulz (1980, S. 17).

Beim Bauherrn und beim Planer sind die Intentionen daneben selbstverständlich auch durch persönliche Umstände, aktuelle gesellschaftliche Ideale und gestalterische Moden beeinflusst.

Abschließend sei bereits an dieser Stelle darauf hingewiesen, dass die angesprochenen Intentionen in vielerlei Weise miteinander in Konflikt geraten können, wobei eben auch Konflikte auf moralischer Ebene entstehen können.

2.1.3 Architekt und Architektur

Oben wurde bereits eine intuitive Unterscheidung zwischen „gebauter Umwelt" und „Architektur" getroffen, aber noch nicht genauer spezifiziert, worin der Unterschied liegt. Offensichtlich sind Dinge wie Straßen, insofern sie gebaut werden, Teil der gebauten Umwelt, in der Regel werden sie aber nicht als „Architektur" bezeichnet. Als „Architektur" werden dagegen zum Beispiel zweifellos besonders schöne Häuser bezeichnet. „Architektur" hat offensichtlich im Gesamtzusammenhang der gebauten Umwelt eine hervorgehobene Stellung, ebenso wie die Architekten unter den Planern. Diese Tatsache, von der ich hier ausgehe, ergibt sich aus der gesellschaftlichen Wertschätzung von Architektur und Architekten, die wiederum z.B. in Gesetzen und in gesellschaftlichen Diskussionen ihren Widerhall findet. Eine genaue Beschreibung von „Architektur" ergibt sich daraus allerdings nicht und es gibt auch keine anderweitige, allgemein akzeptierte Definition.[4] Architektur stellt sich als eine Kombination aus künstlerischen, handwerklichen, technischen, konstruktiven, ökonomischen und gestalterischen

---

Frei Otto: *„Ärzte haben ihren hippokratischen Eid. Architekten leben in ihrer eigenen ethischen Welt. Architekten helfen den Menschen auf der Erde zu leben, zu wohnen, sich zu behausen. Sie praktizieren Nächstenliebe auch gegenüber Unbekannten. Sie kämpfen mit ihren Mitteln für den Frieden. Sie fügen anderen keinen Schaden zu, weder im Frieden noch im Krieg, weder mit Händen, Waffen, Werken oder Gedanken. Sie achten die Werke Anderer und sorgen für die Erhaltung außergewöhnlicher Baukunst. Sie gehen beim Bauen sorgsam um mit Menschenkraft, Energie und Material und bemühen sich um den Einklang mit der Natur, die sie als Grundlage allen Lebens schonen."* [209] Otto, in: Nerdinger (2005, S. 125).

4 Auf die Schwierigkeiten, die sich beim Versuch einer Definition von „Architektur" ergeben, weisen diverse Autoren hin, zum Beispiel auch [74] Dittmar (2007). Gleichzeitig betont er aber die Wichtigkeit eines Versuchs in diese Richtung: *"Architecture, after all, is a creative field. Creativity is one of its hallmarks without which it would not exist. By its very nature it necessitates freedom to explore. Just like each work of art re-defines art, so does each work of architecture define what constitutes architecture.*

Consequently, the attempt to define architecture within a more universal ethos and disciplinary framework would be tantamount to forcing architecture into a strait-jacket, which not only would restrain its freedom of expression, but also severely limit its ability to respond to the rapidly changing conditions of our world and our time. The indeterminacy of the discipline and its ethos, rather than a problem, represents its very strength.

There is some truth and validity to these arguments. As a creative field, an art more than a science, a certain degree of indeterminacy and open-endedness is inherent to the nature of ar-

Aspekten dar. Man kann sie, so wie dies in der Vergangenheit auch geschehen ist,[5] primär als Kunst, als Handwerk, als Dienstleistung oder als Ingenieursleistung sehen, je nachdem, welchen der genannten Aspekte man in den Vordergrund stellt.[6] Dies ist allerdings wenig befriedigend und wird einem adäquaten

chitecture, as is subjective interpretation, and a certain plurality of approaches and solutions. This is natural and to be welcomed.

However, it is precisely for these reasons – an unlimited 'band-width' of interpretations and the still open question what constitutes architecture – that a commonly agreed-upon, universal ethos and disciplinary foundation is needed, which explicitly defines and articulates architecture's purpose, content, logic and mode of operation; or to say it differently, an epistemology, knowledgebase and methodology that would give it an internal coherence, integrity and identity all its own.

Without such a disciplinary foundation architecture constantly is in danger of being dominated by fashion or prevailing ideologies, unrestrained subjectivism and relativism; or, being defined through other, more established fields, such as art or engineering. All of these phenomena are to some degree present and can be observed in current architecture."

5 Vgl. dazu [152] Kruft (1995).

6 Über die Frage, ob Architektur und Kunst als zwei getrennte Disziplinen oder ob Architektur als Kunst zu verstehen sei, wurde schon viel gestritten. Viele Architekten und Architekturtheoretiker betonen den Unterschied von Architektur und Kunst. So zum Beispiel Loos, der den Architekten nicht als Künstler verstand, mit der Begründung, dass Architektur öffentlich sei. *„Das haus hat allen zu gefallen. Zum unterschiede vom kunstwerk, das niemanden zu gefallen hat. Das kunstwerk ist eine privatangelegenheit des künstlers. Das haus ist es nicht. Das kunstwerk wird in die welt gesetzt, ohne dass ein bedürfnis danach vorhanden wäre. Das haus deckt ein bedürfnis. Das kunstwerk ist niemandem verantwortlich, das haus einem jedem. Das kunstwerk will die menschen aus ihrer bequemlichkeit reißen. Das haus hat der bequemlichkeit zu dienen. Das kunstwerk ist revolutionär, das haus konservativ. Das kunstwerk weist der menschheit neue wege und denkt an die zukunft. Das haus denkt an die gegenwart. Der mensch liebt alles, was seiner bequemlichkeit dient. Er haßt alles, was ihn aus seiner gewonnenen und gesicherten position reißen will und belästigt. Und so liebt er das haus und haßt die kunst."* [171] Loos, in: Loos ([1931]/1997, S. 101). Im Gegensatz dazu gibt es allerdings auch viele Architekten, die sich selbst als Künstler sehen bzw. gesehen haben und daraus zum einen eine größere Handlungsfreiheit ableiten oder abgeleitet haben und zum anderen der Architektur und der Kunst ähnliche oder dieselben Aufgaben zuweisen. Deutlich wird diese Art der Gleichsetzung beispielsweise bei Eisenman: *„Ich behaupte nur, dass, wenn wir es den Leuten so bequem machen wie in ihren niedlichen, kleinen Strukturen, wir sie in dem Gedanken einwiegen, ,ist schon alles in Ordnung', während in Wirklichkeit nichts in Ordnung ist. Es könnte gerade die Rolle der Kunst und der Architektur sein, die Leute daran zu erinnern, dass nicht alles in Ordnung ist."* [85] Eisenman, in: Eisenman und Schwarz (1995, S. 238). In ähnlichem Sinne äußern sich auch andere bedeutende Architekten, wenn sie eine weitgehende Identifizierung von Kunst und Architektur nahelegen. Le Corbusier schreibt beispielsweise: *„Baukunst heißt mit rohen Stoffen Beziehungen herstellen, die uns anrühren. Baukunst steht jenseits von Nützlichkeitsfragen. Baukunst ist eine Frage des Gestaltens. Geist der Ordnung, Einheit des Gestaltungswillens. Sinn für Zusammenhänge; die Baukunst schaltet mit Größen. Aus trägen Steinen baut die Leidenschaft ein Drama."* [163] Le Corbusier ([1923]/1982, S. 23). Oder: *„Architektur ist das kunstvolle, korrekte und großartige Spiel der unter dem Licht versammelten Baukörper."* [163] Le Corbusier ([1923]/1982, S. 38). Oder: *„Die Architektur hat einen anderen Sinn und andere Ziele als das Wichtignehmen der Konstruktionen und die Befriedigung von Bedürfnissen. (Bedürfnis im stillschweigend vorausgesetzten Sinne von Nützlichkeit, Bequemlichkeit, praktischer Zweckmäßigkeit.) Die Architektur ist die*

Verständnis von Architektur zumindest nach intuitiver Einschätzung nicht gerecht.

Die Tatsache, dass der Begriff Architektur so unterschiedlich gebraucht wird, macht es notwendig, entweder eine bereits vorhandene Definition zu übernehmen oder eine eigene zu entwickeln. Ich versuche Letzteres in Anlehnung an die Gedanken von Norberg-Schulz.[7]

„Architekt" bzw. „Architektur" ist eine Ableitung von ἄρχω (der Erste, Ursache sein) und τέκτόν (Zimmermann, Künstler, Arbeiter, Bildhauer, Baumeister) beziehungsweise von ἀρχή (Anfang, Beginn, Ursprung, Grundlage, das Erste) und τέχνη (Kunst, Fertigkeit, Handwerk). Somit bezeichnet Architekt den „Oberbaumeister", „Oberzimmermann", den „Ur-Schaffenden" oder auch den ersten oder obersten Künstler.[8] Architektur könnte man entsprechend als „erste Kunst" bezeichnen, oder aber mit gleichem Recht als „Ursprungshandwerk", oder auch als „ursprüngliche Fähigkeit". Für eine Definition erscheint die Etymologie von „Architektur" zunächst nicht sonderlich hilfreich. Allerdings wird aus ihr – zumindest auf den zweiten Blick – deutlich, dass Architektur die Antwort auf ein basales Bedürfnis des Menschen darstellt. Der Ausdruck „Ur- Handwerk" enthält in diesem Sinn eine existentielle Bedeutung: Architektur als ein grundlegendes Bedürfnis des Menschen; der Architekt als jemand, der dieses Bedürfnis erfüllt.

Die Analyse dessen, was unter „Architektur" gefasst wird, zeigt, dass unterschiedliche Extensionen des Begriffes existieren. Man kann ein weites von einem engen Verständnis unterscheiden. Als Architektur im weiten Sinn werden alle Immobilien, die von Menschen gebaut werden, um eine bestimmte Funktion zu erfüllen, bezeichnet. So umfasst der Begriff auch Straßen, Brücken, Garagen, Scheunen etc. Gegenbegriffe wären „Natur" oder „bewegliches Artefakt". Der weite Begriff von Architektur entspricht in seiner Verwendung dem Ausdruck „gebaute Umwelt". Für die weitere Arbeit werde ich „gebaute Umwelt" verwenden, wenn ich „Architektur im weiten Sinne" meine und „Architektur" nur für den Begriff in engem Sinn.

Kunst schlechthin. Sie erreicht platonische Größe, mathematische Ordnung, Wissenschaftlichkeit und Offenbarung der Harmonie durch Wechselbeziehungen, die die Sinne anrühren. Dies ist das wahre Ziel der Architektur." [163] Le Corbusier ([1923]/1982, S. 90). Als Folge der Gleichsetzung von Architektur und Kunst lässt sich bei Le Corbusier, bei Eisenman und bei vielen anderen häufig die Tendenz feststellen, im eigenen Tun ähnliche Freiheiten zu beanspruchen, wie sie ein Künstler hat. Verantwortung tragen diese Architekten ihrer Meinung nach weniger für einzelne Betroffene als vielmehr für ihr Werk oder für ihre große übergeordnete Idee, deren Verwirklichung unter Umständen auch die Vernachlässigung individueller Interessen rechtfertigen kann.

7   Vgl. [196] Norberg-Schulz (1980).
8   Vgl. dazu [106] Gemoll (1965).[146] Kluge und Seebold (2002); [246] Scholze-Stubenrecht und Eickhoff (1997, S. 81); [218] Pevsner, et al. (1992, S. 35); [117] Gympel, et al. (1996, S. 6).

Unter den engen Sinn von „Architektur" fallen unzweifelhaft Bauwerke, die besonders aufwändig gebaut und konstruiert sind, wie z.B. Schlösser oder Paläste. Aber auch einfachere Bauten für Wohnzwecke werden in der Regel zur Architektur gerechnet, ebenso solche, denen man ansieht, dass sie bewusst nach einem ästhetischen Ideal gestaltet wurden. Bei Bauwerken, die nicht für den dauernden Aufenthalt von Menschen gedacht sind, sondern einen anderweitigen funktionalen Zweck erfüllen, wie z.B. Garagen oder Unterführungen, würde man im engen Sinn dagegen nicht in jedem Fall von Architektur sprechen; hier hängt die Einschätzung stark vom jeweiligen Bau ab. So wird man heute normalerweise einen historischen Kornspeicher aus einem vergangenen Jahrhundert als eine Architektur ansehen und sogar unter Denkmalschutz stellen, während ein moderner Korntank vor den Toren einer Stadt als nicht zur Architektur gehörig angesehen wird.[9] In einer ersten Näherung kann man sagen, dass Architektur (im engen Sinn), abgesehen von historischen, nur diejenigen Bauten bezeichnet, die mit einer über rein funktionale Interessen hinausgehenden Intention errichtet wurden. Die Architektur ist damit die Summe der Bauten, die von einem Planer – in der Regel einem Architekten – zumindest hinsichtlich funktionaler, gestalterischer und konstruktiver Aspekte konzipiert wurden. Diese extensionale Definition kann allerdings nur eine vorläufige sein. Es lassen sich leicht Bauwerke finden, die sich nicht eindeutig als „eine Architektur" bezeichnen lassen, da die Grenze zwischen gebauter Umwelt und Architektur unscharf ist. Dies liegt zwar in der Natur dieser Begriffe und ist insofern ohne Belang, als eine exakte Trennschärfe auch nicht besonders wichtig ist. Für ein besseres Verständnis von Architektur ist es dennoch nötig, nach weiteren Eigenschaften zu suchen.[10] Dazu ist die Klärung weiterer Teilfragen hilfreich, zum Beispiel die nach den Aufgaben der Architektur. Warum baut der Mensch? Welche Aufgabe erfüllt Architektur? Die offensichtliche Antwort, die keiner weiteren Begründung bedarf, lautet, dass der Mensch Behausungen für seine Tätigkeiten benötigt, um sich vor seiner natürlichen oder auch seiner gebauten Umwelt in irgendeiner Form zu schützen oder zu separieren. Architektur erfüllt somit eine Funktion als Werkzeug. Sie hilft dem Menschen in einem geschützten Raum zu wohnen, zu arbeiten, zu leben. Diese Eigenschaft trifft allerdings auch auf die gebaute Umwelt zu. Auch sie dient dazu, wie ein Werkzeug menschliche Tätigkeiten zu ermöglichen und zu erleichtern. Die Werkzeugfunktion allein erklärt somit noch nicht, warum der Mensch offensichtlich seit jeher versucht, seine Behausungen besonders schön, beeindruckend, erhaben oder angenehm zu gestalten. Der Mensch möchte offen-

---

9   Dieses Beispiel mag verwundern. Ich wähle es absichtsvoll als ein seit Le Corbusiers „vers une architecture" architekturhistorisch „vorbelastetes" Beispiel. Vgl. [163] LeCorbusier ([1923]/1982).

10   Dabei soll allerdings nicht geklärt werden, was gute Architektur (im nicht moralischen Sinn) ist. Dies ist zuallererst eine Frage der Architekturtheorie und der Architekturgeschichte.

sichtlich nicht nur in einem funktionell-praktischen Gehäuse wohnen und arbeiten. Er möchte auch „gut leben" und das heißt auch in einer angenehmen bzw. anregenden Atmosphäre, in einer anspruchsvoll gestalteten Umgebung. Diese These bedarf meiner Meinung nach keiner ausführlichen Begründung, man kann allerdings zur Illustration auf steinzeitliche Höhlenmalereien wie zum Beispiel in der Altamira-Höhle verweisen, die sicherlich (auch) dem Bedürfnis nach atmosphärischer Gestaltung der eigenen Behausung geschuldet sind. Die Eigenschaft, eine bestimmte intendierte Atmosphäre zu schaffen und Stimmungen zu beeinflussen, sehe ich als ein Spezifikum, das Architektur im Vergleich zu gebauter Umwelt auszeichnet.[11]

Ein weiteres Spezifikum von Architektur folgt aus dem sozialen Wesen des Menschen. Das Handeln des Menschen hat im sozialen Kontext in der Regel auch eine kommunikative Komponente, das heißt jeder Mensch kommuniziert mit seinen Mitmenschen in irgendeiner Form. Dies geschieht verbal, aber auch nonverbal, bewusst und unbewusst. Ein Mensch kommuniziert aber auch durch die Ausstattung der Räume, die er bewohnt, ob dies nun gewollt ist oder nicht. Ein Bauwerk dient in diesem Sinn als Symbol, wobei unter Symbol in diesem Zusammenhang ein bewusstes oder unbewusstes nonverbales Kommunikationsmittel[12] zu verstehen ist. Über die reine Werkzeugfunktion und die „Atmosphärenfunktion" hinaus möchte der Mensch bewusst oder unbewusst mit Architektur bestimmte Überzeugungen oder Tatsachen öffentlich vermitteln.[13]

Die grundlegenden Aufgaben von Architektur lassen sich somit als Werkzeugfunktion, Atmosphärenfunktion und Symbolfunktion beschreiben.[14] Ein Gebäude, welches diese Funktionen erfüllt, zählt zur Architektur. Dabei muss man unterscheiden zwischen DER „Architektur" und EINER „Architektur". Analog zu „gebauter Umwelt" und „Bau" beziehe ich „die Architektur" auf eine Menge von Bauten, die sich in besagter Form gegenüber anderen Bauten unterscheiden. Mit

---

11 Im Übrigen ist diese Einschätzung nicht besonders ungewöhnlich und wird von vielen Architekten und Theoretikern geteilt. Vgl. dazu z.B.: *„Das Wesen der Architektur liegt nicht im Nützlichen, d.h. in der reinen und schlichten praktischen Erfüllung der Anforderungen, die wir an einen überdachten Raum stellen, sondern in der Befriedigung eines tieferen seelischen Bedürfnisses: Wohnqualität zu schaffen. Dies umso mehr, als unsere Kultur die bloßen materiellen Gegebenheit von Bauten transzendiert, indem sie ihm einen ästhetischen, symbolischen und emotionalen Wert beimißt, der sie zu Zeichen einer Zivilisation erhebt."* Gravagnuolo, in: [43] Botta (1997, S. 10). Daneben ist insbesondere für den Begriff der Atmosphäre auf die Arbeiten von Böhme oder Kruse zu verweisen. Vgl. [42] Böhme (2006); [153] Kruse (1974).

12 Vgl. dazu z.B. [154] Kruse und Graumann (1978) oder [153] Kruse (1974).

13 Architektur soll also nicht nur physischen Schutz bieten; ihre Aufgabe besteht zugleich darin, *„einen Rahmen für unsere Handlungen und unsere gesellschaftlichen Strukturen zu gewähren, mit anderen Worten: eine Kultur zu repräsentieren."* [196] Norberg-Schulz (1980, S. 105).

14 Vgl. dazu: *„Wir müssen fragen: Was ist der Zweck der Architektur als menschliches Erzeugnis? Der funktionell praktische, der milieuschaffende und der symbolische Aspekt sind drei mögliche Antworten darauf,[...]."* [196] Norberg-Schulz (1980, S. 19). Vgl. dazu auch a.a.O. S. 187ff.

„eine Architektur" bezeichne ich dagegen ein Element aus der obigen Menge, das heißt also einen als zur Architektur gehörig ausgezeichneten Bau. Des Weiteren kann man fragen, ob tatsächlich nur verwirklichte, real existierende Bauten als Architekturen zählen können und als Summe die Architektur ausmachen. Ich gehe stattdessen davon aus, dass sowohl verwirklichte, also gebaute, als auch theoretische, lediglich visualisierte und/oder gedachte Bauten Teil der Architektur sind. Dafür spricht zum einen die Tatsache, dass viele einflussreiche und bedeutende Entwürfe nicht verwirklicht wurden, aber de facto zur Architektur gezählt werden. Zum anderen sehe ich, das Verständnis von einer Architektur als einer Antwort auf das menschliche Grundbedürfnis nach Behausung vorausgesetzt, keinen zwingenden Grund, eine Antwort als irrelevant auszuschließen, nur weil sie nicht als Bau verwirklicht wurde.[15] Der Prozess der Ausführung ist zwar insofern von besonderer Bedeutung, als hier häufig die Gewichtung unterschiedlicher Einflussfaktoren verändert wird; für das Entstehen einer Architektur ist die Realisierung aber sekundär und kann daher momentan ausgeklammert werden. Dafür spricht auch die Tatsache, dass viele zerstörte, das heißt also inexistente Gebäude zweifellos zur Architektur gezählt werden, so dass das tatsächliche Vorhandensein eines Gebäudes offensichtlich keine notwendige Voraussetzung darstellt, um zur Architektur gezählt zu werden. „Eine Architektur" ist also eine Antwort auf ein menschliches Grundbedürfnis nach Behausung. Dabei unterscheidet sich dieses Grundbedürfnis von dem nach einer bloßen gebauten Umwelt dadurch, dass die Behausung zwar auch einen funktionalen Zweck, darüber hinaus aber auch ein atmosphärisches Bedürfnis sowie eine Symbolfunktion erfüllen soll.

Schließlich kann man fragen, wer die besagte Antwort gibt und durch was sie beeinflusst wird. Gemäß obigem Modell erstellt ein Planer einen Entwurf. Wenn er dabei das genannte Grundbedürfnis nach funktional hilfreichen, atmosphärisch und symbolisch wirksamen Behausungen berücksichtigt, so bezeichne ich die-

---

15 Daneben kann man auch darauf hinweisen, dass von Architektenseite die Theorie und die Praxis des Bauens in der Regel als zusammengehörig gesehen wurden. Vgl. dazu: *„Die Baukunst ist eine, mit vielerley Kenntniss und mannichfaltiger Gelehrsamkeit ausgeschmückte, Wissenschaft, welche sich mit Geschmack die Werke aller übrigen Künste zu eigen macht. Sie besteht aus der Ausübung – fabrica – und aus der Theorie – ratiocinatio. – Die Ausübung ist eine durch Nachdenken und stäte Übung erworbene mechanische Fertigkeit, aus jeder Art von Materialien eine Gebäude nach vorgelegtem Risse aufzuführen. Die Theorie aber ist die Geschicklichkeit, die, mit Kunst und nach den Grundsätzen des guten Verhältnisses – proportio – aufgeführten, Gebäude zu erläutern und zu erklären. Es haben daher diejenigen Baukünstler, welche ohne gelehrte Kenntnisse bloß nach mechanischer Fertigkeit gestrebt haben, nie mit ihren Arbeiten Ruhm erworben: diejenigen aber, welche sich lediglich auf die Theorie und ihre gelehrten Kenntnisse verlassen haben, scheinen hinwiederum den Schatten für den Körper ergriffen zu haben. Allein diejenigen, welche beydes gründlich erlernet und also gleichsam in voller Rüstung ihren Zweck verfolgt haben, haben denselben auch desto eher mit Ehren erreicht."* [283] Vitruv (33–22v.Chr./[1796]/1987, S. 12).

sen Planer als Architekt. Eine Bedingung, die den Architekt im Entwurf immer auch beeinflusst, sind die Antworten, die andere Architekten auf spezifische Aufgaben und die allgemeine Frage nach menschlicher Behausung gegeben haben. Jede einzelne Antwort auf das menschliche Grundbedürfnis nach funktionaler, atmosphärischer und symbolischer Behausung hängt somit zusammen mit vorher gegebenen und bildet so ein flexibles und offenes System von Antworten. Zusammengenommen führt dies zu folgenden Definitionen: Mit *„die Architektur"* bezeichne ich ein flexibles und offenes System von Antworten auf das basale menschliche Bedürfnis nach funktional hilfreichen, atmosphärisch wirksamen und Symbolfunktion erfüllenden Behausungen für menschliche Tätigkeiten.[16] *„Eine Architektur"* ist eine Antwort aus oben genanntem System, die gegeben wird durch einen Entwurf, der von einem Architekt aufgrund der Vorgaben eines Bauherrn allein oder in Zusammenarbeit mit diesem erstellt wird. Die Antwort wird durch Kompetenzen, Interessen und Überzeugungen der Akteure aktiv bestimmt und ist durch allgemeine und spezielle äußere Umstände passiv bedingt; sie kann auf einen Einzelfall, eine spezifische Bauaufgabe oder allgemein gegeben werden und praktisch verwirklicht oder lediglich visualisiert bzw. theoretisch gedacht sein.

Als *„Architekt"* bezeichne ich denjenigen, der einen Entwurf im oben genannten Sinn verfasst. Er unterscheidet sich vom Künstler im heutigen Sinne dadurch, dass dieser – zumindest prima facie – keine funktionalen Bedürfnisse zu erfüllen hat und vom Ingenieur dadurch, dass dieser – ebenfalls prima facie – keine symbolischen und atmosphärischen Bedürfnisse zu berücksichtigen braucht. Diese Definition von „Architekt" unterscheidet sich fundamental von derjenigen, die heute in Deutschland zumindest rechtlich gilt. Demnach darf sich nur ein Mitglied einer Länder-Architektenkammer als „Architekt" bezeichnen, wobei die Möglichkeit einer Mitgliedschaft wiederum an bestimmte Bedingungen, wie z.B. ein erfolgreich abgeschlossenes Studium der Architektur sowie mehr-

---

16 Als Architekturtheorie bezeichne ich – zunächst völlig offen – das Nachdenken über die Architektur. Vgl. zu anderweitigen Konzeptionen von Architekturtheorie: *„Architekturtheorie ist jedes umfassende oder partielle schriftlich fixierte System der Architektur, das auf ästhetischen Kategorien basiert. Auch wenn die Ästhetik auf die Funktion reduziert wird, bleibt diese Definition gültig."* [152] Kruft (1995, S. 13).
oder: *„ Unter Architekturtheorie im allgemeinen verstehen wir die gedanklichen Grundlagen, die zu bestimmten Raum-Zeit-bedingten, also jeweils aus einer bestimmten kultur-, geistes-, und sozialgeschichtlichen Konstellation erwachsenden Konzeptionen von Architektur führen oder die solche Konzeptionen in Zuordnung zur kulturgeschichtlichen Charakteristik einer Epoche klären und erklären. Architekturtheorie kann im Verhältnis zu der jeweils praktizierten Architektur drei unterschiedliche Strategien entwickeln (einzeln oder auch in gleichzeitiger Bündelung) – eine utopische Strategie: als Vorwegnahme einer noch nicht praktizierten Architektur durch deren theoretische Definition – eine affirmative, defensive Strategie: als theoretischer Über- (oder Unter-) bau zur ‚Absicherung' praktizierter Architektur – eine kritische Strategie: als Provokation zur Korrektur zeitgleicher Architekturkonzepte."* [212] Pahl (1999, S. 11).

jährige Berufserfahrung, geknüpft ist. Dementsprechend bezeichne ich mit „Architektenschaft" die vorinstitutionelle Summe aller Architekten in einer näher zu bestimmenden Region. „Architektenkammer" dagegen meint den institutionalisierten Zusammenschluss der diplomierten Architekten, wie sie in Deutschland auf Länder- und Bundesebene besteht.

Im Folgenden konzentriert sich die Untersuchung auf die Architektur. Dies bedeutet, dass vom Gesamtkomplex „Gestaltung der gebauten Umwelt" nur der Ausschnitt der Architektur betrachtet wird.

2.2 Moral, Ethos, Ethik und Verantwortung

Die Erläuterung zentraler Begriffe aus dem Bereich der Ethik erfolgt in Anlehnung an eingeführte Definitionen.[17]

2.2.1 Moral und Ethos

Unter „Moral" verstehe ich die Sitten, Normen und Gebräuche, die in einer Gesellschaft gelten, ohne dass sie explizit begründet wären. „Ethos" verstehe ich analog zum Begriff der Moral, allerdings bezieht sich die Geltung der Normen, Sitten und Gebräuche nur auf ein näher zu bestimmendes gesellschaftliches Subsystem bzw. eine gesellschaftliche Gruppe.

2.2.2 Ethik und Metaethik

Menschen beschäftigen sich mit Ethik, um die Frage zu klären, wie das Gute beziehungsweise ein gutes Leben möglich ist. Traditionell kann man dabei zwei Grundfragen unterscheiden. Zum einen die Frage, wie mit Konflikten umzugehen ist und was dabei moralisch erlaubt, verboten oder geboten ist. Das heißt, es werden normative Sätze, die ein Sollen vorschreiben oder ein Verbot aussprechen, auf ihre Gültigkeit hin geprüft, begründet oder neu aufgestellt. Dies kann man als normative Ebene der Ethik bezeichnen. Voraussetzung, um überhaupt eine normative Ethik konzipieren zu können, ist eine Vorstellung über das gute Leben oder das Gute. Deshalb fragt die Ethik auch direkt danach, wie das Glück der Menschen möglich ist bzw. wie der Mensch ein gutes Leben führen kann. Dieses zweite Grundanliegen der Ethik kann man als eudaimonistische Dimension bezeichnen. Das „gute Leben" ist dabei die gängige Übersetzung

---

17 Vor allem in Anschluss an [233] Ricken (1998).

von εὐδαιμονία und meint ein gelingendes Leben in einem umfassenden Sinn, was auch Erfüllung auf nicht materieller Ebene beinhaltet. Was ein gutes Leben ausmacht ist dabei nicht vollständig objektiv bestimmbar, es ist aber auch nicht vollständig subjektiv. Bestimmte Voraussetzungen müssen – wie insbesondere Nussbaum gezeigt hat[18] – erfüllt sein, damit von einem guten Leben gesprochen werden kann. Dazu gehören, neben anderen Faktoren, die Möglichkeit, sich eine Vorstellung des guten Lebens machen zu können (*„praktische Vernunft"*) und die *„Verbundenheit mit anderen"*,[19] das heißt die Möglichkeit des sozialen Zusammenlebens. Ich verwende im Weiteren das „gute Leben" als philosophischen terminus technicus, der eine gelingende Lebensführung in einem umfassenden philosophischen Sinn meint. Davon zu unterscheiden ist das „angenehme Leben", das ich im Sinne einer Lebensführung in materieller Sorgenfreiheit und Komfort verwende.

Mit *„Ethik"* bezeichne ich also die wissenschaftliche Disziplin, die sich der systematischen Untersuchung und Begründung moralischer Aussagen auf normativer und eudaimonistischer Ebene im Allgemeinen und in unterschiedlichen gesellschaftlichen Bereichen widmet.[20]

---

18 Vgl. dazu: [198, 199] Nussbaum (2000, 1999).

19 Vgl.: [199] Nussbaum (1999, S. 259).

20 Ich gehe dabei davon aus, dass Ethik als Wissenschaft anzusehen ist. Dazu ist anzumerken, dass das Verständnis von Ethik als einer Wissenschaft bisweilen von der Position eines ausschließlich an der experimentellen Physik bzw. der Naturwissenschaft orientierten Wissenschaftsverständnisses bestritten wurde, was aber heute im Allgemeinen nicht mehr der Fall ist. Zur Frage, ob Ethik eine Wissenschaft sei, vgl. z.B. Vossenkuhl, in: [294] Fischer und Vossenkuhl (2003, S. 16-37), oder [296] Vossenkuhl (2006, S. 41): *„Wenn die Suche nach überprüfbaren und evidenten Gründen als allgemeines Merkmal einer wissenschaftlichen Praxis gelten darf, ist Ethik eine Wissenschaft eigener Art. Es geht ihr nicht weniger als anderen Wissenschaften um Wahrheit, nämlich um die Wahrheit bei der Begründung von Forderungen, Geboten und Verboten. Wir können die Ethik ‚Wissenschaft vom Guten und Schlechten' oder auch ‚praktische Wissenschaft' nennen, denn es geht ihr um das, was ‚gutes Handeln' bedeutet, und um die Frage, unter welchen Bedingungen es wahr ist, dass eine Handlung als gut oder schlecht beurteilt wird. Die Ethik als praktische Wissenschaft untersucht die Gründe, warum das, was Menschen tun, gut oder schlecht ist. Gründe in der Ethik müssen wie beliebige andere Gründe, nach denen eine Wissenschaft für ihre Einsichten und Urteile sucht,* verständlich, nachprüfbar, wahr, einschlägig *und im Lichte neuer Erkenntnis revidierbar sein."*. Nida-Rümelin (2005) diskutiert die Frage folgendermaßen: *„Generell gilt: Theorien stützen sich auf gemeinsame Überzeugungen und sind von diesen abhängig, auch wenn sie, auf diese rückwirkend, sie am Ende modifizieren. Dies gilt für jede Theorie, auch für ethische Theorien. Erfolgreiche wissenschaftliche Theorien dienen nicht nur dazu, neues Wissen zu ermöglichen, sondern verknüpfen Überzeugungen miteinander, die zuvor nichts miteinander zu tun zu haben scheinen. Theorien können nur in begrenztem Maße mit lebensweltlichen Überzeugungen in Konflikt geraten. Vielmehr bewähren sich Theorien gerade darin, dass sie Überzeugungen systematisieren, die selbst nicht begründungsbedürftig erschienen, sondern nun der (reduktiven) Stützung von Theorien dienen. Die Begründungsleistung wissenschaftlicher Theorien beruht darauf, dass sie einen systematischen Zusammenhang zwischen zuvor isolierten Propositionen herstellt. Dies erlaubt erst Begründungen von unsicheren Überzeugungen durch sicherere. Ein Gefälle der Gewißheit ist Voraussetzung für Begrün-*

„Metaethik" ist das systematische Nachdenken über Strukturen, Modelle und Methoden der Begründung normativer und eudaimonistischer Aussagen in der Ethik. Metaethisch-systematisch lassen sich als grundlegende Typen moralischer Probleme, die in der Ethik untersucht werden, Moralkonflikt, moralisches Dilemma, moralischer Dissens und normative Überforderung unterscheiden.[21] Daneben gibt es auch ein praktisches Dilemma,[22] das aber kein genuin ethisches, höchstens ein moralisches Problem darstellt.

Ein Moralkonflikt wird innerhalb einer Moral erlebt: Eine Person soll nach der ethischen Theorie oder gemäß der moralischen Intuition X zugleich a und b tun, kann aber nicht zugleich beides erfüllen. Einige dieser Konflikte sind für eine Person innerhalb ihres Werte- und Moralsystems durch Hierarchisierung der Prinzipien oder andere Methoden[23] lösbar, wobei die Lösung auch mit Hilfe ethischer Reflexion erfolgen kann. Das heißt, es wird begründet, warum die Handlung a Vorrang vor b hat. Ist der Konflikt nicht lösbar, spricht man von einem moralischen Dilemma.

Demgegenüber entsteht ein moralischer Dissens zwischen zwei Personen oder Gruppen, die unterschiedliche Theorien oder Weltanschauungen vertreten und damit unterschiedliche Moralen oder Ethiken.[24] Nach Theorie X ist a richtig, nach Theorie Y ist b richtig; beides zugleich kann aber nicht erfüllt werden. Moralische Dissense bestehen häufig auf moralischer/sittlicher Ebene, können aber auch auf ethischer Ebene bestehen. Meistens stehen verschiedene weltanschaulich geprägte moralische Überzeugungen oder Intuitionen gegeneinander. Eine ethische Theorie kann bei der Klärung helfen, aber auch selbst im Dissens zu anderen ethischen Theorien stehen. Dann besteht ein Konflikt zweier wissenschaftlich fundierter, den Anspruch auf Objektivität und Geltung erhebender Begründungen. Im Normalfall geraten bei einem moralischen Dissens zwei Intuitionen, die als solche keinen Anspruch auf objektive Gültigkeit beanspruchen, miteinander in Konflikt.

---

dung und Begründung ist erfolgreich, wenn diese Gefälle durch Systematisierung überwunden werden kann. Diese zentralen Merkmale sind im Bereich unserer moralischen Überzeugungen und der ethischen Theoriebildung, die sich auf diese bezieht, fraglos erfüllt. In diesem schwachen Sinn ist Ethik eine Wissenschaft. Wer bei einer wissenschaftlichen Theorie zusätzlich einen von der betreffenden wissenschaftlichen Gemeinschaft geteilten paradigmatischen Kern und eine etablierte Methodik voraussetzt oder gar experimentelle Prüfungsverfahren, der kann die Ethik guten Gewissens aus dem Bereich der Wissenschaft ausschließen, mit ihr zusammen dann allerdings auch andere systematisierende Bemühungen, die gemeinhin als Wissenschaft gelten." [195] Nida-Rümelin (2005, S. 56f.).

21 Vgl. dazu: [296] Vossenkuhl (2006, S. 121f.) und [255] Sellmaier (2008, S. 8ff.).
22 Vgl. [30] Beauchamp und Childress (2009, p. 12).
23 Vgl. dazu [255] Sellmaier (2008).
24 Vgl. dazu: *„Der ‚ethische Dissens' benennt Konflikte, die zwischen Vertretern verschiedener ethischer Theorien beziehungsweise Mitgliedern unterschiedlicher kultureller Gemeinschaften auftreten können."* [255] Sellmaier (2008, S. 8).

Eine normative Überforderung schließlich besteht dann, wenn eine Person mehr soll, als sie erfüllen kann. Dabei müssen sich die Verpflichtungen nicht wie im Moralkonflikt gegenseitig ausschließen.

Im praktischen Dilemma konkurrieren eine moralische Verpflichtung und ein Selbstinteresse nicht moralischer Art. Aus Sicht der Ethik ist dies insofern kein Problem, als eine moralische Verpflichtung stärker wiegt als zum Beispiel ein ökonomisches Interesse.

Metaethisch-inhaltlich lassen sich als wichtigste Strömungen in der Ethik mit Nida-Rümelin die utilitaristische, die kantische (deontologische), die kontraktualistische, die individualistische (Libertarismus) und die tugendethische unterscheiden.[25] Nida-Rümelin spricht von den unterschiedlichen Paradigmen der Ethik; ich selbst meine diese Paradigmen, wenn ich von „den großen Ethikentwürfen" spreche. Dabei gehe ich davon aus, dass jede dieser Paradigmen zurückgeht auf eine bestimmte grundlegende moralische Intuition, beziehungsweise, dass jeder große Ethik-Entwurf von einer bestimmten moralischen Intuition ausgeht und auf ihr aufbaut.[26] Vereinfacht gesagt ist dies im Fall der utilitaristischen Intuition die Überzeugung, dass diejenige Handlung moralisch richtig ist, die die Welt besser macht. Die deontologische Intuition geht dagegen davon aus, dass bestimmte Handlungen moralisch schlecht sind, unabhängig von den Folgen. Die kontraktualistische Intuition hält Handlungen für richtig, die gemäß einem fiktiven „Gesellschaftsvertrag" erfolgen. Die individualistische Intuition geht davon aus, dass jedem Menschen individuelle Rechte zukommen. Gemäß der „Tugendintuition" gibt es Menschen, die auf sehr moralische Art leben und sich durch ein besonderes moralisches Urteilsvermögen auszeichnen. Diese Intuitionen implizieren bestimmte auf einer basalen moralischen Ebene universal geteilte grundlegende Normen, wie zum Beispiel das Tötungsverbot. Normen dieser Art kann man mit Vossenkuhl als *„sittliche Tatsachen, die anerkannt sind und nicht weiter begründet oder gerechtfertigt werden können"* begreifen.[27] Die basalen Normen und Intuitionen betrachte ich erstens als fundamental für jede

---

25 Vgl.: [193] Nida-Rümelin (2005c).

26 Eine moralische Intuition ist für mich im Anschluss an Bernard Williams eine vorreflexive anfängliche Überzeugung hinsichtlich eines moralischen Grundproblems. Vgl. dazu: *„Intuitionen sind spontane, auf gemäßigte Weise reflektierende, aber noch nicht theoretisierte Überzeugungen betreffend die Antwort auf eine – für gewöhnlich hypothetische und in allgemeine Ausdrücke gekleidete – ethische Frage."* [305] Williams (1999, S. 136).

27 Vgl.: *„Ergebnis dieser Untersuchung ist, dass die Ethik nur eine begrenzte Unabhängigkeit hat. Sie kann ihre Urteile nur rechtfertigen, wenn sie auf geltende Grundnormen zurückgreifen kann. [...] Normen dieser Art [...] lassen sich als sittliche Tatsachen begreifen, die anerkannt sind und nicht weiter begründet oder gerechtfertigt werden können. Solche Tatsachen liegen ethischen Rechtfertigungen zugrunde und sind durch nichts anderes zu ersetzen."* [296] Vossenkuhl (2006, S. 33). Es gibt allerdings Fälle, in denen Ethiken solche Normen relativieren durch Überordnung eines bestimmten Prinzips wie zum Beispiel das der Nutzenmaximierung. Derlei Versuche führen allerdings meiner Meinung nach relativ leicht zu kontraintuitiven Konsequenzen. Davon

Ethik und zweitens sehe ich keinen Grund, sie systematisch in eine bestimmte Reihenfolge ihrer Geltung zu bringen. Das heißt, ich betrachte die den großen Ethikentwürfen zugrunde liegenden moralischen Intuitionen und die aus einzelnen und verschiedenen Intuitionen in ähnlicher Form folgenden Normen als prima facie gleichberechtigt und jede Ethik, die eine einzige bestimmte Intuition zu einer grundlegenden erklärt, als reduktionistisch.[28] Dies ist insofern unbefriedigend, als dadurch die Lösung moralischer Probleme durch eine Ethik mittels einer deduktiven Vorgehensweise nicht mehr möglich ist und man im Einzelfall immer auf eine Prüfung und Abwägung verschiedener moralischer Intuitionen und ethischer Argumente mittels der eigenen Urteilskraft angewiesen ist. Ich halte es aber trotzdem für richtig, unter anderem deswegen, weil es dem normalen „moralischen Alltag" eher gerecht wird.

2.2.3 Verantwortung

„Verantwortung" ist ein Begriff, der in vielen gesellschaftlichen Handlungsfeldern spätestens seit der zweiten Hälfte des 20. Jahrhunderts oft gebraucht wird, dem große Bedeutung in gesellschaftlichen Debatten zukommt und der auch in der Architektur eine zentrale Rolle spielt. Der Architekt trägt gegenüber vielen Beteiligten wie Bauherrn, Nutzern oder Nachbarn Verantwortung. Dies kann man – der detaillierten Untersuchung vorgreifend – schon an dieser Stelle feststellen. Um den Begriff im Rahmen der Architektur in gewinnbringender Weise verwenden zu können, soll an dieser Stelle eine kurze Einführung in das ethische Konzept der Verantwortung erfolgen.[29]

2.2.3.1 Struktur des Verantwortungsbegriffs und Voraussetzungen der Verantwortungszuschreibung

Es existieren verschiedene Verantwortungsbegriffe nebeneinander. So wird von moralischer Verantwortung, Kausalverantwortung, Handlungsfolgenverantwortung oder Rollenverantwortung gesprochen.[30] Alle Begriffe werden dabei in normativer Art verwendet, lediglich die Kausalverantwortung wird überwiegend deskriptiv gebraucht.

---

unabhängig kann es aber im Einzelfall sein, dass die Verletzung einer grundlegenden Norm moralisch gerechtfertigt werden kann.

28 Vgl. dazu auch [193] Nida-Rümelin (2005c).

29 Diese folgt dabei in erster Linie den Ausführungen von [29] Bayertz (1995b), [287] Vossenkuhl, in: Baumgartner (1984), [296] Vossenkuhl (2006) sowie [167] Lenk und Maring, in: Eckensberger (1993).

30 Vgl. zu weiteren Typen [167] Lenk und Maring, in: Eckensberger (1993, S. 222ff.).

Strukturell betrachtet ist Verantwortung ein mehrstelliger „diskursorientierter Zuschreibungsbegriff"[31]: Jemand ist für seine Handlungen gegenüber jemandem vor einer Beurteilungsinstanz verantwortlich. Im normalen (normativen) Gebrauch wird dabei die Geltung bestimmter Normen vorausgesetzt. Über diese grundlegende Konzeption des Verantwortungsbegriffes herrscht in der Literatur weitgehende Einigkeit.[32]

Objektive Bedingung: Kausalverantwortung Um jemanden verantwortlich machen zu können, müssen nach heutigem Verständnis[33] einige Voraussetzungen subjektiver, objektiver und sozialer Natur erfüllt sein. Zunächst ist auf objektiver Ebene die Kausalverantwortung zu nennen, das heißt das verantwortlich gemachte Subjekt muss auch tatsächlich kausal verantwortlich bzw. die Ursache sein für bestimmte Folgen seiner Handlung. In diesem Sinn kann auch der Wind für ein abgedecktes Hausdach verantwortlich sein oder die Kälte für das Zufrieren des Sees. Allerdings ist es unsinnig, Teilen der nicht menschlichen Natur im normativen Sinn Verantwortung zuschreiben zu wollen, und beispielsweise den Wind für ein abgedecktes Dach haftbar oder moralisch verantwortlich zu machen. Kausalverantwortung wird in diesem Sinne deskriptiv gebraucht, ist aber eine Bedingung für die Zuschreibung weiterer Verantwortlichkeiten.

---

31 Vgl. dazu: [204] Ott, in: Nida-Rümelin (2005, S. 611).

32 Im Detail unterscheiden sich die Konzeptionen allerdings zum Teil erheblich. Insbesondere über die Anzahl der Stellen des mehrstelligen Zuschreibungsbegriffes Verantwortung lässt sich trefflich streiten, wie auch über die Voraussetzungen von Verantwortungszuschreibung. Lenk und Maring (1993) beschreiben Verantwortung als mehrstelligen Relationsbegriff folgendermaßen: *„Verantwortungsbegriffe sind zuschreibungsgebundene mehrstellige Relations- (Beziehungs-) bzw. Strukturbegriffe, interpretations- und analysebedürftige Schemata mit folgenden Elementen: – jemand: Verantwortungssubjekt, -träger (Personen, Korporationen) ist – für: etwas (Handlungen, Zustände, Aufgaben usw.) – gegenüber: einem Adressaten – vor: einer (Sanktions-, Urteils-) Instanz – in Bezug auf: ein (präskriptives, normatives) Kriterium – im Rahmen eines: Verantwortungs-, Handlungsbereiches verantwortlich. Verantwortung ist also zunächst ein Begriff, der sich in einer relationalen Zuschreibungsnorm durch die Bewertung einer kontrollierten Handlungserwartung ausdrückt. Verantworten bedeutet, dass sich jemand für Handlungen, Handlungsfolgen, Zustände, Aufgaben usw. gegenüber einem Adressaten, dem man verpflichtet ist, vor einer Instanz, die nicht identisch mit dem Adressaten sein muss, gemäß Standards, Kriterien, Normen usw. zu rechtfertigen hat. Der jeweils Verantwortliche hat eigenes und beim Vorliegen spezifischer Voraussetzungen fremdes Handeln zu rechtfertigen, zu begründen, dafür einzustehen, es zu vertreten. ‚Verantwortung‘ ist überdies nicht nur ein Begriff, der beschreibend zu verwenden ist – man stellt fest, dass jemand Verantwortung trägt –, sondern vor allem auch ein wertend zuschreibendes Konzept, das die normative, letztlich somit die ethische Dimension des Handelns eröffnet – jemand wird zur Verantwortung gezogen, verantwortlich gemacht."* [167] Lenk und Maring (1993, S. 229f.). Vgl. daneben auch: [287] Vossenkuhl, in Baumgartner (1984); [29] Bayertz (1995b); [302] Werner, in: Düwell (2002).

33 Es ist wichtig zu betonen, dass die zu nennenden Voraussetzungen nach heutigem Verständnis erfüllt sein müssen, weil es sich z.T. um kulturgeschichtlich relativ junge Entwicklungen handelt. Darauf hat u.a. [28] Bayertz (1995) hingewiesen.

Subjektive Bedingungen: Handlung – Individualität – Intentionalität – Freiwilligkeit – Verantwortungsfähigkeit – Freiheit und Autonomie Eine weitere Voraussetzung der normativen Verantwortungszuschreibung ist das Vorliegen einer Handlung. Die Handlung einer Person muss auch tatsächlich als eine Handlung zu bestimmen sein, das heißt als bewusst vollzogenes „ziel- oder normenorientiertes Verhalten".[34] Für eine ethische Beurteilung müssen außerdem weitere subjektive Bedingungen erfüllt sein. Hier sind Individualität, Intentionalität, Freiwilligkeit, Verantwortungsfähigkeit, Freiheit und (eingeschränkt) Autonomie zu nennen: Für einzelne Handlungen sind nach heutigem ethischem Verständnis einzelne Individuen verantwortlich.[35] Obwohl es für den von negativen Handlungsfolgen Betroffenen zunächst keine Rolle spielt, was der Handelnde intendiert hatte, wird daneben Intentionalität von objektiven Beurteilungsinstanzen wie zum Beispiel Gerichten als wichtige Voraussetzung für Verantwortungszuschreibung gesehen. Eine weitere Voraussetzung ist die Freiwilligkeit einer Handlung.[36] Des Weiteren ist die Fähigkeitsverantwortung bzw. die Verantwortungsfähigkeit zu nennen, das heißt eine Person muss fähig sein, verantwortlich zu handeln, um verantwortlich gemacht werden zu können.[37] Schließlich ist ein Verständnis des Menschen als prinzipiell frei und autonom eine grundlegende Bedingung für Verantwortungszuschreibung.

Soziale Voraussetzung Oben wurde bereits erwähnt, dass Verantwortungszuschreibung implizit eine bestimmte moralische oder ethische Norm bzw. eine allgemeine Ethik oder Moral, das heißt ein System von Normen, voraussetzt. Diese Verwiesenheit auf eine Moral oder eine Ethik kann man als soziale Voraussetzung der Verantwortung bezeichnen. Eng damit verbunden ist die Notwendigkeit einer objektiven Instanz, die aufgrund des erwähnten Systems von Nor-

---

34 Vgl.: [168] Lenk und Maring (2003, S. 58): *„Handeln lässt sich zusammenfassend kennzeichnen als ziel- oder normenorientiertes Verhalten in sozial eingebetteten Handlungs- und Verhaltensstrukturen, ausgerichtet an Strukturimages, an Erwartungen; es ist durch (idealtypische) Modelle in Abhängigkeit von den Strukturen und Strukturimages beschreibbar. Handeln ist nur als interpretatorisches Konstrukt in einer Beschreibung erfassbar."*

35 Dass dies keineswegs selbstverständlich ist, wird am Beispiel bestimmter traditionell organisierter Gesellschaften oder gesellschaftlicher Gruppen deutlich, in denen bisweilen ganze Familien für die Taten einzelner Mitglieder „in Sippenhaft" genommen, das heißt verantwortlich gemacht werden.

36 Ein Problem besteht hier darin, genau festzulegen, welche Handlungen freiwillig sind. Darauf weist schon Aristoteles mit verschiedenen Beispielen hin. Vgl. [18] Aristoteles, NE, 3. Buch, 1. Kap.

37 Ein klassisches Beispiel sind Taten, die unter Alkohol- oder Drogeneinfluss verübt werden. Der Täter wird zwar in der Regel für die Einnahme von Alkohol oder Drogen verantwortlich gemacht werden können, eventuell aber nicht mehr für die Taten, die er in trunkenem Zustand begeht. Die Grenze, für was der Handelnde hier verantwortlich ist oder nicht, ist allerdings nicht genau und nicht generell festlegbar. Hier muss individuell geprüft werden.

men die Handlungen eines Subjekts beurteilt. Die klassische Beurteilungsinstanz ist ein Gericht: Das Zivilgericht klärt, ob jemand der Verantwortung gegenüber einer anderen Person gerecht geworden ist, das Strafgericht klärt, ob jemand gegen seine Verantwortung gegenüber dem Gesetz bzw. der Gesellschaft verstoßen hat und das „jüngste Gericht" klärt, ob man seiner Verantwortung gegenüber Gott gerecht geworden ist. Das göttliche Gericht ist hier bewusst erwähnt, weil es auch in einer säkularen Gesellschaft insofern noch relevant ist als individuelle moralische Intuitionen und Gefühle oder das, was als individuelle Verantwortung vor dem eigenen Gewissen bezeichnet wird, eng mit der Idee eines göttlichen Richters zusammenhängen.[38]

2.2.3.2 Unterscheidung prospektiv und retrospektiv

Bei genauerer Analyse von Verantwortungszuschreibungen fällt auf, dass der Begriff je nach Gebrauch einen unterschiedlichen Charakter hat. So kann ein Autofahrer zur Verantwortung gezogen werden, wenn er eine rote Ampel missachtet hat, er trägt aber auch dafür Verantwortung, umsichtig und rücksichtsvoll zu fahren. Offensichtlich wird der Verantwortungsbegriff hier nicht gleich verwendet. Man kann zwei zeitlich unterschiedlich orientierte Verständnisse von Verantwortung unterscheiden: zum einen Verantwortung als „Rechenschaftspflicht" mit retrospektivem Charakter und zum anderen Verantwortung als „Sorge" mit prospektivem Charakter. Verantwortungszuschreibung dient im ersten Fall dazu, negative Handlungsfolgen bestimmten Personen zuschreiben zu können, im zweiten Fall dient sie dazu, jemanden zu benennen, der für einen positiven Zustand in der Zukunft sorgen soll.[39]

---

38 Interessant ist dabei, dass im Fall der Selbstverantwortung vor dem eigenen Gewissen der Ankläger identisch ist mit Angeklagtem, Richter und Gesetzgeber.

39 Diese Unterscheidung wird der Sache nach von vielen Autoren ähnlich getroffen, aber häufig unterschiedlich benannt. Hans Jonas hatte bereits eine Ex-post- und eine Ex-ante-Perspektive von Verantwortung beschrieben. Vgl.: [134] Jonas (2003, S. 172ff.). [28] Bayertz (1995) spricht von einem klassischen und einem modernen Verständnis. [65] Corlett (2006, S. 16) sieht insgesamt drei unterschiedliche Arten der Verwendung: retrospektiv, prospektiv und tout court/generell. Mit Verweis auf Heidegger unterscheidet [296] Vossenkuhl (2006, S. 164ff.) zwischen einer Verantwortung im Sinne von Sorge und einer Verantwortung im Sinne von Rechenschaftspflicht. Dabei weist er zudem besonders auf die subjektive Struktur des retrospektiven Verständnisses und die intersubjektive Struktur des prospektiven Verantwortungsbegriffes hin.

Verantwortung als Rechenschaftspflicht Der Charakter von Verantwortung im Sinn von Rechenschaftspflicht ist subjektiv-retrospektiv. Retrospektiv ist dieses Verständnis insofern, als eine Person überlegt, für was sie sich verantworten müsste, wenn ihre Handlungen das Ergebnis x zeigen. Diese Überlegung erfolgt zwar prospektiv, hat aber retrospektiven Charakter, insofern sie darauf gerichtet ist, für was nach einem negativen Ereignis die Verantwortung im Nachhinein übernommen werden müsste. Subjektiv ist der Charakter dieses Verantwortungsbegriffs insofern, als er darauf zielt, eine Einzelperson zur Rechenschaft ziehen und haftbar machen zu können. Es geht darum, nach einem negativen Ereignis jemanden zu finden, der verantwortlich im Sinne von „Schuld daran" ist. Im Gefolge wird es auch wichtig, eine Haftung, das heißt einen Ausgleich zwischen demjenigen, der unter den Folgen einer Handlung zu leiden hat und dem Urheber dieser Handlung zu ermöglichen.

Verantwortung als Sorge Wir können sinnvollerweise nur für unsere (ausgeführten und unterlassenen) Handlungen verantwortlich gemacht werden, nicht aber z.B. für die Farbe unserer Augen. Der Verantwortungsbegriff hängt also eng mit dem der Handlung zusammen und ist auf diesen angewiesen. Insofern sich weite Bereiche des menschlichen Handelns mit den tief greifenden gesellschaftlichen Änderungen ab ca. Mitte des 19. Jahrhunderts geändert haben, hat sich auch der Verantwortungsbegriff geändert bzw. erweitert.[40] Der ursprüngliche Zweck von Verantwortung, nämlich bestimmte negative Handlungsfolgen den Handlungen Einzelner zurechnen zu können, wird durch arbeitsteilige Organisation der Produktion und durch den Einsatz von technischen Mitteln schwerer. Dazu kommt, dass die Effektivität menschlicher Handlungen durch verbesserte Technik massiv gesteigert wird. Das Individuum erhält dadurch eine ungekannte Machtfülle; die Handlungen einer einzelnen Person könnten im Extremfall die Menschheit auslöschen. Durch die potentiell apokalyptische Dimension der Handlungen des Menschen im Zeitalter der Technik geraten die Handlungen vor dem Hintergrund der Technik in den Fokus der Ethik. Hans Jonas hat als Antwort auf solche Herausforderungen als einer der ersten das „Prinzip Verantwortung" propagiert und damit eine Art von Verantwortung im Sinn gehabt, die sich deutlich von der Verantwortung im Sinne der Rechenschaftspflicht unterscheidet. Konkret sind es insbesondere die Probleme der sozialen Gerechtigkeit und der ökologischen Zerstörung, die zur Forderung nach einer Verantwortung im prospektiv-sozialen Sinn, zu einer Verantwortung als Sorge führen. Diese Verwendung von Verantwortung im Sinne der Sorge kommt zwar, wie oben angedeutet, erst mit der Modernisierung auf; das damit bezeichnete Konzept der

---

40 Darauf weist insbesondere [28] Bayertz (1995) hin.

Sorge kann aber als eine grundlegende Struktur des menschlichen Lebens angesehen werden.[41]

Während sich die Struktur der prospektiven Verwendungsweise von Verantwortung nicht wesentlich von der retrospektiven unterscheidet, sind einige Charakteristika von Verantwortung als Sorge der Auffassung von Verantwortung als Rechenschaftspflicht diametral gegenübergestellt. Hier sind der prospektive, positive und soziale Charakter zu nennen. Es geht um Vor-Sorge für einen positiven Zustand, der vielen zugute kommt. Der Begriff der Verantwortung als Sorge wird des Weiteren häufig nicht mehr auf bestimmte einzelne Aufgaben bezogen, sondern auf solche allgemeiner Art bzw. solche Ziele, bei denen nicht klar ist, wie sie zu erreichen sind. Charakteristisch ist somit eine zweifache Unsicherheit: über Ziel und Wege zur Erreichung des Ziels. Wenn das Ziel verantwortlichen Handelns beispielsweise soziale Wohlfahrt lautet, ist erstens nicht klar, was soziale Wohlfahrt genau bedeutet, und es ist weiterhin nicht klar, wie dieses Ziel zu erreichen ist.[42]

Die Voraussetzungen der Zuschreibung von Verantwortung-als-Sorge sind zum Teil anders geartet als die der Rechenschaftspflicht. Die Kausalverantwortung wird der Zukunftsperspektive angepasst und durch das klassische „ultra posse nemo obligatur" ersetzt, das heißt Sollen setzt Können voraus. Als weitere Voraussetzungen wurden oben Individualität, Intentionalität, Freiwilligkeit, Verantwortungsfähigkeit, Freiheit und Autonomie genannt. Während die drei letztgenannten Voraussetzungen übernommen werden können, ist dies für Individualität, Intentionalität und Freiwilligkeit nicht ohne weiteres klar. De facto werden auch Gruppen im Sinne der Sorge verantwortlich gemacht, so z.B. Eltern für ihre Kinder. Dies ist auch insofern sinnvoll, als es nicht um einzelne Handlungen

---

41 Vgl.: [296] Vossenkuhl (2006, S. 164ff).

42 Offensichtlich wird bei diesem Beispiel auch, dass auch das politische Handeln mit den genannten Unsicherheiten konfrontiert ist, weswegen z.B. Jonas von der „Pflicht der Macht" spricht und Bayertz die Politik als „Paradigma des modernen Verantwortungsbegriffs" bezeichnet. In Absetzung vom Begriff der Pflicht kommt er zu folgender Beschreibung des Verantwortungsbegriffs im – wie er es nennt – modernen bzw. nicht klassischen Sinn: „*Pflichten sind explizite Handlungsvorschriften, mit denen mehr oder weniger präzise festgelegt wird, was zu tun ist. Mit dem Verantwortungsbegriff in seiner nicht klassischen Bedeutung werden demgegenüber bestimmte positiv ausgezeichnete (erwünschte) Zustände umschrieben, ohne dass im einzelnen festgelegt werden muss, wie der jeweils Verantwortliche diese Zustände herbeiführt oder aufrechterhält. Wenn jemand für eine Maschine ‚verantwortlich' ist, dann hat er sicherzustellen, dass alle erforderlichen Maßnahmen ergriffen werden, um Schäden von ihr fern zu halten und dennoch auftretende Schäden zu beseitigen: ohne dass die Schäden oder die erforderlichen Maßnahmen vorher spezifiziert werden müssen. Indem offen bleibt, wie einer solchen Verantwortung nachzukommen ist, bleibt sie wesentlich unbestimmt. Aufgaben, die „verantwortlich" wahrgenommen werden müssen, sind zu komplex, die Anforderungen unvorhersehbar, als dass sie durch vorgängige Pflichtenkataloge angeleitet werden können. Spezifisch für „Verantwortung" ist gerade, dass die Anforderungen vorher nicht formuliert werden können und dass daher im Einzelnen offen bleiben muss wie Verantwortung wahrgenommen wird.*" [28] Bayertz (1995, S. 33f.).

geht, sondern um einen positiven Zustand in der Zukunft, bei dem nicht per se klar ist, wie er zu erreichen ist. Auch Intentionalität und Freiwilligkeit stellen keine notwendigen Voraussetzungen von Verantwortung als Sorge dar, insofern jemand durchaus Verantwortung übertragen bekommen kann, ohne diese zu wollen und ohne eine Alternative zu haben. Die soziale Voraussetzung der Verwiesenheit auf ein moralisches System muss im Falle der Verantwortung als Sorge aber ebenfalls gegeben sein. Die Aufgabe, für die man Verantwortung trägt, muss gesollt sein.[43]

2.2.3.3 Rollenverantwortung

Quer zur Unterscheidung retrospektiver und prospektiver Verantwortung liegt die Rollenverantwortung. Diese erwächst einer Person aus einer gesellschaftlichen Rolle, die man aktiv einnimmt oder passiv zugewiesen bekommt. Mutter zu sein bringt beispielsweise Verantwortung für die Kinder mit sich, genauso wie die Rolle als Ehefrau, Managerin oder als Busfahrerin. Die Rollenverantwortung lässt sich nicht einer der beiden Auffassungen des Verantwortungsbegriffs zuordnen. Sowohl das retro- als auch das prospektive Verständnis von Verantwortung sind enthalten. So muss sich eine Ärztin gegebenenfalls vor einem Gericht für ihr Handeln verantworten, sie trägt aber auch Verantwortung für das Wohlergehen ihrer Patienten im Sinne der Sorge.

2.2.3.4 Gemeinschaftliche Verantwortung

Der Diskurs über gemeinschaftliche Verantwortung, die über aggregierte Einzelverantwortungen hinausgeht, wird in der Literatur sehr kontrovers geführt.[44] Ein Streitpunkt ist die Frage, ob eine Gruppe die oben genannten Bedingungen für Verantwortungszuschreibung erfüllen kann. Problematisch sind dabei insbesondere die Voraussetzungen der Individualität und der Intentionalität: Die Verantwortungszuschreibung an eine Gruppe kann mit den Freiheiten der individuellen Mitglieder der Gruppe kollidieren. Wenn man z.B. pauschal „die Banker" für eine vom Bankensektor verursachte Finanzkrise verantwortlich macht, verletzt man die Rechte des individuellen Bankers x, der sich unseriösen Praktiken und

---

43 Bayertz nennt als Voraussetzung, dass der Verantwortungsträger *„in einer normativ relevanten Beziehung zu der Sache steht"*. Dafür sieht er drei mögliche Begründungen: *„Die normativ relevante Beziehung kann ihre Wurzeln a) in einem höheren Auftrag b) in einer Selbstverpflichtung des Subjekts oder c) in dem besonderen Wert des betreffenden Objekts haben."* [28] Bayertz (1995, S. 33).
44 Vgl. dazu z.B.: [258] Smiley, in: Zalta (2008).

übertriebenem Gewinnstreben verweigert hat. Bezüglich der Intentionalität ist zu klären, ob eine Gruppe Intentionen haben kann. Außerdem stellt sich nach der Feststellung einer kollektiven Verantwortung die Frage, ob die kollektive Verantwortung auf die einzelnen Mitglieder einer Gruppe aufgeteilt werden kann und wenn ja, wie. Auch das Fehlen einer Urteilsinstanz ist problematisch und die Frage, wie eine Gruppe ihrer Verantwortung gerecht werden kann.

Trotz der genannten strittigen Punkte gehe ich davon aus, dass es möglich ist, Verantwortung im Sinne von Sorge auch an Gruppen zu übertragen. Eine Verantwortung gesellschaftlicher Gruppen im Sinne von Sorge besteht insbesondere für durch die Gruppe beeinflussbare gesellschaftliche Probleme. Dies trifft auch zu, wenn die angesprochenen Probleme durch die Summe moralisch unproblematischer Einzelhandlungen in der Vergangenheit entstanden sind und in Zukunft beeinflusst werden können, wie z.B. im Fall des Umwelt- oder Klimaschutzes. Ich gehe davon aus, dass die philosophisch-moralischen Probleme bei einer Verantwortungszuschreibung an Gruppen dabei um so geringer sind, je höher der gesellschaftlich-institutionelle Organisationsgrad der einzelnen Gruppen ist. Eine Gruppe kann ihrer Verantwortung gerecht werden, wenn sie ihren einzelnen Mitgliedern bestimmte Verhaltensweisen vorschreibt und für die Einhaltung näher zu bestimmender Standards sorgt.

3 Architektur und Moral – Zusammenhänge

architektur und philosophie haben wenig berührungspunkte, meint man. aber das scheint nur so.
(Otl Aicher)

Zum Inhalt dieses Kapitels

In diesem Kapitel wird der systematische Zusammenhang von Architektur und Moral beziehungsweise von Architektur und Ethik untersucht und mit Hinweisen auf die Architekturgeschichte illustriert.

3.1 Der systematische Zusammenhang von Architektur und Moral

Über die Gestaltung der gebauten Umwelt wird privat und öffentlich mit großer Leidenschaft diskutiert. Das dabei verwendete Vokabular ist, wie bereits eingangs festgestellt, häufig moralisch „aufgeladen", z.B. wenn von „Bausünden" die Rede ist oder davon, dass Architekten die Landschaft oder eine Stadt „verschandeln".[1] Häufig wird auch die Frage gestellt, ob man einen bestimmten Bau errichten „darf" oder welche von verschiedenen Alternativen „geboten" sei. Somit kann man im alltäglichen Sprachgebrauch einen Zusammenhang zwischen Architektur und Moral konstatieren. Im Folgenden wird dieser mittels der in der Ethik geläufigen Unterscheidung zwischen normativer und eudaimonistischer Ebene erläutert und strukturiert.

3.1.1 Moralisch-normative Probleme in der Architektur

Ein Zusammenhang von Architektur und Moral besteht darin, dass sich im Handlungsfeld Architektur die verschiedenen Typen moralisch-normativer Konflikte finden. Zum einen werden allgemeine Forderungen normativer Art erhoben und zum anderen lassen sich moralisches Dilemma, moralischer Dissens und normative Überforderung unterscheiden.[2] Außerdem gibt es das praktische Dilemma.

Allgemeine Forderungen normativer Art Menschliche Handlungen sollen bestimmte moralische Standards allgemeiner Art erfüllen. So sollte man zum Beispiel, zumindest prima facie, ehrlich sein oder andere nicht in ihrer Freiheit beschränken. Diese moralischen Forderungen allgemeiner Art gelten für alle menschlichen Tätigkeitsfelder. Somit gelten sie natürlich auch für die im Bereich Architektur Handelnden, stellen dabei aber kein Spezifikum der Architektur dar.

---

1   Darauf weist z.B. auch [202] Ott (1997) hin.
2   Vgl. dazu Abschnitt 2.2.2.

Moralisches Dilemma Ein moralisches Dilemma besteht, wenn eine Person nach der Theorie X zugleich a und b tun soll, aber nicht zugleich beides erfüllen kann. In der Architektur finden sich moralische Dilemmata häufig, allerdings werden sie bisweilen nicht als Dilemmata empfunden, weil eine klare vorreflexive Hierarchisierung verschiedener Zielvorstellungen und Werte besteht. Ein Beispiel für ein Dilemma in der Architektur ist der Konflikt zwischen ökologischen und denkmalpflegerischen Zielen: Das Ziel, eine historisch wertvolle Fassade zu erhalten, kann mit dem Ziel einer optimalen Wärmedämmung konfligieren, wenn sich diese etwa nur mit einer Dämmschicht auf der Fassade realisieren ließe. In diesem Fall steht der Wunsch, die Natur nicht durch unnötige Ressourcenverluste zu belasten, dem Bemühen, bedeutende Kunst- bzw. Bauwerke für die Öffentlichkeit und für nachfolgende Generationen zu bewahren, gegenüber. Lösbar ist ein Moralkonflikt dieser Art z.B. durch Hierarchisierung der Prinzipien bzw. Gebote. Für das gewählte Beispiel hieße das, der Architekt oder der Bauherr muss für sich begründen, warum er das Gebot des Naturschutzes höher einschätzt als das des Erhaltes kulturellen Erbes oder umgekehrt. Ähnliche Konflikte finden sich zahlreich in der Architektur. Als Beispiele kann man Denkmalschutz gegen Barrierefreiheit, Naturschutz gegen ökonomische Zwänge, funktionale Bedürfnisse gegen Brandschutz oder Ähnliches nennen. Insofern mit jeder einzelnen Architektur in der Regel auch von ein und derselben Person verschiedene Ziele verfolgt werden, die zumindest prima facie aus moralischer Sicht gleichberechtigt anzustreben sind, jedoch miteinander konfligieren oder sich ausschließen können, gehören moralische Dilemmata strukturell zur Architektur bzw. zum Entwurfsprozess.

Moralischer Dissens Ein moralischer Dissens besteht in der Regel zwischen verschiedenen Personen oder Gruppen, die unterschiedliche moralische, ethische und/oder weltanschauliche Positionen vertreten: Gruppe/Person A vertritt die Theorie X, nach der x richtig ist und B ist ein Anhänger der Theorie Y, nach der y richtig ist, beides zugleich kann aber nicht erfüllt werden. Auch der moralische Dissens findet sich in der Architektur häufig. So lässt sich der oben skizzierte Konflikt zwischen Denkmal- und Naturschutz auch als Beispiel eines moralischen Dissenses darstellen, wenn die unterschiedlichen Interessen von verschiedenen Personen oder gesellschaftlichen Gruppen, die hier exemplarisch „Denkmalschützer" und „Naturschützer" heißen sollen, eingenommen werden. So wird der „Denkmalschützer" den Erhalt historischer Bauteile sehr hoch gewichten und umgekehrt wird der „Naturschützer" die Reduzierung des Ressourcenverbrauches durch das Gebäude höher schätzen als den Erhalt historischer Bauteile.[3] Diese Einschätzungen können intuitiv erfolgen oder aber auf ethischen Reflexionen beruhen.

Auch die Debatte über das „Bauen für Despoten" ist ein Beispiel für einen moralischen Dissens in der Architektur. Die Streitfrage ist hier, ob es für Architekten moralisch erlaubt sei, für ein totalitäres Regime zu bauen. In dieser Diskussion stehen sich in der Regel zwei Argumentationstypen entgegen, die utilitaristische bzw. deontologische Züge haben. Position A besagt, dass es sehr wohl erlaubt sei, beispielsweise in China zu bauen, weil sich die Lage der Menschen durch gute Architektur erheblich verbessern kann. Position B besagt dagegen, dass es – mehr oder weniger unabhängig von den Folgen – moralisch verwerflich wäre, für totalitäre Regime tätig zu werden. Als prominente Vertreter der genannten Positionen lassen sich Meinhard von Gerkan und Christoph Ingenhoven nennen. Während von Gerkan sein Engagement als Architekt in China auch mit dem Hinweis auf die Verbesserung der Lebenssituation der Menschen verteidigt, lehnt sein Kollege Ingenhoven das „Bauen für Despoten" als prinzipiell falsch vehement ab.[4] Ebenso wie moralische Dilemmata gehören moralische Dissense strukturell zur Architektur, insofern in der Regel verschiedene Personen verschiedene auch moralisch gerechtfertigte Ansprüche an eine Architektur haben, die miteinander konfligieren können.

Normative Überforderung Eine normative Überforderung besteht, wenn eine Person mehr leisten soll als sie leisten kann, z.B. aufgrund eines Moralkonflikts oder wenn aus verschiedenen Rollen Verpflichtungen entstehen, die nicht gleichzeitig zu erfüllen sind.[5] Der Beruf des Architekten ist dadurch geprägt, dass Verpflichtungen oder Ansprüche verschiedenster Personen oder Institutionen gleichermaßen zu berücksichtigen sind,[6] teilweise aber nicht gleichzeitig erfüllt werden können. Ein Architekt soll gleichermaßen die Ansprüche an sich selbst als Gestalter, die Ansprüche des Bauherrn, die Ansprüche der Nachbarn oder der Passanten eines Baus, die Ansprüche der Nutzer und die Ansprüche der Gesellschaft erfüllen. Insofern sich Architekten also in einem Spannungsfeld verschiedenster Ansprüche bewegen, ist auch eine normative Überforderung paradigmatisch für den Architektenberuf.

---

3   Ein konkretes Beispiel für einen moralischen Dissens zwischen Naturschützern und Denkmalschützern ist der Streit um den Abriss des Wasserkraftwerks Rheinfelden (Baden). Dieses älteste Flusskraftwerk Europas soll abgerissen werden, um einem ökologisch besseren Neubau mit Fischaufstiegsgewässer Platz zu machen. Vgl. dazu [177] Mazzoni (SZ vom 7.12.09).

4   Vgl. das in einer Sonderausgabe des Spiegel unter dem Titel „Bauen für Despoten" veröffentlichte Streitgespräch zwischen von Gerkan und Ingenhoven: [108] Gerkan und Ingenhoven (in: Spiegel Special, 2008/4, S. 84ff.).

5   Vgl. dazu z.B. [296] Vossenkuhl (2006, S. 121 bzw. S. 129).

6   Vgl. zu den „Spannungen" zwischen verschiedenen Interessen auch die Untersuchung von [115] Greusel et al. (2007).

56

Praktisches Dilemma Praktische Dilemmata gibt es in der Architektur, wenn ein praktisches Interesse einer moralischen Verpflichtung entgegensteht. Ein praktisches Dilemma war zum Beispiel (zumindest bis zu ihrer Novellierung im Jahr 2009) strukturell in der HOAI[7] angelegt, insofern das Honorar des Architekten direkt an die Bausumme gekoppelt war. Finanziell war (und ist) es für einen Architekten in der Regel unsinnig, einem Bauherrn die preiswerteste Lösung einer baulichen Aufgabe vorzuschlagen; gleichzeitig ist der Architekt aber auch moralisch verpflichtet, die Interessen seines Bauherren bestmöglich zu vertreten. Aus moralischer und ethischer Sicht wiegt diese Verpflichtung schwerer als das finanzielle Interesse. Abstrakter formuliert überwiegt eine moralische Verpflichtung ein praktisches Interesse, solange letzteres ein rein praktisches und nicht existentielles ist.

3.1.2 Architektur und das gute Leben

Die Bestimmung, wie das Gute und das gute Leben möglich sei, ist das eigentliche Ziel der Ethik. Das Gute kann zum einen im Sinne einer Konfliktwissenschaft durch die Behandlung normativer Fragen untersucht werden, oder aber es wird in direkter Form nach dem guten Leben[8] gefragt. Dieses ist auf zweifache Weise auch mit der Architektur verbunden. Erstens ist die gebaute Umwelt und auch die Architektur eine basale Voraussetzung des guten Lebens und zweitens ist die Ermöglichung des guten Lebens das Ziel vieler Architekten.

Architektur als Voraussetzung des guten Lebens Architektur ist eine fundamentale Voraussetzung des angenehmen Lebens und kann unter bestimmten Bedingungen auch für das gute Leben als fundamentale Voraussetzung begriffen werden. Im Fall des angenehmen Lebens ist dies eine banale Feststellung, die keiner ausführlichen Erklärung bedarf: Ein Leben ohne feste und schön gestaltete Behausung erscheint der großen Mehrzahl der Menschen höchstens kurzzeitig angenehm. Für das gute Leben dagegen scheinen materielle Bedingungen wie zum Beispiel die Architekturen, in denen man sich bewegt, zunächst nicht entscheidend zu sein. Trotzdem ist auch das gute Leben auf Architektur oder zumindest auf eine gebaute Umwelt angewiesen. Oben[9] wurden mit Nussbaum[10] die Möglichkeit, sich eine Vorstellung über das gute Leben machen zu können,

---

7   HOAI: Honorarordnung für Architekten und Ingenieure. Darin sind die Honorare und Leistungsbilder für in Deutschland tätige Architekten durch den Gesetzgeber verbindlich geregelt.
8   Das „gute Leben" verwende ich hier und im Weiteren als terminus technicus im Sinne von Absatz 2.2.2.
9   Vgl. Abschnitt 2.2.2.
10 Vgl. [199, 198] Nussbaum (1999, 2000).

und die Möglichkeit des sozialen Miteinanders als grundlegende Bedingungen eines guten Lebens erwähnt. Für beide Möglichkeiten ist Architektur eine fundamentale Bedingung.

Das Fragen nach dem guten Leben, und damit das Nachdenken über Moral und Ethik sind als Bedingung ihrer Möglichkeit auf Architektur angewiesen. Um moralisch handeln zu können, müssen bestimmte basale Voraussetzungen erfüllt sein.[11] Dazu gehört eine gebaute Umwelt nicht unmittelbar, wohl aber mittelbar, insofern sie für die Erfüllung basaler körperlicher Bedürfnisse mittel- bis langfristig unersetzbar ist. Um in fruchtbarer Weise Ethik betreiben zu können, das heißt um über den Bereich des moralischen Handelns systematisch nachdenken zu können, müssen eine Reihe von weiteren Voraussetzungen erfüllt sein. Dazu gehört die Befriedigung körperlicher und geistig-sozialer Bedürfnisse, wozu ich auch das Vorhandensein einer adäquaten Behausung rechne. Insofern ist Architektur eine vorphilosophische Bedingung der Möglichkeit, überhaupt Ethik zu betreiben. Man kann somit Architektur auch als eine fundamentale Bedingung des guten Lebens begreifen. Dies setzt lediglich voraus, das gute Leben so zu konzipieren, dass moralisches Handeln und die Reflexion darüber ein Teil des guten Lebens sind. Eine derartige Konzeption des guten Lebens ist – siehe Nussbaum[12] – keinesfalls abwegig, allerdings auch nicht unmittelbar universalisierbar.

Sehr plausibel ist die Annahme, dass zu einem guten Leben die Möglichkeit gehört, die „soziale Natur" des Menschen ausleben und gestalten zu können.[13]

---

11 Vossenkuhl beschreibt in einer Untersuchung zur Bedeutung von Natur für die Moral die Abhängigkeit der Moral von der physischen Existenz (Natur) des Menschen. Er nennt vier Fälle, in denen deutlich wird, dass die Zerstörung (oder Gefahr der Zerstörung) des Lebens die Moral unmöglich macht: „Wir erkennen vier Typen von Fällen, in denen die Natur als Voraussetzung der Moral so zerstört wird, dass es fraglich ist, ob wir davon betroffene Menschen überhaupt noch als moralfähige Wesen betrachten können. Dies sind Naturkatastrophen, Krieg, Folter und schwere körperliche und seelische Krankheiten. In allen diesen Fällen werden die menschliche Urteilsfähigkeit, die Wahrnehmung fremden Leids und die Einsicht in die eigene Schuld teilweise oder ganz zerstört oder zeitweise außer Kraft gesetzt. Gerade diese vier Typen des Naturverlusts zeigen, dass der Verlust der natürlichen Lebensbedingungen zum Moralverlust und zur Entmenschlichung führt. Die Opfer des Naturverlusts handeln soweit sie dazu fähig sind, jenseits aller moralischen Kriterien. Berichte aus Konzentrationslagern und lange belagerten Städten zeigen diese entmenschlichenden Folgen des Naturverlusts. Wir haben uns daran gewöhnt, die Moral unter Normalbedingungen der Natur zu denken. Wir haben dabei vergessen, dass diese natürlichen Normalbedingungen nicht garantiert sind. Nachdem wir dies vergessen haben, trieben wir Ethik, als sei sie für Engel, für bedürfnislose, texil- und naturfreie, rein-rationale Wesen." [292] Vossenkuhl (1993b, S. 12).

12 Vgl. dazu Abschnitt 2.2.2 und [198, 199] Nussbaum (1999, 2000).

13 Vgl. dazu: „Die Behauptung des Aristoteles, dass die Menschen als solche ein Gefühl der Zugehörigkeit zu anderen Menschen haben und von Natur aus soziale Wesen sind, stellt eine empirische Behauptung dar, die allerdings vernünftig und richtig zu sein scheint. Wie unterschiedlich unsere Vorstellungen von Freundschaft und Liebe auch sein mögen, es gibt sehr gute Gründe,

Damit der sozialen Natur des Menschen aber in würdevoller Weise genüge getan werden kann, sind würdevolle Behausungen notwendig und damit Architektur.[14] Somit kann man Architektur – eine entsprechende Konzeption des guten Lebens vorausgesetzt – als Bedingung eines guten Lebens verstehen.

Architektur als Symbol des guten Lebens In der Arbeit des Architekten geht es zunächst darum, Räume zu schaffen, die für die Menschen nützlich und angenehm sind. Man könnte also davon sprechen, dass es das Ziel des Architekten ist, auf praktischer Ebene eine Voraussetzung zu schaffen, dass der Mensch ein angenehmes Leben führen kann. Daneben ist aber auch die Frage nach dem guten Leben eine grundlegende Frage und gleichzeitig eine große Motivation für Architekten. Dagegen könnte eingewendet werden, dass „gutes Leben" und „angenehmes Leben" hier fälschlicherweise gleichgesetzt werden und dass Architektur nur eine banale Voraussetzung für ein angenehmes Leben sein kann. Dem muss man allerdings entgegenhalten, dass Architektur eben nicht nur eine „Wellness-Funktion" für die Menschen darstellt, sondern zum einen, wie oben gezeigt, eine fundamentale Voraussetzung für ein angenehmes Leben und unter bestimmten Voraussetzungen auch für das gute Leben ist. Und zum anderen muss man betonen, dass Architektur – bewusst oder unbewusst – von vielen Menschen als Symbol eines guten Lebens gesehen wird. Architektur ist auf individueller und gesellschaftlicher Ebene Ausdruck der Idealvorstellungen vom guten Leben.[15] Dementsprechend ist das Ziel vieler Architekten eben nicht nur die

---

sie als Ausdrucksformen derselben menschlichen Bedürfnisse und Wünsche zu sehen." [199] Nussbaum (1999, S. 260).

14 Schon Alberti erkannte Architektur als fundamentale Bedingung für menschliches Zusammenleben: „Es gab Leute, die sagten, dass das Wasser oder Feuer die Anfänge boten, auf Grund deren sich die menschliche Gesellschaft bildete. Wenn ich aber die Nützlichkeit und Notwendigkeit von Decke und Wand betrachte, so werde ich natürlich davon überzeugt sein, dass diese in viel höherem Grade dazu beigetragen haben, die Menschen zu vereinigen und zusammenzuhalten." [9] Alberti ([1452]/2005, S. 10).

15 In jüngerer Zeit findet diese Erkenntnis auch Eingang in die Feuilletons. Mit Verweis auf die zum Teil hochemotionalen Diskussionen um Großprojekte wie „Stuttgart 21", die Dresdner Waldschlösschenbrücke, das Berliner Stadtschloß, das Hamburger Gängeviertel oder die Münchener „Hochhausfrage" stellen zum Beispiel die im Folgenden zitierten Autoren fest, dass sich in Architektur die Ideale einer Gesellschaft spiegeln. Hanno Rauterberg kontrastiert die Belanglosigkeit der real gebauten Umwelt mit den heftigen Emotionen, die sie de facto wecken kann, und kommt zu dem Schluß, dass Architektur die Menschen interessiert, ja sogar berührt und emotional bewegt, weil sie gesellschaftliche Ideale widerspiegelt: „Doch interessiert sich überhaupt noch jemand für Architektur? Wer durch die Städte und Dörfer reist, wer sich das lieblose Nebeneinander von Industriehallen, Discountmärkten, Tankstellen und Wohnhäuschen ansieht, kommt nicht unbedingt auf die Idee, dass den Menschen besonders viel an ihrer gebauten Umwelt läge. Und doch ist den meisten die Architektur alles andere als gleichgültig. Sie weckt heftige Emotionen, Zorn, Kampfeslust und Liebe. Sie ist unzweifelhaft das Streitmedium Nummer eins der Deutschen. [...] Oft geht es den Menschen um etwas Grundsätzliches. Oft ist für sie die Ar-

Schaffung angenehmer Räume, sondern tatsächlich die Ermöglichung des guten Lebens. Dieser Anspruch lässt sich nur rechtfertigen, wenn Architektur großen Einfluss auf das Wohlbefinden, das Glück und das gute Leben der Menschen hat. Eine intuitive Reaktion würde diesen Einfluss zwar eventuell verneinen. Wissenschaftlich bestätigt wird die enorme Bedeutung von Architektur aber zum einen von entsprechenden psychologischen Untersuchungen.[16] Und zum anderen legen die Überlegungen einiger Philosophen eine existentielle Dimension von Architektur nahe. Heidegger[17] bezeichnet beispielsweise ein gelingendes In-der-Welt-Sein als „Wohnen" und stellt fest, dass gute Architektur den Menschen „wohnen" lässt. In diesem Sinn kann man mit Vossenkuhl davon sprechen,[18] dass die Frage nach dem guten Leben nicht von der Frage nach Architektur zu trennen ist. Und insofern besteht auch in diesem Sinn ein enger Zusammenhang von Architekur und Moral beziehungsweise von Architektur und Ethik. Beide Disziplinen fragen danach, welche Voraussetzungen erfüllt sein müssen, damit der Mensch ein gutes Leben führen kann.

---

chitektur nur der äußere Anlass für weit größere Debatten: darüber, was eine demokratische Gesellschaft eigentlich ausmacht und wie sich das, was wir Öffentlichkeit nennen, bewahren lässt." [229] Rauterberg (ZEIT, 2.9.2010).
Christian Illies beschreibt die „moralische Aufladung" der großen Architekturdebatten anhand von „Stuttgart 21". Er kann sich die Vehemenz der Proteste und Debatten nur erklären, weil es dabei „ums Eingemachte" geht, das heißt um „unser gesellschaftliches Selbstverständnis": *„Denn Architektur ist ein öffentlicher und offensichtlicher Ausdruck dessen, wie sich eine Gesellschaft versteht; wie wir bauen, zeigt, was uns wichtig ist und was wir wollen."* Im Anschluß verweist er auf die Architektursoziologen Joachim Fischer und Heike Delitz: *„Hier wird die Architektur als zentraler symbolischer Ausdruck einer Gesellschaft verstanden, in der sich diese aber zugleich erfindet und eine bestimmte Lebensform konstituiert. In der Bauweise gewinnt das Imaginäre einer Zeit Gestalt, also das, was sie sein könnte oder idealerweise sein will. Architektur ist unübersehbar und kommuniziert so deutlicher als andere Medien unsere Vorstellungen."* Er kommt schließlich zu dem Ergebnis: *„Was in Stuttgart (in Dresden, in Berlin, in Hamburg) die Menschen heute erregt, ist daher nichts weniger als die Frage nach der Gesellschaft, in der wir leben wollen, und dem Weltbild, welches dahintersteht."* [131] Illies (SZ, 2.9.2010). Vgl. dazu auch: [132] Illies und Ray, in: Meijers (2009); [130] Illies, in: BDA (2008); [67] Delitz (2009).

16 Vgl. z.B. die populärwissenschaftliche Einführung von [166] Leising (2002), einen Klassiker der Umweltpsychologie [154] Kruse (1978) oder auch als weitere Beispiele [137] Kannheiser (1989), [90] Evans (1998).

17 Vgl. [123] Heidegger, in: Bartning (1952); [31] Biella, in: Führ (2000) und [32] Biella (2006).

18 Vgl. dazu [293] Vossenkuhl, in: Staatl.Akad.d.b.Künste Stuttgart (1997, S. 36), der diese Tatsache auf den Punkt bringt: *„Es gibt keine guten lebensfähigen Gemeinschaften ohne gut gestaltete Räume. Menschliche Beziehungen sind erst dann gestaltet, wenn sie in gestalteten Räumen Platz finden. Humane Beziehungen können nicht auf Bäumen und Straßen stattfinden, sie benötigen Behausungen. Die Frage nach der richtigen und guten Gestaltung ist deswegen genauso wichtig wie die Frage nach dem guten Leben; letztlich sind beide Fragen gar nicht voneinander zu trennen."* An anderer Stelle zitiert Vossenkuhl zustimmend das Diktum von Otl Aicher, wonach der Designer ein Moralist zu sein habe. Vgl. [290] Vossenkuhl, in: Aicher (1993, S. 40), zitiert in Abschnitt 1.1 Fußnote 9.

3.2 Der historische Zusammenhang von Architektur und Moral

Die oben dargestellte Struktur des Zusammenhangs von Architektur und Moral auf normativer und eudaimonistischer Ebene bildet sich auch in der Architekturgeschichte ab.

3.2.1 Die Tradition normativer Fragen in der Architektur

Allgemeine Forderungen normativer Art Alle Formen normativer Probleme bzw. Forderungen finden sich in der Architekturgeschichte. Als Beispiel für allgemeine Forderungen normativer Art in der Architektur kann man die Forderung nach „Wahrheit in der Architektur" nennen, die bereits sehr lange erhoben wird und ein wichtiger Bestandteil der Architekturgeschichte ist.[19] Wahrheit ist aus philosophischer Sicht zunächst kein Begriff der Moral oder der Ethik. Der Wahrheitsgehalt einer Aussage ist für sich genommen moralisch indifferent. Erst wenn ein Sprecher bewusst eine wahre oder nicht wahre Aussage macht, z.B. um jemanden zu täuschen, wird der Bereich des Moralischen tangiert. In diesem Sinn sind nur die Begriffe Ehrlichkeit und Lüge moralische Begriffe. In der Architekturgeschichte lässt sich diese Differenzierung zwischen Wahrheit und Ehrlichkeit allerdings nicht finden. Die Begründungen der Forderung nach Wahrheit in der Architektur sind – zumindest zum großem Teil – explizit moralischer Natur und implizit ästhetischer. Die Berufung auf moralische Gründe verleiht der Forderung eine Autorität, die sie zum Beispiel als ästhetische Forderung nicht hätte. Ob diese Begründungen einer ethischen Prüfung standhalten, ist im Einzelfall zu prüfen. Die Forderung nach „Wahrheit" in den Schriften bedeutender Architekten des 20. Jahrhunderts und insbesondere der Architektur-Moderne[20] erfolgt in verschiedenen Zusammenhängen. Es lassen sich drei Hauptverständnisse von Wahrheit unterscheiden, wobei die Forderungen nach Wahrheit in allen Vari-

---

19 Eine ausführlichere historische Würdigung und theoretische Kritik zur „Wahrheit in der Architektur" erfolgt im Abschnitt 6.7 zum „Prinzip der Wahrheit". An dieser Stelle wird der Komplex der „Wahrheit in der Architektur" daher nur kurz angedeutet.

20 Der Gebrauch einer Stil- oder Epochenbezeichnung, wie z.B. „die Architektur-Moderne", suggeriert, es handle sich jeweils um eine einheitliche in sich harmonische Strömung, was in der Regel aber nicht der Fall ist. Hier ist auf detaillierte kunst- und architekturgeschichtliche Untersuchungen zu verweisen. „Die Architektur-Moderne" als einheitliche Strömung gab es zum Beispiel nicht, sondern nur mehrere und einander z.T. fundamental widersprechende Tendenzen in der Architektur, die als „Architektur-Moderne" zusammengefasst werden. Vgl. dazu z.B.: [212] Pahl (1999). Da es sich bei der vorliegenden Untersuchung aber um eine philosophische handelt, die nur kursorische architekturgeschichtliche Anmerkungen enthält, halte ich den Gebrauch von Stil- oder Epochenbezeichnungen ohne detaillierte Differenzierung für gerechtfertigt.

anten als aus moralischen Gründen geboten dargestellt werden. Zum ersten kann Wahrheit als Übereinstimmung der tatsächlichen Konstruktion oder Funktion mit der erkennbaren gemeint sein. Zweitens taucht die Forderung nach „Wahrheit der Architektur" auf, womit im Sinn einer Seinswahrheit eine Übereinstimmung der Architektur mit ihrer Entstehungszeit bzw. dem jeweiligen Zeitgeist bezeichnet und von Authentizität gesprochen wird. Drittens taucht der Begriff der Wahrheit häufig im Zusammenhang mit Gestaltungsregeln auf, für die so etwas wie ewige Gültigkeit und Wahrheit postuliert wird.

Moralisches Dilemma und normative Überforderung

Moralische Dilemmata und normative Überforderung sind in der Architektur häufig, was insofern leicht erklärbar ist, als ein Architekt eine Vielzahl von Interessen befriedigen bzw. eine Vielzahl verschiedener Werte miteinander in Einklang bringen soll. Man könnte die Architekturgeschichte und insbesondere die Geschichte der Architekturtheorie erzählen als die Geschichte unterschiedlicher Versuche der Auflösung moralischer Dilemmata und normativer Überforderung. Mittel dazu ist jeweils die Einführung einer begründeten Hierarchisierung verschiedener Forderungen an den Architekten, wobei moralische Gründe und Forderungen eine wichtige Rolle spielen.

Nur zur Illustration seien hier die Architekturtheorien von Le Corbusier und Robert Venturi erwähnt, an denen sich sowohl moralischer Dissens als auch die Vermeidung moralischer Dilemmata zeigen lässt:

Insofern beide Theorien in ihren inhaltlichen Forderungen, die auch moralisch begründet werden, miteinander kontrastieren und sich direkt widersprechen, sind sie ein Beispiel für einen moralischen Dissens. Und insofern in beiden Theorien eine eindeutige Hierarchisierung architektonischer Ziele mit Berufung auf moralisch-humanitäre Gründe erfolgt, lassen sich beide als Beispiel für die Vermeidung moralischer Dilemmata anführen. Der Architekt hat in beiden Theorien aus moralischen Gründen sozusagen keine andere Wahl, als auf eine bestimmte Art zu entwerfen.

Le Corbusier fordert beispielsweise in seinen berühmten „fünf Punkten zu einer neuen Architektur" eine an Wissenschaft und industrieller Massenproduktion[21] orientierte Architektur. Diese und auch städtebauliche Forderungen untermauert er (unter anderem) mit Verweis auf die herrschende Wohnungsnot.[22] Als Archi-

---

21 Vgl. dazu [237] Roth (1927).
22 Vgl. dazu: „*Das Problem, das in allen Ländern als das dringlichste auf der Tagesordnung steht, ist das der Konstruktion von Häusern, die zur Unterbringung der Massen, die das Maschinenzeitalter in den großen Städten zusammengedrängt hat, erforderlich sind. Unnötig es zu beschreiben: wir haben die Tatsachen vor Augen; das Problem der Menge ist gegeben. Und überdies ist äußerste Sparsamkeit geboten – der Grund dafür ist bekannt.*" [162] Le Corbusier ([1929]/1964, S. 87).

tekt darf man also keine, eventuell auch mit moralischen Gründen zu fordern-
de, „künstlerische" und „handwerkliche" Architektur anstreben, weil sich so das
Problem der Wohnungsnot nicht lösen lässt. Ein moralisches Dilemma entsteht
so erst gar nicht, weil die Lösung der Wohnungsnot in den Augen LeCorbusiers
unzweifelhaft das Handeln des Architekten bestimmen muss.

Auf ähnlich „unmoralische" Weise fordert Robert Venturi knapp vierzig Jahre
nach der Forderung LeCorbusiers „Contradiction and Complexity in architecture", das heißt Widerspruch und Komplexität in der Architektur und meint damit eine Architektur, die stärker als die funktionalistische Moderne künstlerische
und symbolische Aspekte von Architektur berücksichtigt. Diese Forderung bzw.
die Ablehnung der „funktionalistischen" Moderne wird allerdings auch moralisch begründet, indem Venturi behauptet, dass die von ihm intendierte Architektur dem entspreche, „was die Menschen wirklich wollen"[23]. Architekten können
aus moralischen Gründen also gemäß Venturi gar nicht anders, als „widersprüchlich und komplex" zu entwerfen, weil nur diese Art von Architektur dem Mensch
wirklich gerecht wird.

Moralischer Dissens Moralische Dissense, wie sie häufig zwischen unterschiedlichen Weltanschauungen bestehen, finden sich auch zwischen Architekturtheorien bzw. zwischen Architekten. Als Beispiel kann man die oben genannten Theorien von Le Corbusier und Robert Venturi nennen.

Des Weiteren kann man den Streit „Gotik vs. Antike/Renaissance" anführen, der
seit dem 18. Jahrhundert, besonders aber im 19. Jahrhundert in Europa bestand.
Die Bedeutung der Gotik und der Renaissance/Antike wurde zum Beispiel von
John Ruskin und Jacob Burckhardt[24] völlig gegensätzlich eingeschätzt. Insofern
beide Autoren jeweils auch mit moralischen Gründen für den Stil argumentieren,
den der andere ablehnt, lässt sich hier ein Dissens konstatieren, der aus heutiger
Sicht zumindest auch moralisch konnotiert ist und von den Zeitgenossen wohl
durchaus als moralischer Dissens begriffen wurde.[25]

---

23 Vgl. dazu [280] Venturi, et al., in: Pehnt (1983), [281] Venturi (1997) und [279] Venturi (2003).
24 Vgl.: [60] Burckhardt ([1869]/1981), [238] Ruskin ([1880]/1994), [239] Ruskin ([1853]/2003)
    und [152] Kruft (1995).
25 Dabei hat der Streit „Gotik vs. Renaissance" bzw. „Gotik vs. Antike" in ganz Europa eine lange
    Tradition. Während beispielsweise Winckelmann in Deutschland für eine Orientierung an der
    Antike plädiert und damit eine seit Vasari vorherrschende Einschätzung stützt, argumentiert in
    England schon vor Ruskin Pugin für die Gotik, allerdings in erster Linie aus religiösen Grün-
    den. In Frankreich bezeichnet Viollet le Duc die Gotik als DEN Stil im Gegensatz zu den Stilen
    anderer Epochen. Watkin (1977) sieht eine Fortsetzung dieses Streits bei Pugin und Pevsner,
    insofern beide die gleiche Argumentationsstruktur benutzen: Bestimmte Formen werden als mo-
    ralisch richtig gefordert. Bei Pugin sind es gotische Formen, bei Pevsner moderne. *„Yet, despite
    the great difference between these two types of architecture, both critics use the same kind of
    argument to champion the cause of their chosen type: That it is not just a style but a rational*

3.2.2 Die Tradition der Frage nach dem guten Leben in der Architektur

Zahlreiche namhafte Architekten beanspruchten und beanspruchen implizit oder explizit, mit ihren theoretischen und praktischen Arbeiten dazu beizutragen, dass das gute Leben auf individueller und gesellschaftlicher Ebene möglich wird. Die grundlegende Motivation vieler Theorien ist eine moralische. Es geht nicht in erster Linie um ästhetische Fragen; das übergeordnete Ziel ist, das Leben der Menschen in umfassender Weise zu gestalten und zu verbessern. Ein Beispiel ist das Bauhaus, das nach eigenem Selbstverständnis eine umfassende Reformbewegung im menschlichen Dasein bewirken wollte. Es lassen sich aber auch in der gesamten Architekturgeschichte prägende Einzelfiguren finden, die davon überzeugt waren oder sind, mittels der Architektur die Menschheit zu einer besseren Zukunft führen zu können, etwa Le Corbusier, Frei Otto oder Peter Eisenman.[26] Diese und viele andere herausragende Architekten wollten in ihren

---

way of building evolved inevitably in response to the needs of what society really is or ought to be, and to question its forms is certainly anti-social and probably immoral." [299] Watkin (1977, p. 1); Vgl. zu diesem Komplex auch [152] Kruft (1995).

Interessant ist in diesem Zusammenhang auch der Hinweis auf Otl Aicher, bei dem die Bevorzugung der Gotik aus moralischen Gründen eine Fortsetzung erfährt. Aicher erkennt zwischen „der Gotik" und der Architektur der Moderne strukturelle Parallelen, insofern beide Stile rein logisch aus den Notwendigkeiten der Konstruktion abgeleitet seien. Aicher bezeichnet dies als „strukturelle Haltung" und kontrastiert sie in moralisch wertender Art und Weise mit einer „symbolisierenden Haltung", die er in der Architektur der Postmoderne erkennt. Während er eine „strukturelle Haltung" befürwortet, lehnt er eine „symbolisierende Haltung" als „dekadent" ab. Vgl. dazu [7] Aicher, in: Aicher (1993), [4] Aicher, in: Aicher, Aicher-Scholl (1991), [3] Aicher (1991), Aicher [6] Aicher (1991b) und [8] Aicher (1993).

26 Das Streben der Architekten nach Ermöglichung des guten Lebens im philosophischen Sinn lässt sich zahlreich belegen. Als ein Beispiel: „*Meine Aufgabe und Ziel meines Forschens ist es zu versuchen, dem Menschen von heute aus dem Unglück und aus der Katastrophe herauszuhelfen, ihm Glück, tägliche Freude und Harmonie zu schenken.*" [162] Le Corbusier ([1929]/1964, S. 7).

Selbst Peter Eisenman ist davon überzeugt, eine gesellschaftlich wichtige Aufgabe zu leisten, wenn er durch seine Architektur die Menschen aus ihrem „dogmatischen Schlummer" reißt und ihnen ihre existentielle Angst in einer Situation „postmoderner Geworfenheit" deutlich macht oder (in den Worten Eisenmans) ihren Zustand „in extremis": „*Die Angst, auf welche meine Architektur entschlossen reagiert, existiert.[...] Das Haus mag vielleicht einmal der wahre Hort und das Symbol für ein den Menschen umhegendes Obdach gewesen sein, in einer Welt aber, die von einer unauflöslichen Angst bestimmt wird, müssen Bedeutung und Form des Wohnens sich ändern. Mit anderen Worten: Ein Haus muß immer noch als Unterkunft dienen, es braucht diese Funktion jedoch nicht mehr in symbolhafter oder romantisierender Weise darzustellen, ganz im Gegenteil, solch eine Symbolik ist heute bedeutungslos und zur reinen Symbolik geworden.*" [83] Eisenman, in: Eisenman und Schwarz (1995, S. 118ff.). Diese „Erweckung des Menschen" sieht er dabei durchaus als Dienst an der Gesellschaft: „*Ich möchte nicht wie ein sozialer Wohltäter klingen, aber ich bin der Überzeugung, dass ich immer in Verantwortung gegenüber der Gesellschaft gehandelt habe. Wer das Gewohnte problematisiert handelt in diesem Sinne gesell-*

Theorien und letztlich auch in ihren Bauten immer mehr als nur angenehme Räume schaffen. Letztlich fragen sie danach, was ein gutes Leben ausmacht, wie es möglich und zu verwirklichen ist. Sie wollten und wollen in umfassender Weise das Leben der Menschen bestimmen, um es zu verbessern. Zumindest aber wollen sie einen Vorschlag machen, wie man aus ihrer Sicht für ein gutes Leben zu leben hat.

---

schaftlich verantwortlich.“ [86] Eisenman und Drobnick, in: Eisenman und Schwarz (1995, S. 327).

Auch von Architekturtheoretikern wird das Ideal des guten Lebens als Ziel der Architekten bestätigt. Vgl. dazu das Zitat von Norberg-Schulz in Abschnitt 2.1.2 Fußnote 3. Und Nerdinger (2005) schreibt unter dem Titel „Frei Otto, Arbeit für eine bessere ‚Menschenerde‘“ über das Bemühen von Frei Otto, das gute Leben des Menschen und der Gesellschaft zu ermöglichen: *„Architektur ist für Frei Otto ein existentielles Anliegen, denn es geht ihm nicht darum, nur etwas für einen einzelnen Bauherrn zu schaffen oder sich selbst darzustellen, sondern er will mit dem Bauen für eine Verbesserung der Lebensbedingungen aller beitragen. Es geht ihm nicht um die Errichtung einzelner Werke, sondern um die Arbeit an einem Prozess, der auf eine Vision, auf die Schaffung einer Architektur für eine friedliche Gesellschaft im Einklang mit der Natur ausgerichtet ist: ‚Meine Hoffnung ist, dass sich mit leichten flexiblen Bauten auch eine neue offene Gesellschaft einfinden möge‘.“* [189] Nerdinger, in: Nerdinger (2005, S. 9). Im gleichen Artikel verweist er auch auf Bruno Taut, der schon kurz nach dem ersten Weltkrieg eine ähnliche Vision beschrieben hatte (in: Bruno Taut, Die Auflösung der Städte oder die Erde eine gute Wohnung, Hagen 1920).

4 Architektur und Verantwortung – Ausgangspunkt

Endlich sei noch gesagt, dass die Beständigkeit, das Ansehen und die Zier eines Gemeinwesens am meisten des Architekten bedürfe, der es bewirkt, dass wir zur Zeit der Muße in Wohlbehagen, Gemütlichkeit und Gesundheit, zur Zeit der Arbeit zu aller Nutz und Frommen, zu jeder Zeit aber gefahrlos und würdevoll leben können.
(Alberti)

Zum Inhalt dieses Kapitels

In diesem Kapitel wird die Verantwortung in der Architektur als heuristischer Ausgangspunkt einer Ethik der Architektur umfassend analysiert und diskutiert. Die Feststellung, dass Architektur als eine verantwortungsvolle Aufgabe gesehen wird, und die Begründung dieser Feststellung bilden den Ausgangspunkt des Kapitels. Anschließend wird das Verhältnis von Bauherr und Architekt empirisch und systematisch rekonstruiert, bevor die Verantwortung des Architekten, des Bauherren, der Architektenschaft und weiterer Beteiligter genauer untersucht wird.

4.1 Heuristik der Verantwortung

Die Planung und Erstellung von funktional hilfreichen, atmosphärisch wirksamen und Symbolfunktion erfüllenden Behausungen für menschliche Tätigkeiten – das Erstellen von Architekturen gemäß obiger Definition[1] – ist eine verantwortungsvolle Aufgabe und wird im Allgemeinen als solche begriffen. Dies ist die Ausgangsfeststellung dieser Überlegungen. Dass Architekten und deren Institutionen diese Feststellung bestätigen, ist nicht weiter verwunderlich.[2] Die gleiche Sichtweise zeigt sich aber auch in den einschlägigen Gesetzen, in denen ebenfalls die Verantwortung der am Bau Beteiligten betont wird[3] und nicht zuletzt auch im öffentlichen Diskurs über Architektur.[4] Dabei begreifen die meisten Menschen auf praktischer, vorreflexiver Ebene die Verantwortung in der Architektur als eine schlichte Tatsache bzw. als eine moralische Intuition, die keiner größeren Begründung bedarf. Systematisch-theoretisch ergibt sich die Feststellung, dass Architektur eine verantwortungsvolle Aufgabe ist, implizit aus den vorangegangenen Ausführungen über den Zusammenhang von Architektur und Moral.

---

1   Vgl. dazu Abschnitt 2.1.3.
2   Vgl. als ein Beispiel unter vielen folgende Passagen aus der Veröffentlichung *„Architekturpolitik in Bayern"* der [27] Bayerischen Architektenkammer (2002): *„Forderung 11: Orientierung der Aus- und Fortbildung der Architekten an einem umfassenden Berufsbild zur Übernahme der ihnen zukommenden Verantwortung."* (S. 26) oder: *„Die Gestaltung einer gesunden und intakten Umwelt ist eine verantwortungsvolle und komplexe Aufgabe."* (S. 27).
3   Vgl. z.B. [96] Bayerische BauOrdnung (BayBO) 2010, Art. 49–52.
4   Vgl. als ein Beispiel für den allgemeinen feuilletonistischen Diskurs, der mit zahlreichen Beiträgen geführt wird: [89] Erlinger (2009), oder auch die bereits ausführlich (vgl. Abschnitt 3.1.2 Fußnote 15) zitierten Artikel von [229] Rauterberg (ZEIT, 2.9.2010) und [131] Illies (SZ, 2.9.2010). Für den Fachdiskurs, der nur mit relativ wenigen Beiträgen geführt wird von Seiten der Architekten: [107] Gerkan (1982) und von Seiten der Philosophen: [202] Ott (1997, Kap. IX).

Wenn man das dort entwickelte Modell des Bauprozesses[5] zugrunde legt, ergibt sich, dass Bauherr, Architekt und Ausführender Verantwortung tragen. Als Objekt der Verantwortung werden in den enschlägigen Texten in erster Linie Individuen, Gesellschaft und die natürliche Umwelt genannt.[6] Eine herausgehobene Position unter den drei maßgeblich Beteiligten hat der Architekt als konzipierender, koordinierender, entscheidender und überwachender Fachmann inne. Individuen und Gesellschaft übertragen daher insbesondere dem Architekten und der Architektenschaft Verantwortung für den zukünftigen Zustand der gebauten Umwelt und machen sie verantwortlich für bestehende Missstände. Im Gegensatz dazu ist die Verantwortung des Ausführenden etwas geringer einzuschätzen. Zum einen, weil er „nur" die Anweisungen von Architekt und Bauherr befolgt und seine Verantwortung insofern immer sekundär ist. Und zum anderen bezieht sich die Aufgabe des Ausführenden und damit seine Verantwortung in der Regel nur auf einen Teilbereich, während der Architekt die Verantwortung für das gesamte Projekt trägt. Bezüglich der Verantwortung des Bauherren für die gebaute Umwelt wiederum ist festzustellen, dass sie im gesellschaftlichen Diskurs eher zu stark marginalisiert wird.[7] Als Laie ist der Bauherr, zumindest nach allgemeiner Meinung, nicht in gleichem Maße verantwortlich zu machen wie ein Architekt. Dies ist einerseits verständlich, andererseits kann der Bauherr aus ethisch-philosophischer Sicht seine Verantwortung nicht vollständig an den Architekten abgeben, da er bei einem Bauvorhaben derjenige ist, der endgültige Entscheidungen trifft. Insofern erfordert auch die Verantwortung des Bauherren eine ausführliche Analyse.[8]

---

5   Vgl. Abschnitt 2.1.2.

6   Als Verantwortungsadressaten werden zumindest in Dokumenten zu Selbstverständnis und Berufspflichten der Architektenschaft immer wieder Individuen, Gesellschaft und Natur genannt. Als Beispiel sei auf das von der Bayerischen Architektenkammer am 27. November 2009 verabschiedete „Berufsbild der Architektinnen und Architekten" verwiesen (veröffentlicht in: [26] Deutsches Architektenblatt Ausgabe Bayern 03/10 S. DABregional 10–12) oder auf die Satzung des BDA (in der Fassung vom 21.November 2003; veröffentlicht unter: [53] http://www.bda-bund.de/der-bda/satzung.html, accessed 2010 April 19th). Ob allerdings eine Verantwortung gegenüber „der Natur" philosophisch überhaupt möglich ist, hängt von bestimmten Voraussetzungen ab. Diese komplexe Problematik wird weiter unten besprochen. Vgl. Abschnitt 4.4 und 4.2.

7   Vgl. zum Beispiel [107] Gerkan (1982).

8   Vgl. dazu Abschnitt 4.5 zur Verantwortung des Bauherren. Neben Architekt und Bauherr sind an der Entstehung von Architektur de facto heute eine Reihe weiterer Akteure beteiligt, die sich in verschiedene Kategorien einteilen lassen. Man kann zunächst unterscheiden zwischen Individuen und Gesellschaft. Die Individuen greifen zum Teil aktiv in das Geschehen ein, z.B. als planende Spezialisten (Gutachter/Statiker/Fachingenieure) oder als ausführende Handwerker, und zum Teil sind sie passiv beteiligt als Nutzer oder Nachbar. Die Gesellschaft wiederum greift ebenso auf der einen Seite quasi aktiv in den Bauprozess ein durch Gesetze und Vorschriften und auf der anderen Seite bestimmen die herrschenden Rahmenbedingungen, seien sie moralischer, ästhetischer, ökonomischer, sozialer oder sonstiger Art, jede Architektur mit. Auf die Untersuchung der je spezifischen Verantwortung dieser Akteure wird hier aus den schon genannten

4.2 Gründe für die Verantwortung in der Architektur

Ich betrachte eine Aufgabe als verantwortungsvoll, wenn das Wohlergehen eines oder mehrerer Menschen, mittelbar oder unmittelbar, in starkem Maße vom Ge- oder Misslingen der Aufgabe negativ oder positiv betroffen ist.

Diese Beschreibung bedarf einiger Explikationen: Aufgabe ist hier allgemein zu verstehen im Sinne von menschlichem, intendiertem und zielgerichtetem Handeln oder Unterlassen. Ein Bezug ausschließlich auf das Wohlergehen von Menschen ist Ausdruck einer anthropozentrischen Position. Je nach philosophischem Standpunkt geht es allerdings nicht immer nur um das Wohlergehen von Menschen; eine Aufgabe kann auch als verantwortungsvoll gelten, wenn nicht menschliche Entitäten betroffen sind, unter der Voraussetzung, dass diesen ein moralischer Eigenwert zuerkannt wird. So kann zum Beispiel das Halten von Tieren als eine verantwortungsvolle Aufgabe begriffen werden, weil die Tiere als moralisch wertvoll in sich begriffen werden. Das Halten von Tieren kann aber auch insofern als verantwortungsvolle Aufgabe begriffen werden, weil ein Verlust der Tiere einen großen finanziellen Schaden für den Halter bedeuten würde. Auf dieses Problem, das in der so genannten Inklusionsdebatte diskutiert wird, komme ich später noch zurück. Mit „mittelbar" meine ich eine indirekte Beeinflussung des Wohlergehens zum Beispiel über finanzielle Verluste oder Gewinne. „Unmittelbar" dagegen ist eine direkte Beeinträchtigung oder Förderung des physischen oder psychischen Wohlergehens. Die Betonung des starken Maßes soll darauf hinweisen, dass nicht jede Aufgabe in der allgemeinen Wahrnehmung eine verantwortungsvolle ist, wobei diese Einschränkung starken subjektiven Schwankungen unterworfen ist und eine Beurteilung im Einzelfall erfordert. Das Entkalken einer Kaffeemaschine ist zum Beispiel keine besonders verantwortungsvolle Aufgabe, wenn es sich um eine Standard-Maschine handelt, die ihrem Besitzer nicht viel Wert ist; es kann aber eine verantwortungsvolle Aufgabe sein, beispielsweise wenn es sich um ein sehr teures Gerät handelt, das seinem Besitzer sehr viel wert ist, oder wenn es sich um ein Erbstück handelt, mit dem eine besondere emotionale Wertschätzung verbunden ist, oder wenn es sich um eine Großanlage handelt, die bei unsachgemäßer Reinigung explodieren und Menschen gefährden könnte. Im ersten Fall ist im Fall des Misslingens der Reinigung ein Mensch mittelbar betroffen, insofern er einen finanziellen Verlust erleiden könnte, im zweiten Fall ist ein Mensch unmittelbar durch eine psychische

---

Gründen verzichtet: Zum einen ist die Verantwortung der neben Architekt und Bauherr an einem Bauvorhaben Mitwirkenden sekundär, insofern deren Handlungen von Entscheidungen des Architekten und des Bauherren abhängen. Zum anderen ist ihre Verantwortung in der Regel auf einen bestimmten Teilbereich des Bauvorhabens beschränkt, während Architekt und Bauherr das Gesamtprojekt zu verantworten haben.

Beeinträchtigung betroffen, im letzten Fall durch eine physische Verletzung. Die Gestaltung von Architektur ist in obigem Sinne also eine verantwortungsvolle Aufgabe, weil das Wohlergehen eines oder mehrerer Menschen, mittelbar oder unmittelbar, in starkem Maße vom Ge- oder Misslingen negativ oder positiv beeinflusst werden kann. Die Gründe dafür ergeben sich aus der Verfasstheit von Architektur.

Architektur als Bedingung der Möglichkeit eines angenehmen und guten Lebens Das Wohlergehen jedes Menschen und jeder Gesellschaft beruht auf basalen Voraussetzungen. Dazu gehören beispielsweise Nahrung und Wasser. Daneben stellt aber auch eine gebaute Umwelt eine Bedingung sine qua non für dauerhaftes individuelles und gemeinschaftliches menschliches Leben dar. Ohne eine zumindest in rudimentärer Form gebaute Behausung kann der Mensch weder als Individuum noch als Gattung auf Dauer existieren. Die Gestaltung der gebauten Umwelt ist mithin eine verantwortungsvolle Aufgabe. Allerdings ist damit, da ich zwischen Architektur und gebauter Umwelt unterscheide, zunächst noch nichts über Architektur ausgesagt. Doch so wie eine gebaute Umwelt eine Bedingung der Existenz des Menschen ist, so ist Architektur darüber hinaus eine grundlegende Bedingung für ein angenehmes Leben. Der Mensch ist für ein individuell und sozial angenehmes Leben nicht nur auf eine gebaute Umwelt, sondern auf Architektur angewiesen. Er benötigt Räume und Stadträume, die seine täglichen Verrichtungen und seine sozialen Begegnungen in würdiger, angenehmer und komfortabler Art und Weise ermöglichen.[9] Die Gestaltung dieser Räume und damit Architektur ist also eine verantwortungsvolle Aufgabe, insofern sie das Wohlergehen von Menschen stark beeinflusst.

Für das gute Leben ist Architektur in zweierlei Hinsicht eine fundamentale Voraussetzung:

Zum einen ist sie eine Bedingung der Ethik, die ich wiederum als grundlegenden Bestandteil des guten Lebens betrachte. Das ethische Denken ist über die Bedingung der bloßen menschlichen Existenz auf weitere Voraussetzungen angewiesen.[10] Eine davon ist Architektur, insofern sie allererst die Möglichkeit erschafft, in der angemessenen Ruhe und frei von körperlichen Bedrohungen über Moral reflektieren zu können. In diesem Sinne ist der Mensch auf geeignete und das heißt gestaltete Räume zum Essen, Schlafen, zur Erholung oder zur Körperpflege angewiesen.

Zum zweiten ist der Mensch als soziales Wesen für ein gutes Leben auf soziale Beziehungen angewiesen. Und eine wesentliche Voraussetzung für soziale Be-

---

9   Vgl. dazu auch Abschnitt 3.1.2 und 3.2.2.
10 Dazu gehört beispielsweise die Freiheit von bestimmten geistigen Erkrankungen oder akuten Bedrohungen des Lebens. Vgl. dazu Fußnote 11 in Abschnitt 3.1.2.

ziehungen sind gestaltete Räume und Stadträume, die Kommunikation und soziale Begegnung ermöglichen.[11]

Die Gestaltung von Architektur ist also insofern eine verantwortungsvolle Aufgabe als Architektur eine Bedingung der Möglichkeit zum einen für ein angenehmes Leben und zum anderen für das gute Leben des Menschen ist.

Der öffentliche Charakter von Architektur   Häuser stehen normalerweise im öffentlichen Raum. Sie werden von verschiedenen Menschen benutzt, betreten oder zumindest wahrgenommen. Architektur ist also bis zu einem gewissen Grad immer öffentlich,[12] und auch einzelne Architekturen kann man der Öffentlichkeit nur theoretisch gänzlich entziehen.

Architektur insgesamt und auch einzelne Architekturen werden also auch von Menschen, die weder an ihrem Bau noch an ihrer Nutzung beteiligt sind, wahrgenommen und sie beeinflussen das Wohlergehen dieser Menschen. Zur Erläuterung kann man erstens auf die Erfahrung verweisen, dass unterschiedliche Stadträume und unterschiedliche Städte verschiedene Stimmungen vermitteln. Zweitens hat die Architektur- und Umweltpsychologie den Einfluss der gebauten Umwelt auf unser Wohlbefinden durch zahlreiche Studien nachgewiesen.[13]

---

11 [293] Vossenkuhl, in: Staatl.Akad.d.b.Künste Stuttgart (1997, S. 36) hat, wie unter Abschnitt 3.1.2 Fußnote 18 zitiert, auf diesen Zusammenhang hingewiesen. Alberti äußert sich dazu, wie unter Abschnitt 3.1.2 Fußnote 14 beschrieben. An anderer Stelle bemerkt er, wie eingangs dieses Kapitels zitiert: *„Endlich sei noch gesagt, dass die Beständigkeit, das Ansehen und die Zier eines Gemeinwesens am meisten des Architekten bedürfe, der es bewirkt, dass wir zur Zeit der Muße in Wohlbehagen, Gemütlichkeit und Gesundheit, zur Zeit der Arbeit zu aller Nutz und Frommen, zu jeder Zeit aber gefahrlos und würdevoll leben können."* [9] Alberti ([1452]/2005, Vorrede, S. 10 bzw. 13).
Von Seiten der Architekturtheorie bzw. -geschichte aus jüngerer Zeit äußert sich Pehnt zu diesem Sachverhalt wie folgt: *„Der Architektur entzieht sich niemand. Wir arbeiten und feiern, essen und trinken, wachen und schlafen, lieben und hassen in Architektur. Das Leben empfängt uns in Architektur und verabschiedet uns in Architektur: Ihr Glück und Unglück machen auch unser Glück und Unglück aus."* [215] Pehnt (1983, S. 7).

12 Dies sieht unter anderem auch Ott (1997) so, der daraus ebenfalls den Schluss zieht, dass Architektur eine verantwortungsvolle Aufgabe ist: *„Aus unseren Prämissen folgt, dass Architekten und Bauherren gegenüber der Öffentlichkeit verantwortlich sind. Es gibt also im Grunde immer zwei Bauherren; der zweite Bauherr ist die Bürgerschaft. Der Architekt muss zwischen beiden Bauherren vermitteln. Die Ambivalenz des ‚Dienstes', den Architekten leisten, zeigt sich hier erneut. Ein Architekt baut immer auch für alle Anwohner und künftige Generationen (mit), niemals nur für seinen Klienten, wenngleich dessen Interessen für ihn Priorität genießen (sollen). Diese Interessen sollen aber mit den Interessen dritter und mit Allgemeininteressen verträglich sein. Ob dies (nicht) der Fall ist, ist letztlich nur diskursiv herauszufinden."* [202] Ott (1997, S. 776).

13 Als Beispiele seien zwei „klassische" Arbeiten von Kruse genannt: [154, 153] Kruse (1978, 1974), eine neuere Arbeit: [90] Evans (1998) und ein populärwissenschaftlicher Artikel: [166] Leising (2002). Auch das Schlagwort des „sick building syndrome" mag als Illustration dienen.

Schließlich mag man sich zur Illustration in einem Gedankenexperiment vorstellen, dass ein Haus mit einem Anstrich in einer „schreienden" Farbe wie zum Beispiel Neon-Orange versehen ist, die jedem Passanten „ein Dorn im Auge" ist. Dem möglichen Einwand, dass die Farbe seines Hauses in der Freiheit des Einzelnen liegen sollte, muss man entgegenhalten, dass die Freiheit nur so weit reichen darf, wie die Freiheit anderer nicht beeinträchtigt wird. Deutlicher wird das Beispiel, wenn es mit Musik konstruiert wird: Der Bauherr verhielte sich dann wie jemand, der dauernd den Garten seines Hauses mit Musik beschallt, so dass die Nachbarschaft und jeder Passant permanent mithören müssen. Dass dadurch das Wohlbefinden derer, die mithören müssen, beeinflusst wird, ist offensichtlich. Architektur ist also bis zu einem gewissen Grad immer öffentlich und hat, selbst wenn sie nur en passant und passiv von außen wahrgenommen wird, Einfluss auf das Wohlbefinden von Menschen.[14] Auch daraus ergibt sich, dass die Gestaltung von Architektur eine verantwortungsvolle Aufgabe ist.

Der funktionale Aspekt von Architektur Architekturen werden auch deswegen gebaut, weil sie bestimmte funktionale Aufgaben erfüllen müssen. Mit Norberg-Schulz[15] kann man bei der Charakterisierung von Architektur von einer Mischung aus Symbolsystem und Werkzeugfunktion sprechen. Mit dem Begriff des Werkzeugs werden dabei die funktionalen und technischen Aspekte von Architektur zusammengefasst. Ein Gebäude muss bestimmte praktisch-funktionale Aufgaben und technische Voraussetzungen erfüllen, zum einen, um die Benutzer nicht zu gefährden, und zum anderen, um ihr Wohlergehen zu fördern.

Ein Architekt, der eine Galerie ohne Absturzsicherung plant, verhält sich nicht seiner Verantwortung entsprechend. Das gleiche gilt für andere Bereiche, die unmittelbar die Gesundheit der Nutzer eines Gebäudes gefährden. Hier sind Brandschutz, Standsicherheit oder Fragen der Schadstoffbelastung zu nennen, wobei die Einhaltung bestimmter Standards oft durch entsprechende Vorschriften geregelt ist. Der Aspekt der Einhaltung bestimmter gesetzlicher Normen zur Vermeidung einer Gefährdung ist dabei, wie noch zu zeigen sein wird, eine grundlegende Voraussetzung verantwortungsvollen Handelns des Architekten. Doch auch wenn alle Vorschriften eingehalten und alle Gefährdungen ausgeschlossen sind, kann die funktionale Tauglichkeit eines Gebäudes gut oder schlecht sein und da-

---

14 Vgl. dazu: „*Das Wohlbefinden der Menschen hängt wesentlich von einem gesunden und intakten Umfeld ab. Gestalterische und ökologische Zusammenhänge werden in ihren wirtschaftlichen und sozialen Folgen aber bislang nicht hinreichend bedacht. Alles Bauen ist öffentlich. Architektur und Innenarchitektur, Städtebau und Landschaftsarchitektur als Elemente der Umweltgestaltung müssen durch die Gesellschaft anerkannt sein. Es ist Aufgabe der Politik, dafür geeignete Rahmenbedingungen zu schaffen.*" [27] Bayerische Architektenkammer (2002, S. 7).

15 [196] Norberg-Schulz (1980, Kap. 6).

durch das Wohlergehen der Benutzer positiv oder negativ beeinflusst werden.[16] Insgesamt ergibt sich, dass dem Architekt und dem Bauherrn auch wegen des funktionalen Aspektes bzw. wegen des Werkzeugcharakters von Architekturen, Verantwortung zukommt.

Der Symbolcharakter und die psychagogische Dimension von Architektur Architektur ist wesentlich auch Symbolsystem; sie besitzt auch eine psychagogische Dimension, über die sie Menschen hinsichtlich ihrer Überzeugungen beeinflusst und für bestimmte Meinungen oder Weltanschauungen „wirbt". Diese Feststellung darf als Tatsache gelten und wurde auch von einschlägigen Autoren immer wieder betont.[17] Daraus lassen sich zwei Gründe für Verantwortung ableiten.

Erstens ist Architektur dank ihres Symbolcharakters Teil der Hoch- und der Alltagskultur und damit auch ein Teil der kulturellen Identität einer Gesellschaft, die das Wohlbefinden von Menschen unzweifelhaft beeinflusst. Jedes einzelne Haus leistet dazu einen Beitrag. Darauf verweisen die zahlreichen Debatten über historische Bauten und deren Schutz bzw. sogar deren Wiederaufbau. So erfolgte der Wiederaufbau der Frauenkirche in Dresden u.a. deswegen, weil das Gebäude von der Gesellschaft offensichtlich als Teil einer kulturellen Identität empfunden wird, die man nach der Zerstörung im 2.Weltkrieg wiederherstellen wollte. Die dabei unternommenen Anstrengungen sind nur verständlich, wenn man von den oben gemachten Voraussetzungen zur Bedeutung der Kultur und der Rolle von Architektur darin ausgeht.

Zweitens werben Architektur und einzelne Architekturen kraft ihres Symbolgehaltes auch für bestimmte politische oder weltanschauliche Meinungen und können so das Leben vieler Menschen beeinflussen. Dies wird besonders deutlich, wenn man zwei allgemein bekannte Gebäude mit fundamental unterschiedlichem Symbolgehalt einander gegenüberstellt, beispielsweise das von 1933 bis 1937 errichtete Haus der Kunst von Paul Ludwig Troost in München und die zur Olympiade ebenfalls in München von 1968 bis 1972 errichteten Bauten von Günther Behnisch. Während das erstgenannte Gebäude in seiner Massivität bewusst als Manifestation der Ideale des „tausendjährigen Reiches" gestaltet ist,[18]

---

16 Vgl. dazu die schon erwähnten umwelt- und architekturpsychologischen Untersuchungen in Fußnote 13.

17 Vgl. z.B. [202] Ott (1997, Kap. IX, 1d) oder [196] Norberg-Schulz (1980) oder [3, 6, 8] Aicher (1991, 1991b, 1993).

18 Vgl. dazu: *„Zwei wichtige Erkenntnisse in Bezug auf die deutsche Entwicklung sind [...] bestätigt worden: Zum einen die Tatsache, dass dem deutschen Nationalsozialismus zwar die Architektur ein wichtiges Machtmittel war, das wichtigste unter den Künsten, dass er gleichwohl keine eigenständige Architekturtheorie und keine auf einer solchen fußende eigenständige Architekturpolitik entwickelt hat. Zum anderen wird bestätigt, dass die Anfeindung der Moderne nicht von*

so sind die Olympiabauten in ihrer Offenheit und Transparenz als architektonischer Ausdruck der Idee von „heiteren Spielen" in einem demokratischen und offenen Staatswesen zu verstehen.[19]

Der weite zeitliche Horizont von Architekturen

Die Tatsache, dass die meisten Bauten und in besonderem Maße städtebauliche Grundstrukturen eine sehr lange Nutzungsdauer haben, führt dazu, dass das Handeln von Architekt und Bauherr bis weit in die Zukunft Auswirkungen hat. Das Wohlbefinden einzelner Menschen wird dadurch zum einen sehr lange beeinflusst und zum anderen werden nicht selten viele Generationen beeinflusst. Dies verweist ebenfalls auf eine besondere Verantwortung bei der Gestaltung von Architekturen.

Die starken Auswirkungen von Architektur auf die natürliche Umwelt

Häuser und Städte beeinflussen in starkem Maße die natürliche Umwelt des Menschen durch direkten und indirekten Verbrauch von Energie, Fläche, Wasser und weiterer Ressourcen sowie durch Schadstoffemissionen.[20] In-

---

den Nationalsozialisten selbst eingeleitet wurde, sondern dass diese vielmehr (nach anfänglichen partiellen Sympathien) in die schon vorher, während der Zeit der Weimarer Republik vorbereitete und bereits heftig praktizierte Verteufelung der Architektur-Moderne eingestiegen sind und deren buchstäbliche Ausschaltung dann aus der schnell gewonnenen Machtposition heraus perfektioniert haben. "* [212] Pahl (1999, S. 96). Vgl. dazu auch: „*Herrschaft hat ihre Gestalten und Symbole in allen Lebensbereichen. Wir begegnen ihr überall, wo wir Symbole sehen. Otl Aicher ist überzeugt, dass die Symmetrie ein Prinzip ist, das sich bestens für die Gestaltung von Symbolen der Herrschaft eignet. Er sieht dies vor allem in der Architektur bestätigt. Er schreibt, ,das erhabene, das große, die geste der symmetrie haben immer dem machtzuwachs gedient'.*" [290] Vossenkuhl, in: Aicher (1993, S. 40).*

19 Vgl. dazu: „*Behnisch, 1922 bei Dresden geboren, war bei Kriegsende junger U-Boot Kommandant. Nach britischer Gefangenschaft begann er das Studium der Architektur mit dem Vorsatz, beim politischen Neuaufbau mitzuwirken. Wenn er stets ein Bauen „für den Menschen" forderte, wenn er gar ein „demokratisches Bauen" propagierte, so waren dies keine wohlfeilen Schlagworte. Solche Forderungen entsprangen seiner Überzeugung. [...] Mit den Münchener Sportstätten von 1972 verhalf Behnisch der Bundesrepublik zu einem architektonischen Symbol. Genau zwanzig Jahre später gelang ihm dies noch einmal: mit dem nach vielen Debatten und Verzögerungen fertig gestellten Bonner Plenarsaal, der als transparent gestaltete „Werkhalle der Demokratie" (Behnisch) das damals modernste Parlamentsgebäude der Welt war. Mit seinen beiden Hauptwerken sah sich Behnisch in der Tradition der deutschen Nachkriegsmoderne, wie er gegen die „auftrumpfende" Architektur von Neu-Berlin bekundete.*" [266] Stock (SZ vom 13.Juli 2010).

20 Vgl. dazu die Diskussion des „Prinzips Nachhaltigkeit" unter Abschnitt 6.6.1 und die entsprechenden Zahlen unter Fußnote 78 in besagtem Abschnitt. Für weitere einschlägige Statistiken vgl. z.B. [300] Weizsäcker et al. (2010), [51] BUND et al. (2009) oder die entsprechenden Seiten der Bundesministerien für „Umwelt, Naturschutz und Reaktorsicherheit" (www.bmu.de), „Wirtschaft und Technologie" (www.bmwi.de), beziehungsweise „Verkehr, Bau und Stadtentwicklung" (www.bmvbs.de) sowie des statistischen Bundesamtes (www.destatis.de).

direkt belasten Architekturen die Natur, wenn zum Beispiel bestimmte Formen des Städtebaus Verkehr induzieren und damit mehr CO^2 emittiert und Fläche verbraucht wird, oder wenn durch den Bedarf an Stahl und anderen Baumaterialien ganze Landschaften durch Abbau der entsprechenden Bodenschätze zerstört werden. Bau und Betrieb von Gebäuden dagegen verbrauchen direkt natürliche Ressourcen und verschmutzen auch direkt die natürliche Umwelt durch Emissionen in Luft, Wasser oder Boden. Dadurch üben Architekturen einen starken Einfluss auf die natürliche Umwelt des Menschen aus, die als Grundlage menschlichen Lebens mittlerweile in starkem Maße bedroht ist.[21] Damit kommt den Handelnden im Bereich Architektur Verantwortung zu.

Die ökonomische Relevanz von Architektur Auch ökonomisch steht für die an einem Architekturprojekt beteiligten Menschen „viel auf dem Spiel". Dieser Aspekt gilt für Individuen, z.B. beim Bau von Einfamilienhäusern, für das sich Familien oft auf Jahre hinaus verschulden, und auch auf der gesellschaftlichen Ebene ist eine große volkswirtschaftliche Bedeutung des „Bausektors" zu konstatieren. Folgende Zahlen machen dies exemplarisch deutlich: ca. 5,5% der Erwerbstätigen arbeiteten in Deutschland 2009 im Baugewerbe, 4,6% der Bruttowertschöpfung erfolgte in diesem Bereich und 10,2% des Bruttoinlandsproduktes wurden als Bauinvestitionen getätigt.[22]

Insofern der Bau eines Gebäudes also große ökonomische Ressourcen verbraucht, kann das Leben von Menschen auf individueller und gesellschaftlicher Ebene stark beeinträchtigt werden, wenn unverantwortlich mit ökonomischen Risiken umgegangen wird.

4.3 Das Verhältnis Architekt – Bauherr

Bis dato wurde in noch sehr allgemeiner Form festgestellt, dass die an der Gestaltung von Architektur beteiligten Personen Verantwortung tragen. In herausgehobener Position sind dies in erster Linie Architekt und Bauherr. Dabei lässt sich allerdings nicht ohne weiteres genau bestimmen, welcher der beiden genannten

---

21 An dieser Stelle sei darauf verwiesen, dass einige philosophische Positionen wie z.B. der Holismus, der beispielsweise durch [114] Gorke (1999) vertreten wird, oder der Biozentrismus die Gefährdung der natürlichen Umwelt insgesamt oder ihrer Teile bereits als Argument für Rücksicht nehmendes Handeln im Umgang mit der Natur sehen, ohne in der Begründung den „Umweg" über die Gefährdung des Menschen durch die Umweltzerstörung zu nehmen. Allerdings hat diese ethische Unterscheidung zunächst keine Auswirkungen für die Einschätzung der Gestaltung von Architektur, die in jedem Fall als verantwortungsvolle Tätigkeit zu sehen ist.

22 Quelle: Hauptverband der Deutschen Bauindustrie unter Rückgriff auf Daten des Statistischen Bundesamtes; http://www.bauindustrie.de accessed 100903.

Akteure als Haupt-Verantwortungsträger zu nennen ist. Ich vertrete die Meinung, dass beiden Akteuren ein hohes Maß an Verantwortung bei der Gestaltung von Architekturen zukommt und dass sich erst in einer gelungenen Zusammenarbeit zwischen Architekt und Bauherr ein verantwortungsvolles Handeln zeigt. Dies ist Grund genug, vor der Analyse der Verantwortung von Architekt und Bauherr das Verhältnis dieser beiden „Hauptprotagonisten in der Architektur" zueinander genauer zu untersuchen, was im Folgenden anhand einer Auseinandersetzung mit der Analyse, die Ott vorgelegt hat, erfolgt.[23]

4.3.1 Das reale Verhältnis von Architekt und Bauherr

Das Verhältnis von Architekt und Bauherr ist, wie Ott zu Recht schon vor einigen Jahren festgestellt hat, in der Literatur selten rekonstruiert worden, und bis dato hat sich auch wenig an dieser Feststellung geändert. Ott selbst beschreibt das Verhältnis Architekt – Bauherr als „kommunikativ strukturiert" und „teleologisch auf ein gemeinsames Ziel hin ausgerichtet"[24] und analysiert das Verhältnis von Architekt und Bauherr mit Hilfe einer Analogie zu Hegels Dialektik von Herr und Knecht.[25] In einer so gearteten Beziehung hat der Knecht einen Herren, auf den er angewiesen ist. Daher darf er ihm nicht konfrontativ begegnen und fügt sich deswegen entweder mehr oder weniger ohne Rücksicht auf den eigenen Willen in die Rolle des Knechts oder er versucht, den Willen des Herren durch persuasive Strategien in seine Richtung zu lenken und so das Verhältnis von Herr und Knecht mehr oder weniger „heimlich" umzukehren. Es liegt eigentlich nahe, diese Analogie bei der Beschreibung des Bauherr-Architekt-Verhältnisses zu wählen, weil die Verhaltensweise eines Architekten de facto häufig der des Hegelschen Knechtes ähnelt: Er möchte seinen Bauherrn behalten bzw. ist zumindest ein Stück weit auf ihn angewiesen und daher begegnet er diesem möglichst nicht konfrontativ, sondern entweder eher unterwürfig als reiner „Dienstleister", der seine Aufgabe in der möglichst genauen Umsetzung von Bauherrenwünschen sieht, oder er versucht mit Persuasions-Strategien seinen eigenen Willen durchzusetzen und so das Herr-Knecht-Verhältnis umzukehren. Trotzdem halte ich die Herr-Knecht-Analogie für ungeeignet, um die Beziehung Architekt – Bauherr abzubilden, weil sie in gewisser Weise ein „schiefes Bild" vermittelt. Dies ist insbesondere der Fall, da die Analogie nicht das Ideal der Beziehung abzubilden vermag. Letzteres sieht Ott im Übrigen ähnlich, wenn er zum Ende seiner Ausführungen die Bedeutung gegenseitigen Vertrau-

---

23 Vgl. dazu [202] Ott (1997, S. 737–742).
24 Vgl. [202] Ott (1997, S. 737).
25 Vgl. [202] Ott (1997, S. 738).

ens, das auch über das rein fachliche hinausgeht, betont.[26] Wichtige strukturelle Merkmale des Herr-Knecht-Verhältnisses passen also nicht auf das Verhältnis Architekt – Bauherr. Der wichtigste Unterschied ist, dass der Architekt im Gegensatz zum Knecht im Normalfall mehrere Bauherren hat und insofern kein so radikales Abhängigkeitsverhältnis wie bei einer Herr-Knecht-Beziehung besteht. Außerdem sind die beruflichen Lebenswelten von Herr und Knecht stärker miteinander „verwandt" als die von Architekt und Bauherr. Schließlich sind die fachlichen Kompetenzen des Herrn in der Regel stärker als die des Knechts. Das heißt es gibt ein Kompetenzgefälle, das bei Architekt und Bauherr genau entgegengesetzt ist. Somit erscheint das Verhältnis von Herr und Knecht nicht als allgemeine Analogie für die Beschreibung des Verhältnisses von Architekt und Bauherr geeignet, wenngleich es sich realiter sicher durchaus findet. Daneben lässt sich in der heutigen „Architektur-Szene" aber auch die Umkehrung in eine Mäzenat-Künstler-Beziehung beobachten. Als einschlägiges Beispiel sei Peter Eisenman und seine Wohnhausprojekte in den 70er-Jahren genannt.[27] Die Bauherren akzeptierten hier große Einschränkungen und hohe finanzielle Risiken, um das „Werk" von Eisenman zu realisieren. Diese Form des Architekt-Bauherr-Verhältnisses bildet allerdings sicher die Ausnahme.

Wesentlich häufiger scheint mir das reale Verhältnis von Architekt und Bauherr als das von Dienstleister und Kunde beschrieben werden zu können. Die Rede von einem Dienstleister und einem Kunden impliziert dabei eine Nüchternheit im Verhältnis zueinander und eine Verpflichtung des Dienstleisters nur gegenüber dem Auftraggeber, die intuitiv nicht dem Ideal der Beziehung zu entsprechen scheint. Der Architekt als Dienstleister führt den Willen seines Kunden aus, ohne größere Rücksicht auf eigene Vorstellungen oder Ideale, (eventuell) ohne den Kunden darauf hinzuweisen, dass dieser sich durch seinen eigenen Willen selbst schaden könnte und ohne Rücksicht auf von der Architektur betroffene Dritte. Der Bauherr als Kunde des Architekten wiederum erteilt einen Auftrag, den dieser auszuführen hat, ohne den Auftrag kritisch zu hinterfragen. Interessant ist in diesem Zusammenhang, dass es im Englischen keinen besonderen Terminus für Bauherr zu geben scheint. In der Literatur wird in der Regel von „client" gesprochen. Im Deutschen hat dagegen die Rede eines Architekten von „seinem Bauherren" eine andere „Tonart" als die Bezeichnung „Kunde". Dies deutet bereits an, dass Dienstleister – Kunde nicht das Ideal der Beziehung Architekt – Bauherr bezeichnet.

---

26 Vgl. [202] Ott (1997, S. 742).
27 Zumindest teilweise veröffentlicht in: [81] Eisenman (1987).

4.3.2 Das ideale Verhältnis von Architekt und Bauherr

Eine adäquate Rekonstruktion des Verhältnisses ist insofern wichtig, als in den Architekturtheorien und in der öffentlichen Meinung ein Bild vorherrscht, wonach der Architekt derjenige ist, der allein für die Entstehung von Architektur verantwortlich ist.[28] Demgegenüber ist festzuhalten, dass Architektur im gleichberechtigten Dialog bzw. in einer vertrauensvollen Zusammenarbeit von Bauherr und Planer entstehen sollte, weil sowohl Architekt als auch Bauherr individuell und gemeinsam Verantwortung für die gebaute Umwelt tragen. Die oben dargestellten Formen des Verhältnisses von Architekt und Bauherr, in seinen Extremen als Verhältnis von Herr und Knecht sowie Künstler und Mäzen und in moderater Form als das von Dienstleister und Kunde charakterisierbar, sind zwar in der Realität anzutreffen, sie entsprechen aber nicht dem Ideal des Verhältnisses. So wie es unpassend erscheint, einen Patienten als Kunden eines Arztes zu bezeichnen, so scheint es zumindest nicht das Ideal des Verhältnisses auszudrücken, wenn vom Bauherrn als Kunden des Architekten gesprochen wird. Das ideale Verhältnis lässt sich dagegen mittels einer Analogie zum Verhältnis von Arzt und Patient beschreiben. Im Idealfall ist die Beziehung Bauherr – Architekt einer guten Arzt-Patient-Beziehung ähnlich: Eine Beziehung zwischen zwei gleichberechtigten Partnern, die sich trotz der bestehenden Asymmetrien in Fachwissen und Entscheidungsgewalt „auf Augenhöhe" und in gegenseitigem Vertrauen begegnen und versuchen, in einem diskursiven Prozess zu einer „gemeinsamen Lösung" anstehender Probleme zu gelangen. Obwohl es beim Arzt „um Leben und Tod" geht, und beim Architekten „nur" um Häuser, ist die Analogie durchaus zutreffend, wie die Untersuchung zeigen wird. Auch der Gesetzgeber scheint zumindest eine gewisse Ähnlichkeit zu sehen, insofern er Vorschriften für Ärzte einfach für Architekten übernimmt.[29] Das soll allerdings nicht darüber hinweg täuschen, dass es auch schwerwiegende Unterschiede zwischen den Verhältnissen von Arzt – Patient und Architekt – Bauherr gibt, wie zu zeigen sein wird.

Eine Ähnlichkeit zwischen den Verhältnissen liegt in der Bedeutung von Medizin und Architektur für das Leben der Menschen. Dass die Medizin hier wichtig ist, braucht nicht gesondert erklärt zu werden. Architektur ist zwar für das Wohlbefinden der Menschen nicht so akut und im Vordergrund wichtig wie eine schwerwiegende Erkrankung oder Verletzung, allerdings beeinflussen die Bauten, in denen wir leben, unser Wohlbefinden permanent und lang anhaltend, wenn auch eher selten im Vordergrund. Insgesamt muss man daher sowohl der Architektur als auch der Medizin und damit dem Architekt beziehungsweise dem Arzt

---

28   Diesen Eindruck erweckt beispielsweise [107] Gerkan (1982).
29   So wird z.B. im Baukammergesetz Art.30 auf das Heilberufe-Kammergesetz verwiesen, wobei hier lediglich Verfahrensfragen übernommen werden. Vgl.: [97] Bay BauKaG, Art. 30.

einen hohen Einfluss auf das Wohlergehen und die Möglichkeit eines angenehmen und des guten Lebens zugestehen. Der hohen Bedeutung von Entscheidungen im Bauprozess für den Bauherrn oder in der Therapie für den Patienten steht eine eher niedrige Bedeutung für das Leben des Architekten bzw. des Arztes gegenüber. Analog lassen sich also auf der einen Seite eine emotionale Ausnahmensituation und Unsicherheit, auf der anderen Seite Routine und Alltag erkennen. Eine weitere Ähnlichkeit liegt in der Asymmetrie des Wissensverhältnisses zwischen Architekt und Bauherr bzw. Arzt und Patient. Sowohl der Arzt als auch der Architekt verfügen über erheblich mehr Fachwissen als Patient bzw. Bauherr. Die endgültigen Entscheidungen bezüglich einer Therapie beziehungsweise eines Baus werden allerdings letztlich durch den Nicht-Fachmann getroffen. Dies hat in beiden Berufen bisweilen eine Tendenz zur Bevormundung zur Folge. Anders ausgedrückt könnte man sagen, dass sowohl der Architekt als auch der Arzt zur paternalistischen Einflussnahme auf Entscheidungen des Bauherrn beziehungsweise des Patienten neigen, in der Überzeugung zu wissen, was die vermeintlich beste Lösung für den Bauherren bzw. den Patienten sei.[30]

Neben diesen Ähnlichkeiten zwischen den Arzt-Patient- und Architekt-Bauherr-Verhältnissen gibt es allerdings auch Differenzen. In erster Linie ist hier zu nennen, dass Architekten häufig für professionelle Bauherren bauen, während es so etwas wie einen professionellen Patienten nicht gibt. Dieser Punkt impliziert auch weitere Folgen. Zum einen sind Bauherren und insbesondere professionelle Bauherren nicht selten keine natürlichen Personen, sondern Gesellschaften oder Bauabteilungen großer Unternehmen, die mit Fachleuten besetzt sind. In diesen Fällen gilt auch der Hinweis auf das asymmetrische Wissensverhältnis zwischen Bauherr und Architekt nur eingeschränkt, während der Patient nur in den seltensten Fällen selbst Experte ist. Der professionelle Status vieler Bauherren hat auch zur Folge, dass dieser emotional nicht in dem Maße oder aus anderen meist lediglich ökonomischen Gründen involviert ist wie dies ein privater Bauherr oder ein Patient wäre, weil der professionelle Bauherr eben nicht für sich selbst baut. Eine weitere gravierende Differenz zwischen Architekt – Bauherr und Arzt – Patient ergibt sich daraus, dass eine Krankheit etwas höchst Privates ist, während eine Architektur immer ein Stück weit öffentlich ist. Daraus folgt eine unterschiedlich große Menge an Personen, auf die der Arzt und der Patient beziehungsweise der Architekt und sein Bauherr Rücksicht zu nehmen haben.

Die aufgezeigten Ähnlichkeiten und Analogien zwischen dem Verhältnis von Arzt – Patient und dem von Architekt – Bauherr lassen den Schluss zu, dass für die ethische Untersuchung des Bereiches Architektur ein Blick auf medizinethische Untersuchungen hilfreich zu sein verspricht. Die aufgezeigten Differenzen

---

30 Zum Problem des Paternalismus in der Architektur vgl. auch Abschnitt 6.3 zum Prinzip der Autonomie und Abschnitt 6.5 zum Prinzip der Sorge.

machen allerdings deutlich, dass man nicht ohne weitere Analyse Ergebnisse aus der Medizinethik in die Architektur übertragen kann. Daher folgt eine genauere Untersuchung der Verantwortung von Architekt und Bauherr.

4.4 Die Verantwortung des Architekten

Ein Architekt trägt in hohem Maß Verantwortung. Das ist zunächst ein allgemeines vorreflexives Gefühl, das heißt eine moralische Intuition. Architekten bekommen Verantwortung aber auf verschiedene Art und Weise zugeschrieben, und es existieren unterschiedliche Verantwortungsbegriffe, um die Verantwortung des Architekten zu erfassen. Jeder Architekt muss beispielsweise für Fehler haften, das heißt er trägt eine rechtliche Verantwortung. Daneben wird aber auch von „moralischer Verantwortung" gesprochen, oder von „individueller Verantwortung" im Gegensatz zu „kollektiver Verantwortung". Die zu klärende Frage ist also, wie genau die Verantwortung des Architekten verfasst ist: Wer muss sich in welchen Rollen oder Eigenschaften, auf welche Weise, vor welcher Instanz, bezüglich was und aufgrund welcher Normen verantworten?

Um das ganze Feld der Verantwortung des Architekten sinnvoll zu strukturieren, schlage ich ein Modell vor, das die Verantwortung des Architekten in drei Dimensionen gliedert.[31] Systematisch ist das Modell an den verschiedenen Verantwortungsadressaten orientiert. Ich unterscheide weiter, gemäß dem oben[32] skizzierten Verständnis von Verantwortung, in jeder der drei Dimensionen zwei Verwendungsweisen des Verantwortungsbegriffes, zum einen retrospektiv als Rechenschaftspflicht und zum anderen prospektiv als Pflicht zur Sorge.

Gemäß der Konzeption des Verantwortungsbegriffs als mehrstelligem diskursorientierten Zuschreibungsbegriff ist ein Verantwortungsträger für seine Handlungen gegenüber einem Verantwortungsadressat vor einer Beurteilungsinstanz verantwortlich, unter Voraussetzung der Geltung bestimmter Normen. In Bezug auf den Architekten kann man die einzelnen Elemente folgendermaßen präzisieren:

Verantwortungsträger ist der Architekt als Architekt, das heißt im Rahmen seines Handlungsbereiches als Architekt. Dabei ist es für die ethisch-moralische wie für die rechtliche Beurteilung zunächst unerheblich, ob der Architekt freischaffend, verbeamtet oder angestellt tätig ist.[33]

---

31 Unberührt von diesem Modell gibt es selbstverständlich weitere Bereiche bzw. Rollen, in denen ein Architekt Verantwortung haben kann, z.B. als Vater, als Autofahrer etc. Diese sind jedoch zunächst unabhängig vom Beruf des Architekten und werden daher hier nicht näher untersucht.

32 Vgl. die Erläuterungen und die Literaturhinweise unter Abschnitt 2.2.3.

33 Vgl. dazu: [25] Berufsordnung der Bayerischen Architektenkammer §8.

Verantwortungsobjekt ist, allgemein formuliert, das Handeln des Architekten als Architekt. Mittelbar ist er so für den Zustand der gebauten und natürlichen Umwelt an einem bestimmten Ort (mit-)verantwortlich. Neben direkt auf das Erstellen von Architekturen gerichteten Handlungen, wie zum Beispiel Pläne zeichnen, zähle ich zum einen auch Unterlassungen zum Handeln und zum anderen auch die Kommunikation mit anderen Beteiligten. Dies ist insofern wichtig, als das Gelingen eines Bauwerks in der Regel auch von der Qualität des Verhältnisses zwischen Bauherr und Architekt abhängt.

In einschlägigen nicht philosophischen Texten zur Verantwortung des Architekten wird in der Regel neben Mensch und Gesellschaft auch die natürliche Umwelt als *Adressat der Verantwortung* genannt.[34] Allerdings sind derartige Äußerungen als Ausdruck moralischer Intuitionen zu verstehen. Ob eine direkte Verantwortung des Architekten z.B. gegenüber der Natur oder gegenüber der Kultur konstatiert wird, hängt davon ab, wie weit man den Kreis der moralisch um ihrer selbst willen zu berücksichtigenden Entitäten zieht. Aus ethischer Sicht können nur Entitäten, denen ein moralischer Eigenwert zugesprochen wird, Adressaten von Verantwortung sein. Dabei ist die Frage, welche Entitäten einen moralischen Eigenwert haben, oder – anders formuliert – welche Entitäten um ihrer selbst willen zu berücksichtigen sind, in der Umweltethik unter dem Titel „Inklusionsproblem" umstritten. Relativ unstrittig ist lediglich, dass menschliche Individuen in die Menge der um ihrer selbst willen zu berücksichtigenden Entitäten zu inkludieren sind. Wenn der Kreis auf Menschen beschränkt bleibt, spricht man von einer anthropozentrischen Position oder, je nachdem wie weit der Kreis gezogen wird, von einer sentientistischen bzw. pathozentrischen, das

---

34 In der Satzung des BDA (Bund Deutscher Architekten) heißt es beispielsweise: „*1. Ziel des BDA ist die Qualität des Planens und Bauens in Verantwortung gegenüber Gesellschaft und Umwelt.*" ([53] Bund Deutscher Architekten, Bundessatzung des BDA vom 21. November 2003, §2 Ziele des Bundes Deutscher Architekten, Quelle: http://www.bda-bund.de, accessed Friday 090501). Zur Entwicklung der Ziele des BDA Bayern vgl. auch [269] Tafel in: BDA (2008b). Auch im Berufsbild der bayerischen Architektenkammer wird betont, dass Architekten dem Gemeinwohl und der Umwelt verpflichtet sind ([26] Bayerische Architektenkammer, Berufsbild der Architektinnen und Architekten, in: Deutsches Architektenblatt, 2010, Jahrgang 41 (03/10) DABregional, S. 10). Die Berufsordnung der Bayerischen Architektenkammer zeichnet in der Präambel die Komplexität des Architektenberufs, den umfassenden Anspruch an den Architekten und die Verantwortung gegenüber Individuen und Gesellschaft nach: „*Der Architekt wirkt an der Gestaltung der Umwelt des Menschen. Dabei hat er die Aufgabe zu planen, Abläufe der Planung und der Ausführung als einzelner oder in der Gruppe zu lenken und aufeinander abzustimmen. Das wohlverstandene Interesse der Allgemeinheit an der menschenwürdigen Umwelt hat Vorrang unter allen Motiven, die für die Berufswahl und die Berufsausübung des Architekten bestimmend sind. Der Architekt muss bei seiner Arbeit die Lebensbedürfnisse des einzelnen und die der Gesellschaft berücksichtigen. Die Lösung der ihm gestellten einzelnen Aufgaben ist deshalb stets als Teil einer größeren, der Gesellschaft dienenden Ordnung anzusehen.*" [25] Bayerische Architektenkammer (2008, Präambel).

heißt alle fühlenden und leidensfähigen Lebewesen einbeziehenden,[35] einer bio-zentrischen,[36] das heißt alle belebten Objekte einbeziehenden oder einer holis-tischen,[37] das heißt eine „das Ganze der natürlichen Umwelt" einbeziehenden Position, wobei es weitere Abstufungen und Zwischenpositionen gibt. Ich gehe davon aus, dass bezüglich des Inklusionsproblems ein gradualistischer Sentien-tismus die moralische „Minimalposition" darstellt.[38] Für den Architekten bedeu-tet das, dass er gegenüber Menschen und gegebenenfalls auch gegenüber „hö-heren Tieren" verantwortlich ist, nicht jedoch gegenüber unbelebten Objekten und „niederen" belebten Objekten.[39] Alternativ und vor allem hinsichtlich der Konsequenzen halte ich in der Umweltethik auch die Position des tiefen An-thropozentrismus für akzeptabel. Bezüglich des Inklusionsproblems geht diese Position – wie der klassische Anthropozentrismus – davon aus, dass man nur gegenüber Menschen und Gesellschaften verantwortlich sein kann. Das heißt, eine direkte Verantwortung gegenüber der Natur, ihren nicht menschlichen Tei-len und Einzelwesen oder gegenüber Dingen wird nicht akzeptiert. Insofern aber „weiche Faktoren" wie Schönheit der Natur, Naturverbundenheit, Heimatgefüh-le etc. als unersetzlich und wichtig für das gute Leben des Menschen anerkannt werden und der Natur insofern nicht nur technisch-instrumenteller Wert zugebil-ligt wird, kann man diese Position als unverkürzten,[40] aufgeklärten[41] oder tiefen Anthropozentrismus kennzeichnen. Mit dieser Position lässt sich eine weitrei-chende Schutzforderung für die Natur und die Kultur begründen. Der Architekt muss also Natur und Kultur in seine Überlegungen mit einbeziehen. Verantwor-ten muss er sich aber nicht vor der Kultur oder der Natur, sondern vor Individuen, denen moralischer Eigenwert zugesprochen wird. Dies sind gemäß der Position des gradualistischen Sentientismus Menschen und in abgestufter Form höhere Tiere. Damit muss sich der Architekt in erster Linie vor Menschen und damit mittelbar, wie zu zeigen sein wird, auch vor der Gesellschaft und dem Stand ver-antworten.

Bezüglich der *Beurteilungsinstanzen*, die begutachten, ob jemand seiner Verant-wortung gerecht geworden ist, kann man zwischen rechtlichen und moralischen Instanzen unterscheiden. Die Instanzen der rechtlichen Beurteilung können de facto Zivil-, Straf- und Standesgerichte sein. Dabei klären die Zivilgerichte als unparteiische Instanzen die Ansprüche der Bürger gegeneinander. In Strafgerich-

---

35 Vgl. dazu [256] Singer (1984).
36 Vgl. dazu [180, 181] Meyer-Abich (1979, 1990).
37 Vgl. zu dieser Position [114] Gorke (1999).
38 Mit [206] Ott (2004, S. 165ff.) oder [203] Ott, in: Bobbert et al. (2003, S. 208).
39 Die Frage der Grenzziehung zwischen „höheren" und „niederen" belebten Objekten ist dabei naturgemäß schwierig, strittig und hier nicht zu lösen.
40 Vgl. [150] Krebs (1997, S. 378).
41 Vgl. z.B.: [206] Ott und Döring (2004, S. 166).

ten erhebt ein Staatsanwalt im Namen der Gesellschaft Anklage. Und Standesgerichte können sowohl im Streit zweier Standesmitglieder vermitteln als auch das Fehlverhalten eines Mitglieds gegenüber dem Stand ahnden. Im Fall der moralischen Verantwortung gibt es zur Beurteilung keine institutionalisierte Sanktionsinstanz, als informelle Sanktionsinstanzen lassen sich jedoch das individuelle Gewissen, die gesellschaftliche Ablehnung oder die moralische Missbilligung durch Standeskollegen nennen.

Die einer Beurteilung zugrunde liegenden *Systeme von Normen*, sind im Fall einer juristischen Beurteilung erstens im Zivilrecht enthalten, das die Ansprüche, die die Bürger gegeneinander erheben, behandelt. Zweitens sind im Strafrecht die Rechte und Ansprüche jedes Bürgers an den Staat bzw. an die Gesellschaft (und vice versa) geregelt. Und drittens sind in der Berufsordnung die Normen bezüglich des Verhaltens des einzelnen Mitgliedes gegenüber seinem eigenen Stand (und umgekehrt) enthalten. Grundlage ist dabei in Deutschland in allen Fällen das Grundgesetz. Als Grundlage der moralischen Verantwortungszuschreibung sehe ich erstens universale und basale moralische Normen, zweitens die Standesethik bzw. das Standesethos und drittens die individuelle Moral bzw. Ethik, worauf im folgenden Kapitel genauer einzugehen sein wird.

4.4.1 Dimension A: Die Verantwortung gegenüber Individuen

Der Architekt kann durch sein Handeln das Wohlergehen von moralisch um ihrer selbst willen zu berücksichtigenden Individuen in starkem Maße positiv oder negativ beeinflussen. Insofern trägt er ihnen gegenüber Verantwortung. Dies bezeichne ich als die Verantwortungsdimension A. „Verantwortung" kann dabei sowohl retrospektiv im Sinne von Rechenschaftspflicht als auch prospektiv im Sinne von Sorge verstanden werden.

4.4.1.1 Individuelle Verantwortungsadressaten

Der Architekt trägt eine Verantwortung in der genannten Verantwortungsdimension A gegenüber allen von seinem Handeln betroffenen Individuen, die aus ethischer Sicht einen Zweck an sich darstellen. Gemäß der hier vertretenen Position eines gradualistischen Sentientismus sind dies nicht nur Menschen, sondern auch „höhere Tiere". Diese haben einen moralischen Eigenwert und sind deshalb als vom Architekt aus moralischer Sicht zu berücksichtigende Individuen anzusehen. Zu den betroffenen menschlichen Individuen zählt in erster Linie der Bauherr und der Nutzer eines Gebäudes, wobei diese beiden Rollen von einer einzigen Person oder verschiedenen Personen ausgefüllt werden können. Des

84

Weiteren sind mehr oder weniger stark mittelbar betroffene Individuen zu nennen wie Nachbarn oder Passanten. Nicht zu vergessen ist außerdem der Architekt selbst, der in der Regel so stark (auch emotional) involviert ist, dass auch sein Wohlergehen betroffen ist.

Tiere Es wurde bereits festgestellt, dass gemäß der Position des gradualistischen Sentientismus auch höhere Tiere aus moralischer Sicht eigenständige moralische Subjekte sind, die um ihrer selbst willen zu berücksichtigen sind. Somit hat ein Architekt, der beispielsweise einen Stall plant, nicht nur eine prospektive und retrospektive Verantwortung gegenüber dem Bauern, sondern auch gegenüber den Tieren, die in dem Stall gehalten werden sollen. Er ist für die bauliche Möglichkeit einer artgerechten Haltung sowohl gegenüber dem Bauern als auch gegenüber den Tieren verantwortlich. Dabei ist die Verantwortung gegenüber Tieren immer nur eine moralische, weil diese – zumindest in Deutschland – nicht als Rechtssubjekte auftreten können.[42] Wenn dagegen eine anthropozentrische Position eingenommen wird, auch wenn sie mit dem Zusatz „aufgeklärt" oder „tief" zu versehen ist, dann gilt das Gesagte nicht mehr. Der Architekt ist dann zwar auch verantwortlich dafür, dass die Kühe artgerecht gehalten werden, aber er ist nicht gegenüber den Kühen verantwortlich, sondern gegenüber dem Bauern, der das will.

In beiden Fällen ist der Architekt – mit einem Argument von Kant – für die Möglichkeit einer artgerechten Haltung aber auch gegenüber sich selbst verantwortlich, weil höhere Tiere respektvoll zu behandeln sind, wenn der Mensch seiner eigenen menschlichen Würde gerecht werden will.[43] Im Folgenden geht es

---

42 So geht es in Strafprozessen wegen Tierquälerei nicht um einen zivilrechtlichen Ausgleich zwischen Tier A und Mensch B, sondern um einen Ausgleich zwischen der Gesellschaft und Mensch B. In einem Zivilprozess kann es allenfalls um einen Ausgleich zwischen dem Halter von Tier A und dem Mensch B gehen.

43 Vgl. Kant, Immanuel (1797), Metaphysik der Sitten: „*§17 [...] In Ansehung des lebenden, obgleich vernunftlosen Teils der Geschöpfe ist die Pflicht der Enthaltung von gewaltsamer und zugleich grausamer Behandlung der Tiere der Pflicht des Menschen gegen sich selbst weit inniglicher entgegengesetzt, weil dadurch das Mitgefühl an ihrem Leiden im Menschen abgestumpft und dadurch eine der Moralität, im Verhältnisse zu anderen Menschen, sehr diensame natürliche Anlage geschwächt und nach und nach ausgetilgt wird; obgleich ihre behende (ohne Qual verrichtete) Tötung, oder auch ihre, nur nicht bis über Vermögen angestrengte, Arbeit (dergleichen auch wohl Menschen sich gefallen lassen müssen) unter die Befugnisse des Menschen gehören; da hingegen die martervolle physische Versuche, zum bloßen Behuf der Spekulation, wenn auch ohne sie der Zweck erreicht werden könnte, zu verabscheuen sind. – Selbst Dankbarkeit für lang geleistete Dienste eines alten Pferdes oder Hundes (gleich als ob sie Hausgenossen wären) gehört indirekt zur Pflicht des Menschen, nämlich in Ansehung dieser Tiere, direkt aber betrachtet ist sie immer nur Pflicht des Menschen gegen sich selbst.*" [140] Kant ([1797]/1990, S. 329f.) oder: Kant (AA VI, Die Metaphysik der Sitten, Seite 443).

nur um menschliche Verantwortungsadressaten. Dabei sind neben dem Bauherrn auch diverse andere Individuen zu nennen.

Bauherr Zunächst ist der Architekt dem Bauherrn verantwortlich.[44] Dabei sind wiederum verschiedene Fälle denkbar. Als Bauherr kann eine natürliche oder eine juristische Person oder eine mehr oder weniger große Gruppe von Personen auftreten. Für die Betrachtung der Verantwortung des Architekten spielt dies aber insofern zunächst keine Rolle als mittel- oder unmittelbar menschliche Individuen betroffen sind. Der Fall, dass die Gesellschaft z.B. in Form staatlicher Stellen als Bauherr auftritt, wird weiter unten besprochen.

Weiterhin kann der Bauherr selbst als Bewohner eines Gebäudes in Erscheinung treten. In diesem Fall wird das Hauptinteresse des Bauherren darin bestehen, dass seine Wünsche möglichst optimal, wenngleich mit ökonomisch vertretbarem Aufwand, erfüllt werden. Im Vordergrund der Architektentätigkeit steht also die funktionale und gestalterische Optimierung eines Gebäudes. Es kann aber auch sein, dass der Bauherr nur als Investor auftritt, er also nicht der spätere Nutzer und sein Interesse somit überwiegend ökonomischer Natur ist. In diesem Fall ist der Hauptanspruch an den Architekten meistens die ökonomische Optimierung eines Bauvorhabens. Der Dienstleistungscharakter der Architektentätigkeit steht für Bauherren als Investoren eindeutig im Vordergrund. Die beiden hier geschilderten Fälle des Bauherren als Bewohner und des Bauherren als Investor sind dabei in gewisser Weise als Extreme, wenn auch nicht als außergewöhnlich zu verstehen. Dazwischen sind viele Abstufungen und Zwischenkonstellationen möglich.

Unabhängig von der rechtlichen Stellung und unabhängig vom primären Interesse des Bauherren hat der Architekt eine rechtliche Rechenschaftspflicht gegenüber dem Bauherrn, insbesondere deshalb, weil der Architekt vom Bauherrn explizit damit beauftragt wird, seine Interessen zu vertreten.

Um seiner moralischen Verantwortung gerecht zu werden, genügt es allerdings nicht, die Anweisungen des Bauherrn nur auszuführen. So wie ein Arzt unver-

---

44 Vgl.: [25] Berufsordnung der Bayerischen Architektenkammer (2008). Punkt 1.8: *„Der Architekt wahrt die Rechte des Bauherrn gegenüber den anderen am Bau Beteiligten und vertritt sie im Rahmen seiner Berufsaufgaben sachlich, sachgerecht und nach den Grundsätzen von Treu und Glauben."* In den Erläuterungen heißt es zu diesem Punkt: *„Der Rahmen, der im Bayerischen Architektengesetz den Berufsaufgaben des Architekten gezogen ist, bestimmt zugleich die Grenzen, innerhalb derer der Architekt die Rechte des Bauherrn gegenüber den anderen am Bau Beteiligten zu wahren hat. Diese Aufgabe obliegt dem Architekten sowohl bei der Planung als auch bei der Durchführung eines Vorhabens, und zwar in seiner Eigenschaft als Berater, Betreuer und Vertreter des Bauherrn. Die Forderung, die Rechte des Bauherrn sachlich, sachgerecht und nach den Grundsätzen von Treu und Glauben zu wahren, besagt, dass er die Rechte des Bauherrn als Fachmann vertritt und dass er dabei auch die Rechte der anderen am Bau Beteiligten beachtet."*

antwortlich handelt, wenn er den Wunsch eines Patienten nach Verschreibung eines bestimmten Medikaments ohne weiteres erfüllt, so wird ein Architekt seiner moralischen Verantwortung nicht gerecht, wenn er entgegen eigenen Überzeugungen die Anweisungen eines Bauherrn einfach nur ausführt.[45] Um seiner moralischen Verantwortung gerecht zu werden, muss der Architekt seine Handlungen am Wohlergehen des Bauherrn orientieren. Zunächst muss er sich dabei mit dem Bauherrn darüber verständigen, was dessen Wohlergehen ist und im zweiten Schritt darüber, was es fördert. Bei beiden Schritten kann es zu Differenzen mit dem Bauherrn kommen, die im Idealfall in einem diskursiven Prozess aufgelöst werden. Wenn dies nicht vollständig gelingt, heißt das allerdings noch nicht, dass der Architekt unmoralisch handelt, wenn er die Wünsche des Bauherrn trotz unterschiedlicher eigener Meinung erfüllt. Moralisch abzulehnen wäre dies nur, wenn die Wünsche des Bauherrn das Wohlergehen und die Würde des Bauherren oder anderer von dem Bauvorhaben betroffenen Individuen[46] verletzen würden.

Nutzer Neben dem Bauherren ist der Architekt weiteren Individuen verpflichtet. Dazu zählen die direkten Nutzer eines Gebäudes. Als Beispiel seien „Bewohner" genannt. Ihnen gegenüber ist der Architekt insofern verantwortlich als alle Gesetze und Vorschriften bezüglich Funktion, Ergonomie, Belichtung, Technik etc. einzuhalten sind. Diese Verantwortung spiegelt sich auch in den rechtlichen Vorschriften. Darüber hinaus ist es aus moralischer Sicht unerlässlich, dass für den Architekten die Sorge um das gute Leben der Bewohner wichtig ist. Man könnte z.B. ein Wohnhaus so entwerfen, dass es allen Normen entspricht, aber dennoch funktional und gestalterisch so unzureichend ist, dass die Bewohner nur ungern dort wohnen würden, obwohl sie eventuell auf diese Wohnungen angewiesen sind. Steht für einen Architekten beispielsweise nur die Verwirklichung seines eigenen gestalterischen Ideals im Vordergrund, so behandelt er die Bewohner als Mittel zum Zweck, sein Bauwerk auszufüllen. Damit würde er seiner Verantwortung gegenüber seinen Mitmenschen aus moralischer Sicht nicht gerecht. Er trägt die Verantwortung dafür, dass sein Bauwerk das Wohlergehen der Menschen, die dieses Bauwerk benutzen, zulässt oder fördert. Und er hat sein Handeln auch vor den Nutzern zu verantworten.

---

45 Dabei könnte der Arzt allerdings, wenn er seiner Aufklärungspflicht nicht genügend nachkommt, für sein Verhalten auch in rechtlichem Sinn zur Verantwortung gezogen werden, während ein Architekt rechtlich nichts zu befürchten hätte, vorausgesetzt die vom Architekt unhinterfragt erfüllte Forderung des Bauherrn entspricht den gesetzlichen Rahmenbedingungen.

46 Zum Beispiel auch seine eigene Würde als Architekt. Vgl. dazu Abschnitt 4.4.1.1 Paragraph: „Der Architekt selbst".

Nachbarn und Passanten   In gleicher Weise gilt dies für andere Individuen, die nur mittelbar vom Handeln des Architekten betroffen sind wie z.B. Nachbarn eines neuen Gebäudes oder Passanten. Auch hier trägt der Architekt die rechtliche Verantwortung dafür, dass alle Regeln und Gesetze beispielsweise bezüglich Abstandsflächen oder Gestaltung eingehalten werden. Aber auch hier ist das Wohlergehen der betroffenen Individuen in sorgender Weise zu berücksichtigen.

Der Architekt selbst   Nicht zuletzt muss der Architekt sein Handeln gegenüber sich selbst verantworten. Dabei handelt es sich nicht um eine rechtliche Verantwortung, sondern um eine moralische. Verleugnet ein Architekt beispielsweise sein eigenes gestalterisches Ideal und erfüllt mit inneren Widerwillen nur die Vorgaben des Bauherren, so behandelt er sich selbst als bloßes Mittel, nicht aber als Zweck an sich. Damit wird er seiner Verantwortung gegenüber sich selbst nicht gerecht.

4.4.1.2 Verantwortung als Rechenschaftspflicht gegenüber Individuen

Der Architekt kann retrospektiv zur Rechenschaft gezogen werden, wenn er seiner Verantwortung nicht gerecht geworden ist und aufgrund seines schuldhaften Verhaltens das Leben von Individuen beeinträchtigt wurde. Dabei kann man zwischen einer rechtlichen Rechenschaftspflicht im Sinne von Haftung und einer moralischen im Sinne von moralischer Schuld unterscheiden.

Die Haftung des Architekten gegenüber Individuen   Wird ein Architekt von einem anderen Individuum auf juristischem Wege für die negativen Folgen seines Handelns oder seines Unterlassens verantwortlich, das heißt haftbar gemacht, geht es um den Ausgleich zwischen zwei Individuen. Dabei wird die finanzielle Wiedergutmachung eines entstandenen wirtschaftlichen oder gesundheitlichen Schadens zwischen Kläger und Angeklagtem angestrebt, der aufgrund eines Baumangels entstanden ist. Es geht hier juristisch um die Haftung für einen Mangel an einem mittels Werkvertrag vereinbarten Werk, wobei der Architekt als einer der am Bau Beteiligten dem Bauherrn seinen Teil, das heißt Planung und Bauüberwachung, mängelfrei zu liefern hat.[47] Der Ankläger ist in der Regel der Geschädigte und Adressat der Verantwortung, der der Architekt nicht nachgekommen ist. Beurteilungsinstanz sind Zivilgerichte.

---

47 Vgl. zum Werkvertrag BGB §§631–651.

Ein Architekt muss sich also für negative Folgen seines Handelns rechtlich verantworten und für sie haften. Sein Handeln muss erstens mit allen relevanten Gesetzen vereinbar sein und außerdem muss das von ihm geplante Bauwerk mängelfrei[48] sein, wobei der Architekt nur die Mängel zu vertreten hat, die aufgrund der eigenen mangelhaften Planung oder Bauüberwachung entstanden sind. Das heißt, der Architekt muss eigentlich nicht für Fehler des Bauunternehmers haften. Allerdings ist es in der Praxis häufig schwierig, einen einzigen Schuldigen für einen Schaden oder einen Mangel auszumachen, weil erstens meistens verschiedene Gewerke ineinander greifen, zweitens der Architekt als Bauleiter alle einzelnen Schritte überwachen soll und drittens weil sich Schäden nicht immer monokausal erklären lassen.

Normalerweise beträgt die Verjährungsfrist der Haftung des Architekten und von Baufirmen 5 Jahre.[49] Dabei beginnt bei Baufirmen die 5-jährige Frist mit der Abnahme der Leistung. Baufirmen können dabei sogar die Abnahme von Teilleistungen beantragen, womit es bei größeren Bauvorhaben sogar vorkommen kann, dass die Gewährleistungsfrist für die entsprechenden Teilleistungen schon vor der eigentlichen Fertigstellung des Gebäudes verjährt ist. Demgegenüber beginnt bei Architekten, die einen „kompletten Auftrag", das heißt alle Leistungsphasen 1–9, erhalten haben, erst nach Beendigung der Leistungsphase 9 die 5-jährige Gewährleistungsfrist. Die Beendigung der Leistungsphase 9[50] wiederum kann bisweilen erst 5 Jahre nach Abschluss der Bauarbeiten erfolgen. Das heißt, schon die „normale" Verjährungsfrist beträgt häufig mehr als 5 Jahre. Daneben muss ein Architekt für Folgeschäden und verdeckte Mängel 30 Jahre haften, ebenso wie für die Verletzung vertraglicher Nebenpflichten wie Auskunftspflicht, Verschwiegenheitspflicht, Beratungspflicht, Treuepflicht und sogar die Fortbildungspflicht.

Die rechtlich festgeschriebene Verantwortung des Architekten könnte man als „Teilmenge" der moralischen Rechenschaftspflicht verstehen. Die meisten Vorschriften und Gesetze spiegeln in Form gebrachte und fixierte moralische Überzeugungen wider.[51] Allerdings finden sich auch einzelne rechtliche Regelungen, die zu Rechtssprechungen geführt haben, die weder moralisch intuitiv noch ethisch begründbar scheinen, sondern eher juristischen Formalismen geschuldet sind. Dies gilt insbesondere für das Problem der gesamtschuldnerischen Haf-

---

48 Dazu zählt auch, dass die Konstruktionen dem „Stand der Technik" entsprechen, das heißt den anerkannten Regeln der Technik und der Baukunst, wobei darunter wiederum die von technischer und handwerklicher Seite für richtig und notwendig erkannten Erkenntnisse zu verstehen sind. Diese spiegeln sich in der Regel in den entsprechenden DIN-Normen, allerdings ist die Erfüllung einer geltenden Norm keine Gewährleistung dafür, dass eine bestimmte Konstruktion „dem Stande der Technik" entspricht.

49 Vgl. dazu BGB §634a Abs.1 Nr.(2) und §438.

50 Die Leistungsphase 9 umfasst dabei die Objektbetreuung und Dokumentation. Vgl. HOAI §3.

51 Vgl. zur Haftung des Architekten [157] Lauer et al. (2006).

tung.[52] Ein Bauherr kann sich beispielsweise aufgrund der Regelung der gesamtschuldnerischen Haftung der an einem Bau Beteiligten von einem einzigen der Beteiligten den gesamten Schaden ersetzen lassen, wenn nicht völlig eindeutig zu klären ist, wer einen Schaden zu verantworten hat. Da ein Architekt aber prinzipell jede mangelhafte Ausführung durch eine Baufirma im Zuge der Bauüberwachung erkennen soll – was praktisch kaum möglich ist – kann häufig auch der Architekt für Schäden haftbar gemacht werden, die er weder veranlasst noch verursacht hat. Der Architekt kann sich im Fall der Haftung zwar im Innenverhältnis an den anderen Baufirmen schadlos halten, was aber wiederum in der Praxis aufgrund fehlender Versicherungen[53] und des zum Teil unterschiedlichen Beginns von Verjährungsfristen erschwert wird. Für einen Bauherren ist es im Falle eines Bauschadens in jedem Fall am einfachsten, den Ausgleich des Schadens durch den Architekten zu fordern, da dieser erstens am längsten haftet, zweitens in der Regel die beste Versicherung hat und drittens der erste Ansprechpartner des Bauherren ist. Dies hat in der Praxis zu einer Schieflage geführt zwischen rechtlicher Regelung und moralischer Intuition.[54]

Neben der Mängelhaftung ist für den Architekten auch das Bestehen einer so genannte Gefährdungshaftung denkbar, das heißt einer verschuldensunabhängigen Haftung für aus einer erlaubten Gefahr entstandene Schäden. Dabei müsste der Architekt unabhängig von einem konkreten Verschulden im Einzelfall haften, wenn die Konstruktion des Architekten zwar erlaubt, aber dennoch gefährdend ist. Allerdings sind solche Konstruktionen oder Architekturen, die zwar erlaubt, aber trotzdem gefährlich beziehungsweise gefährdend sind, im aktuellen westlichen Kontext nur relativ schwer vorstellbar oder nur theoretisch relevant. Im Normalfall kann ein Architekt, der alle sicherheitsrelevanten gesetzlichen Auflagen erfüllt, davon ausgehen, dass sein „Werk" keine Gefährdung darstellt.

Die moralische Schuld gegenüber Individuen Insofern moralische Überzeugungen erstens wandelbar, zweitens sehr umfassend und drittens abgesehen von der Basis „universaler moralischer Tatsachen" auch individuell unterschiedlich sind, kann ein Gesetzeswerk sie nicht vollständig widergeben. Dies gilt auch für die Rechenschaftspflicht in der Architektur. Es lassen sich sowohl Beispiele nennen, in denen einem Architekten moralisch nichts vorzuwerfen ist, er aber rechtlich haftbar gemacht wird,[55] als auch der umgekehrte Fall, in dem

---

52 Vgl. dazu BGB §421.

53 Dazu sei angemerkt, dass der Architekt als einziger der an einem Bau Beteiligten dazu verpflichtet ist, eine Haftpflichtversicherung für sein berufliches Wirken abzuschließen. Vgl. dazu auch [234] Riehle und Stimpel (2010).

54 Dies wird von verschiedener Seite beklagt. Vgl. dazu [244] Schmid (2010).

55 Vgl. die obige Besprechung unter Abschnitt 4.4.1.2.

einem Architekten rechtlich nichts vorzuwerfen ist, obwohl unsere moralische Intuition sein Handeln verurteilt. Dies ist beispielsweise dann der Fall, wenn ein Architekt Wohnungen plant, die funktional so schlecht sind, dass sie kein angenehmes Wohnen zulassen und eventuell sogar die Gesundheit der Bewohner gefährden. Obwohl die Bauweise möglicherweise rechtlich nicht untersagt ist und dem Architekten somit in diesem Sinne nichts vorzuwerfen wäre, würde er doch im moralischen Sinn seiner Verantwortung nicht gerecht, insofern er billigend in Kauf nimmt, dass das Wohlergehen von Menschen durch seine Architektur beeinträchtigt wird.

4.4.1.3 Verantwortung als Pflicht zur Sorge um Individuen

Der Architekt muss sein Handeln nicht nur retrospektiv verantworten, er steht auch in der Pflicht, seine Verantwortung prospektiv wahrzunehmen. Er muss seiner Verantwortung auch in Form von Sorge um die betroffenen Individuen gerecht werden. Es stellt sich die Frage, wie sich Verantwortung im prospektiven Sinn als Pflicht zur Sorge genauer spezifizieren lässt.

Zunächst ist festzuhalten, dass es sich bei der Pflicht zur Sorge um eine moralische Verantwortung handelt. Fälle, in denen ein Architekt rechtlich haftbar gemacht wird, weil er bestimmte Dinge oder Sachverhalte falsch antizipiert hat und daraus ein Schaden entstanden ist, fallen nicht direkt unter den Begriff der Verantwortung als Sorge. Es geht hier also nicht so sehr um eine prospektive Schadensvermeidung, sondern vielmehr um eine vorausschauende Berücksichtigung des Wohlergehens der betroffenen Individuen, die in – umfassend zu denkender – sorgender Art und Weise erfolgen soll. Dass sich eine solcherart umfassende sorgende Art und Weise der Berücksichtigung des Wohlergehens rechtlich nicht kodifizieren lässt, ist offensichtlich. Völlig trennen lassen sich beide Dimensionen der Verantwortung allerdings auch nicht.

Im Weiteren ist zu fragen, wie sich eine sorgende Berücksichtigung betroffener Individuen genauer darstellt. Der detaillierteren Untersuchung des Prinzips der Sorge unter Abschnitt 6.5 vorgreifend seien hier nur einige wichtige Aspekte genannt. Bereits erwähnt wurde die Notwendigkeit einer Unterscheidung zwischen Schadensvermeidung und Sorge. Des Weiteren ist zu betonen, dass „Sorge" eher im Sinne Heideggers,[56] zu verstehen ist, der „Sorge als Sein des Daseins" verstand, mithin also als Grundstruktur des menschlichen Daseins. Demnach ist „Verantwortung als Sorge" dahingehend zu präzisieren, dass der Begriff „Sorge" nicht im Sinn von Fürsorge, „sorgen für" oder „umsorgen" zu verstehen ist,

---

56 Vgl. dazu die Ausführungen Heideggers in *Sein und Zeit*, insbesonder die in Kap. 6 des 1.Abschnitts vom 1.Teil gemachten: [122] Heidegger ([1926]/1993, S. 180ff.). Daneben auch: [296] Vossenkuhl (2006, S. 164ff.).

sondern im Sinn von „Sorge um". Es geht also nicht darum, dass der Architekt
in altruistischer und eventuell paternalistischer Weise aufopferungsvoll für die
von seinem Handeln Betroffenen sorgt oder sie gar umsorgt. Sondern es geht
vielmehr darum, dass er die Interessen und das Wohlergehen der betroffenen Individuen – in einer Gratwanderung zwischen uninteressierter Dienstleistungstä-
tigkeit und paternalistischer Bevormundung – rücksichtsvoll und zurückhaltend,
aber dennoch umfassend bedenkt. Dazu gehört die funktionalen, ästhetischen,
ökonomischen und sonstigen Interessen und Wünsche der betroffenen Individu-
en zur Kenntnis und ernst zu nehmen. Es gehört aber auch dazu, die geäußerten
Interessen und Wünsche kritisch zu hinterfragen und sie im Lichte eigener fach-
licher Kompetenzen und Vorstellungen in einem diskursiven Prozess gegebenenfalls zu korrigieren oder sogar abzulehnen.

4.4.2 Dimension B: Die Verantwortung gegenüber der Gesellschaft

In Berufsordnungen und Beschreibungen des Architektenberufs findet sich fast
immer der Hinweis darauf, dass der Architekt Verantwortung für die Gesellschaft
oder das Gemeinwohl trage.[57] Dies wäre durch das Gesagte bereits hinreichend
erklärt und begründet, wenn man Gesellschaften einfach als Summe menschlicher Individuen auffasste. Meine Auffassung von Gesellschaft geht allerdings
hierüber hinaus. Ich verstehe unter einer Gesellschaft ein soziales Gebilde, das
mehr ist als die Summe seiner Teile, insofern seine Mitglieder bestimmte Merkmale und Überzeugungen teilen. Dies geschieht dabei in der Regel nicht durch
ein identisches Merkmal, das alle Mitglieder einer Gesellschaft teilen, sondern
eher im Sinne einer Wittgensteinschen Familienähnlichkeit. Der Architekt trägt
aber auch Verantwortung gegenüber einer so verstandenen Gesellschaft. Dies
bildet die zweite Dimension der Verantwortung des Architekten. Als soziale Wesen sind Menschen für ein angenehmes und gutes Leben auf eine Gesellschaft
im spezifizierten Sinn angewiesen. In der Regel wird das individuelle Leben in
einer gut funktionierenden und fair organisierten Gesellschaft besser gelingen
können als in einer schlecht funktionierenden und ungerechten. Unter dieser Voraussetzung beeinflusst ein Architekt das Glück und das Wohlbefinden einzelner
menschlicher Individuen positiv, wenn er durch sein Handeln das Gemeinwohl
fördert. Umgekehrt beeinflusst er menschliche Individuen negativ, wenn er durch

---

57 Vgl. z.B. die bereits weiter oben zitierte Satzung des BDA ([53] Bund Deutscher Architekten
    (2003)) oder das ebenfalls bereits zitierte Berufsbild der bayerischen Architektenkammer ([26]
    Bayerische Architektenkammer (2010)). Neben diesen aktuellen Belegen sei darauf hingewie-
    sen, dass eine Verantwortung der Architekten gegenüber der Gesellschaft spätestens seit der
    Renaissance gesehen wird bzw. zumindest von den Architekten postuliert wird. Als ein Beispiel
    sei auf das zu Eingang von Kapitel 4 angeführte Zitat von Leon Battista Alberti verwiesen.

sein Handeln das Gemeinwohl negativ beeinflusst. In diesem Sinne kann man davon sprechen, dass der Architekt für sein Handeln oder sein Unterlassen vor der Gesellschaft verantwortlich ist.

Dabei kann auch diese Verantwortung sowohl retrospektiven als auch prospektiven Charakter haben. Verantwortung als rechtliche Rechenschaftspflicht gegenüber der Gesellschaft spiegelt sich im Strafrecht. Der Architekt muss sich für eventuell negative Folgen des eigenen Handelns verantworten. Es geht hier um Sanktionen, die die Gesellschaft gegen eines ihrer Mitglieder verhängt, um ein Verhalten zu bestrafen, das entweder direkt die Gesellschaft negativ beeinflusst oder dies täte, wenn es erlaubt wäre und alle so handeln würden. Beurteilungsinstanz sind (Straf-)Gerichte. Ankläger ist die Gesellschaft in Person des Staatsanwalts.

Daneben trägt der Architekt gegenüber der Gesellschaft Verantwortung, verstanden als Pflicht zur Sorge um die Gesellschaft. Er ist auch ein politischer Akteur in dem Sinn, dass sein Handeln und das der Architektenschaft insgesamt für das Zusammenleben der Menschen und für die πόλις bedeutsam ist. Als Architekt plant und baut man immer auch für die Gesellschaft. Zum einen praktisch, indem man versuchen sollte das gute Zusammen-Leben zu ermöglichen, z.B. durch die Schaffung gut funktionierender und schöner Unterkünfte oder Stadträume. Zum anderen abstrakt, indem man zur kulturellen Identität einer Gesellschaft beiträgt. Architekten sind in diesem Sinn nicht nur Dienstleister, die für einen Auftraggeber, der ein Individuum, eine Gruppe oder die Gesellschaft sein kann, bestimmte funktionale Aufgaben lösen, sondern auch „kulturelle Dienstleister" für die Gesellschaft.[58]

4.4.3 Dimension C: Die Verantwortung gegenüber dem Stand

Gemäß Bayerischem Baukammergesetz sind Architekten verpflichtet „[...] ihren Beruf gewissenhaft auszuüben, dem ihnen im Zusammenhang mit ihrem Berufsstand entgegen gebrachten Vertrauen zu entsprechen und alles zu unterlassen, was dem Ansehen ihres Berufsstandes schaden kann."[59] Offensichtlich spielt also der Stand der diplomierten Architekten zumindest rechtlich eine gewisse Rolle. Die Mitgliedschaft in einer Architektenkammer ist in Deutschland an bestimmte Bedingungen geknüpft, sie gewährt den Mitgliedern bestimmte Rechte, wie zum Beispiel das Tragen der geschützten Berufsbezeichnung „Architekt", und sie impliziert bestimmte Ansprüche an das Handeln der Mitglieder. Bis da-

---

58 In ähnlicher Weise betont auch Ott das, was ich als Verantwortungsdimensionen A und B bezeichnet habe. Vgl. dazu Fußnote 12 in Abschnitt 4.2. Vgl.: [202] Ott (1997, S. 776).
59 [97] Bayerisches Baukammergesetz (BauKG) in der Fassung vom 9.Mai 2007, Art.24 (1)1.

to[60] habe ich in dieser Arbeit jeden Entwurfsverfasser als Architekt bezeichnet, unabhängig von einer Mitgliedschaft in einer Architektenkammer. Dementsprechend bezeichne ich mit Architektenschaft die vorinstitutionelle Summe aller Entwurfsverfasser und als „Architektenkammer" die Institution, in der alle diplomierten Architekten, die in Deutschland die Berufsbezeichnung „Architekt" führen, Mitglied sind. Im Folgenden wird daher unterschieden zwischen der Verantwortung gegenüber der institutionalisierten Form der Architektenschaft – den Architektenkammern und der Verantwortung gegenüber der Architektenschaft als vorinstitutionelle Summe aller Architekten im Sinne dieser Arbeit. Diese Unterscheidung ist dabei nicht nur akademischer Natur. Es darf zwar heute in Deutschland nur derjenige die Berufsbezeichnung „Architekt" führen, der in einer Architektenkammer organisiert ist.[61] Zumindest eingeschränkt bauvorlageberechtigt, das heißt also auch offiziell als Planer anerkannt, sind aber nicht nur diplomierte und organisierte Architekten, sondern zum Beispiel auch Handwerksmeister aus einigen Gewerken und Bauingenieure.[62] Das heißt es gibt de facto auch eine nicht organisierte Architektenschaft. Eine Unterscheidung zwischen vorinstitutioneller Architektenschaft als Summe der Architekten und den Architektenkammern als institutionalisierte Standesvertretung ist also sowohl aus praktischer als auch aus systematisch-theoretischer Sicht berechtigt.

Verantwortung gegenüber der institutionalisierten Form der Architektenschaft – den Architektenkammern
Die Architektenkammern in Deutschland[63] als Standesvertretung der diplomierten Architekten formulieren

---

60 Vgl. Abschnitt 2.1.3.

61 Vgl. dazu auch: „*Die Bayerische Architektenkammer ist eine Körperschaft des öffentlichen Rechts, der jeder Architekt, Innenarchitekt und Landschaftsarchitekt in Bayern als Pflichtmitglied angehört. Sie ist ein Teil mittelbarer Staatsverwaltung und damit in deren Tätigkeit eingebunden. Ihre Aufgaben sind im Gesetz über die Bayerische Architektenkammer und die Bayerische Ingenieurekammer-Bau (Baukammerngesetz – BauKaG) festgelegt. Die Bayerische Architektenkammer – durch Landtagsbeschluss am 1. Januar 1971 errichtet – ist ein wichtiges Ordnungsinstrument im Bereich des Planens und Bauens. Ihre Mitglieder unterstützt sie auf berufspolitischer Ebene, den Bauherren garantiert sie den hohen Qualitätsstandard der ihr angehörenden Mitglieder.*" Quelle: Information von der Homepage der Bayerischen Architektenkammer eingesehen am 12.1.2009 www.byak.de.

62 Vgl.: [96] BayBO 2010, Art.61, Satz (2): „*Bauvorlageberechtigt ist, wer 1. die Berufsbezeichnung ‚Architektin' oder ‚Architekt' führen darf, 2. in die von der Bayerischen Ingenieurekammer-Bau geführte Liste der bauvorlageberechtigten Ingenieure eingetragen ist; Eintragungen anderer Länder gelten auch im Freistaat Bayern. (3) 1 Bauvorlageberechtigt sind ferner die Angehörigen der Fachrichtungen Architektur, Hochbau oder Bauingenieurwesen, die nach dem Ingenieurgesetz die Berufsbezeichnung ‚Ingenieurin' oder ‚Ingenieur' führen dürfen, sowie die staatlich geprüften Techniker der Fachrichtung Bautechnik und die Handwerksmeister des Maurer- und Betonbauer- sowie des Zimmererfachs [...].*"

63 Das im Folgenden Gesagte gilt in ähnlicher Form in vielen Ländern der westlichen Welt. Es finden sich normalerweise ähnliche Regeln zur Verantwortung gegenüber dem Stand und zur

in ihren Berufsordnungen und/oder Satzungen Ansprüche an das Handeln jedes Mitglieds, die über die Erfüllung gesetzlicher Normen hinausgehen. Es werden mit hohem moralischen Anspruch Standards und Ideale des Verhaltens allgemein und auch im Verhalten gegenüber der institutionalisierten Form der Architektenschaft und einzelnen Kollegen festgelegt. Zumindest aus Sicht der Architektenkammern besteht also auch eine Verantwortung gegenüber dem eigenen Stand.[64] Somit lässt sich eine dritte Dimension der Verantwortung des diplomierten Architekten formulieren: die Verantwortung gegenüber dem eigenen Stand. Dabei ist nicht das einzelne Mitglied gemeint, demgegenüber ein Architekt auch Verantwortung haben kann, wenn sein Handeln den Kollegen beeinflusst, sondern die relativ kleine institutionalisierte gesellschaftliche Gruppe der diplomierten Architekten.

Der diplomierte Architekt muss seine Handlungen aus Sicht der Architektenkammern auch gegenüber dem eigenen Stand verantworten, weil er dessen Zustand durch sein Handeln beeinflussen kann. Dies ist zum einen verständlich, insofern die Architektenkammern einen „guten Ruf" des eigenen Standes anstreben. Zum anderen kann man davon ausgehen, dass ein gut beleumundeter Stand das Wohlergehen von Individuen und Gesellschaft besser in positiver Weise beeinflussen kann. Die Verantwortung für den Stand ist so gewendet ein Mittel, um der Verantwortung gegenüber Individuum und Gesellschaft gerecht zu werden. Der Architekt hat sozusagen mittelbar gegenüber dem Stand Verantwortung, insofern der Zustand des Standes das Wohlergehen von Menschen beeinflusst.

Die dem diplomierten Architekten gegenüber dem Stand auferlegte Verantwortung kann wieder sowohl in einem prospektiven als auch in einem retrospektiven Verständnis gebraucht werden. Prospektiv als Pflicht zur Sorge, wenn positive Idealzustände entworfen und positive Ansprüche an das Handeln gestellt werden, und retrospektiv, wenn der diplomierte Architekt aufgrund bestimmter Verfehlungen zur Verantwortung gezogen wird. Mitglieder, die schuldhaft gegen die Berufsordnung ihrer Architektenkammern verstoßen, das heißt letztlich der ihnen mit der Standesethik auferlegten Verantwortung als Architekt nicht

---

Loyalität gegenüber Kollegen. Zum Beispiel im Code of Conduct der AIA ([14] American Institute of Architects (2007)) oder den Ethical Standards des NCARB ([188] National Council of Architectural Registration Board [der USA] (2009)). Vgl. dazu auch: [298] Wasserman, et al. (2000).

64 „[...] Der Architekt übt seinen Beruf verantwortungsbewusst und gewissenhaft aus und entspricht dabei dem Vertrauen, das die Öffentlichkeit dem Berufsstand entgegenbringt. Er wahrt dabei die Belange seiner Auftraggeber und berücksichtigt übergeordnete Interessen der Allgemeinheit. Seine eigenen beruflichen Interessen bringt er mit diesen Zielen in Einklang." ([25] BayAK (2008): Berufsordnung der Bayerischen Architektenkammer. Punkt 7. Werbung Präambel).

nachgekommen sind, können durch ein Standesgericht oder ein Gremium der Architektenkammer bestraft werden.[65]

Verantwortung hat der diplomierte Architekt also drittens gegenüber dem eigenen Stand. Sie spiegelt sich in der Berufsordnung. Sanktionsinstanz ist ein Standesgericht. Das grundgelegte normative System ist später genauer zu bestimmen.

Verantwortung gegenüber der vorinstitutionellen Form der Architektenschaft – der Summe der Architekten Daneben ist eine Verantwortung des Architekten auch gegenüber der Architektenschaft, also in meiner Terminologie der vorinstitutionellen Form des Standes, zu konstatieren. Oben wurde festgestellt, dass eine Verantwortung gegenüber jedem einzelnen vom Handeln des Architekten direkt betroffenen Individuum besteht. Diese betroffenen Individuen können selbstverständlich auch Architekten sein. Das Wohlergehen jedes einzelnen Architekten hängt aber ein Stück weit auch davon ab, wie gut das Ansehen des Berufsstandes ist, unabhängig davon, ob dieser Berufsstand institutionalisiert ist oder nicht. Da das Handeln als Architekt auch das Ansehen des Berufsstandes beeinflusst, wird somit mittelbar auch das Wohlergehen jedes einzelnen Architektenkollegen beeinflusst. Insofern kann man auch von einer Verantwortung gegenüber der Architektenschaft in ihrer vorinstitutionalisierten Form sprechen. Eine rechtliche Rechenschaftspflicht gegenüber einer Institution gibt es dabei zwar mangels einer Institution nicht. Davon unberührt trägt der Architekt aber eine Verantwortung als Pflicht zur Sorge um seinen Stand, unabhängig davon, ob dieser institutionalisiert ist oder nicht.

4.4.4 Allgemeine Bedingungen

In allen drei Dimensionen gelten allgemeine Bedingungen für die konkrete Zuschreibung von Verantwortung. Dazu gehören die Art der Bauaufgabe und die Existenzphasen einer Architektur.

---

65 Der Charakter der möglichen Strafen reicht dabei von einer sozialen Stigmatisierung mittels einer Rüge bis hin zu einem faktischen Berufsverbot, das heißt einem Ausschluss aus der Architektenliste und dem damit verbundenen Verbot, die Berufsbezeichnung „Architekt" zu führen. Während über eine Rüge der Vorstand der Architektenkammer entscheiden darf, müssen der Ausschluss oder andere Strafen von einem Berufsgericht beschlossen werden, das aus einem Berufsrichter (bzw. drei im Berufungsverfahren) und zwei Kammermitgliedern zusammengesetzt ist. Vgl. dazu die Artikel 6, 25, 26, 27,28 des Bayerischen Baukammergesetzes [97] BayBauKaG.

Die Art der Bauaufgabe Die Art der Bauaufgabe hat Einfluss auf die Verantwortung; zwar nicht auf ihr Vorhandensein, wohl aber auf das Maß der Verantwortung, die de facto zugeschrieben wird, insofern bei Bauaufgaben unterschiedlich viel „auf dem Spiel steht". Die rechtliche Rechenschaftspflicht ist bei schwierigen Bauaufgaben dabei höher. Beim Bau von Hochhäusern muss zum Beispiel anders als beim Neubau von Einfamilienhäusern ein Prüfstatiker beteiligt werden, ein Brandschutzkonzept vorliegen, ein Sicherheits- und Gesundheitsschutzkoordinator (SiGeKo) beim Bau beauftragt werden etc. Die Gestaltung eines Hochhauses ist also rechtlich eine Aufgabe mit vergleichsweise hoher Verantwortung. Dies ist intuitiv einsichtig und „gesellschaftlicher Konsens".[66] Eine Verantwortung des Architekten als Pflicht zur Sorge um die betroffenen Individuen ist aber auch bei kleineren Bauvorhaben voll gegeben. Eine Aufteilung der Verantwortung nach dem Motto: „bei einem Kindergarten muss sich der Architekt um x Prozent mehr sorgen als bei einem Studentenwohnheim" ist unplausibel. Eine höhere rechtliche Verantwortung darf für einen Architekten keine „sorgendere" Herangehensweise bedeuten. In diesem Sinn spielt die Bauaufgabe aus ethischer Sicht für die Verantwortung des Architekten, sich sorgend um die von seinen Handlungen betroffenen Individuen zu kümmern, eine untergeordnete Rolle.

Sowohl auf Ebene der gesetzlichen wie der moralischen Verantwortung kann es außerdem sein, dass ein Architekt es nicht verantworten kann, eine bestimmte Bauaufgabe auszuführen. Auf der Gesetzesebene ist dies der Fall, wenn ein Bauvorhaben überhaupt nicht oder an bestimmten Orten nicht erlaubt ist, wie zum Beispiel Gewerbebetriebe in Wohngebieten oder Wohnhäuser in Gewerbegebieten. Auf Ebene der individuellen Moral kann es auch sein, dass ein Architekt ein bestimmtes Bauvorhaben aus persönlichen Gründen nicht verantworten kann, obwohl diesem rechtlich nichts im Wege stünde, wie z.B. ein Verwaltungsgebäude für ein Atomkraftwerk oder einen Viehstall für Massentierhaltung oder Ähnliches.

Die Existenz-Phasen einer Architektur Die Verantwortung des Architekten in unterschiedlichen Stadien einer Architektur ist eine je unterschiedliche. Zunächst betrachte ich dabei den gesamten Lebenszyklus eines Gebäudes und danach gesondert die reine Bauphase bis zur Fertigstellung eines Gebäudes, weil diese für den Architekten von größter Bedeutung ist.

---

66 Dies zeigt sich beispielsweise durch die Aufnahme in Gesetze. So sieht z.B. die Bayerische Bauordnung 2009 eine Einteilung von Gebäuden in Gebäudeklassen vor, mit je unterschiedlichen Anforderungen an z.B. vorbeugenden Brandschutz etc. Vgl. [96] BayBO 2010, Art.2.

Lebenszyklus eines Gebäudes Der Lebenszyklus eines Gebäudes umfasst die Bauphase mit vorheriger Planung, die Betriebsphase als in der Regel längste Phase sowie schließlich die Rückbauphase. Die Verantwortung des Architekten ist für die einzelnen Phasen eine unterschiedliche. Der Schwerpunkt seiner Verantwortung liegt in der Bauphase, weil der Architekt hier zum einen am meisten beeinflussen kann und weil sie zum anderen mit dem Handeln des Architekten zeitlich zusammenfällt. Diese Sichtweise ist intuitiv klar und im Falle der rechtlichen Rechenschaftspflicht auch, zumindest zum Teil, durch entsprechende Verjährungsfristen der Haftungspflicht in Gesetzen verankert.

Allerdings steht ein Architekt aus moralischer Sicht in der Pflicht, seinen Bauherren nicht „im Stich zu lassen" und die Verantwortung für die Betreuung eines von ihm errichteten Objektes zu übernehmen, auch wenn die Haftungszeit abgelaufen ist. Diese Verantwortung hat er gegenüber den von seiner Arbeit betroffenen Menschen, wobei hier in erster Linie an die Nutzer zu denken ist. Allerdings kann es Fälle geben, in denen über eine „Verantwortung gegenüber dem Werk" gesprochen wird. Gemeint ist damit, dass neben der Verantwortung gegenüber den Nutzern und dem Bauherrn auch eine Verantwortung gegenüber nur indirekt betroffenen Individuen und der Gesellschaft allgemein besteht, die beispielsweise eine Änderung oder den Abriss einer historisch wertvollen Architektur unverantwortbar erscheinen lässt. Diese Art Verantwortung ist insbesondere bei historischen Kulturdenkmälern gegeben. So würde beispielsweise niemand ernsthaft den Abriss der Kathedrale von Chartres fordern, obwohl die Kirchengemeinde eventuell in einer kleineren Kirche besser und ungestörter Gottesdienst feiern könnte. Es lassen sich aber auch konkrete Beispiele finden, in denen es Kontroversen um Baudenkmäler jüngeren Datums gibt, an denen sich auch der Architekt dieser Bauwerke noch beteiligen kann. Dabei kann er versuchen, die Interessen von Nutzern und Denkmalschützern bzw. Gesellschaft zu versöhnen oder aber klar Partei für eine Seite ergreifen. Ein Beispiel ist die Kontroverse um das Münchener Olympiastadion von Günther Behnisch im Jahr 2000. Hier wollte der Nutzer einen weitgehenden Umbau bzw. Abriss des denkmalgeschützten Ensembles, weil das Stadion den Ansprüchen nicht mehr genügte. Daraufhin versuchte der Architekt zunächst einen Kompromissvorschlag zu erstellen, kam aber schließlich zu dem Schluss, dass ein Umbau nicht sinnvoll möglich sei, und widersprach dann mit Verweis auf sein Urheberrecht jeden Umbauplänen.[67] Die Verantwortung gegenüber dem Werk, die letztlich eine Verantwortung gegenüber Gesellschaft und „unbeteiligten" Individuen ist, wog für den Architekten in diesem Fall also offensichtlich schwerer als die gegenüber dem Bauherrn und den aktiven Nutzern.

---

67 Vgl. [77] Dürr (SZ vom 7.12.2000).

Verantwortung in einzelnen Leistungsphasen Die Bauphase lässt sich auf verschiedene Art und Weise unterteilen. Rechtlich ist die Arbeit eines diplomierten Architekten in Deutschland neun Leistungsphasen eingeteilt.[68] Diese sind 1. Grundlagenermittlung, 2. Vorplanung, 3. Entwurfsplanung, 4. Genehmigungsplanung, 5. Ausführungsplanung (Werkplanung), 6. Vorbereitung der Vergabe (Ausschreibung), 7. Mitwirkung bei der Vergabe, 8. Objektüberwachung (Bauüberwachung, Bauleitung) sowie 9. Objektbetreuung und Dokumentation. Eine Besprechung der einzelnen Leistungsphasen ist für die Analyse der Verantwortung des Architekten allerdings nicht erforderlich, insbesondere weil die Grenzen zwischen den einzelnen Leistungsphasen zum Teil fließend sind, wie z.B. zwischen Grundlagenermittlung und Vorplanung. Stattdessen kann man sinnvoller in Planung und Ausführungsüberwachung trennen. Die Planung entspricht dabei den Leistungsphasen 1–5, die Überwachung der Bauausführung den Leistungsphasen 6–9.

Für die moralische Betrachtung der Verantwortung des Architekten ist insbesondere die Änderung der primären Verantwortungsadressaten zu beachten. Während der Planungsphase hat der Architekt, wie oben besprochen, in erster Linie die Interessen von Nutzern und Bauherr zu beachten und gegebenenfalls in Einklang zu bringen mit den Interessen von indirekt beteiligten Personen und seinen eigenen Idealvorstellungen.

Bei der Bauausführung stehen konstruktiv-technische, ökonomische sowie die Sicherheit betreffende Fragen im Vordergrund. Der Architekt ist für die Einhaltung der kalkulierten Kosten und die einwandfreie technische Ausführung gegenüber dem Bauherrn verantwortlich. Bei der Überwachung der Bauausführung kommen zusätzlich Sicherheitsaspekte zum Tragen und damit eine Verantwortung gegenüber den ausführenden Arbeitern. Dies kann einem vordergründigen Interesse des Bauherrn und der Firmen widersprechen, z.B. wenn Sicherheitsmaßnahmen nicht ergriffen werden, weil sie „Zeit kosten". Hier hat der Architekt neben der rechtlichen auch eine moralische Verantwortung gegenüber den Arbeitern und auch gegenüber sich selbst, entsprechende Maßnahmen durchzusetzen.

Problem der Trennung in Planung und Ausführungsüberwachung

Häufig findet sich in der Praxis eine Trennung des in der HOAI definierten kompletten Leistungsbildes (Leistungsphasen 1–9) von Architekten in Planung und Ausführungsüberwachung. In diesen Fällen überlässt ein Architekt die Ausführungsüberwachung eines von ihm erstellten Entwurfs einem anderen entsprechend spezialisierten Architekten. Häufig findet sich in größeren Büros auch eine

---

68 Vgl. dazu die [57] Honorarordnung für Architekten und Ingenieure (HOAI).

interne Arbeitsteilung zwischen einer Entwurfsabteilung und einer Bauleitungs-abteilung. Die interessante Frage dabei lautet, ob der Architekt seiner Verant-wortung gegenüber den verschiedensten von seinem Bau betroffenen Menschen gerecht wird, wenn er die Überwachung der Ausführung seiner Planung einem anderen überlässt, beziehungsweise wie sich die Verantwortung auf die betei-ligten Architekten aufteilt. Im Fall der internen Büroaufteilung sehe ich dabei keine Probleme, insofern ein Chef bzw. mehrere Partner für den gesamten Er-richtungsprozess in der rechtlichen und moralischen Verantwortung stehen. Für einen Büroinhaber heißt das, dass er zwar einzelne Arbeiten an Mitarbeiter de-legieren kann, nicht jedoch die Verantwortung für das gesamte Projekt. Unab-hängig davon trägt auch jeder Architekt, der als Mitarbeiter in einem Architek-turbüro arbeitet, Verantwortung. Auch eine Arbeitsteilung in Entwurf und Aus-führungsüberwachung zwischen zwei rechtlich selbstständigen Architekten ist offensichtlich weder rechtlich noch bezüglich der gesellschaftlichen Akzeptanz problematisch und wird dementsprechend auch häufig praktiziert. Zumindest in-tuitiv werden die meisten Menschen aber davon ausgehen, dass ein Architekt auch die Ausführung eines Entwurfs, also den Bau eines Gebäudes als einen ele-mentaren Bestandteil eines Architekturprojektes, überwachen muss. Dies ist Teil der Aufgabe, die sie einem bestimmten Architekten anvertraut haben. Aus mo-ralischer Sicht muss man im gleichen Sinne anmerken, dass sich weder Planung noch Überwachung komplett delegieren lassen. Eine einfache Delegation von Verantwortung mag rechtlich in Ordnung sein, rein moralisch ist sie problema-tisch.[69] In jedem Fall bleibt eine Verantwortung für die Auswahl der Personen, die man mit bestimmten Aufgaben betraut. Daneben sehe ich eine Verantwor-tung des Entwurfs-Architekten, den Bauprozess zumindest kritisch prüfend bis zum Ende zu begleiten. In diesem Sinne wäre Kontrolle nicht nur gut, sondern moralisch verpflichtend, wenn man seiner Verantwortung gerecht werden will. Umgekehrt kommt dem Bauleitungs-Architekten, der seiner Verantwortung ge-recht werden will, auch die Pflicht zu, einen Entwurf in jeder Hinsicht kritisch zu prüfen und nicht einfach „blind auszuführen".

Sinngemäß das gleiche gilt auch für den Bauherr, da auch dieser aus moralischer Sicht nicht einfach jegliche Verantwortung an den Architekten abgeben kann. Er hat eine „Pflicht zu wissen" und Teil seiner Verantwortung ist es, den Architekten „nach bestem Wissen und Gewissen" zu kontrollieren. Unabhängig davon kann es allerdings auch Teil der rechtlichen und moralischen Verantwortung des Ar-chitekten sein, bestimmte Aufgaben zu delegieren. Dies gilt z.B. für bestimmte statische, bauphysikalische oder brandschutztechnische Fragen. Hier würde ein in technischen Detailfragen dillettierender Architekt seiner Verantwortung nicht gerecht.

---

69 Vgl. dazu [296] Vossenkuhl (2006, S. 164f.).

4.5 Die Verantwortung des Bauherren

Neben dem Architekten ist der Bauherr einer der beiden an der Gestaltung der gebauten Umwelt maßgeblich beteiligten Akteure. Auch dessen Verantwortung lässt sich anhand der Verantwortungsadressaten in verschiedene Dimensionen gliedern.

Insofern der Bauherr einen Architekten als Fachmann beauftragt, die eigenen Interessen wahrzunehmen, liegt allerdings der Gedanke nahe, dass der Bauherr seine Verantwortung an den Architekten abtreten könne. Aus ethischer Sicht kann aber, wie bereits oben erwähnt, Verantwortung nicht komplett abgegeben werden. Zumindest hat der Bauherr eine Pflicht, über das Handeln des von ihm beauftragten Architekten Bescheid zu wissen, weil dessen Handeln das eigene Wohlergehen und das Dritter beeinflusst.[70] Es ist also entgegen der Intuition, dass der Bauherr seine Verantwortung an den Architekten übertragen könne, festzuhalten, dass bei einem Bauprojekt auch der Bauherr immer Verantwortung trägt, insofern er mit seinem Handeln die Freiheit und das Wohlergehen anderer Menschen massiv beeinträchtigen kann. Dies verdient betont zu werden, weil von einigen Autoren[71] der Bauherr nur behandelt wird als eine Voraussetzung, mit der sich der Architekt auseinanderzusetzen habe.[72] An der Entstehung von Architekturen ist aber eben nicht nur der Architekt beteiligt. Der Bauherr trägt wie der Architekt eine große Verantwortung, weil er mit seinen Entscheidungen die Umwelt der Menschen gestaltet – seine eigene Umwelt, aber eben auch die seiner Nachbarn, die einer größeren Öffentlichkeit und die der Nutzer des Gebäudes. Dadurch beeinflusst er das Wohlbefinden aller Betroffenen in unterschiedlichem Maße. Darüber hinaus trägt er Verantwortung vor der Gesellschaft, insofern ein Haus immer auch einen Beitrag zur Baukultur eines Landes leistet. Beschreiben lässt sich die Verantwortung des Bauherrn in Anlehnung an das

---

70 Vgl. zur Pflicht, zu wissen: *„Gute Gründe, nicht zu wissen, kann es für mich als Handelnden immer dann nicht geben, wenn das Nichtwissen berechenbare Risiken für das Leben, die Gesundheit und das Eigentum Dritter enthielte. Dasselbe trifft natürlich auch auf mich selbst zu. Immer dann, wenn dies der Fall ist, habe ich die Pflicht, zu wissen und die Risiken meines Handelns zu kennen. Wenn ich z.B. von meinem Arzt nicht darüber aufgeklärt werden wollte, welche Risiken eine Therapie oder ein Verzicht darauf für mich hat, würde ich ohne Zweifel meine Selbstbestimmung und eine aus ihr abgeleitete Pflicht verletzen. Vielleicht wäre dies nicht risikoreich, weil ich dem Arzt vertrauen kann. Er hat aber die Pflicht, mich aufzuklären, und muss sich seinerseits gegen das mögliche rechtliche Risiko absichern, mich nicht hinreichend aufgeklärt zu haben.“* [296] Vossenkuhl (2006, S. 179).

71 Vgl. z.B. [107] Gerkan (1982).

72 Mittlerweile kann man allerdings feststellen, dass das Bewusstein für die Verantwortung des Bauherren auch in der Öffentlichkeit wächst. In einem Interview fordert beispielsweise Michael Braum, der Vorsitzende der Deutschen Stiftung Baukultur, von Bauherren ein erhöhtes Bewusstsein für ihre Verantwortung. Vgl. [49] Braum (2009).

oben für die Verantwortung des Architekten[73] entwickelte Modell. Auch die Verantwortung des Bauherrn hat unterschiedliche Dimensionen, basierend auf den Verantwortungsadressaten.

Gemäß der Beschreibung von „Verantwortung" als mehrstelligem Zuschreibungsbegriff sind die einzelnen Elemente folgendermaßen näher zu beschreiben: Verantwortungsträger ist der Bauherr; Verantwortungsadressat ist die Gesellschaft und sind betroffene Individuen. Verantwortungsobjekt sind die Handlungen, wobei dazu insbesondere auch das Unterlassen von Handlungen (z.B. von Kontrollen) und allgemein die Kommunikation gehören; Urteilsinstanzen können Straf- oder Zivilgerichte, die gesellschaftliche Meinung oder das eigene Gewissen sein. Die Normensysteme, aufgrund derer geurteilt wird, sind später genauer zu bestimmen.

4.5.1 Dimension A: Die Verantwortung gegenüber Individuen

Der Bauherr hat zunächst Verantwortung gegenüber Individuen, sowohl im Sinne einer Rechenschaftspflicht als auch im Sinn einer Pflicht zur Sorge.

Eine rechtliche Rechenschaftspflicht für fachspezifische Fragen, wie zum Beispiel Fragen der Statik oder des Brandschutzes, kommt dem Bauherrn nicht zu, allerdings hat er die Pflicht, entsprechend qualifizierte Fachleute zu beauftragen, und gegebenenfalls hat er auch die rechtliche Pflicht, die Arbeit der Fachleute durch entsprechend qualifizierte Dritte überprüfen zu lassen. So sieht z.B. die Bayerische Bauordnung ab einer bestimmten Größe der Bauaufgaben vor, dass die Berechnungen des Statikers durch einen Prüf-Statiker nach dem so genannten Vier-Augen-Prinzip überprüft werden.[74] Die Gesetze sehen auch weitere spezielle Bauherren-Pflichten vor, wie z.B. ab einer bestimmten Projektgröße die Bestellung eines Sicherheits- und Gesundheitsschutz-Koordinators (SiGeKo), der sich speziell um Sicherheitsaspekte während der Bauausführung kümmert.

Dem Bauherr kommt somit die Aufgabe zu, die Arbeit des Architekten und der beteiligten Fachleute zu überwachen oder, wenn ihm eine Beurteilung aus fachlichen Gründen nicht möglich ist, überwachen zu lassen. Damit verbunden ist eine rechtliche Rechenschaftspflicht gegenüber Individuen. Verstöße können durch Zivil- bzw. Strafgerichte geahndet werden.

Über den rechtlichen Bereich hinaus muss sich der Bauherr auch moralisch für seine Handlungen verantworten. In erster Linie allerdings trägt er Verantwortung, sich prospektiv um das von seinem Bauvorhaben betroffene Wohlergehen Dritter zu sorgen.

---

73 Vgl. Abschnitt 4.4.
74 [96] BayBO 2010 Art.62.

In diesem Sinn muss er die Bedürfnisse des zukünftigen Nutzers, der er auch selbst sein kann, bedenken. Außerdem trägt er Verantwortung gegenüber den Nachbarn und Passanten. Daneben verfolgt der Bauherr mit der Errichtung eines Gebäudes in jedem Fall bestimmte Interessen, die in irgendeiner Form sein Befinden beeinflussen. Insofern trägt er Verantwortung gegenüber sich selbst, auch wenn er das Gebäude nicht selbst zu nutzen beabsichtigt. Die verfolgten Ziele können ökonomischer, funktioneller, baukünstlerischer oder auch ideeller Natur sein.

4.5.2 Dimension B: Die Verantwortung gegenüber der Gesellschaft

Sowohl die umgebenden Bauten als auch die in bestimmten Regionen oder Ortsteilen vorhandene Baukultur beeinflussen das Wohlbefinden von Menschen und der Gesellschaft. Dies wurde bereits mehrfach nachgewiesen und ist intuitiv nachvollziehbar. Da ein Bauherr mit seinem Projekt unvermeidlich auch einen Beitrag zur Baukultur leistet, bestimmt er auch ein Stück weit die Baukultur mit. Insofern diese aber eine Gesellschaft beeinflusst, trägt der Bauherr Verantwortung gegenüber der Gesellschaft. Diese Verantwortung ist ebenfalls retrospektiv und prospektiv verfasst.

Teil der Verantwortung gegenüber der Gesellschaft ist die Einhaltung der Gesetze und Vorschriften. In ihnen drückt sich zumindest im Idealfall das aus, was in einer Gesellschaft gewollt wird. Dies kann den Vorstellungen und Zielen eines Bauherren widersprechen und de facto tut es das häufig. In diesem Fall kann der Bauherr über den Rechtsweg versuchen, entsprechende Ausnahmeregelungen zu erreichen. Eine einfache Nichtbeachtung der Vorschriften und Gesetze widerspricht dagegen der Verantwortung des Bauherren; der rein rechtlichen in jedem Fall, der darüber hinausgehenden moralischen und prospektiven zumindest in den meisten Fällen.

4.5.3 Dimension C: Die Verantwortung gegenüber dem Stand

Bei der Besprechung der Verantwortung des Architekten bildete die Verantwortung gegenüber dem Stand in seiner institutionalisierten oder der vorinstitutionellen Form eine weitere wichtige Dimension im systematischen Verantwortungsmodell.

Da der Beruf des Bauherren eigentlich – bis auf wenige Ausnahmen, die weiter unten zu besprechen sind – nicht existiert, gibt es, abgesehen von kleineren privaten Vereinen zur Interessensvertretung von Bauherren, keine institutionalisierte Form einer Standesvertretung von Bauherren. Auch einen vorinstitutionellen Stand der Bauherren sehe ich nicht, insofern die meisten Bauherren nicht regelmäßig als Bauherr tätig werden. Insofern lässt sich auch keine Verantwortung gegenüber einer institutionalisierten Standesvertretung oder einem vorinstitutionellen Bauherren-Stand feststellen. Diese Standesdimension entfällt also. Insofern der Bauherr nicht Mitglied des Bauherrenstandes ist, hat er auch keine Rechenschaftspflicht ihm gegenüber. Ebenso wenig ist er dazu verpflichtet, sich sorgend um seinen Stand zu kümmern.

4.5.4 Allgemeine Bedingungen

Professionelle und nicht professionelle Bauherren Oben wurde gesagt, dass es den Beruf des Bauherrn nicht gebe. Dies ist insofern zu relativieren als es in Unternehmen, Institutionen oder Gemeinden, die über einen großen Immobilienbestand verfügen, oft eigene Bauabteilungen gibt. Diese Bauabteilungen, in denen in der Regel Architekten oder Baufachleute arbeiten, delegieren häufig bestimmte Aufgaben an externe Architekturbüros. Damit könnte man mit einigem Recht von professionellen Bauherren sprechen. Interessant ist die Frage, ob dies für die Verantwortung des Bauherren eine Rolle spielt. Ich sehe allerdings weder bezüglich der rein rechtlichen Rechenschaftspflicht noch bezüglich der moralischen, retrospektiven oder prospektiven Verantwortung einen großen Unterschied zur Verantwortung des Laien-Bauherren. Auch der Gesetzgeber unterscheidet nicht zwischen professionellen und nicht professionellen Bauherren. Aus moralischer Sicht gibt es ebenso keinen Grund, hier grundsätzlich zu unterscheiden. Insofern beide das Wohlergehen von Individuen und Gesellschaft beeinflussen können, tragen sie Verantwortung für ihr Handeln gegenüber Individuen und Gesellschaft. Allerdings kann man von „Profis" durchaus erwarten, dass sie zum Beispiel Unzulänglichkeiten der Planung erkennen. Insofern könnte man deren Verantwortung höher, wenn auch nicht grundsätzlich verschieden, gewichten.

Die Art der Bauaufgabe Ebenso wie beim Architekten gilt für die Verantwortung des Bauherrn, dass die Art der Bauaufgabe Einfluss hat auf die Höhe der Verantwortung. Dies ist in Bezug auf die rechtliche Rechenschaftspflicht, wie beim Architekten schon dargestellt, z.B. dadurch ersichtlich, dass in den einschlägigen Gesetzen[75] Gebäude in unterschiedliche Gebäudeklassen eingeteilt sind, verbunden mit unterschiedlichen Pflichten für die am Bau Beteiligten. Aber ebenso wie beim Architekten gilt, dass auch vermeintlich „kleine" Bauaufgaben eine sorgende Herangehensweise durch den Bauherrn erfordern.

---

75 Vgl. z.B. [96] BayBO 2010 Art.2.

Die Existenzphasen eines Gebäudes Ebenso wie oben kann man zwischen Bauphase, Nutzungsphase und Abbruchphase unterscheiden. Dabei ist der Sachverhalt bezüglich der Verantwortung in ähnlicher Weise zu sehen wie oben. Während der Nutzungsphase ist allerdings die Verantwortung des Bauherrn beziehungsweise des Besitzers hervorheben, wobei hier insbesondere der Bauunterhalt in Abstimmung mit dem Architekten zu nennen ist.

4.6 Die Verantwortung der Architektenschaft und der Architektenkammern

Bei der Gestaltung der gebauten Umwelt spielt der Stand der Architekten eine bedeutende Rolle, sowohl in institutionalisierter Form als Architektenkammer(n) als auch in vorinstitutioneller Form als Architektenschaft.[76] Der Architektenschaft und den Architektenkammern wird eine gemeinschaftliche Verantwortung zugeschrieben, obwohl das Konzept gemeinschaftlicher Verantwortung in ethischer Hinsicht kontrovers diskutiert wird. Dies ist Grund genug, in diesem Abschnitt nach der Verantwortung der Architektenschaft und der Architektenkammern zu fragen. Kann man überhaupt eine gemeinschaftliche Verantwortung feststellen, verstanden als gemeinschaftliche Verantwortung, nicht als Standesethik, die das Handeln jedes individuellen Mitglieds des Standes orientiert; und wenn ja, wie ist diese genau konzipiert? Unter Abschnitt 2.2.3.4 wurde auf die einschlägigen Probleme mit Individualität, Intentionalität sowie der Zuschreibung der Verantwortung an die einzelnen Mitglieder beim Konzept gemeinschaftlicher Verantwortung hingewiesen. Dennoch halte ich die Zuschreibung einer gemeinschaftlichen Verantwortung mit prospektivem Charakter an eine Gruppe für akzeptabel, wobei ich davon ausgehe, dass die philosophisch-moralischen Probleme geringer sind, je höher der gesellschaftlich-institutionelle Organisationsgrad der einzelnen Gruppen ist.

4.6.1 Zur Verantwortung der Architektenkammern

Die Verantwortung der Architektenkammern zu beurteilen ist insofern einfach, als es sich hier um eine gesetzlich konstituierte Institution handelt, womit ei-

---

76 Vgl. zu der von mir verwendeten Terminologie Abschnitt 2.1.3: Die Summe derer, die den Beruf des Architekten ausüben bezeichne ich als Architektenschaft, wobei ein Architekt in meinem Verständnis jemand ist, der Entwürfe für die Behausung von Menschen erstellt, unabhängig davon, ob er die in Deutschland geschützte Berufsbezeichnung „Architekt" führt oder führen darf. Die Architektenkammern sind die institutionalisierte Standesvertretung der diplomierten Architekten in Deutschland auf Länderebene.

nige Probleme des Konzepts der gemeinschaftlichen Verantwortung zumindest gemildert werden. Architektenkammern treten als rechtliche Akteure auf mit diversen festgelegten Rechten und Pflichten und somit sind sie auch rechenschaftspflichtig gegenüber Individuen, der Gesellschaft und der Architektenschaft. Daneben kann man durchaus davon sprechen, dass es so etwas wie Intentionen der Architektenkammern gibt, insofern ihre Ziele, Aufgaben, Vorgehensweisen etc. detailliert festgelegt sind. Die meisten dieser „Intentionen" werden dabei durch Mehrheitsbeschlüsse der Mitglieder festgelegt. Die Architektenkammern beeinflussen das Wohlergehen von Mitgliedern, sonstigen Individuen und Gesellschaft sowohl direkt, z.B. durch Beratungsleistungen oder über die Teilnahme an gesellschaftlichen Diskursen, als auch indirekt, z.B. über Vorschriften für einzelne Architekten. Insofern kann man auch von einer prospektiven Verantwortung sprechen, die den Architektenkammern zukommt. Dies wird im Übrigen auch dezidiert von den Architektenkammern in Deutschland anerkannt. Als zentraler Inhalt der eigenen Aufgaben gilt es, der Verantwortung als Sorge um Individuen, Gesellschaft und Stand gerecht zu werden. Dies beinhaltet auch, dass den eigenen Mitgliedern ein Verhaltenskodex vorgeschrieben wird.

In Bezug auf die Architektenkammern kann man somit die einzelnen Elemente der Verantwortungszuschreibung folgendermaßen präzisieren: Verantwortungsträger sind die Architektenkammern, Verantwortungsobjekt ist zum einen, sozusagen nach außen, die Regelung und Vertretung der Rechte und Pflichten der Architekten, und zum anderen, sozusagen nach innen, die Ausarbeitung und Überwachung bestimmter bindender Verhaltensregeln für denjenigen, der als Mitglied einer Architektenkammer den Beruf des Architekten ausführen möchte. Verantwortungsadressat sind die Gesellschaft, betroffene Individuen und der Stand. Urteilsinstanzen sind Gerichte und die gesellschaftliche Meinung. Die normativen Kriterien sind die einschlägigen Gesetze, in denen die Zuständigkeit der Kammern geregelt ist, allgemeine moralische Überzeugungen und die traditionellen moralischen Überzeugungen des Standes, das Architekten-Ethos.

4.6.2 Zur Verantwortung der Architektenschaft

Verantwortung als retrospektive Rechenschaftspflicht Eine Verantwortung der Architektenschaft im Sinne einer rechtlichen Rechenschaftspflicht gibt es nicht und dies wäre auch nicht sinnvoll, insofern es keinen „Ansprechpartner" gäbe. Dass aber gegenüber der Architektenschaft der moralische Vorwurf erhoben wird, sie seien ihrer Verantwortung nicht gerecht geworden, ist eine Tatsache. So werden bisweilen „die Hausbesitzer", „die Stadtplaner" oder „die Architekten", je nach Diktion, für „Betonwüsten" oder für „die Unwirtlichkeit unserer Städte"[77] verantwortlich gemacht. Es wird also durchaus auch festgestellt, dass die Architektenschaft in bestimmten Phasen der Geschichte ihrer Verantwortung eben nicht gerecht geworden sei. Dabei handelt es sich aber „nur" um ein Nicht-gerecht-Werden der moralischen Verantwortung, das keine rechtlichen Konsequenzen hat. Aus ethisch-moralischer Sicht ist die retrospektive Feststellung, dass eine nicht institutionalisierte Gruppe ihrer moralischen Verantwortung nicht gerecht geworden sei, dennoch abzulehnen, aufgrund der angesprochenen fehlenden Individualität, der nicht erklärten Intentionalität und des Problems der Zurechnung der Verantwortung zu einzelnen Individuen.

Verantwortung als prospektive Sorge Auf der anderen Seite kommt der Architektenschaft in prospektivem Sinne sehr wohl eine gemeinschaftliche Verantwortung gegenüber Individuen, der Gesellschaft und dem eigenen Stand im Sinne von Sorge um Individuen, Gesellschaft und Stand zu. Dazu gehört, einen positiven Beitrag zur Baukultur eines Landes oder einer Region zu leisten, indem die Architekturen den Menschen in umfassender Weise „gerecht werden".[78] Dazu gehört auch das Bewusstsein für soziale oder ökologische Probleme. Das ethische Problem besteht dabei darin, dass gesellschaftliche Probleme möglicherweise erst durch Aggregation von zunächst moralisch unproblematischen Einzelhandlungen entstehen wie zum Beispiel bei durch Autoverkehr verursachten Umweltproblemen. Kein Individuum ist für den Klimawandel verantwortlich zu machen, die Autofahrer als Gesamtheit aber möglicherweise schon. Analog stellt sich das Problem in der Architektur. Insofern die Lösung großer gesellschaftlicher Probleme nicht in der Möglichkeit Einzelner liegt, hat der Einzelne auch nicht die Verantwortung, beispielsweise das Problem der Klimaerwärmung zu lösen. Er hat lediglich die Verantwortung dafür, dass sein eigenes Handeln entsprechende Standards erfüllt. Insofern allerdings entsprechend mächtige gesellschaftliche Gruppen durchaus einen Beitrag zur Lösung gesellschaftlicher Probleme leisten können, haben sie Verantwortung. Das heißt die Architektenschaft hat die Verantwortung dafür, ihren Beitrag zur Lösung bestimmter ihren Einflussbereich betreffender gesellschaftlicher Probleme zu leisten. Es muss dabei darum gehen, den heute erkennbaren tatsächlichen oder wahrscheinlichen Problemen der Gesellschaft zu begegnen, indem versucht wird, einen vorgestellten positiven Zustand in der Zukunft mit entsprechenden Mitteln zu erreichen.

---

77 So der Titel des Klassikers der Kritik an der Architektur-Moderne von [182] Mitscherlich ([1965]/1996).

78 Heidegger spricht davon, dass Architekten idealerweise ein „Wohnen" der Menschen ermöglichen und meint damit, dass Häuser den Menschen als geistig-leibliches Wesen in umfassender Weise gerecht werden. Darauf wird auch später noch einzugehen sein. Vgl. Abschnitt 6.6.2 und v.a. Abschnitt 6.7.6. Daneben Heideggers 1951 gehaltener Vortrag „Bauen, Wohnen, Denken": [123] Heidegger, in: Bartning (1952).

Daraus kann man den prospektiven und den sozialen Charakter dieser Verantwortung erkennen. So ist weder der einzelne Architekt schuld an der Klimaproblematik, noch die Architektenschaft. Genau so wenig kann man einem einzelnen Architekt eine prospektive Verantwortung hinsichtlich überregionaler, aus der Aggregation von Einzelhandlungen entstandener Probleme zuschreiben, weil der Beitrag eines Hauses immer vernachlässigbar gering bleiben wird. Insofern aber der Beitrag der Architektenschaft zu globalen Problemen wie dem Klimaschutz maßgeblich sein kann, erwächst ihr eine prospektive Verantwortung, zur Lösung solcher Probleme beizutragen. Das heißt, der Architektenschaft als Gemeinschaft, als Stand, kommt prospektiv Verantwortung zu, nicht für Einzelprobleme, aber für große gesellschaftliche Themen. Das sind nach wie vor die Frage nach sozialer Gerechtigkeit und zunehmend und insbesondere im 21. Jahrhundert die Frage nach dauerhafter Umweltgerechtigkeit. Dabei ist die endgültige Lösung dieser Probleme nicht die Aufgabe der Architektenschaft; ihrer Verantwortung gerecht werden könnte die Architektenschaft aber dadurch, dass sie sich selbst bestimmte Standards setzt, die zu einer Lösung beitragen könnten. Das heißt, indem sie eine geeignete Rollenverantwortung definiert und festschreibt.

Insofern die in einer Architektenkammer vertretenen diplomierten Architekten eine Teilmenge der Architektenschaft darstellen, gilt das Gesagte auch für die prospektive Form der Verantwortung der Architektenkammern.

In Bezug auf die Architektenschaft könnte man somit die einzelnen Elemente der Relationsbeschreibung „Verantwortung" folgendermaßen präzisieren: Verantwortungsträger ist die Architektenschaft, Verantwortungsobjekt ist die Formulierung eines positiven Zustands in der Zukunft und Behandlung erkennbarer aktueller und zukünftiger gesellschaftlicher Probleme. Verantwortungsadressat sind Individuen, Gesellschaft und der Stand. Formale Urteilsinstanzen entfallen, insofern eine rechtliche Verantwortung nicht existiert. Informelle Urteilsinstanz ist das moralische Urteil der Nachwelt und die gesellschaftliche Meinung. Die normativen Kriterien sind in entsprechenden moralischen Selbstverpflichtungen und allgemeinen moralischen Vorstellungen zu suchen.

5 Architektur und Moral – moralische Ansprüche

Design, Architektur und Philosophie haben als akademische Disziplinen kaum Beziehungen zueinander. Das entspricht ihren unterschiedlichen Aufgaben. Sie haben aber [...] das Problem gemeinsam, wie Denken und Machen miteinander zusammenhängen. Dies ist das Problem jeder Art von Entwurf und Gestaltung. [...] Entwerfen und Gestalten [müssen] einem fundamentalen Anspruch genügen [...], dem der Selbstbestimmung des Menschen.
(Wilhelm Vossenkuhl)

Zum Inhalt dieses Kapitels

Die Mitarbeit an architektonischen Projekten ist, wie im vorhergehenden Kapitel gezeigt wurde, eine verantwortungsvolle Aufgabe, und die Verantwortung von Architekt und Bauherr als den beiden wichtigsten beteiligten Akteuren lässt sich mit einem Modell der unterschiedlichen Dimensionen von Verantwortung systematisieren. Für eine ethische Beurteilung ist dies jedoch noch nicht detailliert genug, da Verantwortung ethisch sekundär ist, insofern sie auf ein Gerüst normativer Aussagen und bestimmter Wertvorstellungen verwiesen ist, also auf eine Ethik, eine Moral oder ein Ethos. Daher wird in diesem Kapitel auf die der Tätigkeit des Architekten[1] zugrunde liegenden moralischen und ethischen Vorstellungen eingegangen. Es erfolgt zunächst eine Systematisierung der Grundlagen normativer Ansprüche an das Handeln des Architekten. Ich sehe dabei drei normative Systeme, aufgrund derer dem Architekten Verantwortung auferlegt wird. Es sind dies basale moralische Intuitionen, das Ethos der Architekten und die individuellen moralischen Überzeugungen. Im Anschluß folgt eine deskriptive Untersuchung besagter Grundlagen, gefolgt von einer Untersuchung zur Eignung verschiedener ethischer Ansätze für die Begründung normativer Aussagen zum Handeln von Architekt und Architektenschaft.

5.1 Systematisierung der normativen Grundlagen von Verantwortungszuschreibung

Jede Zuschreibung von Verantwortung in jedem gesellschaftlichen Handlungsfeld erfolgt auf der Grundlage eines Systems normativer Aussagen. Es kann dabei ein vorreflexives, ein mit wissenschaftlicher Methodik und Begründung abgeleitetes System oder eine Zwischenform gemeint sein. Ist es vorreflexiver Natur, handelt es sich in meiner Diktion[2] um eine Moral oder, wenn es um eine bestimmte gesellschaftliche Gruppe oder ein gesellschaftliches Subsystem geht, um ein Ethos. Bei einem mit wissenschaftlicher Methodik reflektierten und begründeten System normativer Aussagen spreche ich von einer Ethik.[3] Dabei kann es verschiedene Systeme normativer Aussagen nebeneinander geben. Diese

---

1   Im Weiteren wird sich diese Arbeit also auf die Arbeit des Architekten konzentrieren. Dies ist zum einen darin begründet, dass das Ziel dieser Arbeit in erster Linie die Untersuchung des Handelns des Architekten ist. Zum zweiten bin ich der Meinung, dass sich allgemeine normative Aussagen zum Handlungsbereich des Architekten im Wesentlichen analog auch auf den Handlungsbereich des Bauherren übertragen lassen.

2   Vgl. dazu Abschnitt 2.2.1.

3   Zur Frage, ob Ethik als „Wissenschaft" zu betrachten sei, vgl. Vossenkuhl, in: [294] Fischer und Vossenkuhl (2003, S. 16–37), [296] Vossenkuhl (2006, S. 41) oder [195] Nida-Rümelin (2005).

können sich in ihren Aussagen diametral gegenüberstehen oder einander weitgehend ähneln, umfassend oder spezieller sein. De facto gibt es verschiedene vorreflexive und reflektierte Systeme normativer Aussagen, also verschiedene Moralen und Ethiken. Dementsprechend kann die Zuschreibung von Verantwortung auch aufgrund unterschiedlicher Moralen oder Ethiken erfolgen. Ich gehe dabei davon aus, dass es mindestens drei normative Systeme gibt, die das Handeln eines Individuums in moralischer Hinsicht bestimmen können.

Zunächst gibt es so etwas wie „moralische Tatsachen", das heißt einen Bereich basaler Normen und Werte, die für jeden und in jeder Gesellschaft gelten. Dieser Bereich beeinflusst das Handeln jedes Individuums. Neben den universalen basalen moralischen Aussagen gibt es auch einen Bereich individueller moralischer Überzeugungen, der das Handeln in moralischer Hinsicht ebenso mitbestimmt. Die individuellen moralischen Überzeugungen sind durch unterschiedliche Weltanschauung, Bildung, Erfahrung, Kultur und Prägung bestimmt und können demnach individuell unterschiedlich sein. Einen dritten Bereich moralischer Normen und Werte, der zwischen der Allgemeinheit basaler moralischer Aussagen und der Individualität persönlicher Moralvorstellungen liegt, sehe ich in normativen Vorschriften für bestimmte Handlungsfelder. Diese haben sich im Lauf der Geschichte herausgebildet und bilden ein spezielles Ethos. So gibt es z.B. in der Medizin seit langer Zeit moralisch-normative Vorschriften, das heißt ein ärztliches Ethos.

Insgesamt gehe ich also davon aus, dass das Handeln in bestimmten gesellschaftlichen Handlungsfeldern in moralischer Hinsicht mindestens durch drei Systeme normativer Aussagen beeinflusst wird: die allgemeine basale Moral, die individuellen moralischen Überzeugungen und ein je nach Handlungsfeld unterschiedliches spezifisches Ethos.[4] Auch in der Architektur sehe ich die genannten drei verschiedenen Systeme normativer Aussagen, aufgrund deren normative Ansprüche an das Handeln des Architekten gestellt werden. Bezüglich des Verhältnisses der genannten Grundlagen normativer Ansprüche an das Handeln ist festzustellen, dass sie weder als strikt getrennte noch als völlig unterschiedliche Sphären oder Systeme normativ-moralischer Handlungsvorschriften zu betrachten sind. Im Gegenteil, in weiten Teilen werden sie sich im Normalfall in ihren Forderungen entsprechen. Sie können eventuell sogar völlig kongruent sein. Die universalen moralischen Aussagen allgemeiner Art sind auch Teil des Bereichsethos und im Normalfall von individuellen moralischen Überzeugungen. Eine individuelle Moral kann das Bereichsethos vollständig beinhalten, dann fordert dieses „weniger" oder „gleich viel" wie die individuellen moralischen Überzeu-

---

Die genannten Autoren wurden zum Teil bereits ausführlich zitiert in Abschnitt 2.2.2, Fußnote 20.

4   Vgl. zu diesem metaethischen Modell insbesondere [30] Beauchamp and Childress (2009).

gungen; sie kann allerdings auch „geringere" Anforderungen stellen als das Bereichsethos. In diesem Fall fordert das Bereichsethos einen höheren oder zumindest anderen „moralischen Standard", als die individuellen moralischen Vorstellungen nahelegen. Insofern man sich aber einem Bereichsethos, wie zu zeigen sein wird, moralisch verpflichtet fühlen sollte, verpflichtet das Bereichsethos in diesen Fällen zur Einhaltung der dann „höheren", „moralisch strengeren" oder anderen Standards.

5.1.1 Basale Normen und Werte

Die Verantwortungszuschreibung an Architekten beruht zunächst auf bestimmten moralischen „Grundnormen", das heißt einem universalen Konsens über bestimmte Werte und über die Gültigkeit bestimmter normativer Aussagen grundsätzlicher Art. Diese werden vom Einzelnen vorgefunden und sind von ihm nicht veränderbar. Sie betreffen nur basale moralische Sachverhalte allgemeiner Art. Als Beispiel für solche universalen Grundnormen könnte man das Verbot der willkürlichen Tötung von Menschen nennen.[5] Über speziellere moralische Probleme gibt es keinen universalen intuitiven Konsens. Es handelt sich also bei den Grundnormen um allgemeine normative Aussagen aufgrund moralischer Intuitionen und Axiologien. Die Intuitionen betreffen zum einen moralische Tatsachen, wie zum Beispiel das Tötungsverbot, und zum anderen die Vorgehensweise bei Konflikten wie zum Beispiel Fairness. Dabei gehe ich davon aus, dass bestimmte moralische Tatsachen als unveränderliche Tatsachen existieren und eine Reihe weiterer moralischer Sachverhalte in einer Gesellschaft zumindest als Tatsachen behandelt werden.[6] Die systematische Reflexion über diese Moral sowie ihre Begründung und die Begründung einzelner normativer Aussagen erfolgt in der Ethik. Gesetze zielen darauf ab, die moralischen Grundüberzeugungen und spezifischere in der jeweiligen Gesellschaft geltende Sitten mit den dazugehörigen normativen Aussagen rechtlich verbindlich werden zu lassen. Dabei finden sich in Deutschland sowohl im Grundgesetz als auch in Gesetzen des Straf- und Zivilrechts grundlegende moralische Intuitionen. Allerdings ist nicht

---

5 Vgl. dazu: [296] Vossenkuhl (2006, S. 33). Zitiert in Abschnitt 2.2.2 Fußnote 27.
6 Vgl. dazu [30] Beauchamp und Childress (2009). Wenn Beauchamp und Childress von einer „common morality" sprechen, könnte man dies dahingehend verstehen, dass es eine genau abgrenzbare universale Moral gibt. *The common morality is the set of norms shared by all persons committed to morality. The common morality is not a morality, in contrast to other moralities. The common morality is applicable to all persons in all places, and we rightly judge all human conduct by its standards.* (2009, p. 3). Im Gegensatz dazu bin ich der Meinung, dass es kein genau abgrenzbares Set von Normen als eine distinkte grundlegende universale Moral gibt, sehr wohl aber bestimmte einzelne moralische Aussagen auf grundlegender Ebene, die universal sind und mit [296] Vossenkuhl (2006, S. 46f.) als moralische Tatsachen verstanden werden können.

jedes moralisch oder ethisch wünschenswerte Verhalten auch gesetzlich kodifiziert. Umgekehrt kann auch gesetzeskonformes Verhalten als moralisch falsch bewertet werden.[7]

5.1.2 Normen und Werte eines Standes

Die Verantwortungszuschreibung an Architekten beruht weiter auf einem für den Bereich Architektur vorhandenen Ethos, das heißt einem unter Architekten herrschenden (weitgehenden) Konsens über Werte und Normen im Bereich der Architektur und über den Umgang mit bestimmten Sachverhalten.[8] Die Tätigkeit des Architekten stellt, genau wie die des Arztes, des Notars oder des Rechtsanwalts insofern etwas besonderes dar als es sich bei ihr um eine Profession beziehungsweise einen so genannten Kammerberuf handelt.[9] Dass Architektur eine Profession ist und also eine besondere gesellschaftliche Wertschätzung erfährt, zeigt sich auch daran, dass es eine „Honorarordnung für Architekten und Ingenieure" (HOAI) gibt, in der die Honorare für Architektenleistungen vom Gesetzgeber verbindlich geregelt sind, so dass diese nicht mehr völlig frei zwischen Bauherr und Architekt verhandelbar sind. Die HOAI ist insofern ein Beleg für die Wertschätzung der Architektenleistungen, als die Vorschrift dezidiert damit begründet wird, dass eine Konkurrenz von Architektenleistungen über den Preis ausgeschlossen werden soll, weil der Bereich Architektur für jedes Individuum und die Gesellschaft von besonderer Wichtigkeit sei.[10] In ähnlicher Weise ist die Frage des Honorars auch für andere Kammerberufe gelöst. Diese Berufe stellen

---

7　Dies zeigt sich beispielsweise, wenn Mandatsträger bestimmte mit ihrem Amt verbundene Vergünstigungen wie zum Beispiel Flug-Bonusmeilen oder Dienstwagen privat nutzen. Oder wenn Fußball-Profis für Prämien von Sonntagsspielen keine Steuern zahlen, weil Sonntagsarbeit steuerfrei ist (oder zumindest war).

8　Diese Sachverhalte können moralischer Natur sein; es finden sich im Architektenethos aber auch normative Aussagen zu ästhetischen, funktionalen oder technischen Fragen. Ein Verstoß gegen solche Regeln ist nicht per se moralisch problematisch; er kann aber moralische Probleme nach sich ziehen. Ein Beispiel ist die Forderung nach Wahrheit in der Architektur, die eher als ästhetische Forderung zu verstehen ist, obwohl sie dezidiert als moralische Forderung erhoben wurde. Vgl. dazu Abschnitt 6.7.

9　Dies meint in etwa das Gleiche wie die Unterscheidung zwischen „profession" und „business" im Englischen. Das heute ungebräuchliche Wort Profession war ursprünglich nur für Mediziner, Juristen und Theologen reserviert; mittlerweile zählen dazu auch Architekten, höhere Beamten und Militärs. [30] Beauchamp und Childress (2009, p. 5ff.) unterscheiden zusätzlich zwischen „profession", was für heutzutage fast alles ist, und einer „learned profession", die eher dem klassischen Begriff einer Profession entspricht.

10　Eine wesentliche Intention der HOAI besteht darin, Wettbewerb nicht über den Preis stattfinden zu lassen. Dies ist zumindest die Sichtweise der Architektenkammern, aber auch anderer staatlicher Organe. So wird beispielsweise in der Berufsordnung der BayAK aus einem Brief des Bundesrechnungshofes vom 16. August 1974 zitiert: *„Erläuterung zu 5.1: [...] Die im Rahmen der Honorarordnung mögliche Preisgestaltung darf sich nur in den Grenzen lauteren Wettbe-*

etwas besonderes dar, weil sie auch ein Dienst an der Öffentlichkeit sind und ein hohes Maß an Vertrauenswürdigkeit für die Ausübung unerlässlich ist.[11] Hinsichtlich der Verantwortungszuschreibung ist dies insofern von Belang, als sich im Laufe der Zeit als Antwort auf die besonderen Anforderungen der Profession ein Standesbewusstsein und ein Standesethos gebildet haben. Dies gilt für verschiedenste Professionen. Sehr deutlich wird es in der Medizin. Hier kann man beispielsweise den hippokratischen Eid als sehr alten Ausdruck eines Standes-

---

werbs vollziehen und darf nicht zu einem ruinösen, mit den standesrechtlichen Pflichten nicht zu vereinbarenden Preiswettbewerb entarten. In diesem Zusammenhang ist die Auffassung des Bundesrechnungshofes von Bedeutung, die in einem an den Ausschuss für die Honorarordnung der beratenden Ingenieure VBI am 16. August 1974 gerichteten Schreiben wie folgt dargelegt ist: ‚Der Bundesrechnungshof hat für die seiner Prüfung unterliegenden Baumaßnahmen stets die Auffassung vertreten, dass Aufträge an freischaffende Architekten und Ingenieure nicht aufgrund von Ausschreibungen vergeben werden sollen, die allein dem Zweck dienen, den niedrigsten Preis zu erzielen; derartige Ausschreibungen würden der Eigenart der Architekten- und Ingenieurtätigkeit, die sich durch schöpferische, geistige Leistungen vom Herstellen marktgängiger Erzeugnisse unterscheidet, nicht gerecht. An dieser Auffassung hält der Bundesrechnungshof auch weiterhin fest‘. " [25] Bayerische Architektenkammer, Berufsordnung (2008).

In der Neufassung der HOAI von 2009 wird zwar betont, dass der Wettbewerb zwischen Architekten gestärkt werden soll, gleichzeitig wird aber in der amtlichen Begründung betont, dass die Mindesthonorarsätze dazu dienen sollen, einen Wettbewerb über den Preis auszuschließen: *„ Zweck der Mindestsätze ist die Vermeidung eines ruinösen Preiswettbewerbs im Bereich Architektur- und Ingenieurdienstleistungen, der die Qualität der Planungstätigkeit gefährden würde. Eine hohe Planungsqualität im Bauwesen dient dem Schutz der Interessen von Bauherren, Nutzern und Eigentümer von Gebäuden aller Art wie auch dem Schutz der Umwelt und der städtischen Umwelt einschließlich ihrer baukulturellen Qualität und ihren erheblichen Auswirkungen auf das gesellschaftliche Zusammenleben der Bürgerinnen und Bürger. "* [57] HOAI (2009; amtliche Begründung).

Im Übrigen ist der Ausschluss des Wettbewerbes unter Architekten über den Preis nicht selbstverständlich. In den USA beispielsweise wird z.T. ausdrücklich betont, dass ein Wettbewerb über den Preis nicht nur legal, sondern auch für moralisch völlig unbedenklich gehalten wird. So hält der Code of Ethics & Professional Conduct des AIA im "Statement in Compliance With Antitrust Law" fest: *"The following practices are not, in themselves, unethical, unprofessional, or contrary to any policy of The American Institute of Architects or any of its components: (1) submitting, at any time, competitive bids or price quotations, including in circumstances where price is the sole or principal consideration in the selection of an architect; (2) providing discounts; or (3) providing free services. Individual architects or architecture firms, acting alone and not on behalf of the Institute or any of its components, are free to decide for themselves whether or not to engage in any of these practices. Antitrust law permits the Institute, its components, or Members to advocate legislative or other government policies or actions relating to these practices. Finally, architects should continue to consult with state laws or regulations governing the practice of architecture."*

11 Vgl. [298] Wassermann et al. (2000). Die Autoren unterscheiden zwischen business und profession, wobei sie folgende Charakteristiken für eine profession erwähnen: *"1) Specialized expertise exercised with judgement in unique situations; 2) Autonomy of the professional group 3) Commitment to public service and trust – a public duty"* (p. 76). Des Weiteren weisen sie darauf hin, dass Architekten zum einen Marktteilnehmer sind und insofern die business ethics einschlägig sei. Aber darüber hinaus sei auch eine profession-ethics unersetzlich. Über eine Unternehmensethik hinaus halten sie also auch eine Standesethik für wichtig.

ethos deuten. In einem Standesethos finden sich zu spezifischen Problemen der Profession normative Aussagen und Werte, die sich für einen Stand im Laufe der Zeit herausgebildet haben. Über die basale allgemeine Moral einer Gesellschaft geht ein Standesethos insofern hinaus als es sehr viel spezifischere normative Antworten auf moralische Fragen und Probleme eines speziellen Standes enthält.

Das architektonische Standesethos bildet so nach den basalen moralischen Vorstellungen das zweite System normativer Aussagen, auf dem Verantwortungszuschreibungen an den Architekten beruhen.

5.1.3 Individuelle Normen und Werte

Eine Verantwortungszuschreibung an Architekten kann außerdem auch auf individuellen moralischen Überzeugungen beruhen, die das Handeln jeder Person mitbestimmen und bewirken können, dass man sich „für verantwortlich" hält. Insofern bilden die individuellen moralischen Überzeugungen das dritte normative System, auf dem Verantwortungszuschreibung beruht. Der Architekt übernimmt hier Verantwortung, insofern ihn seine eigenen individuellen moralischen Überzeugungen dazu verpflichten. Die Verantwortungszuschreibung erfolgt aufgrund eigener moralischer Überzeugungen an sich selbst und stellt so ein reflexives Verhältnis dar. Es geht hier darum, sich selbst Rechenschaft über das eigene Verhalten abzulegen. Im Gegensatz zu den basalen moralischen Überzeugungen und den etwas allgemeineren fachspezifischen moralischen „Standards" können die individuellen moralischen Überzeugungen zum einen – wie der Name schon sagt – sehr individuell und damit sehr verschieden sein und zum anderen sehr viel spezifischer sein. Außerdem ist es, da es sich um individuelle Überzeugungen handelt, naturgemäß schwierig, darüber allgemeine Aussagen zu treffen. Dennoch ist es eine allgemeine menschliche Erfahrung, dass bestimmte Handlungen, für die sich keine allgemeinverbindliche moralische Vorstellungen finden, von verschiedenen Individuen moralisch unterschiedlich beurteilt werden und dementsprechend ausgeführt werden oder nicht. Dies gilt auch für Architekten, wie sich in einschlägigen Streitgesprächen und Diskussionen zeigt.[12] Dabei zeigt sich auch, dass es sich bei den angesprochenen individuellen Moralen nicht um explizit gemachte und systematisch ausgearbeitete Überzeugungen handeln

---

12 Vgl. als Beispiele die Streitgespräche zwischen Meinhard von Gerkan und Christoph Ingenhoven ([108] Spiegel Special (2008, S. 84–87)), zwischen Christopher Alexander und Peter Eisenman ([85] Alexander und Eisenman in: Eisenman (1995, S. 227–239), zwischen Rem Koolhaas und Christopher Alexander ([11] Koolhaas und Alexander, in: Arch+ Oktober 2008, S. 20–25) oder der Briefwechsel zwischen Peter Eisenman und Jacques Derrida ([68],[84] Derrida bzw. Eisenman, in: Eisenman (1995)).

muss. In der Regel wird es sich eher um moralische Gefühle und Intuitionen handeln, was die hohe Bedeutung für das Handeln aber nicht schmälert.

5.2 Deskriptive Analyse der Grundlagen normativer Ansprüche an das Handeln des Architekten und der Architektenschaft

Die Verantwortungszuschreibung an Architekten beruht, wie oben dargelegt, auf drei unterschiedlichen Systemen normativer Aussagen. Zum einen auf universalen und grundlegenden moralischen Aussagen und Werten allgemeiner Art. Darüber hinaus auf dem Standesethos der Architekten und schließlich auf den je individuellen moralischen Überzeugungen des Architekten, die, wie zu anderen Handlungsfeldern, auch zum Bereich Architektur normative Vorstellungen enthalten.

5.2.1 Moralische Grundnormen und -werte in Bezug zur Arbeit des Architekten

Welche grundlegenden moralischen Aussagen und Werte allgemeiner Art de facto in Bezug zum Handeln des Architekten gesetzt werden ist insofern schwierig zu beschreiben als es sich um ungeschriebene moralische Gesetze handelt. Daher ist man immer auf eine „Sekundärquelle" angewiesen. Für diese Untersuchung gehe ich davon aus, dass sich die „Grundnormen" und „-werte" (in Deutschland) im Grundgesetz und in Zivil- und Strafrecht widerspiegeln[13] und somit eine hinreichend gute Referenz sind, um die universalen und grundlegenden Aussagen der Moral auch zur Arbeit des Architekten, wie sie de facto vorhanden sind, deskriptiv erfassen zu können.

5.2.1.1 Baugesetze in Deutschland

Das Baurecht in Deutschland wird grundsätzlich unterschieden in öffentliches und privates Baurecht.
Das private Baurecht regelt den Interessensausgleich zwischen den an einem Bau beteiligten privaten Akteuren. Dies können aktiv beteiligte (Bauherr, Architekt,

---

13 Natürlich ist diese Voraussetzung problematisch, insofern schriftlich fixierte Gesetze niemals geltende moralische Gundnormen exakt dokumentieren können. Das genannte Spiegelbild kann also, um im Bild zu bleiben, blinde Flecken haben und an manchen Stellen verzerrt sein.

Firmen), aber auch passiv betroffene Akteure sein (Nachbarn). Die besonders wichtigen Gesetze für die Praxis des Architekten sind die Honorarordnung für Architekten und Ingenieure (HOAI), die Vergabe- und Vertragsordnung für Bauleistungen (VOB[14]), und das Werkvertragsrecht aus dem BGB.

Das öffentliche Baurecht regelt den Ausgleich der Interessen von Gesellschaft und einzelnen Akteuren. Es umfasst alle Vorschriften und Gesetze zur Nutzung von Grundstücken. Es geht dabei insbesondere um die zulässigen Nutzungsarten von Grundstücken sowie um die Art und Weise, wie Gebäude oder anderweitige bauliche Anlagen beschaffen sein müssen.[15] Das öffentliche Baurecht teilt sich in zwei Teile, das Städtebaurecht und das Bauordnungsrecht. Im Städtebaurecht werden städtebauliche Fragen geklärt. Dies erfolgt hauptsächlich durch das Baugesetzbuch (BauGB) und durch diverse Rechtsverordnungen wie z.b. die Baunutzungsverordnung (BauNVO). Für den in der Objektplanung beschäftigten Architekten spielen die Gesetze des Städtebaurechts allerdings eine untergeordnete Rolle. Im Bauordnungsrecht wird in erster Linie die Beschaffenheit einzelner Gebäude vor allem hinsichtlich sicherheitsrelevanter Aspekte sowie die Verfahrensweise für Baugenehmigungen geregelt. Die maßgeblich wichtigen Gesetze sind hier die Landesbauordnungen, wie z.B. die Bayerische Bauordnung[16] (BayBO). Insbesondere die Landesbauordnungen haben auch großen Einfluss auf private Bauvorhaben und sind daher für Bauherren und Architekten von besonderer Wichtigkeit. Daneben sind für die alltägliche Arbeit des Architekten insbesondere die VOB und die HOAI wichtig.

---

14 Eigentlich regelt die VOB zwar nur, wie die Vergabe von Aufträgen der öffentlichen Hand zu geschehen hat (Teil A) und nach welchem Standard Bauleistungen zu erbringen und wie sie abzurechnen sind (Teil B und C). Insbesondere die Teile B und C der VOB werden aber in der Regel auch als Berechnungsgrundlage privater Werkverträge festgeschrieben.

15 Vgl. dazu: „*Das öffentliche Baurecht umfasst die Gesamtheit der öffentlich-rechtlichen Rechtsvorschriften, die sich auf die Ordnung und Förderung der baulichen Nutzung von Grundstücken beziehen. Hierzu zählen insbesondere Regelungen, die die Zulässigkeit und Grenzen von baulichen Anlagen, ihre Errichtung, Nutzung, Änderung, Beseitigung und ihre notwendige Beschaffenheit betreffen. Es dient dem Ausgleich der Interessen des Grundstückseigentümers und den Interessen der Allgemeinheit.*" Quelle: Bundesministerium für Verkehr, Bau und Stadtentwicklung, http://www.bmvbs.de accessed 100518.

16 Vgl. „*Die Bayerische Bauordnung (BayBO) regelt als bayerisches Landesgesetz, was bei der Bauausführung zu beachten ist. Sie regelt auch die Frage, ob ein Vorhaben einer Genehmigung bedarf und welches Verfahren dabei Anwendung findet.*" Quelle: Oberste Baubehörde im Staatsministerium des Inneren, http://www.stmi.bayern.de/bauen/baurecht/baurecht/, accessed 100608.

5.2.1.2 Moralische Intuitionen in Baugesetzen

In Bezug auf architektonische Fragen sind in den Bau-Gesetzen unterschiedliche Intuitionen für unterschiedliche Bereiche bestimmend. Diese Feststellung ist insofern wichtig, als in einflussreichen Architekturtheorien bisweilen eine einzige moralische Intuition oder ein einziger Wert als alleinige Leitidee festgeschrieben wird.[17] Die de facto in Gesetzen wie den Landesbauordnungen zu findenden moralischen Intuitionen entsprechen einigen Paradigmen, die auch großen Entwürfen der Ethik zugrunde liegen:[18] Es lassen sich beispielsweise eine konsequentialistische, eine deontologische und eine vertragstheoretische Intuition unterscheiden.

Konsequentialistische bzw. utilitaristische Intuition Die Verfahrensregeln in städtebaulichen und raumplanerischen Fragen zielen aus moralischer Sicht meistens darauf, den Gesamtnutzen für die Bewohner des Landes zu erhöhen. Die individuelle Freiheit wiegt hier offensichtlich weniger stark als die Steigerung des Gemeinwohls. So sind Enteignungen individueller Personen für „gesellschaftlich wichtige" Projekte in Deutschland prinzipiell möglich.[19] Diese Regelungen sind ein Beispiel für die Anwendung einer konsequentialistischen Intuition in architektonischen Fragen,[20] wonach letztlich die Folgen einer Handlung für die moralische Beurteilung einer Handlung relevant sind. In der Architektur findet sich eine konsequentialistische Intuition insbesondere in der Form, die letztlich die Grundlage des Utilitarismus bildet und die ich daher utilitaristisch nenne. Es ist dies die Idee, dass diejenige Handlung moralisch gerechtfertigt ist, die den Gesamtnutzen für die Menschen erhöht bzw. die Gesamtsumme des Leidens verringert. Die Möglichkeit von Enteignungen lässt sich utilitaristisch rechtfertigen, wenn man davon ausgeht, dass der Nutzen einer Maßnahme, die sehr vielen Bürgern eventuell auch nur in geringem Maß nutzt, schwerer wiegt als der eventuell große Nachteil, den besagte Maßnahme einem einzelnem Individuum bringt.

---

17 Vgl. dazu beispielsweise Abschnitt 3.2.2 und 6.7.

18 Vgl. dazu auch Abschnitt 2.2.2 und zum Begriff der ethischen Paradigmen die Fußnote 25 zu [193] Nida-Rümelin (2005c).

19 Einschränkend muss man hinzufügen, dass dies zumindest hier und heute nur bei entsprechendem Ausgleich der enteigneten Person möglich ist. Das BauGB widmet dem Thema Enteignung im ersten Kapitel zum allgemeinen Städtebaurecht einen eigenen Teil mit zahlreichen Paragraphen. In §87 ist folgendes geregelt: „ *§87 Voraussetzungen für die Zulässigkeit der Enteignung: (1) Die Enteignung ist im einzelnen Fall nur zulässig, wenn das Wohl der Allgemeinheit sie erfordert und der Enteignungszweck auf andere zumutbare Weise nicht erreicht werden kann.*" ([56] BauGB §87).

20 Dieses induktive Vorgehen ist hier zulässig, da es um eine deskriptive Analyse der vorhanden Grundnormen und -werte geht.

Deontologische Intuition   Man kann neben der moralischen Beurteilung einer Handlung anhand der Handlungsfolgen in den Baugesetzen auch das strikte Verbot bzw. Gebot bestimmter Handlungsweisen unabhängig von den Folgen der Handlung finden. Als Beispiele lassen sich die Regelungen zu Mindestanforderungen an Aufenthaltsräume[21] nennen, die hinsichtlich verschiedener Parameter wie Raumhöhe oder Belichtung bestimmte Standards festschreiben. Diese Standards basieren letztlich auf der Intuition, dass Räume, die nicht bestimmte grundlegende Eigenschaften aufweisen, bei dauerndem Aufenthalt in ihnen die Menschenwürde verletzen und daher unter keinerlei Umständen erlaubt sind. Das heißt, es spiegelt sich in den Gesetzen zur Architektur ein anspruchsvoller Standard menschlicher Grundrechte wider und damit das strikte Verbot bestimmter Handlungsweisen. Dies bezeichne ich als deontologische Intuition, das heißt die Intuition, dass bestimmte Handlungen einen intrinsischen Wert haben, also unabhängig von ihren Folgen als moralisch gut oder schlecht angesehen werden.

Vertragstheoretische Intuition/Intuition der Fairness   In vielen den Prozess des Bauens als Verfahren betreffenden Regelungen lässt sich der Wille erkennen, Gerechtigkeit im Sinne einer fairen Vorgehensweise festzuschreiben, was man als Intuition der Fairness bezeichnen kann.[22] Die Intuition von „Gerechtigkeit als Fairness" verweist auf eine vertragstheoretische Tradition in der Ethik, die insbesondere von Rawls[23] geprägt wurde. Demnach sind diejenigen Handlungen gerecht, die in einer fiktiven Ursituation der Gleichheit von allen Menschen in einem Vertrag akzeptiert worden wären. In der Architektur findet sich die Intuition einer fairen Vorgehensweise beispielsweise in der VOB. Diese regelt in vielen Fällen die Abrechnung bestimmter Leistungen so, dass bei der Mengenermittlung bestimmte Elemente einfach übermessen werden. So dürfen zum Beispiel bei der Abrechnung für Malerarbeiten an einer Wand Türöffnungen

---

21 Vgl. z.B. folgenden Abschnitt der BayBO 2010: „*Abschnitt VII: Nutzungsbedingte Anforderungen. Art. 45 Aufenthaltsräume:*
(1) 1 Aufenthaltsräume müssen eine lichte Raumhöhe von mindestens 2,40 m, im Dachgeschoss über der Hälfte ihrer Nutzfläche 2,20 m haben, wobei Raumteile mit einer lichten Höhe unter 1,50 m außer Betracht bleiben. 2 Das gilt nicht für Aufenthaltsräume in Wohngebäuden der Gebäudeklassen 1 und 2.
(2) 1 Aufenthaltsräume müssen ausreichend belüftet und mit Tageslicht belichtet werden können. 2 Sie müssen Fenster mit einem Rohbaumaß der Fensteröffnungen von mindestens einem Achtel der Netto-Grundfläche des Raums einschließlich der Netto-Grundfläche verglaster Vorbauten und Loggien haben." [96] BayBO 2010, §45.
22 Der Gedanke an eine faire Gleichbehandlung aller, wie er z.B. auch in Regeln zu Abstandsflächen zu finden ist, lässt sich zwar auf eine eigene grundlegende moralische Intuition zurückführen, er hat aber auch im Utilitarismus eine starke Tradition (J.-St. Mill: "*everybody to count for one and nobody to count for more than one*").
23 Vgl. z.B. [230, 231] Rawls (1979, 2003).

bestimmter Größe einfach übermessen werden, weil man davon ausgeht, dass der Aufwand für das Anarbeiten an eine Tür in etwa der Bemalung der Tür-Fläche entspricht. Bei Regelungen wie dieser steht zwar sicher nicht die Theorie Rawls' im Hintergrund, wohl aber ist die grundlegende moralische Intuition die gleiche oder zumindest eine verwandte. Das heißt, die VOB versucht Lösungen zu finden, die zum einen in erster Linie natürlich praktisch sein sollen, die aber auch mit der Intention festgeschrieben werden, einen gerechten und fairen Ausgleich zwischen Auftraggeber und Auftragnehmer zu schaffen.

5.2.2 Das Standesethos der Architekten

Auch die Untersuchung des Standesethos der Architekten, als zweites System normativer Aussagen, das der Verantwortungszuschreibung an Architekten zugrunde liegt, ist insofern schwierig, als es sich um ein Ethos handelt, das nicht kodifiziert und dynamisch ist. Zudem gibt es keine Tradition der Reflexion und Begründung des ständischen Ethos und damit keine verschiedenen etablierten Ansätze zu einer Architektur*ethik*. Es lassen sich nur einzelne Versuche finden, Systeme reflektierter und begründeter normativer Aussagen für das Handeln der Architekten zu erstellen. Diese sind allerdings zum einen in der Architektenschaft weitgehend unbekannt[24] und zum anderen sind zunächst geeignet erscheinende Texte häufig Ausdruck individueller Überzeugungen und deswegen nicht geeignet, ein Standesethos angemessen zu repräsentieren.[25] Am ehesten manifestiert sich das Ethos der Architektenschaft in gemeinsam erarbeiteten und demokratisch beschlossenen Dokumenten der offiziellen Standesvertretungen, also der Architektenkammern oder großer Zusammenschlüsse von Architekten wie dem Bund Deutscher Architekten (BDA). Ich ziehe daher für diese Untersu-

---

24 Diese Aussage spiegelt zumindest meine eigenen Erfahrungen als Architekturstudent und als praktizierender Architekt wider. Sie deckt sich aber auch mit der Ansicht von Pahl (1999) über die nicht vorhandene Relevanz theoretischer Überlegungen für viele Architekten, die ich hier zustimmend zitiere: *„Aber viele der alltäglich praktizierenden Architekten erreicht die theoretische Auseinandersetzung um Gegenwarts- und Zukunftsarchitektur gar nicht oder allenfalls sehr peripher. Eine weit verbreitet Indifferenz prägt nach wie vor das tägliche Geschehen. Eine oft mit dem Gestus der Überlegenheit zur Schau gestellte Weigerung, dem fast immer unter Zeit- und ökonomischen Erfolgs-Druck stehenden Machen erst einmal das Nachdenken über dessen theoretische Grundlagen vorausgehen zu lassen, beherrscht noch weite Kreise des Berufsstandes. Die in Menge und Qualität immer üppiger werdenden Informationen aus Fachzeitschriften, Büchern und anderen Medien über nachdenkliche Arbeit an Theorie und Praxis von Architektur wird da eher als eine Art exotischer Unterhaltungslektüre aufgenommen, ähnlich den Fernseh-Berichten über Verhältnisse und Ereignisse in weit entfernten Erdregionen – oder gar als Gespinste esoterischer Exorbitanz.“* [212] Pahl (1999, S. 9).

25 Insofern muss man also wieder aus Sekundärquellen auf das Standesethos der Architekten schließen. Dabei gilt das gleiche, was über die Spiegelung des gesellschaftlichen Ethos in den Gesetzen gesagt wurde. Vgl. Fußnote 13 in diesem Kapitel.

chung zunächst Verlautbarungen der Architektenkammern der Länder und der Bundesarchitektenkammer und die Satzung des BDA heran. Daneben werfe ich (in diesem Fall für die USA) einen Blick auf den Code of Ethics and Professional Conduct des American Institute of Architects (AIA).[26] In keinem der genannten Dokumente wird dezidiert auf eine bestimmte philosophische, moralische oder religiöse Theorie als Begründungshintergrund hingewiesen und es ist auch implizit keine erkennbar. De facto spiegeln sich in jedem Dokument verschiedene vorreflexive moralische Intuitionen zum Thema Architektur. Vor diesem Hintergrund erscheint eine Erörterung der einzelnen Dokumente angebrachter als eine Gliederung nach moralischen Intuitionen wie im vorhergehenden Abschnitt.

5.2.2.1 Bayerisches Baukammergesetz und Berufsordnung der Bayerischen Architektenkammer

Im bayerischen Baukammerngesetz (BauKaG) wird insgesamt nur an wenigen Stellen auf die Berufsaufgaben des Architekten eingegangen. Dabei wird aber besonders die Vielschichtigkeit der Anforderungen an eine Architektur und somit an eine Planung des Architekten betont. Außerdem erfährt die Verantwortung des Architekten gegenüber dem eigenen Stand und den Kollegen besondere Aufmerksamkeit.[27] Für die nähere Erläuterung der Anforderungen an den Architektenberuf wird dezidiert auf die Berufsordnung der Architektenkammer

---

26 Im Zuge der Arbeit wurden zwar auch weitere Dokumente analysiert wie z.B. das von der Bundesarchitektenkammer mit anderen Vertretern der Bauwirtschaft erarbeitete „Leitbild Bau" ([54] Bundesarchitektenkammer, u.a. 2009) oder die Rules of Conduct des National Council of Architectural Registration Boards (der USA) ([188] NCARB 2009). Auch der [273] International Code of Ethics on Consulting Services der International Union of Architects (UIA) wurde analysiert. Allerdings liefern diese Dokumente keine weiterreichenden Erkenntnisse und werden daher nicht ausführlich besprochen.

27 Vgl. Art.3, sowie Art 24 des Bayerischen Baukammergesetzes: *„Art. 3 Berufsaufgaben (1) Berufsaufgaben der Architektin und des Architekten sind insbesondere die gestaltende, technische, wirtschaftliche, umweltgerechte und soziale Planung von Bauwerken sowie die Orts- und Stadtplanung innerhalb ihrer oder seiner Fachrichtung."* ([97] Bayerisches BauKaG Art.3 (1)) sowie *„Art. 24 Berufspflichten (1) 1 Die Mitglieder der Kammern sind verpflichtet, ihren Beruf gewissenhaft auszuüben, dem ihnen im Zusammenhang mit ihrem Berufsstand entgegen gebrachten Vertrauen zu entsprechen und alles zu unterlassen, was dem Ansehen ihres Berufsstandes schaden kann. 2 Sie sind insbesondere verpflichtet, 1. sich beruflich fortzubilden, 2. sich kollegial zu verhalten und unlauteren Wettbewerb zu unterlassen, 3. sich ausreichend gegen Haftpflichtansprüche zu versichern. 3 Das Nähere regeln die Berufsordnungen. (2) Ein außerhalb der Berufstätigkeit liegendes Verhalten ist eine Berufspflichtverletzung, wenn es nach den Umständen des Einzelfalls in besonderem Maß geeignet ist, Achtung und Vertrauen in einer für das Ansehen des Berufsstandes bedeutsamen Weise zu beeinträchtigen."* ([97] Bayerisches BauKaG Art.24).

verwiesen,[28] der dadurch praktisch die Bedeutung eines eigenen Gesetzes zukommt.

In der Berufsordnung der Bayerischen Architektenkammer wird betont, dass der Beruf des Architekten in erster Linie dazu dient, eine menschenwürdige Umgebung zu schaffen. Somit könnte man von einer eindeutig anthropozentrischen Position bzw. eher Intuition sprechen. Gleichzeitig impliziert die Rede von Menschenwürde eine deontologische moralische Intuition, insofern die Menschenwürde als ein unter allen Umständen zu achtender Wert dargestellt wird. Als Adressaten der Verantwortung des Architekten werden allerdings gleichrangig die Gesellschaft und das Individuum gesehen. Betont wird somit auch die gesellschaftliche Rolle des Architekten bzw. die Bedeutung der Arbeit des Architekten für das Wohlergehen der gesamten Gesellschaft.[29] Daneben wird auch eine Verantwortung gegenüber dem Stand gesehen und ein entsprechendes Verhalten gefordert.[30] Dabei erfolgt auch ein Verweis auf die Persönlichkeit des Architekten, die integer, achtbar und vertrauenswürdig zu sein habe.[31] In dieser Forderung kann man eine tugendethische moralische Intuition erkennen. Gemäß dieser Intuition verleiht die Tugendhaftigkeit einer Person besondere „moralische Autorität" und lässt ihn intuitiv moralisch richtig urteilen und handeln. Teil der Tugendhaftigkeit des Architekten ist die Loyalität gegenüber Berufskollegen, die in einem eigenen Abschnitt[32] der Berufsordnung besonders hervorgehoben wird.

---

28 Vgl.: [97] Bayerisches BauKaG Art. 24 Abs.1 Satz 3.

29 *„Das wohlverstandene Interesse der Allgemeinheit an der menschenwürdigen Umwelt hat Vorrang unter allen Motiven, die für die Berufswahl und die Berufsausübung des Architekten bestimmend sind. Der Architekt muss bei seiner Arbeit die Lebensbedürfnisse des einzelnen und die der Gesellschaft berücksichtigen. Die Lösung der ihm gestellten einzelnen Aufgaben ist deshalb stets als Teil einer größeren, der Gesellschaft dienenden Ordnung anzusehen."* ([25] Berufsordnung der Bayerischen Architektenkammer vom 27. Juni 2008, Präambel).

30 *„1. Verhalten in der Öffentlichkeit und bei der Berufsausübung 1.1 Das Verhalten des Architekten muss der Achtung und dem Vertrauen entsprechen, die sein Beruf erfordern. Der Architekt hat alles zu unterlassen, was geeignet ist, das Ansehen seines Berufes zu schädigen."* ([25] Berufsordnung der Bayerischen Architektenkammer vom 27. Juni 2008, Paragraph 1).

31 *„Erläuterungen: zu 1.1 Diese Grundregel ist hergeleitet aus den Berufsaufgaben des Architekten nach Art. 3 BauKaG. Die Gesamtheit der Berufsaufgaben fügt sich zum Berufsbild des Architekten. Die einzelnen Berufsaufgaben erscheinen im Berufsbild in einer ausgewogenen und folgerichtig ineinandergreifenden Ordnung. Auch derjenige, der den Schwerpunkt seiner Tätigkeit auf Teilbereiche legt, darf dabei diese Ordnung nicht außer acht lassen oder stören. Nur eine integre Persönlichkeit ist in der Lage, die Aufgabe des Planens und Überwachens mit den Aufgaben des Beratens, Betreuens und Vertretens des Bauherrn in einer sowohl der Sache als dem Bauherrn dienlichen Weise zu verbinden. Deshalb sind Achtbarkeit und Vertrauenswürdigkeit des Architekten notwendige Voraussetzung für seine Berufsausübung."* ([25] Berufsordnung der Bayerischen Architektenkammer vom 27. Juni 2008, Erläuterungen zu 1).

32 Vgl. Punkt 4 *„Verhalten der Architekten untereinander und gegenüber ihren Mitarbeitern"* ([25] Berufsordnung der Bayerischen Architektenkammer vom 27. Juni 2008, Paragraph 4).

5.2.2.2 Das Berufsbild der BayAK

Das von der Vertreterversammlung der Bayerischen Architektenkammer im November 2009 beschlossene Berufsbild der Architektinnen und Architekten[33] erwähnt ebenfalls die doppelte Verpflichtung des Architekten gegenüber dem Auftraggeber und gegenüber der Allgemeinheit. Daneben wird eine Verpflichtung gegenüber der Umwelt besonders betont. Dies geschieht jedoch, ohne dass auf ein ausgearbeitetes ethisches Konzept verwiesen wird, das der Natur einen moralischen Eigenwert zubilligen würde. Insofern kann man davon ausgehen, dass sich hier ein gewachsenes Bewusstsein für die Gefährdung der natürlichen Lebensgrundlagen des Menschen und ihre psychologische und emotionale Bedeutung für sein Wohlergehen spiegelt. Im gleichen Zusammenhang erfährt Nachhaltigkeit als ein von Architekten zu fördernder Wert besondere Beachtung. Der Begriff wird dabei im Vergleich zu wissenschaftlichen Konzeptionen des Konzeptes der Nachhaltigkeit[34] offensichtlich viel unschärfer verwendet und der ökologische Aspekt wird dabei betont.[35]

---

33 Vgl. [26] Bayerische Architektenkammer, Berufsbild der Architektinnen und Architekten, in: Deutsches Architektenblatt 03/10,2010, DAB regional S. 10–12.

34 Aus philosophischer Perspektive haben im deutschen Nachhaltigkeitsdiskurs insbesondere [206] Ott und Döring (2004) sowie das „Institut für Technikfolgenabschätzung und Systemanalyse" (ITAS) in Karlsruhe mit dem integrativen Konzeption von Nachhaltigkeit (Vgl.: [147] Kopfmüller et al. (2001)) überzeugende Konzepte von „Nachhaltigkeit" vorgelegt. Daneben kann man bei aller Kritik an den einzelnen Ansätzen als Vorreiter [134] Jonas ([1979]/2003), [34] Birnbacher (1988) und [13] Altner (1991) nennen. Als „Klassiker" der Nachhaltigkeitsdiskussion in Deutschland können das Umweltgutachten des Sachverständigenrates für Umweltfragen von 1994 [240] (SRU, 1994), der Zwischen- und der Abschlussbericht der Enquete-Kommission des deutschen Bundestages zum Schutz des Menschen und der Umwelt ([69], [70] SMU 1997, 1998) und die Studie Zukunftsfähiges Deutschland von 1996 ([52] BUND & MISEREOR 1997). Neben Ott und Döring kann man als weitere aktuelle Vertreter [87, 88] Ekardt (2005; 2006) oder [285] Vogt (2009) nennen. Wobei Vogt ebenso wie die Studie der deutschen [73] Bischofkonferenz „Handeln für die Zukunft der Schöpfung" von 1998 für eine theologische Perspektive auf das Thema stehen. Aus ökonomischer-philosophischer Perspektive schreibt [276, 277, 278] Ulrich (2002, 2005, 2008) oder auch [183] Müller und Wallacher (2005). Aus Sicht des Soziologen betrachtet [46, 45] Brand (1997; 2000) den Diskurs zur Nachhaltigkeit. Vgl. dazu auch Abschnitt 6.6.

35 Vgl.: „[Architekten] *sind verpflichtet, Verantwortung für die Wahrung von Ressourcen und Natur zu übernehmen. Qualität am Bau, Nachhaltigkeit und Sinn für Ästhetik sind Werte, die von Architekten immer gefördert, gestärkt und vermittelt werden müssen. [...] Die Nachhaltigkeit von Gebäuden wird erreicht durch eine verringerte Gesamtenergiebilanz, den Einsatz erneuerbarer Energien und einer Materialwahl, die ökologisch vertretbare Stoffkreisläufe berücksichtigt.*" ([26] Bayerische Architektenkammer, 2010, S. 10f.).

5.2.2.3 Satzung BDA

In der Satzung des BDA wird als erstes Ziel des BDA „[...] *die Qualität des Planens und Bauens in Verantwortung gegenüber Gesellschaft und Umwelt* "[36] genannt. Bemerkenswert ist, dass die Verantwortung gegenüber der Gesellschaft betont wird während die gegenüber Individuen nicht erwähnt wird. Zur Verantwortung gegenüber der Umwelt ist zunächst vorauszuschicken, dass offensichtlich die natürliche Umwelt gemeint ist. Man kann davon ausgehen, dass sich hier die moralische Intuition spiegelt, die es verbietet, die Natur als Ganzes und einzelne „höhere" nicht menschliche Geschöpfe der Natur rein instrumentell zu behandeln.

5.2.2.4 AIA: Code of ethics and professional Conduct

Aufschlussreich aus ethischer Perspektive ist der „Code of Ethics & Professional Conduct" des AIA,[37] der wesentlich differenzierter ausgearbeitet ist als die bisher untersuchten Texte. Er enthält fünf verschiedene „Canons" als allgemeine Regeln für das Verhalten des Architekten. Die Canons wiederum enthalten „Ethical Standards" als fachspezifische Ziele. Diese wiederum sind durch „Rules of Conduct" als für Mitglieder verpflichtende Regeln ausgearbeitet.[38] Als Verantwortungsadressaten werden eingangs des Textes zuerst die Öffentlichkeit, danach Bauherren und Nutzer, im Anschluss die Bauindustrie und abschließend die Architektur als Baukunst, Wissenschaft und Baukultur genannt.[39] In den einzelnen „Canons" werden neben allgemeinen auch spezielle Verpflichtungen gegenüber der Öffentlichkeit, dem Bauherrn, dem Stand, Kollegen und der natürlichen Umwelt behandelt. Besonders betont wird dabei, ähnlich wie in den bis dato erwähnten Dokumenten auch, zum einen das loyale Verhalten gegenüber Kollegen und dem eigenem Stand[40] und zum anderen die Verantwortung gegenüber der natürlichen Umwelt. Dabei legt der Code besonderen Wert auf Nachhaltigkeit,

---

36 [53] BDA, 2003, Satzung §2. Vgl. dazu auch: [269] Tafel, in: BDA Bayern (2008b, S. 30–31).
37 Vgl.: [14] American Institute of Architects (2007). Das 1857 gegründete American Institute of Architects ist ein Zusammenschluss von Architekten in den USA, der in etwa vergleichbar mit dem BDA ist.
38 Vgl.: [14] AIA (2007, Preamble).
39 Vgl.: "*The Code applies to the professional activities of all classes of Members, wherever they occur. It addresses responsibilities to the public, which the profession serves and enriches; to the clients and users of architecture and in the building industries, who help to shape the built environment; and to the art and science of architecture, that continuum of knowledge and creation which is the heritage and legacy of the profession.*" [14] AIA (2007, Preamble).
40 Vgl. [14] AIA (2007, Ethical Standard 4.2). Auf die Bedeutung dieses Punktes weisen auch [298] Wasserman et al. (2000) hin.

wobei offensichtlich ein Nachhaltigkeitskonzept zugrunde liegt, das besonders die Umweltverträglichkeit betont.[41]

Obwohl der Code of ethics wesentlich differenzierter ist als vergleichbare Texte aus Deutschland, stellt er keine ausgearbeitete Architekturethik dar, insofern keine tiefergehende systematische Erörterung und Begründung der Verhaltensregeln erfolgt. Es finden sich wie in den anderen derartigen Texten die „großen moralischen Intuitionen" wieder. Betont wird, dass die Menschenrechte stets zu achten sind.[42] Daneben soll der Architekt ein tugendhafter Mensch sein,[43] der sich auch der Gesellschaft verpflichtet fühlt[44] und fair handelt.[45] Man kann die genannten Idealbilder wieder als Ausdruck deontologischer, tugendethischer, utilitaristischer und Fairness-Intuitionen deuten.

5.2.2.5 Fazit

In den untersuchten Dokumenten wird durchweg darauf hingewiesen, dass der Architekt Verantwortung trägt. Als Verantwortungsadressaten werden stets die Gesellschaft und Individuen erwähnt. Daneben wird aber auch die Verantwortung des Architekten gegenüber der natürlichen Umwelt und dem Stand explizit hervorgehoben. Der Begriff der Verantwortung wird dabei nicht nur im retrospektiven Sinn als Rechenschaftspflicht gebraucht, sondern in erster Linie in prospektivem Sinn eines sorgenden Umgangs mit Mensch, Natur und kulturellen Gütern. Dabei beruht diese Verwendungsweise des Begriffs „Verantwor-

---

41 Vgl.: "*CANON VI – Obligations to the Environment*
Members should promote sustainable design and development principles in their professional activities.
Ethical Standard 6.1 Sustainable Design: In performing design work, Members should be environmentally responsible and advocate sustainable building and site design.
Ethical Standard 6.2 Sustainable Development: In performing professional services, Members should advocate the design, construction, and operation of sustainable buildings and communities.
Ethical Standard 6.3 Sustainable Practices: Members should use sustainable practices within their firms and professional organizations, and they should encourage their clients to do the same."[14] AIA (2007, Canon VI).

42 Vgl.: "*Ethical Standard 1.4 Human Rights: Members should uphold human rights in all their professional endeavors.*" [14] AIA (2007, Canon 1).

43 Vgl.: "*Ethical Standard 3.3 Candor and Truthfulness: Members should be candid and truthful in their professional communications and keep their clients reasonably informed about the clients' projects.*" [14] AIA (2007, Canon 3).

44 "*CANON II – Obligations to the Public Members should embrace the spirit and letter of the law governing their professional affairs and should promote and serve the public interest in their personal and professional activities.*" [14] AIA (2007, Canon 2).

45 "*Ethical Standard 4.1 Honesty and Fairness: Members should pursue their professional activities with honesty and fairness.*" [14] AIA (2007, Canon 4).

125

tung" darauf, dass es für moralisch geboten gehalten wird, sich um einzelne Mitmenschen und die Gesellschaft in sorgender Art und Weise zu kümmern. Diese Überzeugung kann man zum basalen und universalen Bereich der Moral rechnen. Sorge stellt in diesem Sinn eine Grundstruktur des menschlichen Daseins dar.[46]

Allerdings könnte auch bestritten werden, dass das moralische Gebot der Sorge allgemein vorgefunden wird. Es wäre dann eine Regel, die ethisch begründet werden müsste und für die man sich individuell entscheidet. Es ist also nicht selbstverständlich davon auszugehen, dass die Sorge-Maxime von jedem Architekten individuell akzeptiert wird, aber sie ist häufig zu konstatieren, aktuell und in der Geschichte. In jedem Fall findet sie sich im Standesethos der Architekten. Die Begründung der normativen Forderung nach einem sorgenden Umgang mit Mitmenschen, Natur und Kultur kann ethisch auf sehr unterschiedliche Art und Weise mit Hilfe aller großen Ethikentwürfe erfolgen, das heißt konsequentialistisch, deontologisch, vertragstheoretisch und tugendethisch oder mit Hilfe religiöser beziehungsweise sonstiger Weltanschauungen.

Allerdings enthält keines der untersuchten Dokumente eine ethische Reflexion, die der Betonung der Wichtigkeit der gebauten Umwelt und der eigenen Rolle bei ihrer Gestaltung angemessen wäre. Dies zeigt sich zum einen in fehlenden Verweisen auf bestimmte moralische, ethische oder religiöse Überlegungen. Zum anderen erfolgt der Gebrauch von Begriffen bisweilen in einer Art und Weise, die erkennen lässt, dass eine tiefergehende Auseinandersetzung mit ihnen nicht stattgefunden hat. Dies gilt zum Beispiel für den Begriff der „Nachhaltigkeit" oder den der „Umwelt".

Die Forderung nach einem Schutz der Natur bzw. die Forderung nach Verantwortung gegenüber Natur oder Umwelt wird durchweg erhoben, ohne dass über den moralischen Status der Natur weitergehende Aussagen gemacht werden, außer der, dass sie zu schützen sei. Es wird nicht erläutert, warum sie zu schützen sei oder welcher moralische Status ihr zuerkannt wird. Wie bereits oben erwähnt, ist anzunehmen, dass hier die moralischen Intuitionen zugrunde liegen, die mit der Position eines tiefen Anthropozentrismus für das Ganze der Natur sprechen und im Sinne eines gradualistischen Sentientismus für die Schutzwürdigkeit von Tieren argumentieren.

Obwohl den moralisch-normativen Forderungen also vermutlich keine ethischen Theorien zugrunde liegen, finden sich doch zahlreiche moralische Intuitionen. Die Forderung nach einer integren Persönlichkeit des Architekten kann man als tugendethische Intuition verstehen. Der Begriff der Menschenwürde verweist auf absolute Werte und Normen, wie man sie in deontologischen Ethiken findet. Die Betonung des Wohlbefindens der Gesellschaft, das es zu fördern gilt, lässt an ei-

---

46 Vgl. dazu [296] Vossenkuhl (2006) im Anschluß an Heidegger.

ne kommunitaristische und zumindest in loser Form auch an eine utilitaristische Intuition denken.[47] Und die Forderung nach Fairness im Umgang mit Kollegen lässt sich im Sinne einer vertragstheoretischen moralischen Intuition deuten. Auch die festzustellenden Axiologien sind als intuitive Auflistungen zu verstehen, da sie weder bestimmte Systematiken noch bestimmte Hierarchien erkennen lassen. Forderungen nach (sozialer) Gerechtigkeit, Rücksicht auf ästhetische Werte, Nachhaltigkeit, Loyalität, Ehrlichkeit, Aufrichtigkeit, Unbestechlichkeit oder Überparteilichkeit sind Ausdruck allgemein vorhandener moralischer Intuitionen.

5.2.3 Der individuelle moralische Anspruch eines Architekten

Neben basalen moralischen Intuitionen und dem Ethos der Architekten kann auch die individuelle Moral des Architekten eine Verantwortungszuschreibung an ihn begründen. Darüber zu sprechen ist aus prinzipiellen Gründen schwierig und notwendigerweise unvollständig bzw. bruchstückhaft, weil man es mit individuellen Ausprägungen moralischer Überzeugungen zu tun hat, die eben nicht allgemein und nur selten direkt zugänglich sind. Man kann also nicht über DIE individuelle Moral des Architekten sprechen, aber man kann auf Äußerungen von Architekten über den moralischen Gehalt und den moralischen Anspruch ihres beruflichen Schaffens hinweisen. Diese sind zahlreich und in der ganzen Architekturgeschichte zu finden, angefangen bei Vitruv, im 1. Jahrhundert vor Christus.

In seiner Abhandlung über Architektur formuliert Vitruv seine Vorstellung eines Architekten als tugendhaften und umfassend gebildeten Menschen, verbunden mit konkreten, heute immer noch aktuellen, moralischen Forderungen an ihn wie zum Beispiel denen nach Kollegialität und nach Unbestechlichkeit.[48] Die Überzeugung, dass der Architekt zum einen umfassend gebildet, zum anderen

---

47 Der Gedanke an eine utilitaristische Intuition liegt allerdings nur in dem Sinne nahe, dass zwischen einer Steigerung des Gesamtnutzens und einer Steigerung des Wohlbefindens der Gesellschaft bzw. des Allgemeinwohls nicht getrennt wird. Aus ethischer Perspektive muss man zwischen einer Steigerung des Gesamtnutzens, die das Ziel des Utilitarismus ist, und einer Förderung des Allgemeinwohls allerdings unterscheiden. Im rein intuitiven Zugang, der sich in den Dokumenten, die das Ethos der Architekten spiegeln, findet wird diese Unterscheidung allerdings nicht getroffen.

48 Vgl. dazu insbesondere das erste Kapitel des ersten Buches und die Vorrede zum sechsten Buch. Als Beispiel: „Die Philosophie gibt dem Baukünstler eine edle Denkart, und macht, dass er nicht stolz, sondern vielmehr bescheiden, billig und rechtschaffen, vorzüglich aber nicht geizig sei; denn ohne Treu und Redlichkeit kann nichts geziemend von Statten gehen. Er muss nicht begehrlich sein, noch darauf ausgehen, Geschenke zu erhaschen; sondern mit Standhaftigkeit seiner Würde nichts vergeben und auf seinen guten Namen halten; denn also heischt es die Philosophie." [283] Vitruv ([33–22v.Chr./1796]/1987, Baukunst, Kap 1, Buch 1, S. 17).

aber auch tugendhaft sein müsse, um ein guter Architekt zu sein, ist seither als Topos in vielen architekturtheoretischen Werken zu finden.

Ähnliche moralische Äußerungen finden sich „quer durch die Jahrhunderte" zum Beispiel bei Alberti, Ruskin oder Le Corbusier, um nur einige willkürlich herausgegriffene Architekten zu nennen.[49] In jüngerer Zeit haben sich zum Beispiel die Architekten Frei Otto, Meinhard von Gerkan oder Mario Botta explizit zu moralischen Problemen in der Architektur oder dem moralischen Anspruch an das eigene Tun geäußert.[50]

Eine Begründung der normativen Ansprüche und der diesen zugrunde liegenden Axiologien, also eine Reflexion über moralische Überzeugungen im Sinne einer Ethik, findet sich in den zahlreichen Äußerungen von Architekten über die moralische Relevanz des eigenen Tuns und dessen moralischen Anspruch in der Regel nicht.[51] Die normativen Aussagen lassen zwar durchwegs einen hohen moralischen Anspruch erkennen, sie zeugen aber auch von einer Heterogenität der Überzeugungen. Es finden sich moralische Intuitionen, die sich dem konsequentialistischen, dem deontologischen, dem tugendethischen und/oder dem vertragstheoretischen ethischen „Paradigma" zuordnen lassen.

So spiegeln sich z.B. in einem unter dem Titel „Bauen für Despoten?" geführten Streitgespräch zwischen den beiden Architekten Meinhard von Gerkan und Christoph Ingenhoven[52] konsequentialistische/utilitaristische und deontologische Intuitionen. Diskutiert wird hier über das Problem, ob es legitim sei, als Architekt für Regierungen von Ländern tätig zu werden, die nicht westlichen Rechtsstaatsprinzipien genügen. Konkret geht es um das Beispiel China, wo das Büro von Meinhard von Gerkan (GMP) für die Olympiade 2008 zahlreiche Bauten errichtet hat. Christoph Ingenhoven argumentiert dahingehend, dass es für einen Architekten schlicht moralisch nicht erlaubt sei, undemokratische „Despoten" durch das eigene Können zu unterstützen, während Meinhard von Gerkan ein Engagement befürwortet mit dem Hinweis auf eine dadurch erreichbare Verbesserung der Situation der Menschen vor Ort.

Bezüglich der Axiologien kann man das Hervortreten von Werten bzw. die für die jeweilige Epoche typische Hierarchisierung allgemeiner Werte feststellen. So

---

49 Vgl.: [9] Alberti ([1452]/2005), [238, 239] Ruskin ([1880]/1994, [1853]/2003), [160, 161, 162, 163] Le Corbusier (1929c, 1954, [1929]/1964, [1923]/1982).

50 Vgl. [43] Botta (1997), [107] Gerkan (1982), [209] Otto (2005).

51 Allerdings sei auf einige Veröffentlichungen von Architekten hingewiesen, die über die Äußerung moralischer Intuitionen zu Themen der Architektur weit hinausgehen. Z.B.: [298] Wassermann et al. (2000), [299] Watkin (1977/1984) und auch [107] Gerkan (1982). Und daneben finden sich vereinzelt Philosophen, die sich des Themas ausführlich angenommen haben, so z.B. [261] Spector (2001), [118] Harries (1997), [202] Ott (1997) oder [132] Illies und Ray, in: Meijers ed. (2009).

52 Vgl.: [108] Gerkan, Ingenhoven, Bauen für Despoten?, in: Spiegel Special, 2008 (Heft 4), S. 84–87.

steht beispielsweise in der Architektur-Moderne soziale Gerechtigkeit als ein guter Architektur inhärenter Wert und mit ihr zu erzielendes Ziel im Vordergrund, während derzeit vor allem die Umwelt-Gerechtigkeit oder Nachhaltigkeit, verstanden als ökologische Angemessenheit, propagiert wird. Die unterschiedliche Hierarchisierung bestimmter Werte spiegelt also auch in der Architektur die Themen der jeweiligen Zeit.

5.2.4 Moralen und Ethiken des Architekten – Fazit

Weder im Ethos der Architekten noch in individuellen moralischen Äußerungen gibt es somit DIE Ethik der Architektur und auch nur sehr vereinzelt den Versuch, EINE Ethik der Architektur zu verfassen. Aber es sind moralische Intuitionen der unterschiedlichsten Art sowohl latent als auch offensichtlich vorhanden, ebenso wie vielfältig und intuitiv geprägte Axiologien.

DIE Ethik der Architektur gibt es insofern nicht, als es allgemein akzeptierte systematische Äußerungen normativer Art zur moralischen Dimension der Architektentätigkeit nicht gibt. Lediglich einzelne Versuche in dieser Richtung lassen sich finden und wurden bereits genannt.[53]

Das Vorhandensein verschiedener ethisch-moralischer Konzeptionen in der Architektur wird auch von anderen gesehen. So stellen z.B. Wasserman[54] et al. fest, dass verschiedene moralische Intuitionen architektonischen Projekten zugrunde liegen können: Das Ausbalancieren von Vor- und Nachteilen bestimmter Konzepte sehen sie als im Kern konsequentialistisch, bestimmten Pflichten des Architekten attestieren sie deontologischen Charakter, die Einhaltung bestimmter Standards sehen sie als Frage der Tugend und einige Intuitionen und Überzeugungen hinsichtlich Fragen der Gemeinschaft bzw. des Gemeinwesens kann man ihrer Meinung nach mit Vertragstheorien gut beschreiben. Das heißt die großen ethischen „Paradigmen"[55] lassen sich alle im Umgang mit alltäglichen architektonischen Projekten feststellen.

Im Prinzip folgt aus diesem de facto vorhandenen Umgang mit moralischen Fragen noch nichts für eine aufzustellende normative Architektur-Ethik, da eine Ethik die Aufgabe hat, moralische Überzeugungen zu begründen oder im Lichte von Gründen zu korrigieren. Dennoch ist diese Feststellung ein Grund, mit der Betonung eines einzigen ethisch-moralischen Konzeptes zumindest vorsichtig zu sein, weil dies der de facto vorhandenen Vielfalt entgegengesetzt wäre. Auch bezüglich der Axiologien lässt sich nur eine Heterogenität der Werte und die Tatsache ihrer wechselnden Hierarchisierung, je nach Erfordernissen der Epo-

---

53 Siehe Fußnote 51.
54 Vgl. [298] Wasserman, et al. (2000, p. 48f).
55 Vgl. dazu Abschnitt 2.2.2.

che, feststellen. Dies gilt ebenfalls für das Ethos der Architekten wie für ihre individuellen moralischen Überzeugungen. Auch aus dieser Erkenntnis lassen sich keine normativen Aussagen folgern, sie liefert aber auch einen Grund, vorsichtig zu sein, wenn ein bestimmter Wert einseitig in den Vordergrund einer Architekturtheorie oder -ethik gestellt wird.

5.3 Zur Begründung normativer Ansprüche an das Handeln des Architekten und der Architektenschaft

Wie erläutert sehe ich drei normative Systeme, aufgrund derer dem Architekten Verantwortung auferlegt wird. Es sind dies die basalen moralischen Überzeugungen, das Ethos der Architekten und die individuellen moralischen Überzeugungen.

Eine Ethik der Architektur[56] hat den gleichen „Ausdehnungsbereich" wie das Ethos der Architektur. In ihr wird ein moralischer Mindeststandard für spezielle die Architektur betreffende Handlungen definiert, allerdings mit rationaler Begründung der normativen Ansprüche. Insofern geht es also bei dem Entwurf einer Architektur-Ethik darum, ein Ethos der Architektur in eine Ethik zu überführen. Dazu sind die intuitiven Annahmen über das moralisch richtige Handeln mit rationalen Begründungen zu bestätigen oder gegebenenfalls als moralisch falsch zurückzuweisen. Ich gehe davon aus, dass sich im Ethos der Architekten die grundlegenden moralischen Intuitionen widerspiegeln. Des weiteren gehe ich davon aus, dass eine Ethik moralische Intuitionen „einholen" und begründen können muss. Ich erkenne also kontraintuitive Konsequenzen einer ethischen Theorie als ein faktisches bzw. empirisches Gegenargument gegen sie an. Insofern halte ich es für sinnvoll, eine Ethik der Architektur auf dem Ethos der Architekten aufzubauen. In diesem Sinne argumentiere ich im Folgenden weder im Bereich der individuellen Moral, Ethik oder Weltanschauung noch im Bereich allgemeiner basaler Moral- oder Ethikvorstellungen. Allerdings darf eine Ethik der Architektur selbstverständlich nicht in grundlegenden Widersprüchen zu moralischen Überzeugungen allgemeiner und grundlegender Art stehen. Solange die „Grundnormen" geteilt werden, wovon ich ausgehe, stellt eine Pluralität unterschiedlicher individueller Moralen und unterschiedlicher Ethiken aber kein

---

56 Im Folgenden unterscheide ich nicht zwischen einer Ethik für den Architekten und einer Ethik für die Architektenschaft. Das Ethos der Architektenschaft unterscheidet in seinen normative Aussagen nicht zwischen individuellen Architekten und der Architektenschaft, insofern die Architektenschaft einfach als Summe der Architekten verstanden wird. Eine Ethik für den Bereich Architektur muss in erster Linie das Handeln des individuellen Architekten abdecken. Falls darüber hinaus spezielle normative Aussagen zum gemeinschaftlichen Verhalten der Architektenschaft als Stand notwendig erscheinen, werden diese gekennzeichnet.

moralisches Problem dar. Eine individuelle Moral muss nicht allgemein, rational, intersubjektiv vermittelbar und in der scientific community akzeptiert sein und kann auf religiösen, metaphysischen oder sonstigen weltanschaulichen Überzeugungen basieren. Unterschiedliche individuelle Ansätze könnten sogar von Vorteil und wünschenswert sein, weil daraus eine Pluralität der Architektur erwachsen könnte bzw. so eine einzige Architektur-Doktrin vermieden würde. Und eine stilistische Vielfalt wiederum ist insofern wünschenswert als sie geschmackliche Änderungen leichter „auffangen" kann und also resilienter ist. Ein moralischer „Mindeststandard" würde allerdings durch eine auf dem Standesethos der Architekten aufbauende Standesethik garantiert. Das Ethos der Architekten hat den nötigen Grad an Spezifizierung auf die Probleme der Architektur und die nötige Allgemeinverbindlichkeit für Architekten. Diese Untersuchung soll einen Beitrag leisten zur Entwicklung einer Ethik der gebauten Umwelt. Das heißt es geht – die oben eingeführte Dreiteilung der Grundlagen normativer Ansprüche an das Handeln des Architekten zugrunde gelegt – im Folgenden in erster Linie um den Bereich des Standesethos. Hier sollen begründete normative Aussagen im Sinne einer Standesethik getroffen werden. Dabei prüfe ich zunächst, ob sich mit Hilfe klassischer Ansätze und ihrer deduktiven Argumentation sinnvoll eine Architektur-Ethik konzipieren lässt. Im Anschluss untersuche ich die Eignung einer induktiven, kasuistischen Vorgehensweise mit der umgekehrten Argumentationsrichtung. Drittens wird als Mittelweg der Ansatz der Prinzipienethik, wie er von Beauchamp und Childress[57] entwickelt wurde, geprüft.

5.3.1 Die Eignung klassischer Ethik-Ansätze für eine Architektur-Ethik

5.3.1.1 Konsequentialistische Positionen/Utilitarismus:

Die Intuition, dass Architektur dann gut sei, wenn sie eine bestehende Situation und damit den Nutzen für die Menschen verbessert, ist nicht nur nachvollziehbar, sondern der Ausgangspunkt jeder Planung. Ein Architekt möchte in der Regel die Situation für Bauherr und Nutzer verbessern, aber auch für passiv Betroffene wie Nachbarn oder Passanten zumindest nicht verschlechtern, im Idealfall aber auch verbessern. Pathetisch formuliert soll die Welt durch die neu zu errichtende Architektur eine bessere Welt werden, der Gesamtnutzen soll sich erhöhen. Der Gedanke, dass eine Architektur auch moralisch gut sei, wenn sich eine gegebene Situation durch sie bessert, ist damit leicht nachvollziehbar. In städtebaulichen Fragen ist dabei ein konsequentialistisches oder utilitaristisches Nutzenoptimie-

---

57 Vgl. [30] Beauchamp and Childress (6th ed. 2009).

rungskalkül besonders naheliegend, weil hier nicht mit individuellen Personen geplant wird, sondern mit abstrakten „Bürgern" oder dem Gesamtnutzen, den es zu steigern gilt. Eine konsequentialistische bzw. utilitaristische Intuition wird deshalb von vielen Architekten favorisiert. Und auch in der Architekturgeschichte findet sie sich häufig und war insbesondere in der Architektur-Moderne, in der als eines der zentralen Probleme der Architektur die Beherbergung großer Bevölkerungsmassen wahrgenommen wurde, bestimmend.[58]

Dennoch muss man auf einige schwerwiegende Probleme hinweisen, die mit der ethischen Position des Utilitarismus verbunden sind. Die Einwände gegen einen konsequenten Utilitarismus sind bekannt,[59] sie gelten aber auch und besonders für Architektur. So ist die Anwendung des Nutzenoptimierungskalküls in der Architektur besonders schwer oder sogar unmöglich, weil zum einen der einzurechnende Zeithorizont schwer einzugrenzen, und zum anderen der einzurechnende Nutzerkreis ebenso schwer zu fassen und häufig zu groß ist.[60] Außerdem lässt sich der emotionale Mehrwert von Gefühlen wie „Zu Hause sein" oder der

---

58 Vgl. dazu die bereits in Abschnitt 3.2 Fußnote 22 zitierte Aussage von Le Corbusier. [162] Le Corbusier ([1929]/1964, S. 87). Vgl. dazu auch Spector, der eine besonders starke Beziehung der Moderne auf die Philosophie des Utilitarismus feststellt: [261] Spector (2001), bereits zitiert in Abschnitt 1.2 Fußnote 13.

59 Vgl. zu einer Auseinandersetzung mit dem Utilitarismus: [257] Smart und Williams (1973) oder [306] Williams (1979). Zu Williams' Argumentation gegen den Utilitarismus vgl. auch [62] Chappell (2006). Williams lehnt den Utilitarismus grundsätzlich ab, weil er ein -Ismus ist, das heißt eine Systematisierung unseres ethischen Denkens, die er prinzipiell sehr kritisch sieht. Er argumentiert aber auch speziell gegen den Utilitarismus. Eines seiner Argumente ist, dass er ihn für zu unpersönlich oder distanziert hält. Andere Moraltheorien wie der Kantianismus sind zwar auch unpersönlich, im Sinne von allgemein, aber der Utilitarismus beachtet den Handelnden als Handelnden nicht mehr, was der Kantianismus noch tut. Im Utilitarismus ist nicht eine Handlung selbst moralisch relevant, sondern nur die Folgen machen eine Handlung moralisch richtig oder falsch. Insofern ist der Urheber einer Handlung nicht mehr wichtig, was im Kantianismus noch anders ist. Williams: *"If Kantianism abstracts in moral thought from the identity of persons, utilitarianism strikingly abstracts from their separateness"* (zit. in: [62] Chappell (2006)). Williams kann nicht akzeptieren, dass der Utilitarismus keine Unterscheidung zwischen meiner eigenen Urheberschaft und der anderer Leute trifft, wenn die Konsequenzen gleich sind. Zu Problemen des Utilitarismus vgl. auch [103] Gähde (1993) und [230] Rawls (1978).

60 Zum Problem der Folgenabschätzung schreibt Nida-Rümelin zwar: *„Die Abschätzung der Folgen des Handelns und der Umgang mit Risikosituationen ist Bestandteil jeder anwendungsbezogenen ethischen Theorie. Dass es angesichts empirischer Unsicherheiten gelegentlich schwierig ist zu bestimmen, welches Handeln moralisch richtig ist, ist kein Spezifikum konsequentialistischer Ethik. Diese Merkmale lassen sich gegen den ethischen Konsequentialismus nicht ins Feld führen. Es ist vielmehr die zu weit gehende Reduktion ethischer auf empirische Fragen, die den ethischen Konsequentialismus problematisch macht."* [193] Nida-Rümelin (2005c, S. 18). Dennoch bin ich der Meinung, dass eine „Berechnung" oder Abschätzung des Nutzens einer Architektur aus den genannten Gründen im Gegensatz zu anderen Handlungsbereichen besonders schwierig ist. Im weiteren Verlauf des zitierten Artikels übt auch Nida-Rümelin starke Kritik an einer konsequentialistischen Ethik speziell für den Fall der Risiko-Ethik. Insbesondere kritisiert er die Nichtberücksichtigung von Kriterien wie Individualrechten wie z.B. Autonomie oder von Gerechtigkeit und Fairness. Daneben erwähnt er das Problem der Vergleichbarkeit und das

Empfindung von Schönheit nicht sinnvoll in quantifizierbare „Nutzeneinheiten" umrechnen. Aus methodischer Sicht kann man sowohl für die Ethik als auch für die Architektur anzweifeln, dass die rationalistisch-wissenschaftliche Methode mit einem völlig „neutralen" Beobachter allein ausreichend und sinnvoll ist. Autoren wie Iris Murdoch oder Bernard Williams betonen beispielsweise die Rolle von „moralischer Sehkraft" und Intuition für die Ethik.[61] In der Architekturtheorie ist ähnlich gelagerte Kritik in einem ähnlichen Zeitraum, nämlich den 1960er und 1970er Jahren, zu beobachten. Robert Venturi äußert beispielsweise in seinem Hauptwerk „Contradiction and Complexity" – einem der Hauptwerke der „Architektur-Postmoderne" – und in diversen anderen Schriften[62] drastische Kritik an der rationalistischen Methode der Architektur-Moderne[63] und verweist auch auf die Rolle des Architekten als Künstler, dessen Aufgaben und Kompetenzen über die Optimierung der Funktion und der Konstruktion mittels mathematischer Methoden weit hinausreiche. Des Weiteren wurde darauf hingewiesen,[64] dass sich eine rein konsequentialistische Betrachtungsweise selbst aus Sicht einer Ethik des Risikos, in der dieser Ansatz eigentlich vorherrschend ist, verbietet bzw. durch individuelle Rechte stark eingeschränkt wird.

Zusammenfassend kann man also sagen, dass ein konsequentialistischer Ansatz (bzw. die Ethik des Utilitarismus) auch in der Architektur große Schwierigkeiten mit sich bringt. Allerdings drücken sich in ihm eben auch grundlegende moralische Intuitionen aus, die in Bezug auf architektonische Fragen vorhanden sind und nicht negiert werden sollten.

Problem der Nichtberücksichtigung von Individuen zugunsten abstrakter Personen. Er plädiert deswegen dafür, „deontologische Barrieren" einzuführen.

61 Vgl. z.B. [187, 185, 186] Murdoch (1998, 1970b, 1998b).

62 Vgl. [280] Venturi, et al., in: Pehnt (1983) und [281, 279] Venturi (1997, 2003).

63 Vgl.: „*Alle Aussagen verstehen sich durch ihren Bezug auf die gängige Art von Architektur, woraus sich notwendig bestimmte Zielrichtungen der Kritik ergeben – allgemein gegen die Borniertheit der orthodoxen modernen Architektur und Stadtplanung, gezielter gegen schwachköpfige Architekten, die autarke Isoliertheit, Technologie bzw. elektronische Programmierung zu letzten Zwecken in der Architektur erheben, gegen gewissenlose Meinungsmacher, die ‚bezaubernde Märchen über unsere chaotische Wirklichkeit' (A. Cartoni Rom) zusammenschmieren und die alle unübersehbare Vielfalt, alle Widersprüchlichkeiten, wie sie zum Wesen der Kunst und der realen Erfahrung gehören, unterschlagen. Dennoch ist dieses Buch eher eine Analyse dessen, was meiner Meinung nach für die moderne Architektur richtig ist, nicht aber ein Pamphlet gegen falsche Auffassungen.*" [279] Venturi (2003, S. 18). Zur Kritik an der rationalistischen Methode der Architektur-Moderne vgl. insbesondere Venturi (2003, Kapitel 2).

64 Vgl. z.B. [194] Nida-Rümelin (2005).

5.3.1.2 Deontologische Positionen

Die „deontologische Intuition", nach der bestimmte (moralische) Regeln absolut gelten bzw. bestimmte Handlungen unabhängig von ihren Folgen intrinsisch schlecht oder gut sind, ist auch in der Architektur wirksam. Zum einen gilt dies für ästhetische Probleme. In der Architekturtheorie findet sich von den Anfängen bis in jüngste Zeit häufig der Versuch, bestimmte Gestaltungsregeln, Prinzipien oder gar Stile als absolut und immer richtig zu bestimmen.[65] Damit verbunden ist häufig ein Anspruch auf moralische Überlegenheit.[66] Es finden sich aber nicht nur ästhetische Aussagen, die als immerwährend gültige Aussagen betrachtet und mit moralischen Schlüssen konnotiert werden, sondern auch – umgekehrt – deontologische moralische Aussagen, aus denen ästhetische Folgen abgeleitet werden. Dies ist zum Beispiel der Fall, wenn sich Vertreter der Architektur-Moderne gegen die „Verlogenheit von alten Stilen" wenden[67] und mit Verweis auf das moralische Verbot zu lügen den Abbruch „verlogener" Häuser und den Neubau „ehrlicher Architektur" fordern. Die deontologische moralische Aussage bzw. Intuition, dass eine Lüge verwerflich sei, führt letztlich zur Forderung, dass die Architektur (wieder) wahr und ehrlich sein solle. Und daraus wiederum wird eine bestimmte Architektursprache entwickelt.[68] Dass man dabei aus philoso-

---

65 Vgl. dazu die zahlreichen Musterbücher der Renaissance zu Säulenordnungen seit Sebastiano Serlio (1475–1553) und Proportionsregeln (vgl. dazu [152] Kruft (1995, S. 80ff.)). Aber auch in Rossis Betonung von Typologien findet sich der Gedanke an unabhängig von Raum und Zeit für bestimmte Bauaufgaben grundsätzlich richtige Lösungen, die je nach Ort und konkreter Gegebenheit nur variiert werden. *„Die Typologie ist also – bei der Stadt wie bei einzelnen Bauten – die Lehre von nicht weiter reduzierbaren elementaren Typen. Beispiele dafür sind die monozentrischen Städte oder die Zentralbauten."* Im Folgenden führt Rossi aus, dass sich die Typen seit der Antike nicht verändert haben und bezeichnet den Typus als *„das wesentlichste Prinzip der Architektur"* [236] Rossi (1988, S. 21/22). Auch die Hervorhebung der Permanenz und Beständigkeit bestimmter Prinzipien der Architektur hat einen „deontologischen Charakter": *„Dieselben architektonischen Ideen werden an verschiedenen Standorten realisiert. Deshalb lassen sich unsere Städte zwar von demselben Prinzip ableiten, stellen aber im Konkreten jeweils etwas Einmaliges dar."* (a.a.O. S. 67). Vgl. dazu auch [235] Rossi, in: Pehnt (1983, S. 362–363).

66 Vgl. dazu den unter Fußnote 25 in Abschnitt 3.2 erwähnten Streit um die Gotik, der sich seit dem 19. Jahrhundert bis hin zu Aicher findet. Vgl. z.B. [238, 239] Ruskin ([1880]/1994 und [1853]/2003), der die moralische Überlegenheit des gotischen Stils betont. Es findet sich aber auch im starken Dissens dazu [60] Burckhardt ([1869]/1981), der die moralische Überlegenheit der Renaissance betont. Vgl. dazu auch Abschnitt 6.7.

67 Vgl. zum Beispiel Le Corbusier, der die Häuser im „alten Stil" des Klassizismus als „verlogen" brandmarkt. Und da er feststellt: *„Die Lüge ist unerträglich. Man geht an der Lüge zugrunde."* kann er behaupten, dass der Abriss alter Häuser ein Frage moralisch richtigen Handelns ist: *„Diese Geste ist ein Zeichen von Gesundheit, von moralischer Gesundheit und auch von Moral;"* [163] Le Corbusier ([1923]/1982, S. 30).

68 Der Architekturhistoriker Kühn hält die Forderung nach Wahrheit und Ehrlichkeit in der Architektur für die wichtigste Wurzel der ganzen Architektursprache der Moderne: *„Diese an sich formalen Ziele* [der Architektur-Moderne, d.A.] *sind von Anfang an mit moralischen Aspekten*

134

phischer Sicht einiges kritisieren kann, wie z.B. den synonymen Gebrauch von „wahr" und „ehrlich" oder den direkten Übergang von einer moralischen Forderung zu einer bestimmten ästhetischen Gestaltung, spielt hier zunächst keine Rolle. Wichtig ist an dieser Stelle lediglich, dass eine naheliegende deontologische moralische Intuition auch bestimmend für die Entwicklung einer Architektur sein kann.[69]

Die Probleme, die auftauchen, wenn deontologische Aussagen zu allein ausschlaggebenden Oberthesen einer Ethik gemacht werden, sind hinlänglich bekannt. Häufig erweisen sich die Regeln als zu starr für je individuelle moralische Fälle. Daneben kann ein völliges Absehen von den Konsequenzen einer Handlung sehr leicht zu einer Situation führen, die anderweitigen moralischen Intuitionen widerspricht.[70] Diese Einwände gelten auch für den Bereich Architektur. Aus moralischer und auch aus ästhetischer Sicht erweisen sich unveränderliche Regeln häufig als zu starr für individuelle Bauaufgaben und Orte. Daneben wird man als Architekt in der Regel gar nicht anders können als immer auch die Folgen des eigenen Tuns im Auge zu haben und danach zu streben, diese zu optimieren. Außerdem haben sich Regelverletzungen in der Architektur häufig als besonders zukunftsweisend erwiesen,[71] wobei dadurch noch nichts über die moralische Bewertung eines Regelbruches gesagt ist. Insgesamt haben also deontologische Intuitionen zwar ihre Berechtigung, sind aber als alleiniger Ausgangspunkt einer Architekturethik offensichtlich nicht geeignet.

---

verknüpft. Der Historismus ist für Hermann Muthesius ‚Zeugnis für den Tiefstand unseres Formgefühls und damit unserer künstlerischen Kultur überhaupt.'; das Loos-Haus am Michaelerplatz wurde als ‚schreiender Protest gegen die herrschende architektonische Unzucht und Verlogenheit' bezeichnet, und Le Corbusier formuliert apodiktisch: ‚Stile sind Lügen.' Diese Forderung nach Wahrheit, nach Ehrlichkeit, nach dem ‚Absoluten' ist die gemeinsame Wurzel aller modernen Architekturströmungen zu Anfang unseres Jahrhunderts." [155] Kühn (1989, S. 74).

69 Zu einer detaillierteren Besprechung des Ideals der Wahrheit in der Architektur vgl. Abschnitt 6.7.

70 Vgl. dazu über das „klassische" Problem einer Not-Lüge: Kant, *„ Über ein vermeintes Recht aus Menschenliebe zu lügen"* [138] Kant (1797, AA VIII, Seite 423).

71 So stellte beispielsweise das Haus am Michaelerplatz in Wien, das 1909 von Adolf Loos errichtet wurde, zur Entstehungszeit einen nie dagewesenen Bruch mit bestimmten ungeschriebenen, aber geltenden Regeln bezüglich der Verwendung von Ornament an der Fassade dar. Ein weiteres Beispiel ist der Streit um die auf Initiative des Deutschen Werkbundes von „modernen" Architekten gebaute Weißenhofsiedlung in Stuttgart, der zum Bau der Kochenhofsiedlung in der Nachbarschaft als Gegenentwurf der „Traditionalisten" um Paul Schmitthenner führte. Daneben gibt es zahlreiche weitere Bauten, die zu ihrer Entstehungszeit aufgrund des Bruches mit bestimmten vermeintlich absolut geltenden Regeln der Baukunst einen Skandal darstellten und erst im Laufe der Geschichte als wegweisend erkannt wurden. Vgl. dazu: [127] Hübener (2009), [71] Deutscher Werkbund (1927), [145] Kirsch (1982), [155] Kühn (1989), [245] Schmitthenner (1932), Loos [170, 171] ([1921]/1997, [1931]/1997b), [237] Roth (1927), [219] Plarre (2001).

5.3.1.3 Tugendethische Positionen

Angesichts der hohen Verantwortung, die ein Architekt zu übernehmen hat, ist die intuitive Forderung verständlich, dass ein Mensch, der dies tut, ein moralisch besonders angesehener zu sein habe.[72] Seit Vitruv wurden und werden bis heute immer wieder Forderungen an die persönlichen Eigenschaften des Architekten erhoben.[73]

Insofern liegt auch die Idee nahe, tugendethische Ansätze für die Architektur fruchtbar zu machen. Allerdings garantiert ein tugendhafter Architekt noch keine gute Architektur, bestenfalls eine moralisch gute Architektur. Und ob gute Architektur unbedingt einen tugendhaften Architekten erfordert, ist ebenfalls fraglich.[74] Abgesehen davon besteht ein weiteres methodisches Problem darin, dass bei moralischen Problemen in der Architektur der Verweis auf den tugendhaften Architekten nur den Explikationsbedarf „verschiebt", insofern dann noch nicht gesagt ist, was einen tugendhaften Architekten ausmache. Damit ist auch die Tugendethik als alleiniger Ansatz einer Architekturethik problematisch, obwohl die grundlegende Intuition auch in der Architektur naheliegend und verständlich ist.

5.3.1.4 Vertragstheoretische Positionen

Der bekannteste Vertreter einer vertragstheoretischen Ethik-Position in jüngerer Zeit ist John Rawls. Seine moralische Idee bzw. Intuition der „Gerechtigkeit als Fairness" besteht darin, dass nur die Handlungen als gerecht gelten sollen, die den Regeln eines Vertrages entsprechen, der in einem fiktiven Urzustand[75]

---

72 Vgl. als aktuelles Beispiel: *"Architecture is a political act. It is never value-free, a mere question of fine building or seductive detailing. The architect requires a broad cultural foundation to be able to generate an ethical response."* [217] Perez-Gomez (2006, p. 201).

73 Vgl. dazu: [283] Vitruv ([33–22v.Chr./1796]/1987, 1. Buch 1.Kapitel und 6. Buch Vorrede) und Fußnote 48 in Abschnitt 5.2.3.

74 Zur Illustration dieses Problems kann Giuseppe Terragni (1904–1943) dienen, der zweifellos besonders bedeutende Architekturen wie zum Beispiel die Casa del fascio (bzw. Casa del popolo) in Como errichtete, dessen offenes Bekenntnis zum Faschismus allerdings nicht auf besondere Tugendhaftigkeit oder hochentwickelte moralische Urteilsfähigkeit schließen lässt.

75 Interessant ist an dieser Stelle der Verweis darauf, dass auch in der Geschichte der Architekturtheorie von Laugier (1713–1767) bis hin zu Frei Otto (*1925) immer wieder die Idee einer Ur-Hütte auftaucht, aus der bestimmte Folgerungen für die Jetzt-Zeit gezogen werden. Bei Laugier taucht der Gedanke einer Ur-Situation auf, in der der Mensch gezwungen ist, sich eine Behausung zu bauen:
"It is with Architecture as with all other arts; its principles are founded upon simple nature, and in the proceedings of this are clearly shown the rules of that. Let us consider man in his first origin without any other help, without other guide, than the natural instinct of his wants. He wants an abiding place. Near to a gentle stream he perceives a green turf, the growing verdure of which pleases his eye, its tender down invites him, he approaches, and softly extended upon

unter den Bedingungen der Gleichheit und Unwissenheit geschlossen wurde.[76] Auch diese Intuition ist als Grundlage einer Architektur-Ethik vorstellbar, die eine moralisch gute Architektur als eine „faire Architektur" versteht. Dies wäre eine Architektur, die die Rechte und Belange aller von ihr Betroffenen gleichermaßen berücksichtigt, was durch entsprechende Institutionen sichergestellt werden müsste.

Allerdings ist auch dieser Ansatz nicht einfach für eine Ethik der Architektur zu übernehmen. Problematisch ist insbesondere die (über die oben gemachte Annäherung hinausgehende) genaue Explikation der Bedeutung von Fairness für die Architektur. Des Weiteren ist es, ähnlich wie beim tugendethischen Ansatz, fraglich, ob eine faire Architektur auch eine gute Architektur im nicht moralischen Sinn wäre. Dies hängt allerdings davon ab, wie faire und gute Architektur definiert würden, also davon, ob eine gute Architektur fair sein muss oder umgekehrt, ob eine faire Architektur als gut angesehen würde. Außerdem wurden in der Literatur diverse Kritikpunkte an der Vertragstheorie geäußert, die bei einer Übernahme der Vertragstheorie als Grundlage einer Architekturethik zu bedenken sind. Ohne darauf näher einzugehen, seien hier als Beispiel die Fragen danach, was der Urzustand und der Schleier des Nichtwissens denn genau sein sollen, und der Vorwurf, die (Spieler-)Natur des Menschen falsch einzuschätzen, genannt.[77]

---

his enamled carpet, he thinks of nothing but to enjoy the gifts of nature: nothing he wants, he desires nothing; but presently the sun's heat which scorches him, obliges him to seek a shade. he perceives a neighbouring wood, which offers him the coolness of its shades: he runs to hide himself in its thickets and behold him there content." (p. 9f.) Im Weiteren wird der Mensch vom Regen in eine Höhle gezwungen, die aber aufgrund diverser Probleme auch nicht seinen Ansprüchen genügt, woraufhin sich der Ur-Mensch entschließt, selbst eine Ur-Hütte aus vier Pfosten mit Dach und Wänden zu bauen. *"The little rustic cabin that I have just described, is the model upon which all the magnificencies of architecture have been imagined, it is in coming near in the execution of the simplicity of this first model, that we avoid all essential defects, that we lay hold on true perfection. Pieces of wood raised perpendicularly , give us the idea of columns. The horizontal pieces that are laid upon them, afford us the ides of entablatures. In fine the inclining pieces which form the roof give us the idea of the pediment.[...] It is in the essential parts that all the beauties consist; in the part, added thereto by caprice, consist all the defects: this requires explaining."* [158] Laugier (1756, p. 11f.). Vgl. dazu auch: [159] Laugier (1768) und [208] Otto (1994).

76 [231, 230] Rawls (2003, 1978).

77 Daneben gibt es allerdings zahlreiche weitere Kritikpunkte. So weist zum Beispiel [33] Birnbacher (1977, S. 398) darauf hin, dass seiner Meinung nach das Problem der intergenerationellen Gerechtigkeit unzureichend gewürdigt wird und er kritisiert das Maximin-Prinzip als „normalerweise" nicht wählbar.

5.3.1.5 Metaphysisch begründete Positionen

Der Gedanke, dass eine Architektur dann moralisch gut sei, wenn sie den Vorschriften einer bestimmten weltanschaulichen Überzeugung entspricht, ist weitverbreitet und naheliegend. Als Beispiele lassen sich insbesondere ältere sakrale Gebäude nennen wie z.b. Kirchen, Tempel und insbesondere Klosteranlagen, die in ihrer Architektur und in ihrem Städtebau auch bestimmten, aus religiösen Überzeugungen abgeleiteten, Regeln gefolgt sind.[78] Es finden sich aber auch in der Architekturtheorie Arbeiten, in denen der Versuch unternommen wird, aus bestimmten weltanschaulichen oder religiösen Überzeugungen eine bestimmte Architektur abzuleiten.[79] Eine große Rolle spielt heute auch der Glaube an esoterische Gestaltungsvorschriften wie Feng Shui. Hier vermischen sich bestimmte architekturpsychologisch einholbare Einsichten zur Raumgestaltung mit esoterisch-weltanschaulichen Überzeugungen. Auch bestimmte aus der Ethik bekannte philosophisch-metaphysische Positionen wie Holismus oder Biozentrismus sind als Ausgangspunkt einer Architekturethik denkbar. Allerdings stehen alle metaphysisch, weltanschaulich oder religiös begründeten Positionen vor dem Problem, dass sie letztlich auf Glaubensaussagen beruhen, die in einem wissenschaftlichen Diskurs, der – zumindest dem Anspruch nach – nicht auf Glaubensaussagen rekurriert, von vorneherein nicht für alle akzeptabel sind. Insofern ist ihre Universalität zumindest für die Welt der rein rationalen Ethik von vorneherein nicht gegeben.[80]

---

78 Als ein Beispiel sei die Orientierung des Baukörpers religiöser Gebäude zu den Himmelsrichtungen bzw. zu bestimmten Richtungen erwähnt. Während christliche Kirchen in der Regel mit dem Chor nach Osten orientiert sind, findet sich in Moscheen die Hervorhebung der Wand (Qibla-Wand), in Richtung Mekka zeigt, durch eine Gebetsnische oder sonstige gestalterische Mittel. Auch die einzelnen Elemente größerer baulicher Anlagen (z.B. Glockenturm und Langschiff oder Waschgelegenheit, Gebetsraum und Minarett) zu religiösen Zwecken sind oft durch entsprechende Überzeugungen festgelegt. In christlichen Klöstern kann dies zudem je nach Orden variieren.

79 Als Beispiel: [250] Schwarz (1998). Ein weiteres Beispiel ist Rudolf Steiner, dessen Architekturen dezidiert aus seinen weltanschaulichen Überzeugungen abgeleitet waren. Vgl. dazu [264, 265] Steiner (1957;1992).

80 Allerdings kann man auch in den grundlegenden Aussagen einer „normalen" von der Welt der Wissenschaft akzeptierten „rationalistischen" Ethik, wie z.B. der des Utilitarismus, „Glaubenssätze" erkennen: Die Grundüberzeugung des Utilitarismus, wonach der Gesamtnutzen oder das Glück der Menschen zu maximieren sei, bleibt eine zwar plausible, aber letztlich unbeweisbare Aussage, die sich von der Aussage, dass Menschen Geschöpfe Gottes sind, nicht prinzipiell unterscheidet. Ob also die Wissenschaft tatsächlich ohne „Glaubenssätze" auskommt, und ob umgekehrt religiöse Überzeugungen irrational oder nicht rational sind, ist eine offene Frage, die allerdings nicht an dieser Stelle zu diskutieren ist.

5.3.1.6 Zur Eignung klassischer Ethik-Ansätze für eine Ethik der Architektur

Zusammenfassend lässt sich zweierlei feststellen. Zum einen, dass sich diejenigen moralischen Intuitionen, auf denen die verschiedenen klassischen Ethik-Ansätze beruhen, alle auch in der Architektur finden und auch dort zumindest vordergründig plausibel erscheinen. Zum anderen erscheint aber der Gedanke, eine Architektur-Ethik auf einem einzigen, auf einer bestimmten moralischen Intuition beruhenden Obersatz aufzubauen und dann deduktiv auf moralische Einzelfall-Probleme in der Architektur anzuwenden, problematisch.

5.3.2 Kasuistik

Der umgekehrte Weg zu einem deduktiven Vorgehen in der Ethik wäre ein kasuistisches Vorgehen, also die Betrachtung von moralisch problematischen Einzelfällen und ihre mehr oder weniger intuitive Bewertung aufgrund der geltenden Moral. Der Vorteil dabei liegt darin, dass auf die je spezifischen Umstände, Verhältnisse und individuellen Akteure eingegangen werden kann. In der Architektur wäre dieses Vorgehen insofern plausibel als auch Architekturprojekte in der Regel keine Serienprodukte sind, sondern meist für einen bestimmten Ort, einen bestimmten Bauherren und für bestimmte Nutzer entwickelt werden. Insofern könnte man auch für die damit verbundenen moralischen Probleme eine Einzigartigkeit jedes Falles reklamieren. Allerdings liegt der Nachteil eines kasuistischen Vorgehens prinzipiell darin, dass aus der Besprechung von Einzelfällen und deren intuitiver Beurteilung keine allgemeingültigen Regeln für eine Ethik gewonnen werden können. Angesichts des Ziels einer Ethik, allgemeine begründete normative Ansprüche an das Handeln eines Individuums aufzustellen, erscheint daher auch dieser Ansatz wenig hilfreich. Im speziellen Fall der Architektur erscheint eine kasuistische Betrachtungsweise zusätzlich problematisch, weil es keine ausgeprägte Tradition und kein ausgebildetes Bewusstsein von moralischen Problemen in der Architektur gibt, auf die man zurückgreifen könnte.

5.3.3 Der Prinzipienansatz

Ein Mittelweg zwischen den deduktiven Top-down-Argumentationen der großen ethischen Paradigmen und der induktiven Bottom-up-Kasuistik wird mit dem ursprünglich in der Medizinethik entwickelten so genannten Prinzipienansatz beschritten.[81] Die grundlegende Idee ist dabei, sich einer universalen ethischen Letztbegründung zu enthalten, aber auch keine reine Kasuistik zu betreiben, sondern auf einer mittleren Abstraktionsebene für intuitiv plausible, in der Moral bzw. im Ethos verankerte und reflektiv einsichtige Prinzipien des Handelns zu argumentieren, die prima facie alle gleichberechtigt Gültigkeit haben.[82] Dabei gehen Beauchamp und Childress, die Begründer der Prinzipienethik, davon aus, dass die verschiedenen ethischen „Schulen" auf einer mittleren Abstraktionsebene ohnehin zu gleichen oder ähnlichen Ergebnissen gelangen, weswegen eine ethische Letztbegründung zumindest auf der praktischen Ebene unnötig ist. Reine Kasuistik lehnen sie allerdings auch ab, da eine moralische Orientierung des Handelns auf allgemeiner Ebene notwendig und etabliert sei. Sie argumentieren daher für Prinzipien des Handelns, die in der Moral und im Ethos verankert sind, und führen für jedes Prinzip aus, was es in der „Praxis" bedeuten könnte. Sie gehen dabei davon aus, dass es eine „common morality" gibt, die universal ist und der alle „morally committed persons" verpflichtet sind, egal welchem Kulturkreis sie entstammen. Aus dieser „common morality" folgen gemäß Beauchamp

---

81 Vgl. [30] Beauchamp und Childress (6th ed. 2009). Der Ausdruck „Prinzipienansatz", „Prinzipienethik" oder im Englischen „principlism" wird von einigen Autoren kritisiert, weil es in jeder Ethik Prinzipien gebe. Ich verwende den Ausdruck als eingeführte Bezeichnung des von Beauchamp und Childress begründeten Ansatzes.

82 Oliver Rauprich hebt hervor, dass sich die Prinzipienethik insbesondere durch das Fehlen einer „allgemeingültigen Ordnung" von anderen ethischen Theorien unterscheide, das heißt, dass sie nicht ein einziges, entweder gefundenes oder lexikalisch festgelegtes, oberstes Prinzip kenne, sondern eben „nur" mehrere prima facie geltende Prinzipien. Dabei impliziert die „Prima-facie-Geltung" der Prinzipien, dass sie nicht immer und überall absolut gelten, was von Beauchamp und Childress gesehen, aber nicht als Problem betrachtet wird: *"Principles, duties are not absolute merely because they are universal. [...] No moral theory or professional code of ethics has sucessfully presented a system of moral rules free of conflicts and exceptions, but this fact should not generate either skepticism or alarm."* [30] Beauchamp und Childress (2009, p. 15). Konkret bedeutet das, dass mehrere moralische Prinzipien als prima facie gleichwertig anerkannt werden, was für Rauprich das wesentliche Merkaml des Prinzipienansatzes darstellt: *„Ein wesentlicher Unterschied scheint mir vielmehr darin zu liegen, dass sich andere Ansätze darum bemühen, die verschiedenen ethischen Prinzipien in eine allgemeingültige normative Ordnung zu bringen, wohingegen Beauchamp und Childress in ihrer Konzeption bewusst auf eine solche Ordnung verzichten. Sie sprechen jedem der vier grundlegenden Prinzipien prima facie Gültigkeit zu, lassen es jedoch offen, wie sie in einer konkreten Situation gegeneinander abzugrenzen und zu gewichten sind. [...] Die normative Ordnung der vier Prinzipien ist somit nicht a priori bestimmt, sondern muss jeweils situationsspezifisch austariert werden (vgl. Beauchamp und Childress 2001, p. 14f). Dies unterscheidet den Ansatz von Beauchamp und Childress in charakteristischer Weise von anderen Ansätzen, in denen eine allgemeine Rangordnung zwischen den verschiedenen Normen vorgenommen wird. [...] Ich schlage vor, die Prinzipienethik durch eine fehlende allgemeingültige normative Ordnung zu charakterisieren, die sich aus dem Prima-facie-Status ihrer Prinzipien und Regeln ergibt, und anhand dieses Merkmals gegen diejenigen Typen ethischer Theorien abzugrenzen, die entweder anhand einer Überordnung eines einzelnen Prinzips oder einer lexikalischen Rangfolge mehrerer Prinzipien eine allgemeingültige Ordnung vornehmen."* [228] Rauprich in: Rauprich und Steger (2005, S. 233).

und Childress bestimmte Prinzipien des Handelns. Mit ihrem Ansatz vermeiden sie ethische Grundsatzdiskussionen und gewinnen sehr pragmatisch an der Praxis orientierte normative Aussagen zu Handlungen im Bereich Medizin. Trotz dieses Vorteils ist der Ansatz in verschiedener Hinsicht problematisch. Erstens lassen sich moralische Konflikte häufig als Konflikte zwischen Prinzipien (Prinzipienkonflikte) formulieren[83] und dabei ist zumindest prima facie nicht klar, welche Prinzipien Vorrang genießen. Zweitens bedürfen die Prinzipien als übergeordnete Handlungsprinzipien der Auslegung in konkreten Situationen. Auch dabei kann es zu Konflikten (Auslegungskonflikte) kommen. Drittens könnte man die „common morality" als eine genau bestimmte grundlegende Moral mit einem genau bestimmten Set von bestimmten Regeln verstehen, was angesichts der Wandelbarkeit moralischer Überzeugungen und ihrer kulturell unterschiedlichen Ausprägung problematisch erscheint.[84]

Diese Kritik am Prinzipienansatz halte ich für verständlich, allerdings bin ich erstens der Meinung, dass es Prinzipienkonflikte auch in anderen Ethiken gibt, und wenn es sie nicht gibt, dann nur deshalb, weil sie durch eine bestimmte oberste Maxime ausgeschlossen werden (z.B. im Utilitarismus: „Die Summe des Nutzens ist immer und überall zu maximieren"), die letztlich eine nicht beweisbare moralische Intuition dogmatisch fixiert. Die Ablehnung einer obersten Maxime im Prinzipienansatz führt allerdings dazu, dass man mit der Prinzipienethik nicht mehr jeden moralisch problematischen Einzelfall „lösen" kann.

---

83 Vgl. dazu auch [297] Vossenkuhl, in: Roxin und Schroth (2007).

84 Zur Kritik an ihrem Ansatz äußern sich auch Beauchamp und Childress selbst in der sechsten Auflage ihres Buches. Sie führen als Beispiel die von Gert (vgl. [109] Gert et.al. (2006)) geäußerte Kritik an. Demnach lassen die Prinzipien erstens tiefe moralische Substanz vermissen und seien eher wie Überschriften, die auf moralische Themen hinweisen. Zweitens seien Prinzipien zu allgemein und lassen den Akteur frei zu tun, was immer er will. Drittens kollidierten Prinzipien oft miteinander und es gebe keine Kontrolltheorie, die den Umgang mit Prinzipienkonflikten regeln würde. Viertens seien Gert und Clouser nicht damit einverstanden, sowohl der Vermeidung von Schlechtem als auch der Förderung des Guten moralischen Status zukommen zu lassen. Für sie zähle nur die Vermeidung von Bösem als ethisch relevant.
Beauchamp und Childress lehnen die Forderung nach einer *"single, clear, coherent, and comprehensive decision procedure for arriving at answers."* ([30] Beauchamp und Childress (2009, p. 372)) ab, auch weil sie nicht der „moralischen Realität" entspräche. Sie weisen auch die Kritik zurück, dass ihre Prinzipien inhaltsleer seien, ebenso wie sie die Kritik zurückweisen, dass Prinzipien nur Überschriften zu moralischen Themengebieten sind. Dies tun sie mit dem Hinweis, darauf, dass die Prinzipien natürlich allgemein und abstrakt seien und zusätzliche Spezifizierung bräuchten, dass aber mehr weder notwendig, noch intendiert sei. Das Problem der Prinzipienkonflikte erkennen sie an, allerdings bleibe es bei allen Theorien und ist Ethik-immanent: *"Whereas some critics of Ross's account (and ours) rely on an ideal of systematic unity – at least in moral theory – we regard disunity, conflict, and moral ambiguity as pervasive features of the moral life that are unlikely to be eradicated by a moral theory. Moral theory offers methods such as specification, balancing, and reflective equilibrium to help us deal with these problems, but theories will not eliminate all untidiness, complexity, and conflict."* [30] Beauchamp und Childress (2009, p. 374).

Letztlich ist im Einzelfall die moralische Urteilskraft des Handelnden gefordert. Eine Entscheidung kann nicht mehr an eine Ethik „delegiert" werden.[85] Insofern dies aber der lebensweltlichen Erfahrung eher entspricht als eine moralische Entscheidung gemäß einer „ethischen Anleitung" zu treffen, halte ich die gleichberechtigte Prima-facie-Gültigkeit aller Prinzipien nicht für einen Nachteil der Prinzipienethik.

Zweitens kann man festhalten, dass der Prinzipienansatz auch das Problem der Auslegungskonflikte mit anderen Ethiken teilt, wobei allerdings der Vorteil von Prinzipien auf mittlerer Ebene darin besteht, dass diese „näher an der Praxis" sind als die übergeordneten moralischen Handlungsmaximen der traditionellen Ansätze.

Drittens ist zum Problem der „common morality" anzumerken, dass dieses nur besteht, wenn man die „allgemeine Moral" als genau begrenzte Moral begreift. Wenn man „moralische Tatsachen" als grundlegende moralische Überzeugungen und Regeln versteht, die sich nur langsam wandeln und quasi statisch sind, ist der Einwand nur schwer aufrechtzuerhalten. Menschen im täglichen Leben – und entsprechend auch viele philosophische Autoren – gehen selbstverständlich von der Existenz moralischer Tatsachen als „geltenden Grundnormen" aus.[86]

---

85 Vgl. dazu Rauprich: „*Es wurde zunehmend deutlich, dass der prinzipienethische Ansatz keinen selbsterklärenden Algorithmus für die Lösung aller bioethischen Dilemmata bietet, sondern die Prinzipien bei aller grundsätzlichen Relevanz zunächst einmal nur ein Rohmaterial darstellen, ein konzeptionelles Gerüst, an dem in den jeweiligen Kontexten der verschiedenen Fälle und Fragestellungen intensiv gearbeitet werden muss, um sich ein begründetes ethisches Urteil bilden zu können. Eine reichhaltige Darstellung verschiedener Aspekte, Perspektiven und Hintergründe, eine systematische und nuancierte ethische Analyse sowie eine umsichtige Beurteilung des Für und Wider erwiesen sich auch im Rahmen der Prinzipienethik als unverzichtbar.*" [228] Rauprich, in: Rauprich und Steger (2005, S. 17f.). Dabei kann man allerdings darauf hinweisen, dass Beauchamp und Childress selbst offensichtlich nicht davon ausgehen mit ihrer Theorie alle moralischen Einzelfälle „lösen" zu können. Sie weisen im Gegenteil selbst auf zahlreiche verschiedene Möglichkeiten hin, warum man zu unterschiedlichen Beurteilungen eines Einzelfalls kommen kann: "*Neither morality nor ethical theory has the resources to provide a single solution to every moral problem. Moral disagreement can emerge because of 1) factual disagreements (e.g. about the level of suffering that an action will cause) 2) disagreement resulting from insufficient information or evidence, 3) disagreements about wich norms are applicable or relevant in the circumstances, 4) disagreement about the relative weights or rankings of the relevant norms, 5) disagreement about appropriate forms of specification or balancing, 6) the presence of a genuine moral dilemma, and 7) scope disagreements about who should be protected by a moral norm [...] or 8) conceptual disagreements about a crucial moral notion.*" [30] Beauchamp und Childress (2009, p. 25). Vgl. hierzu auch Fußnote 82 in diesem Abschnitt.

86 So spricht zum Beispiel Vossenkuhl (2006) von „geltenden Grundnormen" als „moralischen Tatsachen" [296] Vossenkuhl (2006, S. 33). Zitiert in Abschnitt 2.2.2 Fußnote 27.

5.3.4 Fazit – welcher Ansatz für eine Architekturethik?

Jeder der genannten „klassischen Ansätze" erscheint auf den ersten Blick zunächst geeignet, die Basis einer Architektur-Ethik bilden zu können, insofern sich zum einen (zumindest meist) einschlägig bekannte Beispiele aus der Architekturgeschichte finden, die einen mit der jeweiligen moralischen Intuition verbundenen Aspekt besonders hervorheben; und zum anderen insofern jedem der „klassischen Ansätze" eine grundlegende Intuition zugrunde liegt, die auch zu moralischen Fragen in der Architektur „passt". Allerdings widersprechen diesem ersten Eindruck zum einen häufig methodische Probleme und zum anderen führt ein in letzter Konsequenz durchgeführtes, von einem moralischen Obersatz ausgehendes deduktives Verfahren zu kontraintuitiven Konsequenzen. Insofern kann keiner der klassischen „Ethik-Ansätze" als Grundlage für eine Ethik der Architektur überzeugen. Ich halte aber auch aus prinzipiellen Gründen die Wahl eines „klassischen Ethik-Ansatzes" für eine Ethik der Architektur für ungeeignet, weil damit die einseitige Betonung einer bestimmten moralischen Intuition einhergeht. Damit würden andere ebenso wichtige Intuitionen zugunsten einer möglichst einfachen Theorie diskreditiert, was ich für ungerechtfertigt halte.[87] Aus den genannten Gründen kommt für mich auch ein kasuistisches Vorgehen als Basis einer Architektur-Ethik nicht in Frage.

Ich halte aber demgegenüber das Konzept der Prinzipienethik grundsätzlich für geeignet, das Grundgerüst einer Ethik der Architektur zu bilden. Insbesondere die Möglichkeit, verschiedene basale moralische Intuitionen in ein Konzept integrieren zu können, erscheint mir für den Entwurf einer Ethik unerlässlich, um zwischen moralischer Intuition und ethisch-rationaler Analyse und Deduktion ein Überlegungsgleichgewicht[88] herstellen zu können. Ich sehe weder theoretisch noch bei Analyse der Praxis einen Grund, ein einziges Prinzip als oberstes Prinzip für das Handeln eines Architekten festzulegen. Auf theoretischer Ebene spricht gegen die Hervorhebung eines bestimmten Prinzips in einer Architektur-Theorie, dass sich in einschlägigen Texten,[89] die das Architekten-Ethos widerspiegeln, eine Vielzahl verschiedener Intuitionen ausmachen lässt. Es findet sich allerdings kein Hinweis, der eine lexikalische Reihenfolge verschiedener Prinzipien (wie z.B. bei Rawls) rechtfertigen würde, und eine willkürliche Festlegung

---

87 Vgl. dazu die grundlegende Kritik an der „klassischen" Moralphilosophie von Bernard Williams: *„In allen ihren Formen liegt ihr [der Moralphilosophie] größter Fehler darin, dem ethischen Leben irgendein möglichst einfaches Modell – sei es der Begriffe, die wir tatsächlich benutzen oder den moralischen Regeln, die uns leiten sollen – überzustülpen."* [305] Williams (1999, S. 180). Vgl. zur Eignung des Modells einer Ethik, die mit rationalistischen Mittel von einer Oberthese ausgehend deduktiv Einzelprobleme löst, auch die kritischen Anmerkungen von [194] Nida-Rümelin (2005b).

88 Vgl. dazu „*§10. Die Idee des Überlegungsgleichgewichts*" [231] Rawls (2003, S. 59ff.).

89 Vgl. Abschnitt 5.2.

eines obersten Prinzips halte ich letztlich für eine unbegründbare Glaubens- bzw. Willensaussage (wie z.B. im Utilitarismus). De facto ist das Handeln eines Architekten dadurch gekennzeichnet, dass er in jedem Projekt neu und bei einer Vielzahl von Entscheidungen innerhalb eines Projektes verschiedene Interessen, aber eben auch verschiedene Prinzipien gegeneinander abzuwägen hat. Dabei kann selbstverständlich für bestimmte Projekte ein bestimmtes Prinzip als oberstes festgelegt werden. Diese Festlegung für das gesamte Handeln aller Architekten treffen zu wollen erscheint aber bestenfalls naiv und schlimmstenfalls despotisch. Deshalb schlage ich im Folgenden vor, den Ansatz der Prinzipienethik auf die Architektur zu übertragen, also für das gesellschaftliche Subsystem Architektur Prinzipien des Handelns aufzustellen, die unabhängig von verschiedenen ethischen Letztbegründungen im Ethos der Architekten und in der allgemeinen Moral allgemein akzeptiert werden und grundlegende moralische Intuitionen zum Ausdruck bringen.

6 Architektur und Ethik – Prinzipien

Quand on n'a pas de caractère, il faut bien se donner une méthode.
(Albert Camus)

Zum Inhalt dieses Kapitels

In diesem Kapitel werden moralische Prinzipien für das Handeln eines Architekten vorgestellt, diskutiert und in erster Näherung spezifiziert. Es sind zum einen die vier aus der Prinzipienethik von Beauchamp und Childress entnommenen Prinzipien Gerechtigkeit, Autonomie, Schadensvermeidung und Pflicht zur Sorge. Ergänzt werden sie zum anderen um die Prinzipien (bzw. Ideale) Wahrheit, Schönheit und Nachhaltigkeit, die ich für den Bereich der Architektur für einschlägig halte. Insofern sich dieses Vorgehen am metaethischen Modell der Prinzipienethik anlehnt, erfolgt vor der Diskussion der Prinzipien eine kurze Erläuterung der von mir angenommenen metaethischen Grundlagen und der Methode.

6.1 Zur Methode

Im Folgenden sollen verschiedene Prinzipien aufgegriffen und begründet werden, in denen sich moralische Intuitionen und Werte aus dem Bereich des Handelns des Architekten widerspiegeln.[1] Ich bleibe dabei auf der allgemeinen Ebene der Prinzipien und versuche diese näher für den Bereich der Architektur zu spezifizieren. Insofern ich dabei alle Prinzipien prima facie für gültig und gleichwertig halte, kann man dieses Vorgehen als ein prinzipienethisches verstehen, wenn man mit Rauprich (2005) im Fehlen einer allgemeingültigen Ordnung die Besonderheit der Prinzipienethik erkennt.[2] Obwohl ich die Prinzipienethik für eine angemessene Form der ethischen Auseinandersetzung im Bereich der angewandten Ethik halte, stellt die Erörterung der Prinzipien eines Architekten im Folgenden nicht den Versuch dar, dezidiert eine Prinzipienethik der Architektur aufzustellen. Dies bedürfte zum einen einer grundlegenderen Diskussion einiger

---

1 An dieser Stelle sei auf andere Autoren hingewiesen, die strukturell in zumindest ähnlicher Weise vorgehen und verschiedene vom moralisch handelnden Architekten zu beachtende Punkte erwähnen. [44] Botton (2008) stellt beispielsweise anstelle einer Ethik fünf Tugenden von Gebäuden auf. [202] Ott (1997, S. 765) erwähnt, nachdem er Architektur wesentlich als Vermittlung von häufig konfligierenden Anforderungen bestimmt hat, verschiedene „Hinsichten der Vermittlung", die ein Architekt zu beachten habe.

2 Rauprich charakterisiert die Prinzipienethik von Beauchamp und Childress als eine Ethik ohne feste Ordnung. Vgl dazu Fußnote 82 in Abschnitt 5.3.3 und [228] Rauprich in: Rauprich und Steger (2005). Vgl. auch [30] Beauchamp und Childress (6th ed. 2009). Ich folge in meinen Ausführungen vor allem der sechsten Auflage ihres Buches. In früheren Auflagen unterscheiden sich einige metaethischen Annahmen zum Teil in fundamentaler Weise; das betrifft insbesondere die Annahme einer common morality, der die vier Prinzipien entstammen. Vgl. dazu: [228] Rauprich, in: Rauprich und Steger (2005), darin insbesondere Abschnitt „5. Alte und neue Prinzipienethik".

schwerwiegender metaethischer Probleme der Prinzipienethik, auf die diverse Autoren[3] hingewiesen haben,[4] und es müssten zum anderen über die Prinzipien hinausgehend spezifischere Regeln für einzelne Handlungsbereiche aufgestellt werden. Demgegenüber erörtere ich keine metaethischen Probleme und bleibe auf der Ebene der allgemeinen Prinzipien. Eine Ableitung bestimmter spezifischer Regeln, Verpflichtungen oder Rechte erfolgt nicht. Die folgenden Ausführungen verstehen sich damit als Grundlegung zu einer Prinzipienethik der Architektur.

6.1.1 Metaethische Grundlagen

Die de facto festzustellende Verantwortung des Architekten beruht auf unterschiedlichen Bereichen der Moral. Grundlage sind basale moralische Überzeugungen oder Grundnormen, die universal geteilt werden und daher auch als moralische Tatsachen begriffen werden können. Daneben gibt es individuell und kulturell geprägte, zum Teil sehr unterschiedliche, moralische Überzeugungen mit spezifischeren Normen. Außerdem gibt es die Moral eines Standes, in der sich im Laufe der Zeit für spezifische Handlungsbereiche moralische Vorstellungen entwickelt haben. Im universalen und im standesspezifischen Bereich der Moral sind verschiedene normative und eudaimonistische Intuitionen vorhanden, die ich zum einen als wichtig und grundlegend für jede Ethik anerkenne und die ich zum anderen alle als wichtig und als prima facie gleichwertig betrachte. Das heißt, ich sehe keinen rationalen und intersubjektiv vermittelbaren Grund, eine Reihenfolge der moralischen Intuitionen festzulegen oder bestimmte als irrelevant auszuschließen.

Moralische Intuitionen stellen für sich genommen allerdings keine Ethik dar. Um von einer Moral zu einer Ethik zu kommen, sind die Aussagen der Moral kritisch zu reflektieren. Intuitionen müssen geprüft und mit einer rationalen Begründung „eingeholt" oder widerlegt werden. Sie gelten also nicht einfach immer und überall. Völlig kontraintuitive Konsequenzen, die sich bei der „Anwendung"[5] einer

---

3 Vgl. z.B.: [78] Düwell (2008; S. 89ff) und diverse Autoren in [227] Rauprich und Steger (2005).

4 Vgl. dazu auch Abschnitt 5.3.3.

5 Vgl. Rauprich zur angewandten Ethik als Anwendung eines ethischen Modells wie z.B. des Utilitarismus oder des Kantianismus auf konkrete Fälle: *„Eine verbreitete Vorstellung war, die richtige Herangehensweise bestünde darin, eine allgemeine Moraltheorie wie den Utilitarismus oder den Kantianismus auf konkrete Fälle und Fragestellungen ‚anzuwenden' – daher der Begriff ‚angewandte Ethik'. Darin war die Idee einer Arbeitsteilung impliziert: Die Fachleute aus der jeweiligen Praxis liefern die Fakten, und der Philosoph setzt sie in die allgemeine Moraltheorie ein und zieht die resultierenden normativen Schlussfolgerungen. Es zeigte sich bald, dass dieser Ansatz wesentliche Mängel hat. Es gibt eine Reihe konkurrierender allgemeiner ethischer Theorien, sodass stets unklar beziehungsweise strittig ist, welche Theorie ‚angewendet' werden*

bestimmten ethischen Theorie auf relevante Einzelfälle ergeben, betrachte ich aber als ein Gegenargument gegen die Universalität dieser Theorie, was im Umkehrschluss aber nicht heißt, dass alle Einsichten dieser Theorie irrelevant oder gar unsinnig wären. Entsprechend halte ich also Top-down-Konzepte, die aus einem, aus einer einzigen moralischen Intuition entwickelten Obersatz deduktiv moralisch problematische Fälle lösen, für ungeeignet für eine Ethik. Umgekehrt sind Bottom-up-Konzepte, die die Einzigartigkeit jedes moralischen Falles betonen und dementsprechend auf die Aufstellung von Regeln, Leitsätzen oder Prinzipien verzichten, auch ungeeignet für eine Ethik, in der begründete und zumindest in gewissen Ausmaßen verallgemeinerbare Aussagen getroffen werden sollen. Beiden Ansätze gelingt es nicht, ein Gleichgewicht zwischen moralischen Intuitionen und rationaler Prüfung und Abwägung von Argumenten herzustellen, insofern sie in ihrem Vorgehen einen gewissen Absolutheitsanspruch haben und eine Tendenz ins Prinzipielle, die als überholt gelten darf.[6] Stattdessen könnte man eher zu einem, nicht statisch zu denkenden und immer wieder, je nach Änderung der Anforderungen und Überzeugungen, neu zu bestimmenden, „reflective equilibrium" kommen, indem man für moralische Intuitionen verschiedene Prinzipien auf mittlerer Ebene erkennt oder einführt, begründet, diskutiert und spezifiziert. Dieses Vorgehen mag zwar unbefriedigend sein für denjenigen, der an eine Ethik den Anspruch stellt, streng logisch-rational und in der Methode systematisch-deduktiv zu sein; es würde dem normalen „moral life" aber eher gerecht und wäre näher an den tatsächlich vorhandenen lebensweltlichen Argumentationsmustern, was ich als Vorteil betrachte. In diesem Sinne favorisiere ich also keine bestimmte ethische Letztbegründung und kein übergeordnetes Prinzip, aus dem sich eine ganze Ethik ableitet. Daraus folgt allerdings das Problem, dass Prinzipien miteinander in Konflikt geraten können – ein Konflikt, der aufgrund der zugrunde gelegten Prima-facie-Gültigkeit aller Prinzipien nicht mehr wie in anderen Ethiken durch eine Rangfolge der Prinzipien oder eine oberste Maxime vermieden werden kann. Ein moralisches Problem kann damit nicht mehr durch eine einfache „Anwendung" einer Ethik gelöst werden. In jedem Einzelfall muss deswegen nach sorgfältiger Begutachtung und Diskussion der spezifischen Umstände mit Hilfe der moralischen Urteilskraft von den Akteuren entschieden werden. Dabei kann es auch passieren, dass ein Konflikt eben nicht eindeutig gelöst werden kann.[7]

---

soll. Jede dieser Theorien führt in bestimmten Fällen zu intuitiv fragwürdigen Konsequenzen, so dass eine durchgängige Anwendung bei keiner von ihnen plausibel erscheint." [226] Rauprich, in: Rauprich und Steger (2005, S. 14).

6 Vgl. dazu Rauprich in: Rauprich und Steger (2005, S. 248) oder auch [195] Nida-Rümelin, in: Nida-Rümelin (2005).

7 Vgl. dazu auch Abschnitt 5.3.3.

Ich sehe in der Etablierung verschiedener prima facie gleichberechtigter Prinzipien also insgesamt weniger ein Problem auf theoretischer Meta-Ebene als eher den Vorteil des „selbstverständlichen" lebensweltlich-praktischen Bezugs.

6.1.2 Prinzipien

Unter einem Prinzip verstehe ich eine grundlegende Regel, die das Handeln einer Person auf einer allgemeinen Ebene in moralischer Hinsicht orientiert.[8] Im Unterschied dazu verstehe ich unter einer Pflicht eine für einen genauer bestimmten Bereich aufgrund einer Begründung oder einer Intuition geltende, spezifische moralische Handlungs- oder Verhaltensvorschrift.

Bezüglich der Rangfolge der hier zu erörternden Prinzipien bin ich, wie oben dargelegt, der Auffassung, dass prima facie alle gleichzeitig und gleichberechtigt nebeneinander gelten. Dies impliziert, sozusagen ex negativo betrachtet, zum einen, dass jedes Prinzip nicht immer, überall und absolut[9] gilt, und es impliziert, dass in jedem Konfliktfall die Rangfolge der Prinzipien festgelegt werden muss. Die für das Handeln des Architekten zu findenden Prinzipen sollen die vorhandenen einschlägigen moralischen Intuitionen beinhalten beziehungsweise widerspiegeln und gleichzeitig sollen sie rational begründet sein. Bewirken sollen sie letztlich ein gutes, angenehmes und moralisch richtiges Leben der Handelnden und der Betroffenen auf sozialer und individueller Ebene; gleichzeitig sollen sie aber nicht nur konsequentialistisch auf ihre Wirkung hin konzipiert sein, sondern moralisch in sich akzeptable Handlungen ermöglichen.

6.1.3 Prinzipien einer Ethik der Architektur

Ausgangspunkt der Untersuchung leitender Prinzipien des Architekten sind die vier von Beauchamp und Childress in der Medizinethik eingeführten Prinzipien, nämlich Autonomie, Schadensvermeidung, Fürsorge und Gerechtigkeit. Ergänzt werden sie von drei weiteren Prinzipien beziehungsweise Idealen, die im Architekten-Ethos eine besondere Rolle spielen. Man könnte an dieser Stelle einwenden, dass es problematisch wäre, einfach die für eine Medizinethik entwickelten Prinzipien für die Architektur zu übernehmen, weil diese ja für den spezifischen Fall der Medizinethik und aus der Auseinandersetzung mit verschie-

---

8 Vgl. dazu [297] Vossenkuhl, in: Roxin und Schroth (2007, S. 7), der Prinzip auch in diesem Sinne als „allgemein geltende Handlungsregeln" versteht.

9 Diese Konzeption der Geltung von Prinzipien vertreten auch Beauchamp und Childress: *"Principles, duties, and rights are not absolute merely because they are universal."* Vgl. [30] Beauchamp und Childress (2009, p. 15).

denen klassischen Theorien gewonnen seien. Diesem Einwand möchte ich mit zwei Argumenten begegnen.

Erstens bezeichnen Beauchamp und Childress selbst ihre Prinzipien als allgemeine Prinzipien einer common morality, das heißt also als nicht medizin-spezifisch; sie würden sich in verschiedenen klassischen Theorien wiederfinden.[10] Dies gilt zweifellos zumindest für das Prinzip der Gerechtigkeit und der Autonomie. Hier handelt es sich um allgemeine ethische Prinzipien, wobei das Prinzip der Autonomie durch die Verwendung im ärztlichen Ethos eine spezielle Prägung erfahren hat. Zweitens sind die Prinzipien von Beauchamp und Childress gerade deshalb geeignet, *weil* sie in einer medizinethischen Untersuchung eingeführt wurden. Insofern es strukturelle Ähnlichkeiten zwischen der Profession des Arztes und des Architekten gibt,[11] erscheinen Prinzipien für das Handeln des Arztes ein geeigneter Ausgangspunkt, um daraus Prinzipien für das Handeln des Architekten zu entwickeln.[12]

Auf der allgemeinen Ebene ist es also durchaus gerechtfertigt, die Prinzipien Gerechtigkeit, Autonomie, Schadensvermeidung und Fürsorge zu übernehmen. Die Spezifizierung dieser Prinzipien muss allerdings selbstverständlich vor dem

---

10 Beauchamp und Childress betonen zum einen, dass sie in allen Theorien plausible Einsichten finden und zum anderen sind sie der Meinung, dass alle großen ethischen Theorien letztlich zu ähnlichen Ergebnissen führen würden für die Mehrzahl der moralisch strittigen Fragen: "*It would exaggerate differences among types of theory if they were presented as warring armies locked in combat. Many and perhaps most theories lead to similar action guides and to similar virtues. This is less true of act-based theories (e.g. act utilitarianism), but is generally true of theories committed to rules. These theories defend roughly the same principles, obligations, rights, responsibilities, and the like. [...] Convergence as well as consensus about principles among a group of persons is common in assessing cases and framing policies, even when deep theoretical differences divide the group. Agreement may similarly emerge about precedent cases. In the real world of practical judgements and public policies, we often need no more agreement than an agreement of principle – not an agreement regarding the foundation of the principle. At the same time, we should not confuse convergence to principles with whether or not a theory adequately justifies its principles. Theoretical inquiry is appropriate even if practical agreement has been achieved. Reasons exist, then, for holding that moral theory is an important enterprise, but the distinctions among types of theory are not as significant for practical ethics as some seem to think. It is a mistake to suppose that a series of continental divides separates moral theorists into distinct and hostile groups who reach different practical conclusions and fail to converge on principles. Many theories are closer in substantive principles and rules to allegedly rival theories than they are to some theories of their own 'type'.*" [30] Beauchamp und Childress (2009, p. 363). Vgl. daneben dazu [30] Beauchamp und Childress (2009, p. 12ff).

11 Vgl. dazu die unter Abschnitt 4.3 entwickelte Analogie der Verhältnisse zwischen Arzt – Patient und Architekt – Bauherr.

12 Im Übrigen lassen sich strukturelle Ähnlichkeiten zwischen allen Professionen, das heißt also Berufen, die das Wohlergehen von Menschen und Gesellschaft durch ihr Handeln beeinflussen, wie (höherer) Beamter, Arzt, Rechtsanwalt, Notar oder Architekt, finden. Vgl. dazu [304] Williams, in: Williams (1995) und Abschnitt 5.1.2. Vgl. dazu auch die Unterscheidung von [297] Vossenkuhl in: Roxin und Schroth (2007) in allgemeine, medizinspezifische und gemischte normative Ansprüche an das Handeln eines Arztes.

„Horizont der Architektur" erfolgen.[13] Daneben ergänze ich die vier Grund-Prinzipien um drei weitere Prinzipien beziehungsweise, genauer gesagt, um ein Prinzip – das der Nachhaltigkeit – und zwei anzustrebende Ideale, nämlich Wahrheit und Schönheit. Ich spreche dabei vereinfachend insgesamt von Prinzipien und subsummiere darunter auch die Ideale. Die architekturspezifischen drei letztgenannten Prinzipien haben oder hatten im Ethos der Architekten und dementsprechend in der Architekturgeschichte eine hervorragende Rolle, so dass ihre Diskussion notwendig erscheint. Aufgrund dieser Bedeutung wird in der jeweiligen Diskussion auch ein kurzes Schlaglicht auf die Rolle in der Architekturgeschichte geworfen. Die so gefundenen Prinzipien können die Verantwortung, die einem Architekten durch seine Rolle als Architekt zukommt, normativ grundlegen bzw. moralisch „verankern", ihre Erörterung kann das Problembewusstsein und die moralische Urteilskraft schärfen und nicht zuletzt können die Prinzipien das Handeln des Architekten in moralischer Hinsicht strukturieren und orientieren. Außerdem ist die Nennung und Erörterung von Prinzipien sehr viel stärker in der moralischen Lebenswelt verankert und eher in der Lage, ein Überlegungsgleichgewicht zu erreichen als eines der klassischen Modelle der Ethik. Die Prinzipien können allerdings nicht als strikte und detaillierte normative Festlegung für das Handeln des Architekten dienen und dieser Ansatz kann, im Gegensatz zu anderen, keine „Patentrezepte" anbieten.[14] Eine solcherart kon-

---

13 Beauchamp und Childress weisen auch selbst darauf hin, dass die von ihnen beschriebenen allgemeinen Prinzipien mittels Regeln eine spezifisch medizinische Auslegung brauchen, die auf andere Zusammenhänge nur bedingt übertragbar ist. Vgl.: *"In medicine, professional morality specifies general moral norms for the institutions and practices of medicine. Special roles and relationships in medicines require rules that other professions may not need."* [30] Beauchamp und Childress (2009, p. 6).

14 Vgl. dazu auch die Diskussion der Vor- und Nachteile des Ansatzes von Beauchamp und Childress durch Rauprich: *„Wenn es in der Moral nicht nur darum geht, von einem expliziten Regelsystem geleitet zu werden, sondern auch darum, eine Kompetenz auszubilden, dann kommt einer Ethik nicht nur die Funktion des Aufstellens eines allgemeingültigen Regelsystems zu, sondern auch der Unterstützung in der Ausbildung von moralischer Kompetenz. Dabei können grundlegende Prima-facie-Prinzipien durchaus hilfreich sein, um moralische Probleme zu charakterisieren und eine Sensibilität für sie zu entwickeln. Eine gute Ethik müsste exemplarisch ethische Kompetenz demonstrieren, indem sie differenzierte und nuancierte Ausführungen und Urteile zu konkreten Situationen vornimmt. Dies ist bei Beauchamp und Childress sicherlich der Fall. Ihre Prinzipien haben die Funktion eines allgemeinen normativen Rahmens, in dem man sich bewegen kann und sollte, der jedoch viel Raum für die Ausübung intuitiver moralischer Kompetenz lässt. Das Problem mit einem solchen Ansatz ist, dass er dort, wo die moralische Kompetenz an ihre Grenzen kommt – wo Unsicherheit, Ratlosigkeit oder Meinugsverschiedenheit besteht – nicht unmittelbar weiterhelfen kann. Mit einem solchen Ansatz kann man die Probleme im Rahmen der vier Prinzipien explizieren und reflektieren, und damit vielleicht die Urteilskraft der Personen schärfen. Man kann versuchen, die Prinzipien und Regeln problem- und kontextorientiert zu spezifizieren. Aber man kann nicht an Stelle der Urteilskraft zu einer Entscheidung kommen. Letztlich muss man die Probleme wieder zurück an die moralische Kompetenz der Personen überweisen. Ob dies angemessen erscheint, oder ob von einer Ethik mehr zu erwarten*

zipierte Ethik hielte ich allerdings auch für verfehlt.[15] Die ethische und oder weltanschauliche Letztbegründung der Prinzipien spielt zunächst keine Rolle. Im Gegenteil, eine Pluralität der individuellen Prinzipien-Begründungen ist aus folgendem Grund sogar wünschenswert: Der Zeitraum, den Architekten beeinflussen, reicht weit in die Zukunft und die Präferenzen zukünftiger Generationen sind schwer zu antizipieren. Eine einzige Begründung könnte aber leicht zu einer einzigen Architektur-Doktrin führen, die uniforme gestalterische und soziale Vorgaben machen könnte. Vor diesem Hintergrund scheint eine Pluralität der Prinzipien-Begründungen hilfreich bzw. weit weniger gefährdet, einseitig falsche Ergebnisse zu liefern. Außerdem ist festzuhalten, dass die Prinzipien alle eng miteinander zusammenhängen. Insbesondere gilt dies für die Prinzipien der Sorge, der Schadensvermeidung und der Nachhaltigkeit, die alle einen besonderen Zukunftsbezug aufweisen.

---

ist, kann hier nicht umfänglich diskutiert werden. Es soll jedoch auf den in der Philosophie nun schon seit längerem zu verzeichnenden ‚Abschied vom Prinzipiellen' verwiesen werden, wie es Odo Marquard genannt hat (1981): die Wende von der Metaphysik zur Empirie, vom Apriorischen zum Kontingenten, von der Metaethik zu den Bereichsethiken, von der Letztbegründung zum Überlegungsgleichgewicht, von der endgültigen Gewissheit zur vorläufigen Plausibilität. Der Ansatz von Beauchamp und Childress entspricht diesem Abschied. Die vier Prinzipien sind keine robusten, keine „prinzipiellen" Prinzipien. Sie gelten nicht ausnahmslos, sondern prima facie und verweisen in der konkreten Situation auf die Kompetenz des moralischen Akteurs, Spezifizierungen und Abwägungen vorzunehmen. Oder, wie Beauchamp es ausgedrückt hat: „Wir müssen schlicht Verantwortung übernehmen für die Art und Weise, in der wir Prinzipien bei der Beurteilung bestimmter Fälle und bei der Entwicklung von Politik zur Geltung bringen." (Beauchamp (1994, p. 956) [228] Rauprich in: Rauprich und Steger (2005, S. 248).

15 In ähnlicher Form äußert sich Dittmar (2007): "*If, indeed, the purpose of architecture transcends aspects of shelter, technology and aesthetics, and its task is to explore and articulate the nature of our being as part of our dwelling in the world, then it seems only logical that this forms the ethos and axiomatic foundation upon which to build a disciplinary framework with a truly indigenous epistemology, knowledgebase and methodology. It would be a serious mistake if such a disciplinary framework would become – or even be perceived to be – normative, for then it would definitely be contradictory to architecture's nature as an art rather than a science or some form of engineering. Though architecture obviously contains elements of both of these disciplines, they must be understood and integrated within the principles and values of architecture's own ethos. The foremost goal of such a disciplinary structure is, therefore, to define and articulate what architecture is and is concerned with, and to provide guidance and direction for the field, its practice and theoretical inquiry.*" [74] Dittmar (2007). Im Gegensatz dazu stehen die Bemühungen von Wasserman et al., den Architekten eine Art systematische Entscheidungshilfe in tabellarischer Form zukommen zu lassen. Vgl. [298] Wasserman et al. (2000).

6.2 Gerechtigkeit

Die Forderung nach Gerechtigkeit darf als basale moralische Intuition gelten, die als solche nicht weiter begründet werden muss. Die hier zu diskutierenden Fragen sind zum einen, warum Gerechtigkeit in der Architektur eine Rolle spielt, und zum anderen, was es für einen Architekt heißt, gerecht zu handeln.

Gerechtigkeit hat mit Aristoteles[16] entweder mit der Einhaltung von Gesetzen oder mit der Gleichheit zwischen verschiedenen Parteien entsprechend der Verdienste zu tun.[17] Der letztere Bereich wird wiederum unterschieden in Fragen der ausgleichenden und der austeilenden Gerechtigkeit. In jedem Fall betreffen Fragen der Gerechtigkeit immer den Ausgleich zwischen mehreren Parteien. Dies können, wie im Fall der Gesetzesgerechtigkeit, Gesellschaft und Individuum sein oder, wie im Fall der Verteilungs- und der ausgleichenden Gerechtigkeit, Individuen beziehungsweise Gruppen. Daraus wird deutlich, dass das Thema Gerechtigkeit auch in der Architektur eine Rolle spielt, insofern Architektur[18] immer mehrere individuelle Parteien und die Gesellschaft betrifft, wobei die Beteiligten häufig je unterschiedliche Interessen vertreten. Der Architekt ist besonders von Fragen der Gerechtigkeit betroffen als er derjenige ist, der primär in der Verantwortung steht, einen Ausgleich zu schaffen zwischen den Interessen des Bauherrn und denen der weiteren Beteiligten, darunter auch seiner selbst.[19] Die Frage nach gerechtem Handeln des Architekten hat dabei verschiedene Aspekte:

6.2.1 Gerechtigkeit als korrektes Handeln im Sinne einer „business ethics"

Der Architekt ist, insofern er für seine Leistungen eine Vergütung erhält, auch Unternehmer und als solcher muss er seine Geschäftspartner und die für ihn arbeitenden Menschen gerecht behandeln. Diese Forderung ist allerdings nicht architekturspezifisch. Deshalb wird sie an dieser Stelle nicht detailliert ausgeführt. Es bleibt aber festzuhalten, dass gerechtes Handeln für einen Architekten auch bedeutet, Geschäftspartner und Angestellte fair und gesetzestreu zu behandeln.

---

16 Vgl.: [18] Aristoteles (NE, 1129a).

17 Dabei darf Aristoteles' Position zur Gleichheit nicht egalitaristisch interpretiert werden, im Sinne einer absoluten Gleichheit, sondern im Gegenteil im Sinne einer relativen Gleichheit, das heißt also beispielsweise, dass in einer Verteilungssituation nicht jedes Mitglied einer Gruppe den gleichen Anteil erhalten, sondern jedes Mitglied gemäß seiner Verdienste oder seiner „Würdigkeit" belohnt werden soll.

18 Vgl. dazu Abschnitt 4.2 zu den Gründen für das Bestehen von Verantwortung in der Architektur.

19 Vgl. dazu: Ott hält diesen Punkt für so wesentlich für Architektur, dass er diese als „Vermittlung" charakterisiert. [202] Ott (1997, S. 733ff.: „Architektur als Vermittlung").

6.2.2 Gerechtigkeit als Berücksichtigung aller betroffenen Personen

Neben dem Bauherren sind von einem Architekturprojekt immer auch weitere Individuen betroffen. Da aber der Architekt vertraglich nur dem Bauherren verpflichtet ist, stellt sich die Frage, ob er gerecht handelt, wenn er nur die Interessen des Bauherren vertritt. Aus moralischer Sicht ist dies zu verneinen. Vielmehr ist es Teil des gerechten Handelns des Architekten, die Interessen aller Individuen, die von seiner Architektur betroffen sind, zunächst zur Kenntnis zu nehmen und dann zu versuchen, sie zu berücksichtigen.

Diese Forderung ist bereits intuitiv nachvollziehbar: Ein Architekt, der auf Wunsch des Bauherren ein Mietshaus in funktionaler, konstruktiver oder gestalterischer Hinsicht so minderwertig plant, dass die Unzufriedenheit der Nutzer vorauszusehen ist, wird seiner Verantwortung gegenüber den Mietern oder Nutzern nicht gerecht und behandelt sie ungerecht.

Des Weiteren ist die genannte Forderung auch fester Teil des Ethos der Architekten. In den einschlägigen Dokumenten, die man am ehesten als Manifestation des Standesethos verstehen kann, wird immer wieder betont, dass der Architekt zwar die Interessen des Bauherren vertritt, aber in Verantwortung gegenüber den von seiner Architektur Betroffenen, der Gesellschaft und der Natur handelt.[20]

Schließlich lässt sich die Forderung auch mit der Methodik von verschiedenen der großen Ethik-Entwürfe „einholen" und begründen. Gemäß der utilitaristischen Idee wären alle Betroffenen zu beachten, weil nur so die Gesamtmenge des Glücks zu maximieren wäre. Die auf Kant zurückgehende Deontologie könnte unter Verweis auf den kategorischen Imperativ argumentieren, wonach man Personen niemals nur als Mittel, sondern immer als Zweck an sich behandeln muss.[21] Eine Nichtbeachtung von betroffenen Personen hieße aber, diese nicht entsprechend ihrer Selbstzwecklichkeit zu behandeln. Gemäß vertragstheoretischen Ethik-Positionen wäre eine faire Beachtung der Interessen aller Betroffenen bei einem Bauprojekt etwas, für das sich die Menschen in einer Ur-Situation entscheiden würden. Und gemäß einer tugendethischen Position ist die Sensibili-

---

20 Vgl. dazu die Besprechung des Standesethos unter Abschnitt 5.2.2. Als ein Beleg unter vielen sei hier noch einmal aus der Präambel der Berufsordnung der Bayerischen Architektenkammer zitiert: *„Das wohlverstandene Interesse der Allgemeinheit an der menschenwürdigen Umwelt hat Vorrang unter allen Motiven, die für die Berufswahl und die Berufsausübung des Architekten bestimmend sind. Der Architekt muss bei seiner Arbeit die Lebensbedürfnisse des Einzelnen und die der Gesellschaft berücksichtigen. Die Lösung der ihm gestellten einzelnen Aufgaben ist deshalb stets als Teil einer größeren, der Gesellschaft dienenden Ordnung anzusehen."* [25] Bayerische Architektenkammer (2008, Präambel).

21 *„Handle so, dass du die Menschheit sowohl in deiner Person, als in der Person eines jeden anderen jederzeit zugleich als Zweck, niemals bloß als Mittel brauchst."* [141] Kant, GMS 429, ([1785]/1999, S. 55).

tät des Architekten gegenüber den verschiedensten Bedürfnissen Teil der Tugend des Architekten.

Es bleibt also festzuhalten, dass gerechtes Handeln für einen Architekten bedeutet, die Interessen aller von seiner Architektur betroffenen Menschen zur Kenntnis zu nehmen und ihre Wünsche nach Möglichkeit zu erfüllen. Die dabei zu erwartenden Konflikte sind im Einzelfall zu betrachten. Keinesfalls darf der Architekt aber die Interessen seines Bauherrn „unbesehen" über die anderer Betroffener stellen.

6.2.3 Gerechtigkeit als soziale Gerechtigkeit

Die Frage nach gerechtem Handeln des Architekten stellt sich drittens auf gesellschaftlicher Ebene. Architektur ist auch für das soziale Miteinander wichtig und somit von gesellschaftlicher Relevanz. Dementsprechend ist es auch das Handeln des Architekten. Hier eröffnet sich das gesamte Problemfeld der intra- und intergenerationellen sozialen Gerechtigkeit.

Intragenerationelle Gerechtigkeit Kann man es als Architekt verantworten, ein luxuriös ausgestattetes Haus zu bauen, während in der Nachbarschaft Menschen „unter der Brücke" schlafen müssen? Und inwiefern sind Architekten schuld daran, dass sich Stadtviertel zu „sozialen Brennpunkten" entwickeln? Besteht eine Pflicht des einzelnen Architekten, sich um soziale Missstände im Umfeld seiner Tätigkeit zu kümmern?

Die gebaute Umwelt zeigt, dass sich soziale Unterschiede auch in der Architektur deutlich manifestieren. Insofern können es die meisten Architekten offensichtlich de facto durchaus mit ihrem Gewissen vereinbaren, luxuriöse Bauten zu errichten, während nicht weit entfernt für andere noch nicht einmal das primäre Bedürfniss nach einer Unterkunft erfüllt ist. Dies mag auch ethisch zu rechtfertigen sein, dennoch bleibt ein gewisses Unbehagen und ein zumindest unterbewusst vorhandenes Wissen, dass Architektur auch Fragen der sozialen Gerechtigkeit berührt.

Diese Spannung wird exemplarisch deutlich in einem Briefwechsel zwischen Peter Eisenman und Jacques Derrida. Derrida äußert darin den Wunsch, das Verhältnis Armut – Architektur beziehungsweise Obdachlosigkeit – Architektur zu diskutieren. Eisenman verweigert sich diesem Wunsch, indem er relativ lapidar feststellt, dass das Problem der Obdachlosigkeit nichts mit Architektur zu tun habe.[22] Wesentlich differenzierter diskutiert Ott (1997) dieses Problem aus der

---

22 *„Wie kann man erklären, dass die Probleme der Obdachlosigkeit oder der Armut genauso wenig die Fragen der Architektur wie der Dichtkunst oder der Philosophie sind, ohne gefühllos zu*

Sicht eines Ethikers unter der Überschrift „Architektur und soziale Frage". Er re-sümiert dabei zunächst die Bemühungen der Moderne, Wohnraum zu schaffen, als gerechtfertigt angesichts der sozialen Missstände.[23] Vereinfachend zusam-mengefasst, diskutiert Ott dann im Weiteren die Frage, ob sich Architektur um soziale Missstände zu kümmern habe. Er kommt dabei zu dem Ergebnis, dass sich eine direkte Pflicht von Architekten zum Beispiel gegenüber Obdachlosen nicht begründen lässt. Obwohl also eine ethische Pflicht verneint wird, richtet Ott im Folgenden dennoch eine Art Appell an die Architekten, in der deutlich wird, dass Architektur auch eine Frage der sozialen Gerechtigkeit ist und das Handeln des einzelnen Architekten für ebendiese relevant ist:

„Daher liegt die Ansicht nahe, dieses Problem [das der „sozialen Frage" d.A.] *sei der Architektur äußerlich. Freilich folgen keine Normen und Pflichten; aber vielleicht kann der Ethiker dem Architekten eine Einstellung anempfehlen. Ar-chitekten können sich kaum von dem Wissen distanzieren, dass sie an der Er-füllung eines primären und universellen Bedürfnisses (im Sinne Martha Nuss-baums) mitwirken. Architekten werden dieses Bedürfnis aber immer nur für eini-ge, also privativ befriedigen können. Aus dieser Einsicht heraus könnte sich eine Einstellung herausbilden, deren Kern moralisch motivierter Degout wäre gegen das Protzige und Luxurierende und gegen die aufdringlichen Insignien äußerli-chen Erfolgs. Diese Einstellung hat etwas mit Scham gegenüber all denen zu tun, die von der Nutzung der Architektur ausgeschlossen werden. Viel mehr läßt sich hierzu nicht sagen."*[24]

Luxuriöse Planungen bei gleichzeitiger großer Armut und Wohnungsnot in der Nachbarschaft mögen also zwar intuitiv moralisch unangenehm sein, allerdings erschiene ein Verbot bestimmter Planungsstandards oder ein Gebot, nur für einen bestimmten Personenkreis tätig werden, nur bestimmte Bauaufgaben annehmen zu dürfen oder nur bestimmte Konstruktionsmethoden ausführen zu dürfen, in-tuitiv noch unannehmbarer.[25]

---

klingen? Dies sind zwar menschliche Probleme, aber die Architektur, die Dichtkunst und die Philosophie sind nicht die Bereiche, in denen man sie lösen wird." [84] Eisenman, in: Eisenman und Schwarz (1995, S. 178).

23 Dabei konstatiert er auch ein utilitaristisches Pathos, das sich im Zeilenbau zeige, da dieser jedem Bewohner das gleiche Maß an Raum/Luft/Licht verschaffen sollte.

24 [202] Ott (1997, S. 751–752).

25 Als Beispiel für das Gebot bestimmter Gestaltungsweisen zur Erreichung sozialer Gerechtig-keit in der Architektur kann man das Bauhaus nennen und hier insbesondere die Periode von 1928–30, als Hannes Meyer die Leitung innehatte. Man kann dabei durchaus davon ausgehen, dass Meyer sehr bewusst Architektur als Mittel zur Erreichung seiner kommunistischen Über-zeugungen, die letztlich zu seiner Entlassung führten, einsetzen wollte und dabei nur bestimmte Bauaufgaben und Konstruktionen guthieß unter der Devise: „Volksbedarf statt Luxusbedarf". Vgl. dazu [76] Droste (1993), [133] Jaeggi (2009), [179] Meyer und Wittwer (1927) etc.

Ethisch betrachtet spiegelt sich im Unbehagen über extreme soziale Unterschiede eine egalitaristische Position, wonach prinzipiell nur eine Gleichverteilung von Gütern für gerecht gehalten wird. Der aktuelle Diskurs über das Egalitarismusproblem[26] zeigt jedoch, dass diese stark egalitaristische Position nur mehr selten vertreten wird. Soziale Unterschiede erscheinen zumindest in bestimmten Grenzen durchaus ethisch vertretbar, was im Übrigen auch der normalen Intuition entsprechen dürfte. Daneben würden Gebote oder Verbote hinsichtlich des Planungsstandards und der Auftraggeber die individuelle Freiheit des Architekten in einem Maße beschneiden, das nur schwer rechtfertigbar erscheint.

Es bleibt festzuhalten, dass moralische Pflichten des einzelnen Architekten gegenüber sozial schwachen oder sehr gut gestellten Menschen oder Personengruppen nur schwer begründbar erscheinen. Dennoch sollten sich Architekten der sozialen Dimension und der praktischen sozialen Relevanz ihrer Handlungen bewusst sein.

Intergenerationelle Gerechtigkeit Die Forderung nach einem Bewusstsein der sozialen Relevanz des eigenen Tuns als Teil des gerechten Handelns des Architekten hat neben dem oben erwähnten intragenerationellen auch einen intergenerationellen Aspekt. Dies ergibt sich aus der einfachen Tatsache, dass viele Gebäude und insbesondere städtebauliche Strukturen mehrere Generationen überdauern und insofern auch nachfolgende Generationen beeinflussen. Direkte normative Forderungen an den einzelnen Architekten ergeben sich daraus zwar – analog zum Fall der intragenerationellen Gerechtigkeit – nicht. Dennoch erscheint der appellative Hinweis auf eine erhöhte Sensibilität auch hinsichtlich Fragen intergenerationeller Gerechtigkeit und eine daraus folgende Zurückhaltung beziehungsweise eine Bewusstheit um die intergenerationelle Tragweite wichtiger Entscheidungen auch hier angebracht.

Ebenfalls eine Frage intergenerationeller Gerechtigkeit ist die Frage des Ressourcenverbrauchs von beziehungsweise der Umweltverschmutzung durch Architektur. Insofern der Beitrag jedes einzelnen Gebäudes zu diesem Problem vernachlässigbar gering ist, könnte man davon ausgehen, dass hier keinerlei Pflichten für den einzelnen Architekten bestehen. De facto schreiben allerdings sowohl einschlägige Gesetze[27] als auch das Architektenethos[28] einen schonenden Umgang

---

26 Vgl. dazu [151] Krebs (2000).

27 Als Beispiel eines einschlägigen Gesetzes sei die Energie Einspar Verordnung (EnEV) genannt.

28 Vgl. zum Beispiel „*[Architekten] sind verpflichtet, Verantwortung für die Wahrung von Ressourcen und Natur zu übernehmen. Qualität am Bau, Nachhaltigkeit und Sinn für Ästhetik sind Werte, die von Architekten immer gefördert, gestärkt und vermittelt werden müssen. [...] Die Nachhaltigkeit von Gebäuden wird erreicht durch eine verringerte Gesamtenergiebilanz, den Einsatz erneuerbarer Energien und einer Materialwahl, die ökologisch vertretbare Stoffkreisläufe berücksichtigt.*" [26] Bayerische Architektenkammer (2010, S. 10–11).

mit natürlichen Ressourcen vor. Dies lässt sich meiner Meinung nach ethisch begründen insofern die Lösung des „Umwelt-Problems", das aus der Summe moralisch unproblematischer Einzelhandlungen entstanden ist, ebenfalls nur durch die Aggregation vieler Einzelhandlungen möglich ist. Insofern muss aus moralischer Sicht hier jeder einzelne Architekt seinen Beitrag leisten, auch wenn dieser vernachlässigbar gering sein mag. Da das Problem des Ressourcenverbrauches und der Umweltverschmutzung mittlerweile existenzbedrohende Ausmaße angenommen hat, werde ich die Forderung nach umweltgerechtem Verhalten als eigenes „Prinzip der Nachhaltigkeit" weiter unten[29] einführen und detailliert besprechen.

Fazit Insgesamt bleibt festzuhalten, dass Fragen der Gerechtigkeit in der Architektur eine große Rolle spielen und somit auch Gerechtigkeit als ein Handlungsprinzip des Architekten anzusehen ist. Dabei umfasst das gerechte Handeln des Architekten verschiedene Aspekte: erstens die faire und gesetzestreue Behandlung von Mitarbeitern, Angestellten und Geschäftspartnern und zweitens die Berücksichtigung der Belange aller Betroffenen. Drittens sollte sich der Architekt bewusst sein, dass seine Handlungen auch Fragen der sozialen Gerechtigkeit berühren und zwar innerhalb einer und zumindest potentiell über mehrere Generationen hinweg.

6.3 Autonomie

Das Prinzip der Autonomie wird im ethischen Kontext vor allem mit dem Stichwort der Patientenautonomie assoziiert und im Bereich der Medizinethik thematisiert. Allerdings kann man die moralische Intuition, dass die autonomen Entscheidungen anderer Menschen zu achten und ihr Recht darauf zu respektieren sind, allgemein als in der Moral fest verwurzelt ansehen.[30] Da es sich also um ein allgemeines Prinzip der Moral handelt, scheint es auch im Rahmen einer Architekturethik lohnend, das Prinzip der Autonomie zu diskutieren.
Der Architekt bewegt sich in einem Spannungsfeld verschiedenster Ansprüche. Das heißt, dass er, im Gegensatz zum Arzt, in seine Abwägungen die Belange aller von seiner Architektur Betroffenen in gleicher Weise in seine Überlegungen

---

29 Vgl. dazu Abschnitt 6.6.
30 Auch Beauchamp und Childress betonen, dass sie das Prinzip der Autonomie als ein basales Prinzip der allgemeinen Moral betrachten. Und insofern geht ihrer Meinung nach auch der Vorwurf fehl, dass sie das Prinzip der Autonomie zum primären Prinzip ihrer Medizinethik gemacht hätten. Vgl. dazu: [30] Beauchamp und Childress (2009, p. 99).

einbeziehen sollte. Dies gebietet das Prinzip der Gerechtigkeit. Einen respektvollen Umgang mit den Bedürfnissen der Betroffenen fordert das Prinzip der Autonomie. Der Respekt vor der Autonomie der Betroffenen gebietet es dem Architekten, zu versuchen, dem oder den jeweiligen Menschen und seiner beziehungsweise ihrer konkreten Lebenswelt gerecht zu werden.[31] Dabei ist die Autonomie aller von einer Architektur Betroffenen zu achten, allerdings sind die Nutzer eines Gebäudes sicherlich am meisten betroffen. Ihnen sollte ein Architekt zuvorderst gerecht werden, indem er mit Respekt den Wünschen und Bedürfnissen der Betroffenen begegnet und weder bestimmte Gestaltungen aufzwingt, noch durch bloße Ausführung der Wünsche sein Desinteresse demonstriert. Diese Forderung ist intuitiv einsichtig, und lässt sich auch ethisch begründen. Dafür kommen unterschiedliche Ansätze in Frage.

Den kategorischen Imperativ kann man vor allem in seiner Selbstzweck-Form meiner Meinung nach auch als Gebot verstehen, die Autonomie anderer Menschen zu achten. *„Handle so, dass du die Menschheit sowohl in deiner Person, als in der Person eines jeden anderen jederzeit zugleich als Zweck, niemals bloß als Mittel brauchst.“*[32]. Wenn es Architekten in erster Linie darum geht, „ihr Werk" umzusetzen, ohne Rücksicht auf die Nutzer, so behandeln sie diese gleichsam als „Staffage" ihrer Bauten und damit nur als Mittel zum Zweck, nicht aber als Selbstzweck.

Auch mit einer utilitaristischen, vertragstheoretischen oder liberalistischen Argumentation lässt sich die Forderung nach Autonomie leicht begründen. Es bleibt allerdings die Frage, was genau Autonomie in der Architektur bedeutet. Die Forderung nach Beachtung der Autonomie im Sinne eines Dem-Menschen-gerecht-Werden ist hier sofort nachvollziehbar; diffiziler ist es allerdings, konkret zu bestimmen, wann eine Architektur dem Menschen gerecht wird. Relativ unspezifisch sind hier die oben untersuchten Äußerungen des Ethos der Architektenschaft, wenn zum Beispiel von einer zu schaffenden menschenwürdigen Umgebung die Rede ist.[33] In Architekturtheorien finden sich völlig unterschiedliche Positionen zur Frage, wie der Architekt den von seiner Architektur Betroffenen begegnen solle, um ihnen gerecht zu werden. Ein Dissens lässt sich insbesondere bei der Frage feststellen, ob Architektur in irgendeiner Form die Menschen „verbessern" soll, oder ihnen „nur" helfen soll, in ihren bestehenden realen Verhältnissen möglichst gut zu leben.

Paradigmatisch für erstere Position stehen einige Architekten der Moderne, die die Bewohner ihrer Häuser zu „neuen Menschen" erziehen, beziehungsweise – in

---

31 In diesem Sinne äußert sich auch [200] Oliver, in: Fox (2000, p. 125): *"The architect may design responsibly, but the process fails, when he ignores the values, mores, building skills, experience and wisdom of the cultures whose housing needs are to be met."*

32 [141] Kant, GMS ([1785]/1999, 429, S. 55).

33 Vgl. [25] Bayerische Architektenkammer (2008).

den Worten Le Corbusiers – „die geistigen Voraussetzungen" zum Bewohnen der „neuen Architektur" herstellen wollten.[34] Aber auch zeitgenössischen Architekten, wie zum Beispiel Peter Eisenman, der mit seiner Architekur den Menschen „aufrütteln" und daran erinnern will, dass er in einer Zeit der „postmodernen Ungewissheit" lebt, kann man unterstellen mit Architektur „erziehen" zu wollen.[35] Aus Sicht der Ethik lässt sich hier eine (harte) paternalistische Grundeinstellung feststellen: Der Architekt meint zu wissen, was gut für die Menschen sei, und sieht es als seine Aufgabe an, die Menschen mit der eigenen Architektur notfalls auch gegen ihren Willen zu einem guten Leben und zum Glück zu führen.[36] Diese Art des Paternalismus scheint mir weder moralisch intuitiv noch ethisch gerechtfertigt werden zu können.[37]

Im Gegensatz zu der skizzierten „autoritären" Position waren viele Architekten nach der Epoche der Architektur-Moderne der Meinung, dass eine Architektur den Bewohnern nicht gerecht werde, wenn sie vorschreibt, wie man zu wohnen habe, und forderten stattdessen eine Rückkehr zu dem, was die Nutzer von Gebäuden „tatsächlich wollen", beziehungsweise eine Architektur für *„die Leute, wie sie wirklich sind"*[38]. Dies ist aus moralischer und ethischer Sicht zwar sehr

---

34 Vgl. z.B.: *„Es gilt, die geistigen Voraussetzungen für den Serienbau zu schaffen. Die geistige Voraussetzung für die Herstellung von Häusern im Serienbau. Die geistige Voraussetzung für das Bewohnen von Serienhäusern. Die geistige Voraussetzung für den Entwurf von Serienhäusern."* [163] Le Corbusier (1982, S. 166). Bestätigt wird das Streben nach einem „neuen Mensch" durch Pahl (1999). Demnach ist der neue Mensch ein verbindendes Merkmal, in dem ganz unterschiedliche Strömungen der Architektur-Moderne übereinkommen, so z.B. Le Corbusier und Hugo Häring. *„In vielen zeitgenössischen Texten zur Theorie der Architektur-Moderne wird tatsächlich der neue Mensch proklamiert, der aus dem Geist und aus der Formenwelt der neuen Architektur und der Gebrauchsgegenstände geboren werde. In dieser Gläubigkeit verbinden sich sogar so unterschiedliche Geister wie Hugo Häring und Le Corbusier."* [212] (Pahl 1999, S. 93).

35 Vgl. dazu: [85] Eisenman (1995, S. 238). Zitiert in Abschnitt 2.1.3 Fußnote 6.

36 Einige eher amüsante Beispiele, in denen Architekten ihren Bewohnern vorschreiben wollen, was diese zu tun haben, listet [175] Matzig in einem Artikel für die SZ vom 23.7.10 auf: *„Der französische Architekt [Jean Nouvel] hat sich nämlich vor einigen Jahren vertraglich zusichern lassen, dass die von ihm entworfenen Wohnungen von den jeweiligen Besitzern nicht verunstaltet werden dürfen. Als Verunstaltung gilt zum Beispiel das Anbringen von Gardinen und Vorhängen. Oder das Aufhängen von Bildern. Auch in London gibt es Appartementanlagen mit sehr speziellen Hausordnungen. Dort soll die Architektur gleichfalls nicht verunglimpft werden, weshalb zum Beispiel Blumentöpfe auf den Balkonen strengstens untersagt sind. Bekannt ist auch der Fall einer New Yorker Wohnung. Dort wollte der Architekt vermeiden, dass die offene Küche ruiniert wird: etwa durch Benutzung, aber auch durch die Auswahl falscher Weine respektive falscher Etiketten im – mit einiger Délicatesse zum Haus dazu entworfenen – Weinflaschenregal. Der Architekt wählte die Weine daher unter besonderer Berücksichtigung ihrer ästhetischen Qualitäten selbst aus. Nicht der Winzer, sondern der Grafiker gab den Ausschlag."*

37 Vgl. dazu auch [91] Fateh-Moghadam et al.: Die Grenzen des Paternalismus (2010).

38 Vgl. als Beispiel Robert Venturis Kritik an den Architekten der Moderne: *„In Wirklichkeit sind sie [die Architekten] Fachleute mit fachfremden Idealen, denen sie im Jargon der Sozialwissenschaften Lippendienste leisten; sie bauen für den „Menschen", nicht für die Leute, wie sie*

viel plausibler als der Wille zur Erziehung durch Architektur. Gleichzeitig muss man aber darauf hinweisen, dass auch diese Position ins Negative kippen kann, dann nämlich, wenn der Wille, das zu bauen, was „die Leute wirklich wollen", zu einer Einstellung völliger Beliebigkeit und einem Verständnis von Architektur als reiner Dienstleistung und unhinterfragter Erfüllung von Bauherrenwünschen führt. Mit einer so gearteten, als opportunistisch zu charakterisierenden Haltung[39] würde ein Architekt weder seinem Bauherren noch den Nutzern oder gar sich selbst gerecht. Man kann davon ausgehen, dass in einem Bauprojekt ein Architekt als Fachmann in vielen Dingen begründet eine andere Meinung vertritt als der Bauherr als Laie. Diese Meinungsunterschiede und Verbesserungsvorschläge nicht zu äußern, sondern lediglich die Wünsche des Bauherren willfährig auszuführen, würde eine Weigerung des Architekten implizieren, sich mit den Wünschen des Bauherren auseinanderzusetzen und mit ihm zu kommunizieren, was wiederum bedeutet, den Bauherren nicht als zu respektierenden Mit-Menschen zu behandeln, sondern als bloßes Mittel zum Zweck. Dies ist aber sowohl moralisch-intuitiv als auch ethisch-reflektiert abzulehnen.

Eine Position, die die Autonomie der Menschen berücksichtigt und ihnen gerecht werden soll, muss sich also inhaltlich zwischen den Extremen eines paternalistischen Diktats dessen, was vom Architekt als gut für die Menschen erkannt wurde, und der teilnahmslosen Dienstleistungserfüllung durch den Architekten befinden. Sie muss der Lebenswelt des Menschen angemessen sein, ohne sich dabei von dieser korrumpieren zu lassen und ohne sie revolutionär neu bestimmen zu wollen.[40]

---

wirklich sind, d.h. sie bauen für sich selbst, gemäß ihren eigenen Werthaltungen, denen der oberen Mittelschicht, die sie auch allen anderen Menschen unterschieben." [280] Venturi et al., in Pehnt (1983, S. 364).

39 An dieser Stelle sei angemerkt, dass der oben zitierte Robert Venturi selbst weit davon entfernt ist, die von mir negativ skizzierte Position „völliger Beliebigkeit" zu vertreten.

40 In diesem Sinne äußert sich auch Schuster (2006): „Der wesentliche Punkt zielt auf die ‚kulturelle Kluft' zwischen Architekten/innen und der ‚Normalbevölkerung'. Immer wieder wurde bestätigt [...], dass es Präferenzunterschiede zwischen diesen Gruppen bezogen auf die Gestaltung der zu bauenden Umwelt gibt. Freilich kann und soll nun nicht das Ziel sein, dass sich Architektinnen und Architekten frag- und diskussionslos auf die architektonischen Wünsche der Normalbevölkerung einlassen. Im Gegenteil: Sie können auf Grund ihrer Erfahrungen und ihres Wissensschatzes die (meist auf alte Schemata zurückgreifenden) Wunschvorstellungen der Kundschaft und der Nutzer und Nutzerinnen weiterentwickeln. Eine gemeinsame Weiterentwicklung von Architektinnen und Architekten und von Nutzern und Nutzerinnen bedeutet aber, dass dazu die Motivation ebenso gegeben sein muss, wie die Fähigkeit, sich kommunikativ anzunähern.[...] Wenn zeitgenössische Architektur – die eben nicht aus isolierten Leuchtturmprojekten besteht, sondern in ein (regionales) Sinngefüge eingebettet ist – bei einem wachsenden Teil der Bevölkerung als Identifikationssymbol angesehen wird, wird es leichter fallen, die Bevölkerung kommunikativ abzuholen. Die Untersuchungen zu Präferenzunterschieden zwischen Laien und Professionellen besagen nämlich zunächst, dass der Auseinandersetzungsgrad mit Architektur zu einer

Was dies genauer bedeutet, ist für jeden Typus der unterschiedlichen Betroffenen näher zu bestimmen. Wie in der Medizin muss aber generell auch in der Architektur ein „informed consent", das heißt ein Konsens, der nicht auf Manipulation, sondern auf Einsicht durch Wissen aufgebaut ist, als ideal angesehen werden. Problematisch ist allerdings zum einen, dass der „aufgeklärte" Konsens zumindest idealerweise nicht nur bilateral zwischen Bauherr und Architekt anzustreben ist, sondern zwischen allen von einer Architektur Betroffenen untereinander und zum Architekten. Zum anderen ist das Ideal eines „informed consent" praktisch nur schwer zu erreichen, unter anderem deswegen, weil immer eine Asymmetrie hinsichtlich des Fachwissens zwischen Architekt und Betroffenem bleibt.[41] Die Extreme zwischen denen der Architekt dabei einen Mittelweg einzuschlagen hat, sind eben einerseits eine harte paternalistische Bevormundung der jeweils Betroffenen, und andererseits die bloße Durchführung der allein durch den Betroffenen bzw. in diesem Fall durch den Bauherren getroffenen Entscheidungen ohne Einflussnahme und gegebenenfalls sogar gegen besseres Wissen.

6.3.1 Die Autonomie des Bauherren

Die Autonomie des Bauherren, der für sich selbst als Nutzer baut, steht zwar gemäß dem oben Gesagten prima facie fest und ist für den Architekten zu beachten. Sie trifft allerdings immer dort auf Grenzen, wo die Freiheit anderer tangiert ist. Im Gegensatz zum Patienten, dessen Entscheidungen primär ihn selbst betreffen, haben die Entscheidungen eines Bauherren aber relativ schnell große Auswirkungen auf andere lediglich passiv involvierte Personen. Die Freiheit anderer wird in der Architektur öfter und schneller tangiert als in der Medizin, denn das Produkt des Handelns eines Architekten und eines Bauherren ist im Prinzip immer öffentlich. Das Handeln eines Arztes erfolgt dagegen im Wesentlichen im privaten Raum. So wie in der Medizinethik, in der das Autonomieprinzip bisweilen als primus inter pares behandelt wird,[42] kann man die Autonomie in der Architektur daher nicht behandeln. Im Gegensatz zum alleinigen Respekt vor der Autonomie des Bauherrn scheint eher Respekt vor der Freiheit aller von der Architektur betroffenen Menschen geboten. Insofern kann man das für den Arzt geltende Prinzip „voluntas aegroti suprema lex" nicht ohne Weiteres in ein für

---

veränderten Sicht auf die zeitgenössische Architektur führt und sich auch von dieser Seite her die ‚kulturelle Kluft' verkleinert." [248] Schuster (2006).

41 Vgl. dazu die Diskussion des Autonomieprinzips z.B. bei [156] Kuttig (1993) oder auch bei [30] Beauchamp und Childress (2009) und hier insbesondere: chapter „4 Respect for autonomy".

42 Dieser Vorwurf wird zumindest bisweilen gegen Beauchamp und Childress erhoben. Darauf weisen sie selbst hin, weisen diese Kritik aber gleichzeitig zurück. Vgl. [30] Beauchamp und Childress (2009, p. 99ff.): *"We do not hold, as some critics suggest, that the principle of respect for autonomy overrides all other moral considerations."*

den Architekten geltendes Prinzip umwandeln, wonach der Wille des Bauherren als oberstes Gesetz anzusehen wäre. Es gibt verschiedene Aspekte, die die Autonomie des Bauherren einschränken.

Erstens darf der Bauherr nichts fordern, was gegen geltende Gesetze etwa bezüglich der Sicherheitsaspekte verstößt. Als Fachmann ist es die Aufgabe des Architekten, den Bauherren auf mögliche oder tatsächliche Konflikte hinzuweisen. Keinesfalls darf der Architekt den Bauherren bei intendierten Gesetzesverstößen unterstützen. Dies gilt zwar aus ethischer Sicht auch nur prima facie, allerdings sind in der Architektur nur schwer Fälle vorstellbar, in denen ein Architekt aus moralischen Gründen seinen Bauherren dabei unterstützen sollte, in illegaler Weise zu handeln oder handeln zu lassen.

Zweitens gebietet es der Respekt vor anderen von einer Architektur Betroffenen, nicht nur deren Rechte, sondern auch deren Wünsche und Bedürfnisse nicht bewusst zu missachten.

Drittens ist der private Bauherr in der Regel ein Laie, was in erster Linie eine Asymmetrie zwischen ihm und dem Architekten hinsichtlich des fachlichen Wissens bedeutet. Während dies in konstruktiven Fragen dem Bauherren in der Regel bewusst ist, gilt dies in funktionalen und insbesondere gestalterischen Fragen nicht in gleichem Maße. Viele Bauherren sind davon überzeugt, „Geschmack zu haben" und außerdem zu wissen, wie das eigene Haus oder die eigene Wohnung am besten funktionieren könnte. Daraus folgt zunächst noch nichts hinsichtlich der Autonomie des Bauherren. Auch die Entscheidungen hinsichtlich Gestaltung oder Funktion sind durch den Architekten zu respektieren, allerdings ist es auch Aufgabe des Architekten, den Bauherren, gegebenenfalls in deutlicher Form, auf funktionale, konstruktive oder gestalterische Mängel hinzuweisen und eigene Vorschläge zu erarbeiten.

Tritt der Bauherr als Investor auf, sind seine Interessen in der Regel primär ökonomischer Natur. Der Architekt hat auch diese Interessen zu respektieren und zu vertreten. Die Autonomie des Bauherren als Investor ist allerdings – wie oben – erstens einzuschränken, wenn es um Gesetzeskonflikte geht. Zweitens ist der Architekt neben anderen Betroffenen zugleich den späteren Nutzern des Gebäudes verpflichtet. Ein Bauherr als Investor ist in der Regel nicht als Laie anzusehen, was aber drittens den Hinweis auf gestalterische, funktionale oder konstruktive Mängel nicht erübrigt.

6.3.2 Die Autonomie des Nutzers

Ein weiterer Aspekt des Autonomieprinzips ist die Autonomie der Nutzer von Gebäuden. Dieser Aspekt ist insofern wichtig, als sich insbesondere in der Architektur-Moderne aber auch gelegentlich gegenwärtig die Tendenz der Architekten zur Bevormundung der Nutzer ihrer Architektur beobachten lässt.[43] Dies führte beispielsweise in der Architektur-Moderne zu der nicht nur vereinzelt geäußerten Meinung, dass der „neue Mensch" als Bewohner der durch das „neue Bauen" geschaffenen Architektur erst durch Erziehung zu schaffen sei.[44] Im Gegensatz dazu ist aus moralischer Sicht zu betonen, dass die Autonomie der Bewohner zu achten ist; und die Entscheidung für eine bestimmte Art zu wohnen gehört sicherlich zum Bereich der Autonomie.

Der Architekt sollte also den Nutzern seiner Architektur nicht autoritär vorschreiben, wie diese zu wohnen beziehungsweise ein Gebäude zu nutzen haben. Auch sollte er in diesem Sinne nicht für ein von ihm selbst definiertes Ideal des Wohnens missionieren. Allerdings ist es für den Architekten nicht nur legitim, einen Vorschlag zu machen, wie das Ideal der Gebäudenutzung aussehen könnte, sondern im Sinne des später zu diskutierenden Prinzips der Sorge sogar moralisch geboten. Er kann und sollte also mit Gründen für seine Überzeugungen werben, dabei aber die unterschiedlichen Lebenswelten von Nutzern und deren Autonomie respektieren.

6.3.3 Die Autonomie weiterer Betroffener und der Gesellschaft

Neben der Autonomie von Bauherr und Nutzer hat der Architekt auch die Autonomie derer zu beachten, die indirekt an einem Bauvorhaben beteiligt beziehungsweise passiv betroffen sind, also zum Beispiel Nachbarn oder Passanten. Zwar sind deren Entscheidungen und Interessen normalerweise nicht maßgeblich für ein Bauvorhaben und insofern für den Architekten sekundär gegenüber Interessen von Bauherr und Nutzer. Durch eine Missachtung der explizit geäußerten oder der erwartbaren Interessen und Entscheidungen dieser Personen

---

43 Vgl. dazu den schon erwähnten Artikel von [175] Matzig für die SZ vom 23.7.10.

44 Vgl. dazu die bereits eingangs und unter Fußnote 34 in diesem Abschnitt gemachten Anmerkungen. Des Weiteren sei erwähnt, dass Le Corbusier auch für den Kongress der CIAM 1928 in Sarraz sechs Fragen formuliert hat, von denen eine dezidiert die Frage nach der „Erziehung zum Wohnen in der Volksschule" ist. Vgl.: Congrès Préparatoire International d'Architecture Moderne au Château de la Sarraz, le 26, 27 et 28 Juin 1928, in: [125] Hilpert (1984, S. 21). Auch Hans Hildebrandt, der Übersetzer von Le Corbusiers „vers une architecture" und „urbanisme", betont in seinem Geleitwort zu der Veröffentlichung „Zwei Wohnhäuser" (Vgl.: [237] Roth (1927)), in der auch Le Corbusiers bekannte „Fünf Punkte zu einer neuen Architektur" enthalten sind, dass die „neue Zeit", den „neuen Menschen" und die Erziehung zum „neuen Menschen" braucht. Dass es sich bei Le Corbusier nicht um eine Einzelmeinung handelt, bestätigt die architekturhistorische Literatur: „Der proklamierte Innovationsanspruch umfaßt für die Mehrzahl der Protagonisten über die Architektur hinaus jedwede Gattung von Kunst und Kunsthandwerk (Design), die Gesellschaft, ihre Verhaltensweisen und Lebensformen, die allgemeinen Grundsätze der Bildung und Erziehung, die Technik, die Politik – ja eigentlich den ganzen Menschen und alle seine Lebensbereiche und Lebensäußerungen. Der „neue Mensch" wird postuliert." [212] Pahl (1999, S. 54).

verletzt der Architekt allerdings deren Autonomie. Dabei kann es nicht darum gehen, alle Wünsche aller Beteiligten zu erfüllen, wohl aber kann man eine ernsthafte Auseinandersetzung mit den wichtigsten zu erwartenden Aspekten erwarten.

Auch wenn der Architekt in einem speziellen Fall nicht mit den Vorschriften eines Gesetzes einverstanden ist, so hat er diese doch auch aus moralischer Sicht zu respektieren, insofern sie Ausdruck der Autonomie der Bürger bzw. der Gesellschaft sind. So lassen sich zum Beispiel Gestaltsatzungen, also ästhetisch und baukulturell begründete Vorschriften bezüglich bestimmter Bauformen und Baumaterialien, als Ausdruck der Autonomie einer bestimmten (Stadt-)Gesellschaft verstehen. Vorschriften dieser Art darf man jederzeit kritisieren und auf deren Veränderung hinwirken; sie jedoch einfach zu ignorieren und sich über sie hinwegzusetzen ist auch aus moralischer Sicht nicht akzeptabel. Der Architekt hat somit also auch die Autonomie weiterer Betroffener und auch der Gesellschaft zu beachten.

6.3.4 Die Autonomie des Architekten

Auch ein Architekt hat den legitimen Anspruch, dass seine autonomen Entscheidungen respektiert werden. Insbesondere in der Zusammenarbeit mit einem Bauherren kann es zu Situationen kommen, in denen der Bauherr etwas möchte, was der Architekt nicht will. Die moralisch interessante Frage ist dabei, ob ein Architekt sich weigern darf, bestimmte Dinge für seinen Bauherren zu tun, obwohl er diesem sowohl vertraglich als auch durch das Prinzip der Sorge, das später zu diskutieren ist, verpflichtet ist. Zur Beantwortung dieser Frage ist zu unterscheiden, was der Bauherr genau möchte.

Erstens ist der Fall denkbar, dass es sich beim Wunsch des Bauherren um ein gesetzeswidriges Vorhaben handelt. Dann ist es für den Architekten nicht nur moralisch legitim, dies abzulehnen, sondern sowohl moralisch als auch rechtlich geboten.

Zweitens kann es sich um ein Vorhaben handeln, das zwar im rechtlichen Rahmen bleibt, aber dennoch das Wohlergehen der Nutzer oder anderer Betroffener klar und erheblich beeinträchtigt. Hier ist es für den Architekten moralisch geboten, sich dem Willen des Bauherren zu widersetzen und den Auftrag gegebenenfalls abzugeben. Sowohl die in Fall 1 als auch in Fall 2 geäußerten Forderungen bedürfen meiner Meinung nach keiner besonderen moralischen oder ethischen Begründung, sondern sind intuitiv einsichtig und ergeben sich aus dem bereits Gesagten.

Drittens kann es sich bei den Differenzen mit dem Bauherren aber auch um rein gestalterische Fragen handeln, deren direkte Auswirkungen auf das Wohlergehen von Nutzern nicht oder nur sekundär relevant sind. In diesem Fall ist es fraglich, ob die Rückgabe eines bereits angenommenen Auftrages moralisch legitim wäre, insofern sich der Architekt durch die Annahme eines Auftrages einem Bauherren verpflichtet hat und dieser zumindest bis zu einem gewissen Grad auch auf ihn angewiesen ist. Obwohl diese Angewiesenheit und der Moment der Fürsorge hier gewisse Ähnlichkeiten zum Arzt-Patient-Verhältnis aufweisen, darf ein Architekt dennoch viel eher eine Zusammenarbeit abbrechen als ein Arzt, wenn es sich um fundamentale Differenzen bezüglich der Idee und der gestalterischen Konzeption eines Entwurfes handelt.[45] Denn zum einen besteht bei architektonischen Fragen – zumindest in der Regel – keine unmittelbare existentielle Bedrohung, so dass ein Abbruch der Zusammenarbeit keine existentielle Bedrohung der betroffenen Personen und des Bauherren darstellt. Zum anderen ist der Architekt auch autonom und verfolgt legitimerweise auch eigene baukünstlerische und gestalterische Ziele, die denen der Fürsorge für die von seinen Handlungen Betroffenen gleichrangig oder zumindest nicht strikt untergeordnet sind. Aus Respekt vor der eigenen Autonomie sollte ein Architekt also die Zusammenarbeit mit einem Bauherren abbrechen, wenn dessen Forderungen ihn dazu zwingen würden, die eigenen baukünstlerischen Ideale zu „verraten" und er dadurch ernsthaft in seinem Wohlbefinden beeinträchtigt würde. Der Architekt hat also auch seine eigene Autonomie zu beachten und in seine Überlegungen miteinzubeziehen.

Fazit Zusammenfassend ist zum Prinzip der Autonomie in der Architektur festzuhalten, dass sich auch der Architekt diesem, in erster Linie aus der Medizinethik bekannten, Prinzip verpflichtet fühlen sollte. Generell hat der Architekt aus ethischer Sicht einen Mittelweg zu beschreiten zwischen paternalistischer Bevormundung und teilnahmsloser Erfüllung von Bauherren- oder Nutzerwünschen. Die von ihm zu beachtenden Autonomien sind dabei erstens die des Bauherren, sei er Nutzer oder Investor, zweitens die der Nutzer, drittens die betroffener Dritter und der Gesellschaft und viertens die eigene.

---

45 Mit Blick auf die Medizinethik muss man an dieser Stelle allerdings auch das in der Medizin geltende Prinzip der Therapiefreiheit erwähnen, gemäß dem jeder Arzt kraft seiner Kompetenz ein ihm geeignet erscheinendes Therapiekonzept vorschlagen darf.

6.4 Schadensvermeidung

Das Gebot, die körperliche und seelische Unversehrtheit der Mitmenschen durch eigenes Handeln oder Unterlassen nicht zu gefährden und nicht zu verletzen, ist Teil einer basalen und universalen Moral und findet sich zumindest als Prima-facie-Pflicht nicht nur in der Medizinethik,[46] sondern in allen ethischen Theorien. Insofern halte ich auch das Schädigungsverbot als abstraktes moralisches Gebot für nicht weiter begründungsbedürftig.

Für den Architekten ist das Prinzip der Schadensvermeidung relevant, weil er durch sein Handeln sowohl die körperliche Unversehrtheit als auch das physische und psychische Wohlbefinden anderer beeinflussen kann und dies auch in schädigender Art und Weise. Das Prinzip der Schadensvermeidung gilt also auch für den Architekten. Das Handeln eines Architekten muss so erfolgen, dass kurz- und langfristig Schaden vermieden wird. Der besondere Zukunftsbezug dieser Bestimmung verbindet das Prinzip der Schadensvermeidung sehr eng mit den anschließend zu diskutierenden Prinzipien der Sorge und der Nachhaltigkeit.

Man kann Schädigung erstens im Sinne einer Verletzung der körperlichen Unversehrtheit oder zweitens im Sinne der Verunmöglichung oder Erschwernis des körperlichen und psychischen Wohlbefindes verstehen. Beide Arten der Schädigung sind zu vermeiden. Dazu ist drittens präventiv Schaden zu vermeiden, der durch eine normative Überforderung des Architekten entstehen könnte.

Zunächst ist mit Verweis auf das Prinzip der Gerechtigkeit festzustellen, dass Schaden für *alle* Betroffenen vermieden werden muss. Das heißt nicht nur Schaden für den Bauherrn, sondern auch für Nutzer und alle weiteren durch die Architektur betroffenen Individuen. Dazu zählen – je nach philosophischer Position[47] – nicht nur Menschen, sondern gegebenenfalls zusätzlich auch höhere Tiere oder der Kreis der um ihrer selbst willen zu berücksichtigenden Entitäten wird noch weiter gezogen. Darüber hinaus ist auch die Möglichkeit der Schädigung von zukünftig lebenden Individuen und ganzen Generationen zu bedenken.

Zudem muss man nach dem Ausmaß der Schädigung differenzieren. Eine direkte Beeinträchtigung der körperlichen Unversehrtheit, egal wie und durch was sie erfolgt, ist in keinem Fall akzeptabel. Bei indirekten oder nur potentiell möglichen Beeinträchtigungen in Unglücksfällen ist immer abzuwägen, in welchem Verhältnis das Ausmaß des möglichen Schadens zum Aufwand für entsprechen-

---

46 In der Medizinethik hat das Prinzip des „primum non nocere" zwar eine etwas konkretere Intention, indem es den Arzt in erster Linie zur Vorsicht bei seinen Maßnahmen mahnt. Im Kern geht es aber auch darum, den Patienten vor einer mehr oder weniger leichtfertigen Schädigung zu schützen.

47 Vgl. dazu die Besprechung unter Abschnitt 4.4.

de Vorsichtsmaßnahmen steht.[48] Wenn dagegen jemand durch ein Bauvorhaben gezwungen wird, bestimmte unbequeme Umstände in Kauf zu nehmen oder sich gestört fühlt, so hängt es vom Ausmaß der Unannehmlichkeiten oder der Störung ab, ob man von Schädigung sprechen kann. Hier sind die Grenzen fließend und müssen im Einzelfall bestimmt werden. Analog zu der Position des so genannten tiefen Anthropozentrismus[49] erkenne ich aber auch Dinge wie den Verlust eines Heimatgefühls oder den Verlust von Schönheit als Schädigung an, die es prinzipiell zu vermeiden gilt, wobei die konkrete Bestimmung einer so gearteten Schädigung schwierig ist.

6.4.1 Vermeidung der Schädigung der körperlichen Unversehrtheit – Einhaltung von und kritische Aufmerksamkeit gegenüber Gesetzen

Die Vermeidung der Schädigung der körperlichen Unversehrtheit beinhaltet erstens die Unfallverhütung, das heißt die Vermeidung von konstruktiven und funktionalen Mängeln, die Personen gefährden könnten. Zu den zu beachtenden Gefahren zählen erstens mechanische Gefahren wie etwa ein Absturz von Personen aus größerer Höhe, die Entstehung eines Brandes, die Behinderung der Rettung im Brandfall oder ein Einsturz von Gebäuden oder Bauteilen. Zweitens zählt auch die Vermeidung gesundheitsschädlicher Substanzen zum Schutz der körperlichen Unversehrtheit. Der Architekt muss also darauf achten, mit seinen Bauten ein baubiologisch einwandfreies Wohn-, Arbeits- oder Freizeitumfeld zu schaffen, das frei von gesundheitsgefährdenden Materialien wie zum Beispiel Asbest ist. Außerdem muss er darauf achten, dass die bauphysikalischen Bedingungen langfristig so sind, dass eine Gesundheitsgefährdung durch bauklimatisch unangemessene Zustände vermieden wird.

Ein Architekt kann – zumindest in Deutschland – zunächst davon ausgehen, dass er seiner Pflicht zur Vermeidung der Schädigung der körperlichen Unversehrtheit gerecht wird, wenn er die geltenden Gesetze und Vorschriften bezüglich vorbeugendem Brandschutz, Standsicherheit, der korrekten Verwendung von Baumaterialien und sonstiger sicherheits- und gesundheitsrelevanter Faktoren erfüllt. Dennoch sollte er wachsam gegenüber möglichen Schäden sein, die eventuell

---

48 Als Beispiel könnte man die Maßnahmen zum vorbeugenden Brandschutz nennen. Aus Sicht eines optimalen vorbeugenden Brandschutzes wäre es ideal, in Neubauten in allen Räumen Rauchmelder und automatische Sprenkler-Systeme zu installieren. Dies ist allerdings zum einen ökonomisch kaum darstellbar und zum anderen nur für bestimmte Situationen wirklich sinnvoll. Dies sieht im Übrigen auch der Gesetzgeber so und schreibt zum Beispiel nur für bestimmte besonders gefährdete Räume „kritischer" Gebäudetypen entsprechende vorbeugende Brandschutz-Systeme vor. Vgl. dazu z.B. [96] BayBO 2010 Abschnitt IV–VI.
49 Vgl. dazu die Charakterisierung dieser Position, die unter 4.4 erfolgt.

noch nicht gesetzlich erfasst sind. So gab es zum Beispiel lange vor einem offiziellen Verbot der Verwendung Hinweise, Beweise und sogar offizielle Verlautbarungen, dass Asbest kanzerogen wirkt.[50] Verwendet ein Architekt ein Material, von dem er weiß, dass es gesundheitsschädlich, aber (noch) nicht verboten ist, so handelt er gegen das Prinzip der Schadensvermeidung. Darüber hinaus hat er die moralische Pflicht, sich in bestimmten Ausmaß über die gesundheitlichen Auswirkungen der von ihm verwendeten Baumaterialien zu informieren. Sinngemäß das gleiche gilt für funktionale Fragen und solche der Baukonstruktion.

Ein Architekt sollte also alles dafür tun, dass die körperliche Unverletztheit der eine Architektur benutzenden Menschen gewahrt bleibt. Dies beinhaltet neben der Einhaltung gesetzlicher Standards auch ein proaktives Vorgehen bei Zweifeln hinsichtlich Sicherheit oder Unbedenklichkeit einer Konstruktion, einer funktionalen Gestaltung und der verwendeten Materialien. Das Prinzip der Schadensvermeidung kann man somit als Einhaltung von und kritische Aufmerksamkeit gegenüber Gesetzen begreifen.

6.4.2 Vermeidung der Beeinträchtigung oder Erschwernis des körperlichen und psychischen Wohlbefindens – Sensibilität gegenüber psychologischen Bedürfnissen

Auch die Beeinträchtigung oder Erschwernis des körperlichen und psychischen Wohlbefindens ist als Schädigung, die es zu vermeiden gilt, zu verstehen. Dabei sind sowohl die Grenzen zwischen physischer und psychischer Schädigung fließend als auch die zwischen Verletzung der körperlichen Unversehrtheit und Beeinträchtigung des Wohlbefindes.[51] So kann eine längerfristige diffuse Beeinträchtigung des Wohlbefindens zu konkreten Krankheitsbildern führen, was sich zum Beispiel an Krankheiten wie dem *sick building syndrome* zeigt[52] oder anderen psychosomatischen Erkrankungen. Auch die rein psychische Beeinträchtigung des Wohlbefindes, wie sie zum Beispiel häufig für Großraumbüros beschrieben wird, kann zumindest zu massiv vermehrtem Stress führen, der wie-

---

50 Dass Asbest Krankheiten auslösen kann, ist bereits seit Anfang des 20. Jahrhunderts bekannt. Bereits seit 1970 wurde die Asbestfaser offiziell als krebserregend klassifiziert, aber erst 1979 wurde das erste Asbest-Produkt verboten und erst 1993 wurde die Herstellung und Verwendung von Asbest in Deutschland ganz verboten. Vgl.: [59] Bundesrepublik Deutschland, Verordnung zum Schutz vor Gefahrstoffen (GefStoffV) (2004, Anhang IV Herstellungs- und Verwendungsverbote, Nr. 1 Asbest); [126] Höper (2008, S. 146ff.).

51 Vgl.: [248] Schuster (2006): Der Autor nennt unterschiedliche architekturpsychologische Konzepte der Beurteilung der Qualität von Gebäuden.

52 Vgl. dazu z.B.: [39] Bischof (1993), [110] Godish (1995), [172] Mackensen-Astfeld (2000).

derum Krankheiten bedingen kann.[53] Aber unabhängig davon, dass sich länger-fristige Beeinträchtigungen des Wohlbefindens zu Krankheiten und somit Verletzungen der körperlichen Unversehrtheit entwickeln können, halte ich es für geboten, dass Architekten danach streben, eine Beeinträchtigung des Wohlbefindens aller Betroffenen zu vermeiden.

Gestaltung von Wohn- und Arbeitsumfeld Das Wohlbefinden von Menschen wird von der sie umgebenden gebauten Umwelt stark beeinflusst. Dabei spielt das direkte Wohn- und Arbeitsumfeld die größte Rolle im Gegensatz zur gebauten Umwelt, die für Freizeit genutzt wird. Da zum einen im Wohn- und Arbeitsumfeld die meiste Zeit verbracht wird und zum anderen die „Freizeitumgebung" freier gewählt werden kann, ist dies leicht erklärlich. Das Problem für Architekten besteht darin, dass sie zum einen die Nutzer ihrer Architekturen häufig nicht kennen und somit für einen mehr oder weniger anonymen prototypischen Bewohner oder Büronutzer bauen, zum Beispiel bei großen Mietshäusern oder Bürogebäuden. Zum anderen strebt ein Architekt als ausgebildeter Fachmann in der Regel ein bestimmtes Ideal an, das mit den Vorstellungen des Bauherren oder der Nutzer konfligieren kann.[54] Somit stellt es für Architekten immer eine Schwierigkeit oder sogar eine prinzipielle Unmöglichkeit dar, ganz genau den Vorstellungen der Nutzer entsprechend zu planen. Dennoch lassen sich einige grundlegende Voraussetzungen für das Wohlbefinden der Betroffenen benennen. Wichtig für das psychische Wohlbefinden von Bauherr, Nutzer und weiterer Betroffener sind unter anderem folgende Fragen: Erstens ist für (fast) jeden Bauherren die finanzielle Dimension seines Bauvorhabens eine wesentliche und beeinflusst sein Wohlbefinden. Ein fahrlässiger oder auch nur unsorgfältiger Umgang mit finanziellen Fragen verbietet sich somit für den Architekt. Zweitens sind auch ästhetische Fragen wichtig für das psychische Wohlbefinden. Dazu gehört die Beachtung der psychagogischen Dimension von Architektur[55] und es gehört die Frage nach Schönheit dazu, die im Folgenden als eigenes Prinzip diskutiert wird. Drittens kann durch funktionale Mängel nicht nur das körperliche, sondern auch das psychische Wohlbefinden beeinflusst werden. Dazu gehören bauphysikalische Fehler, die die Behaglichkeitsbedingungen[56] negativ beeinflussen. Es

---

53 Vgl. dazu: [98] Frieling und Sonntag (1999), [137] Kannheiser (1989), [154] Kruse und Graumann 1978, [166] Leising (2002), [267] Stokols und Altmann (1987), [268] Sundstrom (1987), [275] Ulich (2001).

54 Vgl. dazu auch Abschnitt 6.3 zum Prinzip der Autonomie.

55 Vgl. dazu Abschnitt 4.2.

56 „Behaglichkeitsbedingungen" ist ein terminus technicus der Heizungs- und Raumlufttechnik. Voraussetzung für Behaglichkeit sind bestimmte Bedingungen hinsichtlich Temperatur, Raumluftfeuchte, Raumluftqualität, Oberflächentemperatur der umgebenden Bauteile etc. Vgl. dazu: *„Als thermische Behaglichkeit wird der Zustand bezeichnet, bei dem eine Person mit ihrem Um-*

gehören aber auch Fehler in der Grundrissgestaltung, die funktionale Abläufe stören, dazu oder baukonstruktive Fehler, die Schäden an der Bausubstanz verursachen.

Stadträumliche Gestaltung Das Wohlbefinden von Menschen wird auch von den sie umgebenden Stadträumen beeinflusst. Deshalb muss ein Architekt auch die Wirkung seiner Projekte für den Stadtraum bedenken. Dazu gehört beispielsweise der Schutz von Kulturgütern und von typischen Stadtstrukturen. Hinsichtlich dieses Punktes kann man beispielsweise Projekte wie die Dresdner Waldschlösschenbrücke diskutieren, die aus Sicht der Gegner dieses Bauvorhabens die einzigartige historische Silhouette der Stadt zerstört und damit das Wohlbefinden vieler Menschen schädigt. Daneben beeinflusst auch die soziale Struktur eines Stadtviertels oder sogar eines Hauses das Wohlergehen von Menschen. Deshalb sollten Architekten und vor allem Stadtplaner sorgfältig die soziale Struktur neuer und bestehender Siedlungen und vor allem die Bedürfnisse der Bewohner „im Auge behalten". Insbesondere die Negativbeispiele, die diesen Punkt illustrieren, sind zahlreich. Das Problem, das gelegentlich unter dem Titel der „modernen Ghettos" diskutiert wird, schwingt dabei mit. Insbesondere Siedlungen, die im Sinne und im Gefolge der Architektur-Moderne und hier besonders der CIAM entwickelt wurden,[57] haben sich häufig zu sozialen Brennpunkten entwickelt, in denen ein Wohlbefinden nur schwer möglich ist.[58]

---

gebungsklima zufrieden ist. Dieser Zustand hängt vom Gleichgewicht zwischen der Wärmeproduktion und der Wärmeabgabe dieser Person ab. Die Wärmeproduktion wird vor allem durch die körperliche Aktivität bestimmt, die Wärmeabgabe ist vom Dämmwert der Kleidung und dem Umgebungsklima abhängig." [12] Alpermann (in: HLH, 5/2007, S. 35).

57 Vgl. dazu zum Beispiel [64] CIAM (1984), [160] Le Corbusier (1929).

58 Das bekannteste einschlägige Beispiel ist wohl die 1954 errichtete Siedlung Pruitt Igoe in St.Louis (USA): *„Das Ziel dieses Projektes war es, Wohnraum für sozial schwächere Familien zu schaffen. Dazu wurde ein Komplex von 43 jeweils elfgeschossigen Häusern für eine Gesamtbewohnerzahl von etwa 12.000 Personen in 2.762 Appartements erstellt. Die Anlage verwandelte sich innerhalb weniger Jahre in ein Ghetto, in dem nur noch wenige Menschen zu wohnen bereit waren. Park- und Spielplätze verkamen zu Schrott- und Müllplätzen, Aufzüge wurden als Toiletten benutzt, viele Fensterscheiben waren eingeschlagen, und die Bewohner/innen klagten darüber, keine Freunde zu finden, oder jemanden, der bei Bedarf helfen konnte. Die architektonischen Merkmale der Siedlung – enge Gänge, abwaschbare Wände, kaum Orte für soziale Begegnungen zwischen den Bewohner/innen – provozierten genau das Verhalten, das sie eigentlich verhindern sollten: Zerstörung der Bausubstanz, Kriminalität und wildes Müllentsorgen. Immer mehr Mieter/innen zogen aus, und 1972 wurde der gesamte Komplex wieder gesprengt. Das Projekt war gescheitert, weil die Planung an den Bedürfnissen der Bewohner/innen vorbeiging. Dabei wurde die Planung in der Fachwelt durchaus positiv aufgenommen und von der Zeitschrift Architectural Forum im Jahr 1951 insbesondere dafür gelobt, keinen Platz verschwendet zu haben (vgl. Flade, 1998). Das Beispiel zeigt, wie unterschiedlich die Planungen und Umsetzungen bewertet werden können, je nachdem, wer wann und nach welchen Kriterien bewertet."* [248] Schuster (2006). Vgl. daneben: [243] Schlüter (1997).

Somit lässt sich das Prinzip der Schadensvermeidung auch als Pflicht zur Vermeidung eines physischen und/oder psychischen Unwohlseins der Nutzer interpretieren. Diese Pflicht hat quasi zwei Richtungen, zum einen nach innen als Sensibilität gegenüber den physischen und psychischen Wirkungen auf Nutzer und Bauherr und zum anderen nach außen im Sinne einer Sensibilität gegenüber der stadträumlichen Wirkung. In beiden Fällen ist eine Beeinträchtigung des körperlichen und emotionalen Wohlbefindens der Betroffenen durch sorgfältiges Handeln des Architekten zu vermeiden.

6.4.3 Vermeidung von Überlastung und normativer Überforderung

Die Vermeidung von Schäden hat auch einen strukturellen Aspekt, der für den Architekten darin besteht, eine Überlastung und eine normative Überforderung, aus der leicht Fehler entstehen, zu vermeiden. Eine Überlastung kann bestehen, wenn ein Architekt schlichtweg zu viel gleichzeitig zu tun hat, ohne dass dabei die einzelnen Anforderungen miteinander moralisch konfligieren würden. Zweitens kann eine normative Überforderung bestehen, wenn ein Architekt zwei Dinge, die einander ausschließen,[59] aus moralischer Sicht gleichzeitig erfüllen soll. Die normative Überforderung des zweiten Typs lässt sich, wenn überhaupt, durch sorgfältige ethische Prüfung und begründete Hierarchisierung verschiedener Forderungen lösen. Die Überlastung allerdings lässt sich nur durch eine bewusste Anpassung der Menge und der Art der zu bearbeitenden Projekte an das eigene Leistungsvermögen vermeiden.[60]

Fazit   Die Überlegungen zum Prinzip der Schadensvermeidung zusammenfassend ist zum einen generell zu konstatieren, dass das Prinzip der Schadensvermeidung für einen Architekten höchst relevant ist, weil Menschen durch Architekturen sowohl direkt körperlich geschädigt als auch in ihrem physischen und psychischen Wohlbefinden beeinträchtigt werden können. Zum anderen lässt sich das Prinzip der Schadensvermeidung erstens als Pflicht zur Einhaltung von und kritische Aufmerksamkeit gegenüber Gesetzen begreifen. Zweitens ist die Sensibilität des Architekten gegenüber dem körperlichen und seelischen Wohlbefinden der Nutzer seiner Architektur Teil des Prinzips. Und drittens lässt sich das Prinzip als Pflicht zur Vermeidung von normativer Überforderung und Überlastung interpretieren.

---

59 Vgl. dazu Abschnitt 2.2.2.
60 Dieser Gedanke ist offensichtlich nicht neu. Dies zeigt sich in einer Aussage Albertis: *„Unternimm nichts, was über deine Kräfte und wider die Natur geht. Sieh zu, was du leisten kannst, und was und wo du es ausführst."* [9] Alberti ([1452]/2005, 2.Buch, 2.Kap., S. 71).

6.5 Sorge

Eng verwandt mit dem Prinzip der Schadensvermeidung (und der Nachhaltigkeit) ist das Prinzip der (Für)Sorge. Dieses Prinzip halte ich zum einen für ein tief in der menschichen Moral verankertes Prinzip und zum anderen betrachte ich es auch für das Handeln des Architekten als einschlägig. In der ethischen Debatte gibt es allerdings keinen Konsens darüber, dass überhaupt eine Pflicht zur Fürsorge besteht. Einige Autoren gehen davon aus, dass es nur eine negative Pflicht zur Schadensvermeidung gäbe.[61] Demgegenüber bin ich der Meinung, dass es auch eine positive Pflicht zur Fürsorge gibt.[62] Allerdings muss man bei der Frage nach dem Bestehen einer positiven Fürsorge-Pflicht konzedieren, dass mit dem Begriff der „Fürsorge" unvermeidlich Assoziationen wie Liebe, Aufopferung und Altruismus verbundenen sind, also Dinge, zu denen man moralisch nicht verpflichtet ist. Daher sind die Zweifel an einer positiven Fürsorge-Pflicht verständlich.[63]

Um den Dissens um eine Fürsorge-Pflicht zu entschärfen, halte ich die Unterscheidung in „Sorge für" und „Sorge um" für hilfreich. Der Ausdruck „Fürsorge" und „sorgen für" suggeriert zum einen ein Abhängigkeits- beziehungsweise fast sogar Pflegeverhältnis, dem ein gewisser paternalistischer Aspekt zu eigen ist. Der Ausdruck „Sorge um" beziehungsweise „sich sorgen um" dagegen impliziert zwar eine sorgende Herangehensweise, lässt aber noch genug Raum für die Wünsche, Vorstellungen und vor allem die Selbstbestimmung des Betroffenen; „Sorge um" verwende ich also im Sinne einer gesteigerten Aufmerksamkeit für die Bedürfnisse des Betroffenen, die sich jedoch nicht zu einer paternalistischen Bevormundung auswächst. Daher verwende ich nicht den in der Medizinethik häufig verwendeten Begriff „Fürsorgeprinzip", sondern spreche vom „Prinzip der Sorge". Dieses halte ich zum einen für ein tief in der Moral verankertes Prinzip des menschlichen Zusammenlebens.[64] Zum anderen findet sich das Prinzip der Sorge auch in Ansätzen sowohl der rational-systematischen Ethik als auch der weltanschaulich-religiösen Verhaltensgebote. So kann man meiner Meinung nach den kategorischen Imperativ auch als Prinzip der Sorge oder des sorgen-

---

61 Vgl. dazu: *"Some deny that morality includes any form of positive obligations. They hold that beneficence is purely a virtuous ideal or an act of charity, and thus that persons are not morally deficient if they fail to act beneficiently."* Beauchamp und Childress (2009, p. 198).

62 Beauchamp und Childress sehen Punkt 1 und 2 genauso: *"Morality requires not only that we treat persons autonomously and refrain from harming them, but also that we contribute to their welfare. These beneficial actions fall under the heading of 'beneficence'."* [30] Beauchamp und Childress (2009, p. 197).

63 Vgl. dazu auch [30] Beauchamp und Childress (2009, p. 197).

64 Vgl. dazu: [296] Vossenkuhl (2006, S. 164ff.) nimmt in seiner Diskussion von „Verantwortung als Sorge" Gedanken von Heidegger auf, der von „Sorge als dem Strukturganzen des Daseins" sprach. Vgl. dazu auch [122] Heidegger ([1926]/1993, S. 180ff.): Sein und Zeit, 1. Teil, 1. Abschnitt, Kap. 6: „Die Sorge als Sein des Daseins".

den Umgangs mit anderen Menschen verstehen.[65] Und das christliche Gebot des *„Liebe deinen Nächsten wie dich selbst"*[66] kann man ebenfalls als eine „Übersetzung" des Sorge-Gebots begreifen.

Neben der Frage nach dem Bestehen einer positiven Sorge-Pflicht ist in der Medizin-Ethik auch die Unterscheidung zwischen den Prinzipien der Schadensvermeidung und der Fürsorge umstritten.[67] Ich stimme jedoch mit Beauchamp und Childress überein, die eine Unterscheidung dieser Prinzipien vornehmen und beide für gerechtfertigt halten. Allerdings schlage ich für den Bereich der Architektur eine modifizierte Einteilung vor. Beauchamp und Childress unterscheiden 1) erstens das Verbot, Schaden zu bewirken, 2) zweitens die Prävention gegen Schaden, 3) drittens die Korrektur eines Schadens und 4) viertens das aktive Bemühen darum, Gutes zu tun.[68] Zum Prinzip der Schadensvermeidung zählen sie nur (1) das Verbot, Schaden zu bewirken, während sie zum Prinzip der Fürsorge die (2) Schadensprävention, die (3) Schadenskorrektur und die (4) aktive Bemühung darum, Gutes zu tun, zählen. Der entscheidende Unterschied besteht für sie darin, dass 1) nur ein intendiertes Unterlassen erfordert während 2)–4) eine intendierte Aktion, das heißt ein Tätigwerden des Akteurs beinhaltet. Da allerdings sowohl Handeln als auch Unterlassen als moralisch relevante Handlungen zu bewerten sind, halte ich diese Unterscheidung nicht für überzeugend. Demgegenüber würde ich gemäß dem Charakter der Handlungsfolgen unterscheiden. Bei der Schadensvermeidung geht es um die Vermeidung eines negativen Zustandes, während es bei der Fürsorge um einen zu schaffenden positiven Zustand geht. Daher zähle ich, im Gegensatz zu der von Beauchamp und Childress getroffenen Unterscheidung, die 1) das Verbot, Schaden zu verursachen und 2) die Prävention gegen Schaden zum Prinzip der Schadensvermeidung und 3) Schadenskorrektur und 4) das aktive Bemühen darum, Gutes zu tun zum Prinzip der Fürsorge.

---

65 *„Handle so, dass du die Menschheit sowohl in deiner Person, als in der Person eines jeden anderen jederzeit zugleich als Zweck, niemals bloß als Mittel brauchst."* [141] Kant, GMS ([1785]/1999, 429, S. 55). Dass dieses Prinzip der Sorge beziehungsweise der kategorische Imperativ in seiner Selbstzweckformel tief in der allgemeinen Moral verankert ist, davon geht offensichtlich auch Kant aus: *„Denn vernünftige Wesen stehen alle unter dem Gesetz, dass jedes derselben sich selbst und alle andere niemals bloß als Mittel, sondern jederzeit zugleich als Zweck an sich selbst behandeln solle."* ([141] Kant, GMS ([1785]/1999, 433, S. 60).

66 Vgl. Lev 19,18 oder Mk 12,29 ff oder auch in der Bergpredigt Mt 5.

67 Von Beauchamp und Childress wird William Frankena genannt, der eine Unterscheidung zwischen maleficence und beneficence ablehne. Vgl. [30] Beauchamp und Childress (2009, p. 151).

68 Vgl. [30] Beauchamp und Childress (2009, p. 151):
"Nonmaleficence
1) One ought not to inflict evil or harm
Beneficence
2) One ought to prevent evil or harm
3) One ought to remove evil or harm
4) One ought to do or promote good."

Selbstverständlich hängen beide Prinzipien aber eng zusammen. Die genannte Einteilung wird dem intuitiven Verständnis des Handelns eines Architekten besser gerecht. Architekten sollten zum einen das Prinzip der Schadensvermeidung beachten, indem sie keinen Schaden direkt hervorrufen und versuchen präventiv alles zu tun, damit weder im „Normalbetrieb" noch im Unglücksfall eine kurz- oder langfristige physische oder psychische Schädigung der Nutzer entstehen kann. Architekten sollten zum anderen aber auch danach streben, sich in sorgender Weise um die Betroffenen ihrer Architekturen zu kümmern. Dazu gehört zum einen das Trachten danach, bestehende und womöglich selbst verursachte Missstände zu beseitigen und zum anderen das Streben danach, ein möglichst angenehmes und ein gutes Leben zu ermöglichen und zu fördern.

Das Prinzip der Sorge ist und sollte auch zentral für die Motivation eines Architekten sein und bei vielen Architekten ist dies der Fall. Architekten wollten und wollen – bewusst oder unbewusst – nicht einfach nur Häuser bauen, sondern durch ihre Tätigkeit die Welt der betroffenen Menschen und die Lebenswelt der Menschheit verbessern, nicht einfach nur Schaden vermeiden.[69] Ich gehe also davon aus, dass das Prinzip der Sorge auch für den Architekten gilt. Die Reichweite des Prinzips erstreckt sich, wie bei anderen Prinzipien auch, auf alle von seinem architektonischen Handeln direkt Betroffenen. Dies impliziert auch zukünftige Generationen; außerdem ebenso „die Natur", sei es weil sie von großem Wert für die Menschen ist oder wertvoll an sich. Schließlich ist zu diskutieren, ob der Architekt auch aus Sorge um sein Werk oder das eines Kollegen handeln kann und gegebenfalls soll.

Eine dem Prinzip der Sorge, wie auch dem Prinzip der Autonomie, innewohnende Grundspannung ist die zwischen paternalistischer Bevormundung auf der einen und einer gleichgültigen Teilnahmslosigkeit auf der anderen Seite. Beide Extrempositionen, die eines harten Paternalismus auf der einen und eines völligen Verbots jedes Eingriffs gegen den momentan geäußerten Willen einer Person auf der anderen Seite, kann man intuitiv und mit rationalen Gründen ablehnen. Dementsprechend scheint ein Mittelweg geboten. Wie mit dem Paternalismus-Problem zu verfahren ist, ist der Gegenstand eines eigenen philosophischen Diskurses.[70] Was es für den Fall des Architekten heißt, einen Mittelweg zu gehen

---

69 Vgl. dazu Norberg-Schulz [196] Norberg-Schulz (1980, S. 17). Zitiert in Abschnitt 2.1.2 Fußnote 3.

70 Die Debatte um erlaubten und/oder verbotenen Paternalismus stellt einen eigenständigen, intensiv geführten Diskurs in der Philosophie dar. *"Paternalism is the interference of a state or an individual with another person, against their will, and defended or motivated by a claim that the person interfered with will be better off or protected from harm. The issue of paternalism arises with respect to restrictions by the law such as anti-drug legislation, the compulsory wearing of seatbelts, and in medical contexts by the withholding of relevant information concerning a patient's condition by physicians. At the theoretical level it raises questions of how persons should be treated when they are less than fully rational."* [79] Dworkin (2010). An dieser Stelle wird

zwischen paternalistischer Bevormundung und Teilnahmslosigkeit wird im Folgenden näher expliziert.

6.5.1 Sorge um betroffene Individuen

Die Sorge um die von einer Architektur beeinflussten Individuen betrifft in erster Linie Bauherr und Nutzer sowie an zweiter Stelle sonstige Personen wie Nach-

---

nicht näher auf das allgemeine philosophische Problem eingegangen. Ich vertrete die Position, dass „weiche" paternalistische Verhaltensweisen in bestimmten Fällen und Grenzen ethisch zu rechtfertigen sind. Zu den „Grenzen des Paternalismus" vgl. die gleichnamige Publikation [91] Fateh-Moghadam, Sellmaier, Vossenkuhl (Hrsg.) (2010).

Abgesehen davon ist es allerdings fraglich, ob das Paternalismusproblem in der Architektur überhaupt gegeben ist. Gemäß Dworkin müssen drei Bedingungen erfüllt sein, damit ein Fall von Paternalismus vorliegt: "*I suggest the following conditions as an analysis of X acts paternalistically towards Y by doing (omitting) Z:*

1. Z (or its omission) interferes with the liberty or autonomy of Y.

2. X does so without the consent of Y.

3. X does so just because Z will improve the welfare of Y (where this includes preventing his welfare from diminishing), or in some way promote the interests, values, or good of Y." [79] Dworkin (2010).

Insofern Architekten, wie bereits dargelegt, die Situation für die Benutzer ihrer Architektur verbessern wollen, kann die dritte Bedingung in der Architektur als in der Regel erfüllt gelten. Bezüglich der Bedingungen eins und zwei muss man genauer unterscheiden. Ein Architekt wird im Normalfall nur schwer gegen den Willen des Bauherren handeln können, da dieser letztlich den Auftrag zur Ausführung geben muss. Insofern ist ein paternalistisches Verhalten des Architekten gemäß Dworkinschem Verständis nicht gegeben, da Bedingung zwei nicht erfüllt ist. Allerdings hat der Architekt diverse gesetzliche Sicherheits-Auflagen zu beachten, die eventuell nicht im Sinne des Bauherren sind. Hier könnte man von einem Paternalismus des Staates sprechen, dessen Ausführungsgehilfe der Architekt ist. Außerdem ist ein quasi-paternalistisches Verhalten des Architekten häufig anzutreffen, wenn Architekten alleine oder im Verbund mit einem Bauherren Pläne entwickeln, die eine bestimmte Art der Nutzung vorschreiben, weil diese Art der Nutzung und letztlich der Lebensführung als besser für das Wohlergehen des Nutzers vorgegeben wird. Auch wenn man sich streiten kann, ob es sich dabei um eine paternalistische Verhaltensweise gemäß obigem Sinne handelt, so halte ich es dennoch für sinnvoll, hier von Paternalismus zu sprechen, weil das Muster zumindest ähnlich ist. Der Architekt handelt in der Meinung, zu wissen, was das beste für den Betroffenen sei und dabei setzt er sich bisweilen über den Willen anderer hinweg, oder er drängt dem Bauherren eine Lösung auf, die dieser ursprünglich nicht wollte. Wenn der Architekt dabei auch das asymmetrisch vorhandene Fachwissen ausnützt und dem Bauherren nicht alle möglichen Alternativen präsentiert, kann sogar Bedingung zwei erfüllt sein, und damit wäre das moralische Problem des Paternalismus auch im Dworkinschen Verständnis gegeben. Viele Architekten wollten und wollen häufig sowohl Individuen, als auch ganze Gesellschaften „zwangsweise beglücken", weil sie meinen, am besten zu wissen, was zu tun sei, damit diese Menschen glücklich werden. Das Prinzip der Sorge betreffend besteht die Herausforderung für den Architekten darin, die Sorge nicht zu übertreiben und in (quasi-)paternalistische Handlungsmuster zu verfallen und auf der anderen Seite nicht für den Bauherren sehenden Auges und ohne Widerspruch funktional, konstruktiv oder ästhetisch unbefriedigende Lösungen auszuführen.

barn und Passanten. Ihnen gegenüber trägt der Architekt Verantwortung,[71] die auch eine prospektive Seite hat. Seiner Verantwortung kann der Architekt gerecht weden, wenn er in sorgender Art und Weise die Belange der betroffenen Individuen bedenkt, und versucht, das Wohlergehen jedes Einzelnen zu fördern oder Einschränkungen des Wohlergehens zu beseitigen. Voraussetzung dafür ist, sich detailliert über die Bedürfnisse und Wünsche der betroffenen Individuen zu informieren und sie im weiteren Planungsprozess nicht gering zu schätzen, sondern als eigentlichen Ausgangspunkt der eigenen Planung zu nehmen, ergänzt durch eigenes Fachwissen und eigene konzeptuelle Vorstellungen. Die Sorge um den Bauherrn beinhaltet dabei die Berücksichtigung funktionaler, ästhetischer, psychagogischer, konstruktiver und nicht zuletzt ökonomischer Interessen. Die Sorge um den Nutzer beinhaltet in erster Linie die Berücksichtigung funktionaler, ästhetischer und konstruktiver beziehungsweise bauphysikalischer Interessen. Die Sorge um sonstige Betroffene betrifft in erster Linie die ästhetische und psychagogische Wirkung eines Gebäudes, sie kann aber auch die Berücksichtigung der funktionalen Interessen Dritter beinhalten.

Somit ist es für den Architekt Teil des Prinzips der Sorge, sich bewusst zu machen, dass es eine Vielzahl von zum Teil miteinander konfligierenden Einzel-Interessen gibt und, soweit möglich, die genannten Einzel-Interessen auch zu berücksichtigen.

6.5.2 Sorge um die Gesellschaft

Teil einer sorgenden Handlungsweise des Architekten ist auch das Mitbedenken des Beitrags, den die Architektur und einzelne Architekturen zur Lösung gesellschaftlicher Probleme wie auch zur Formulierung gesellschaftlicher Ideale leisten können. Dies kann man als Sorge um die Gesellschaft bezeichnen. Diese Sorge richtet sich sowohl auf gegenwärtige gesellschaftliche Fragen als auch auf die Probleme zukünftiger Generationen.

Ein wichtiger Teil der Sorge um die Gesellschaft ist paradoxerweise für den Architekten, sich bewusst zu machen, dass die Gesellschaft durch einzelne Architekturen nur in seltenen Fällen beeinflussbar und gesellschaftliche Probleme in der Regel nicht endgültig lösbar sind. Dies zu betonen ist wichtig, weil es in der Geschichte der Architektur und bis in die jüngste Zeit hinein immer wieder utopische Entwürfe gab und gibt, die zum einen nichts weniger versprechen als die Lösung fundamentaler gesellschaftlicher Probleme mit einem einzigen Mega-Projekt oder einer bestimmten Bauweise und die zum anderen von ihren Verfassern eben nicht als Utopien gedacht sind, die im Sinne des Wortes (οὐ

---

71 Vgl. Kapitel 4 zu Architektur und Verantwortung.

τόπος) nirgendwo einen Ort haben, sondern im Gegenteil sehr konkret mit Bauzeiten und Kosten „durchgeplant" sind.[72] Im Gegensatz dazu scheint es mir dem Prinzip der Sorge eher zu entsprechen, sich der begrenzten Wirkung einzelner Architekturen bewusst und mit der Verkündung letztgültiger Dogmen in der Architektur sehr vorsichtig zu sein. Dies gilt insbesondere unter Berücksichtigung der Unsicherheit über die Präferenzen zukünftiger Generationen.

Genau so wenig wie der Architekt die Möglichkeiten des eigenen Handelns überschätzen sollte, sollte er sie aber unterschätzen. Eine Gesellschaft wird durch die Summe der Einzel-Handlungen von Architekten mit beeinflusst und deshalb ist das Handeln jedes einzelnen Architekten gesellschaftlich und damit auch moralisch relevant. Die gesellschaftlichen Fragen und Problem-Felder, in denen von Seiten der Architekten ein Beitrag geleistet werden kann, sind insbesondere die mit Architektur zusammenhängenden sozialen Fragen; daneben spielt das Problem der Umweltverschmutzung und des Ressourcenverbrauchs eine große Rolle sowie die Frage der Baukultur einer Gesellschaft. Wichtig scheint mir dabei zu sein, jeweils nicht ideologisch vorzugehen, sondern die Eignung der vorgeschlagenen Maßnahmen zur Förderung des Wohlergehens jetziger und zukünftiger Gesellschaften immer wieder zu überprüfen und gegebenenfalls anzupassen.

Somit ist es auch Teil des Prinzips Sorge, dass Architekten über ihre tatsächliche Wirkung auf die Gesellschaft und auf die Lebenswelt zukünftiger Generationen Rechenschaft ablegen und versuchen, deren Wohlergehen zu fördern. Dies beinhaltet auch eine kritische Reflexion über architektonische und stadtplanerische Ziele und Maßnahmen.

---

72 Seit den 30er Jahren verfolgte beispielsweise der Münchener Architekt Herman Sörgel sehr ernsthaft und sehr konkret das Projekt Atlantropa. Dieses sah vor, den Wasserstand des Mittelmeeres um 200m abzusenken, um mit den so gewonnenen Ackerflächen und der mittels Wasserkraft gwonnenen Energie ganz Afrika und Europa zu versorgen.Vgl. dazu [176] Matzig (SZ vom 23./24.6.2007), [104] Gall (1998), [286] Voigt (1998) und [259] Sörgel (1932). Auch Le Corbusier verfolgte seinen Plan voisin, der den weitgehende Abriss von Paris und den Neubau mit Hochhäusern vorsah, sehr ernsthaft. Vgl. dazu [160] Le Corbusier (1929). Berühmt für seine utopischen Projekte ist auch Buckminster Fuller, der beispielsweise in den 60er Jahren ganz Manhattan gerne unter eine Glaskuppel gestellt hätte, um vor klimatischen Unwägbarkeiten geschützt zu sein. Etwas weniger gigantisch machen sich dagegen die 2010 vorgestellten Pläne aus, den kompletten Autoverkehr Amsterdams in unter den Grachten gelegene mehrstöckige Tunnels zu verlegen. (Vgl. [144] Kirchner, in: SZ vom 8.7.2010). In ähnliche Kategorien fallen diverse Städtebauprojekte wie zum Beispiel die zwar nur für 50.000 Einwohner geplante, dafür aber bereits im Bau befindliche erste komplett CO_2-neutrale Stadt Masdar-City in der Wüste von Abu Dhabi.

6.5.3 Sorge um die Natur

Teil des Prinzips der Sorge ist auch die Sorge um die Natur. Die jetzt lebenden Generationen schulden nachfolgenden zumindest die Möglichkeit, ihre eigenen Bedürfnisse befriedigen zu können.[73] Daher sollten wir mit dem Gebrauch und insbesondere dem Verbrauch von Naturkapitalien vorsichtig sein. Dies ergibt sich erstens daraus, dass der Mensch zum bloßen Überleben auf viele Dinge der Natur angewiesen ist. Zweitens ist der Mensch für ein würdevolles Leben auch auf die nicht materiellen Werte der Natur wie ästhetisches Erleben und Heimatgefühle angewiesen. Drittens halte ich den moralischen Impuls, die Natur nicht über Gebühr auszunutzen und zu strapazieren für eine grundlegende moralische Intuition des Menschen, die allerdings im westlichen Kontext in den letzten 200 Jahren „verschüttet" war. Deswegen und weil Architektur großen Einfluss auf die natürliche Umwelt hat, kommt der Sorge um die Natur besondere Bedeutung und die Rolle eines eigenen Prinzips zu, das weiter unten zu besprechen sein wird. Es bleibt aber festzuhalten, dass die Sorge um die Natur Teil des Prinzips der Sorge des Architekten ist.

6.5.4 Sorge um „das Werk"

Eine Sorge, die den Architekten zumindest in vielen Fällen bewegt, ist die Sorge um „das Werk". Ein Architekt entwirft und baut in der Regel nicht nur, um seinen Lebensunterhalt bestreiten zu können. Wie erwähnt, ist seine Motivation in der Regel auch, die Lebenswelt der Menschen zu verbessern. Zum anderen sind Architekten aber auch ästhetische Gestalter und als solche häufig auch an ihrem „Werk" interessiert. Dieser Sorge einen besonders hohen moralischen Charakter zusprechen zu wollen hieße jedoch erstens zu verkennen, dass es sich bei einer Architektur nicht um ein mit moralischem Selbstwert ausgestattetes Subjekt handelt. Und zweitens ist die Sorge um das eigene Werk eine durchaus egoistische Motivation, deren moralische Komponente sich in Grenzen hält. Dennoch sorgt ein Architekt sich mit gewissem Recht um sein eigenes Werk, weil er erstens selbst auch durch ein ästhetisches Ge- oder Misslingen eines Projektes in seinem Wohlbefinden beeinflusst wird. Und zweitens ist die Sorge um das eigene Werk auch ein guter Grund, besonders sorgfältig in allen Planungs- und Ausführungsschritten vorzugehen, wozu den Architekten auch andere Prinzipi-

---

73 Dies kann spätestens seit dem Bericht der so genannten Brundtland-Kommision als Minimum-Standard in der Umweltethik zählen. Vgl. dazu die berühmte Formulierung nachhaltiger Entwicklung: *"Sustainable development is development that meets the needs of the present without compromising the ability of future generations to meet their own needs."* [50] Brundtland (1987, p. 43).

en aus moralischen Gründen verpflichten. Daneben kann ein Architekt sich mit Recht um „ein Werk" sorgen, wenn es um ein baukulturell besonders bedeutsames Gebäude geht, welches das Wohlbefinden von Einzelnen und Gesellschaft beeinflusst. Insofern die baukulturelle Bedeutung etwas ist, das für die Gesellschaft und einzelne Personen von hoher Wichtigkeit ist, scheint die Sorge hier berechtigt und nötig.[74] Somit ist also die Sorge um „das (eigene) Werk" und die Sorge um „ein Werk" auch als Teil des Prinzips Sorge anzusehen, wenn auch nicht an erster Stelle.

Fazit Zusammenfassend kann man vier Aspekte der Pflicht zur Sorge unterscheiden: Erstens beinhaltet die Sorge um Individuen die bewusste Wahrnehmung und möglichst weitgehende Berücksichtigung individueller Wünsche und Vorstellungen. Zweitens sollte sich ein Architekt darüber im Klaren sein, dass seine Handlungen zwar gesellschaftlich relevant sind, und dementsprechend auch in Sorge um die Gesellschaft handeln; gleichzeitig sollte er sich dabei aber der begrenzten Wirkung einzelner Architekturen bewusst sein. Drittens muss die natürliche Umwelt, als akut gefährdete Lebensgrundlage des Menschen oder als Objekt mit moralischem Selbstwert, vom Architekten sorgend bedacht werden. Diesem Aspekt der Sorge kommt besondere Bedeutung zu, weshalb er im Prinzip der Nachhaltigkeit, welches im Anschluss besprochen wird, gesondert behandelt wird. Viertens ist auch die Sorge um architektonische Werke, seien es eigene oder bedeutende Arbeiten anderer Architekten, bis zu einem gewissen Grad berechtigterweise als eine inhaltliche Spezifizierung des Prinzips der Sorge anzusehen.

6.6 Nachhaltigkeit

Das Konzept und der Begriff der Nachhaltigkeit wird spätestes seit den 1990er Jahren generell und in vielen speziellen Handlungsfeldern intensiv diskutiert. Dies gilt auch für den Bereich der Architektur. Bereits im Juni 1993 verpflichtete sich der Weltkongress der Vereinigung internationaler Architekten (UIA) im Gefolge der UNO-Konferenz von Rio 1992 (Erdgipfel) auf das Ziel nachhaltiger Architektur und erarbeitete zur Umsetzung dieser abstrakten Verpflichtung be-

---

74 Als Beispiel lässt sich der Streit um das Projekt Stuttgart 21 nennen: Das gesamte Projekt ist sehr umstritten, und dies zumindest zu einem kleinen Teil auch deswegen, weil der denkmalgeschützte, von Paul Bonatz errichtete und offensichtlich von den Stuttgartern geschätzte alte Hauptbahnhof für den Neubau eines unterirdischen Kopfbahnhofes teilweise abgerissen werden muss. Das heißt in den Protesten drückt sich zumindest zu einem kleinen Teil auch die „Sorge um das Werk" eines bedeutenden Architekten aus.

reits Leitlinien, Prinzipien und relativ detaillierte konkrete Handlungs-Regeln.[75] Nachhaltiges Bauen wird also im Prinzip seit der „Wiedereinführung"[76] des Begriffes „Nachhaltigkeit" im Gefolge des Berichtes der Brundtland-Kommission[77] auch in der Architektur häufig und vehement gefordert und es wird sich kaum ein Architekt finden, der sich nicht zur Nachhaltigkeit als wichtigem Ziel seines beruflichen Schaffens bekennt.

Das Konzept der Nachhaltigkeit ist so stark im architektonischen und gesellschaftlichen Diskurs präsent, weil der Begriff eine Antwort auf die mittlerweile existentielle Bedrohung der Menschheit durch die Zerstörung der natürlichen Lebensgrundlagen für jetzige und zukünftige Generationen, verbunden mit Fragen des gerechten Ausgleichs zwischen armen und reichen Ländern, zu geben scheint. Dies allein ist Grund genug, das Prinzip Nachhaltigkeit auch als ein Prinzip des Handelns für den Architekten zu diskutieren. Daneben macht auch die große Bedeutung des Themas „Nachhaltigkeit" für das praktische Handeln jedes Architekten eine Diskussion dieses moralischen Prinzips notwendig. Me-

---

75 *"We commit ourselves, as members of the world's architectural and building-design professions, individually and through our professional organisations, to:*
   * Place environmental and social sustainability at the core of our practices and professional responsibilities
   * Develop and continually improve practices, procedures, products, curricula, services, and standards that will enable the implementation of sustainable design
   * Educate our fellow professionals, the building industry, clients, students, and the general public about the critical importance and substantial opportunities of sustainable design
   * Establish policies, regulations, and practices in government and business that ensure sustainable design becomes normal practice
   * Bring all existing and future elements of the built environment – in their design, production, use, and eventual reuse – up to sustainable design standards." [274] UIA (1993). Vgl. dazu auch [307] Williamson und Radford, in: Fox (2000, p. 57).

76 Im Allgemeinen wird davon ausgegangen, dass der Begriff „Nachhaltigkeit" aus dem forstwirtschaftlichen Kontext stammt, wo er seit Anfang des 18. Jahrhunderts, als vorwiegend ökonomisch geprägter Begriff, eine Bewirtschaftungsmethode bezeichnet, die die Substanz eines Waldes nicht verbraucht. Bis Mitte des 20. Jahrhunderts blieb „Nachhaltigkeit" ein forstwirtschaftlicher Begriff, wenngleich das dahinterstehende Konzept des Lebens von den Zinsen, nicht vom Kapital, natürlich viel älter ist. Auf das Interesse einer breiten Öffentlichkeit stießen der Begriff der Nachhaltigkeit und die Lösungsansätze, die das Konzept für zivilisatorische Probleme im Gefolge der Moderne anbietet, erst nachdem das Wort „sustainable" im so genannten Brundtland-Bericht 1987 eine „Wiedereinführung" erlebt und danach seinen „Siegeszug" angetreten hat. Dabei führen im Wesentlichen zwei Stränge zur Entwicklung des Konzeptes, das mit dem Wort Nachhaltigkeit populär wird. Zum einen ist dies die zunehmend problematischer werdende Umweltsituation in den westlichen Industrieländern ab Mitte des 20. Jahrhunderts und zum zweiten die Probleme des Nord-Süd-Gefälles bzw. der globalen Armut. Zur Geschichte des Begriffs „Nachhaltigkeit" vgl. zum Beispiel: [116] Grober, in: Altner (2002).

77 *„Als Beginn der Karriere des Konzepts Sustainable Developement als globales Leitbild zukünftiger Entwicklung ist der Bericht ‚Our Common Future' der Brundtland-Kommission anzusehen."* [46] Brand, Jochum (2000, S. 20). Vgl. dazu auch [50] Brundtland (1987) und [121] Hauff (1987).

thodisch könnte man das Prinzip der Nachhaltigkeit auch als Unterpunkt eines anderen Prinzips, zum Beispiel von Gerechtigkeit, vor allem aber von Schadensvermeidung oder Sorge diskutieren. Ebenso wäre es möglich, das Prinzip Nachhaltigkeit als übergeordnete Maxime, die andere Prinzipien unter sich fasst, zu konstruieren. Ersteres würde allerdings der tatsächlichen Bedeutung dieses Prinzips in der Architektur nicht gerecht und für Letzteres wäre ein unangemessen „weiter" Nachhaltigkeitsbegriff vonnöten. Deshalb wird „Nachhaltigkeit" als eigenes moralisches Prinzip eingeführt. Zunächst ist dabei zu klären, was genau unter Nachhaltigkeit verstanden werden soll.

6.6.1 Zum Konzept der Nachhaltigkeit

Da Architektur auf vielen Ebenen nicht nur zum Ressourcenverbrauch beiträgt sondern sogar als Hauptverbraucher natürlicher Ressourcen und Hauptverschmutzer der natürlichen Umwelt[78] gelten muss, ist das Thema Nachhaltigkeit für das Handeln von Architekten und für diese Untersuchung in hohem Maße relevant.[79]

---

78 Vgl. dazu: „*Die größte Einzelursache für Treibhausgasemissionen ist [...] die Nutzung von Energie aus fossilen Brennstoffen. Diese ist für etwa zwei Drittel des weltweiten Gesamtausstoßes verantwortlich. Davon wiederum sind global betrachtet die Industrie, der Verkehr und die Gebäude zu etwa gleichen Teilen verantwortlich. [...] Nach Angaben der Europäischen Kommission entfallen auf den Bau und die Instandhaltung von Gebäuden, einschließlich Heizung, Klimaanlagen, Beleuchtung und elektrische Ausstattung, 40% des Energieverbrauchs in der EU.*" [249] Schwarz (2007, S. 600f.). Vgl. dazu auch [300] Weizsäcker et al. (2010, S. 74ff.).

79 Interessant ist an dieser Stelle, dass erste Hinweise auf Naturschutzgedanken bereits bei Architekten der Architektur-Moderne zu finden sind und seitdem immer wieder aufgegriffen werden. In der Charta von Athen wird in den Paragraphen §§35–40 die Schaffung von mehr und schöneren Parks gefordert, wofür auch der Abriss alter Häuserblocks gebilligt wird. „*§40 Man muß dabei* [bei der Schaffung neuer Parks] *die vorhandenen Elemente berücksichtigen: Flüsse, Wälder, Hügel, Berge, Täler, Seen, Meer etc. [...] Es handelt sich nicht nur darum, die noch unberührten Naturschönheiten zu erhalten, sondern auch darum, die erlittenen Schäden wiedergutzumachen;*" Dieser frühe (1933) Gedanke an „Naturschutz" erfolgt allerdings aus rein anthropozentrischer Sicht, das heißt, Naturschutz wird propagiert, um den Menschen Erholung und Muße zu bieten: „*Eine fruchtbare Verwendung der freien Stunden wird dem Stadtbewohner Gesundheit und Herz stählen.*" [64] CIAM (1984, S. 140). Auch in Bezug auf die Problematik des motorisierten Individualverkehrs findet sich eine bemerkenswerte und im Prinzip heute noch gültige Analyse der Verkehrssituation in der Charta von Athen. Leider sah der CIAM die Lösung für das Problem in der Schaffung der autogerechten Stadt, was sich als nicht adäquat herausgestellt hat. „*§80 Die neuen mechanischen Geschwindigkeiten haben das städtische Milieu in Unordnung gestürzt, indem sie eine ständige Gefährdung mit sich bringen, Verkehrsengpässe hervorrufen und die Hygiene bedrohen. Die mechanischen Fahrzeuge hätten von einer befreienden Wirkung sein sollen und durch ihre Geschwindigkeit einen beachtlichen Gewinn an Zeit herbeiführen müssen. Aber ihre Ansammlung und Konzentration an gewissen Stellen sind gleichzeitig ein Hindernis für den Verkehr und der Anlaß ständiger Gefahr geworden. Darüber hinaus haben sie zahlreiche gesundheitsschädigende Faktoren in das Leben der Stadtgemeinde gebracht. Ihre Abgase, die sich in der Luft verbreiten, sind schädlich für die Lunge, und ihr*

Vor einer nutzbringenden Verwendung im Bereich der Architektur sind allerdings drei Probleme zu klären.

Erstens ist aus philosophischer Sicht zunächst zu fragen, ob, und wenn ja, warum Natur[80] überhaupt schützenswert sei, und was dies gegebenenfalls für das Handeln des Einzelnen bedeutet.

Zweitens ist der Begriff „Nachhaltigkeit" vor allem durch seine vordergründige universale Anschlussmöglichkeit mittlerweile so weit geworden, dass das Bekenntnis zu „nachhaltigem Handeln" inhaltlich kaum mehr bezeichnet als den Willen, in irgendeiner Form die längerfristigen Folgen des eigenen Handelns zu bedenken und sich dabei eventuell auch noch mit der natürlichen Umwelt auseinanderzusetzen. Der Begriff „Nachhaltigkeit" ist also so „ausgeleiert", dass er nichtssagend geworden ist.[81] Um dem zu begegnen, wurden sowohl von Seiten der Umwelt- und Sozialethik als auch in verschiedenen Praxisfeldern einige

---

Lärm bewirkt beim Menschen den Zustand permanenter Nervosität. Die schon jetzt verfügbaren Geschwindigkeiten wecken die Versuchung zur täglichen Flucht in die Ferne, in die Natur, verbreiten den Geschmack an einer hemmungslosen und maßlosen Mobilität und begünstigen eine Art zu leben, die, indem sie die Familie auseinanderreißt, die Grundlagen der Gesellschaft zutiefst verwirrt. Sie verdammen den Menschen dazu, ermüdende Stunden in Fahrzeugen aller Art zu verbringen und nach und nach die Ausübung der Tätigkeit zu vergessen, die gesund und natürlich ist wie keine andere: des Gehens." [64] CIAM (1984). Allerdings muss man einschränkend hinzufügen, dass Le Corbusier der Natur offensichtlich keinerlei Eigenwert zubilligt und seine Sicht auf die Natur eine vollständig anthropozentrische ist: *„Der Mensch untergräbt und zerhackt die Natur. Er widersetzt sich ihr, er zwingt sie nieder, er richtet sich in ihr ein. Kindliche und großartige Arbeit!"* [160] LeCorbusier (1929c, S. 21).

Vertreter der Strömung des so genannten „organischen Bauens" in der Architektur-Moderne forderten dagegen einen die Natur respektierenden bzw. sich an der Natur orientierenden Lebensstil: *„Wollen wir also forderungen stellen für die gestaltfindung der dinge, so müssen wir zunächst forderungen stellen für die gestaltfindung eines neuen lebens, einer neuen gesellschaft. Denn wir können den sinn des einzelnen nicht bestimmen, solange wir nicht den sinn des ganzen kennen, dem dieses einzelne angehört. Forderten wir also für die gestaltfindung der einzelnen dinge, dass sie den weg der natur gehe, so müssen wir ergänzen oder vielmehr eigentlich voraussschicken, dass wir auch für die gestaltwerdung eines neuen lebens, einer neuen gesellschaft, für unsere menschwerdung fordern, daß sie den weg der natur gehe und nicht gegen sie."* Hugo Häring, 1925, in: [128] Huse (²1985, S. 61–62).

Im Gefolge der Architektur-Moderne wurde der Gedanke eines ressourcenschonenden Bauens beispielsweise durch Architekten wie Buckminster Fuller oder Frei Otto weiterentwickelt. Vgl. dazu [16] Anker (2010).

80 Zum Begriff der „Natur" vgl. [148] Krebs, in: Nida-Rümelin (1996, S. 349). Zitiert in Abschnitt 1.3.1, Fußnote 22.

81 Vgl. zum Beispiel: *„In seiner Unschärfe ließ das Leitbild viele Interpretationen zu, was zur Folge hatte, dass SD [Sustainable Developement] letztlich – so der Vorwurf vieler Kritiker – zu einer „Leerformel" wurde, die nach Belieben ausgefüllt werden könne."* [46] Brand (2000, S. 22).
Oder: *„Der Preis für die weltweite Zustimmung zum Leitbild der Nachhaltigkeit ist ein hohes Maß an begrifflicher Unschärfe, das vielfältige Interpretationsmöglichkeiten zulässt und eine nahezu beliebige Verwendung des Nachhaltigkeitsbegriffs als allgegenwärtiges politisches Schlagwort ermöglicht."* [24] Bauer (2005, S. 16).

Versuche unternommen, den Begriff genauer zu definieren und zu operationalisieren. Ich vertrete die im Anschluss zu begründende Meinung, dass man den Ausdruck „nachhaltige Entwicklung" inhaltlich als „dauerhaft umweltgerecht" spezifizieren und ihn so auch im praktischen Handeln auf seinen Kern zurückführen sollte.

Drittens besteht ein Problem des Diskurses zur Nachhaltigkeit darin, dass die verschiedenen Nachhaltigkeitstheorien einander auf zum Teil fundamentale Art und Weise widersprechen. Wenn man vor diesem Hintergrund den Begriff der Nachhaltigkeit weiterhin in sinnvoller Weise verwenden möchte, ist man gezwungen, sich zur ethischen Begründung und zur inhaltlichen Ausformulierung des Prinzips Nachhaltigkeit zu positionieren. Ich vertrete die Meinung, dass der von Konrad Ott und anderen entwickelte so genannte „Greifswalder Ansatz starker Nachhaltigkeit" die derzeit überzeugendste philosophische Theorie von Nachhaltigkeit ist.

6.6.1.1 Muss der Einzelne die Natur schützen, obwohl sein Beitrag vernachlässigbar ist?

Aus ethischer Sicht ist es keineswegs selbstverständlich, dass Architekten zu nachhaltigem Bauen verpflichtet werden können. Das ethische Problem bei der Umweltzerstörung besteht, wie bei der Diskussion gemeinschaftlicher Verantwortung bereits angedeutet,[82] darin, dass sich erst die Aggregation von Einzelhandlungen als Risiko erweist. Erst die Gesamtheit aller einzeln ungefährlichen und ethisch unproblematischen Handlungen lässt ökologische Probleme entstehen. Das heißt: Im Bereich der Umweltproblematik ist die einzelne Handlung in der Regel nicht schädlich bzw. in so geringem Ausmaß, dass sie mit Blick auf größere Ökosysteme vernachlässigbar ist. Daher ist es ethisch problematisch, nachhaltiges Handeln, das mit einer Einschränkung der persönlichen Freiheit verbunden ist, als allgemeinverbindlich vorzuschreiben. Ein einzelner Autofahrer wird keinen nennenswerten Schaden anrichten. Das Handeln aller Autofahrer zusammen führt allerdings zu erheblichen Belastungen des Ökosystems „Erde". Umgekehrt kann ein Individuum allein durch Verzicht so gut wie nichts im positiven Sinne bewirken. Es bleibt also unklar, wem die Verantwortung für durch kollektives Handeln verursachte Probleme zuzurechnen ist. Wäh-

---

In einem Artikel für die Süddeutsche Zeitung beklagt Wolfram Eilenberger zum einen die Beliebigkeit des Nachhaltigkeitsbegriffs und stellt zum anderen fest, dass der Begriff so wie er in der Brundtland-Definition verwendet ist, eine Fortschreibung bekannter Paradigmen westlicher Gesellschaften ist und dabei vor allem den Glauben an Wachstum, als grundlegende Voraussetzung jeder Lösung von Fragen der Gerechtigkeit und der Umweltproblematik, bedeutet. Vgl. [80] Eilenberger (SZ, 22.3.2010).

82 Vgl. Abschnitt 2.2.3.4.

rend die Zurechnung auf Individuen Probleme beinhaltet, ist die Zurechnung auf die Menschheit oder das Kollektiv zwar grammatikalisch möglich, aber weder sinnvoll praktisch noch ethisch-systematisch durchführbar.[83] Ich sehe zwei mögliche Lösungswege: Erstens: Wenn die Natur oder ihre Teile an sich einen moralischen Wert haben, dann wird jede einzelne „Handlung gegen die Natur" oder ihre Teile ethisch problematisch und es ist nur eine Frage der Aufklärung, die Umweltschädlichkeit und damit moralische Verwerflichkeit bestimmter Verhaltensweisen bewusst zu machen. Aus ethischer Sicht werfen zwar nicht anthropozentrische Ethik-Entwürfe grundlegende philosophische Fragen auf, die allerdings meiner Meinung nach von wohlbegründeten holistischen oder biozentrischen Ethik-Entwürfen zumindest zum Teil beantwortet werden.[84] Zweitens könnte eine Lösung darin bestehen, größere institutionalisierte Einheiten verantwortlich zu machen. Diese wiederum könnten über Verhaltenskodizes das Verhalten der individuellen Mitglieder normativ regeln. Das heißt im Fall der Architektur, dass insbesondere die Architektenkammern hier eine prospektiv zu verstehende Gestaltungsverantwortung tragen, weil sie das Problem massiv beeinflussen können und weil sie in einer Form institutionalisiert sind, die es erlaubt, grundlegende Voraussetzungen der Verantwortungszuschreibung wie In-

---

83 Vgl.: „Der entscheidende Punkt ist nun, dass eine kausale Zurechnung solcher globalen Effekte auf individuelle Handlungen unmöglich ist, wenn diese Effekte sich erst aus der Kumulation vieler Einzelhandlungen ergeben. Zwar ist es richtig, dass die globalen Effekte sich ohne Einzelhandlungen nicht einstellen würden und dass in dieser Hinsicht die Individuen verantwortlich sind; aber sie sind es nicht als Individuen, sondern nur in ihrer kollektiven Gesamtheit. Die Kausalbeziehung besteht nicht zwischen den Einzelhandlungen und dem Effekt, sondern stellt sich erst auf der Ebene des aggregierten Handelns ein. Das kausale Band zwischen dem individuellen Akteur und dem negativen Effekt löst sich in Statistik auf. Diese Irrelevanz der Einzelhandlungen gilt im übrigen auch für Unterlassungen: So wenig ich (als einzelner) durch mein Autofahren den Wald schädige, so wenig nütze ich ihm, wenn ich (als einzelner) auf das Fahrrad umsteige. Sowohl der kausal-negative als auch der präventiv-positive Effekt stellt sich erst auf der aggregierten Ebene ein." [28] Bayertz (1995, S. 54).

84 Vgl. zu einer ausführlichen Diskussion der Problematik: [148] Krebs, in: Nida-Rümelin (1996, S. 366). Krebs kommt zu dem Schluß, dass „[...] in der Natur nur empfindungs- und handlungsfähigen Tieren moralischer Wert zu[kommt]. Der Rest der Natur ist ohne moralischen oder absoluten Wert." Demgegenüber stehen allerdings holistische Ansätze in der Umweltethik wie der von [114] Gorke (1999). Gorke weist in seiner Untersuchung sowohl die Beschränkung auf eine anthropozentrische Umweltethik als auch die Möglichkeit einer rein technisch-wissenschaftlichen Lösung der Umweltproblematik als unzulänglich zurück. Er sieht stattdessen den holistischen Ansatz als mögliche Lösung und begründet ihn theoretisch, so dass er zu folgender Aussage kommt: „Arten haben – analog zu menschlichen Individuen – einen Eigenwert (Selbstzweck); ihre Auslöschung ist nicht nur aus instrumentellen Gründen, sondern in erster Linie um ihrer selbst willen zu verhindern." [114] Gorke (1999, S. 305). Außerdem sei es erlaubt anzumerken, dass es sich bei dem Impuls, die Natur und ihre Teile vor Zerstörung zu schützen, meiner Meinung nach um eine grundlegende moralische Intuition sehr vieler Menschen handelt, die durchaus ihre Berechtigung hat und nicht einfach als „ethischer Sentimentalismus" abqualifiziert werden kann, so wie dies zum Beispiel [38] Birnbacher (2006, S. 102) tut. Vgl. dazu auch Fußnote 92 in diesem Abschnitt.

tentionalität, Möglichkeit und Freiwilligkeit zuzuerkennen.[85] Eine Möglichkeit, das oben skizzierte Problem der gemeinschaftlichen Verantwortung für die Natur philosophisch in den Griff zu bekommen, könnte also für den Bereich der Architektur eine Standesethik darstellen, die den einzelnen Architekt zu hohen Maßstäben bezüglich ökologischer Standards verpflichtet.

6.6.1.2 Nachhaltiges Handeln als dauerhaft umweltgerechtes Handeln

Ich sehe drei basale moralische Intuitionen, auf denen die Forderung nach Nachhaltigkeit in einer Standesethik der Architekten aufbauen könnte. Erstens: Der historische Begriff der Nachhaltigkeit, der bekanntermaßen eine forstwirtschaftliche Bewirtschaftungsmethode bezeichnet, nach der einem Wald nicht mehr Holz entnommen werden sollte als nachwächst,[86] beruht vor allem auf der Sorge um die eigenen Kinder, was man als anthropologische und wahrscheinlich sogar biologische Grundlage bezeichnen kann. Etwas abstrakter formuliert ist es also erstens der Gedanke, das Wohlergehen zukünftiger Generationen nicht zu gefährden, und noch abstrakter, die Gerechtigkeit gegenüber zukünftigen Generationen, die dem Gedanken an nachhaltiges Handeln zugrunde liegt. Zweitens: Mit der Wieder-Einführung des Begriffs Ende des 20. Jahrhunderts, im Gefolge der Arbeit und der Berichte der Brandt- und Brundtlandkommission[87] kommt zusätzlich die moralische Empörung oder das moralische Unbehagen über das Verhältnis der Länder der „ersten Welt" zu denen der „dritten Welt" beziehungsweise über die Ausbeutung der „Länder des Südens" durch die Industrieländer. Das heißt die Intuition der Notwendigkeit intragenerationeller Gerechtigkeit in einer globalisierten Welt tritt zum Nachhaltigkeitsbegriff als Sorge um zukünftige Generationen hinzu. Das Problem der Naturzerstörung und -verschmutzung wird allgemein im Nachhaltigkeitsdiskurs allerdings eher als Teil der intergenerationellen Gerechtigkeit diskutiert, in dem Sinne, dass eine Zerstörung der natür-

---

85 Vgl. dazu: *„Nun gibt es eine Fülle von Bemühungen, den Begriff der Verantwortung durch eine geeignete Interpretation so zu rekonstruieren, dass die Einbettung von individuellen Handlungen in arbeitsteilige Systeme nicht zu einer „Taylorisierung" oder gar zum Verschwinden aller Verantwortung führt. Und in der Tat scheinen diese Bemühungen keineswegs aussichtslos zu sein, denn innerhalb von Organisationen und Institutionen existiert meist eine klare Verteilung der Zuständigkeiten, die eine Rückverfolgung von Zurechnungslinien erlaubt; und von außen können Organisationen und Institutionen ohnehin als Individuen begriffen und mit Hilfe geeigneter (vor allem rechtlicher) Instrumentarien zur Verantwortung gezogen werden."* [28] Bayertz (1995, S. 53).

86 Vgl. auch Fußnote 76 unter Abschnitt 6.6.

87 Vgl. [47] Brandt (1980) und [48] (1981), [50] Brundtland (1981) und [121] Hauff (1981).

lichen Lebensgrundlagen ungerecht gegenüber nachfolgenden Generationen ist. Dies ist auch heute noch weitgehend der Fall.[88]

Drittens: Darüber hinaus kann man sich bei der Begründung des Konzepts der Nachhaltigkeit zusätzlich auf eine moralische Intuition stützen, wonach lediglich ein respektvoller Gebrauch der Natur beziehungsweise natürlicher Ressourcen, keinesfalls aber ein Verbrauch gestattet ist. Diese Intuition findet sich in vielen Naturreligionen, aber auch in den großen monotheistischen Religionen.[89] Daneben drückt sie sich in dem aus, was von Albert Schweitzer und anderen als „Ehrfurcht vor der Natur" bezeichnet wurde.[90] Und außerdem wurde von philosophischer Seite – konkret in Nussbaums Fähigkeitenansatz – die Möglichkeit zu einer „ökologischen Verbundenheit" zu den für ein gutes Leben notwendigen Grundbefähigungen gezählt. Das heißt, die Fähigkeit, in Sorge um die natürliche Umwelt und in Beziehung zu Tieren, Pflanzen und der Welt der Natur zu leben, zählt zum Kernbereich eines guten Lebens.[91]

Eine Kritik an dieser Art „ethischer Sentimentalismus" ist aus Sicht einer „klassischen", rein logisch-rationalistisch argumentierenden Ethik zwar leicht möglich,[92] dies ändert allerdings nichts an der hohen Bedeutung der genannten moralischen Intuition in der tatsächlichen Lebenswelt der Menschen. Und weil jede Ethik einer konkreten Moral entspringt und auf bestimmte Intuitionen zu-

---

88 In diesem Sinne äußert sich Ott: *„Die ‚Ethik' der Nachhaltigkeit ist daher nicht gleichzusetzen mit einer umfassenden Ethiktheorie, einer Theorie der Gerechtigkeit oder der Umweltethik. Es handelt sich vielmehr um eine ethische Spezialtheorie, die das Problem intergenerationeller distributiver Gerechtigkeit mit einem besonderen Augenmerk auf natürliche Ressourcen thematisiert."* [203] Ott (2003, S. 204).

89 So wird das dominium terrae, das „Macht Euch die Erde Untertan", heute korrekt als Auftrag zur sorgenden Hege und Bebauung der Schöpfung gedeutet. Vgl. dazu 1 Mose 1, 28 und [73] Deutsche Bischofskonferenz (1998).

90 Vgl. dazu z.B.: [13] Altner (1991). Vgl. auch [260] Spaemann, in: Birnbacher (2001): *„Nur wenn der Mensch heute die anthropozentrische Perspektive überschreitet und den Reichtum des Lebendigen als Wert an sich respektieren lernt, nur in einem wie immer begründeten religiösen Verhältnis zur Natur wird er imstande sein, auf lange Sicht die Basis für eine menschenwürdige Existenz des Menschen zu sichern. Der anthropozentrische Funktionalismus zerstört am Ende den Menschen selbst."*

91 Vgl. dazu [199, 198] Nussbaum (1999, 2000).

92 Zum Beispiel aus der Sicht des Utilitarismus von Dieter Birnbacher: *„Unüberbrückbar erscheint die Kluft zwischen Utilitarismus und ökologischer Ethik bereits in der ethischen Methodik. Der Utilitarismus strebt nach einer umfassenden Rationalisierung des ethischen Urteils, insbesondere dadurch, dass er Einzelfallbeurteilungen statt von vortheoretischen individuellen Intuitionen von einem so weit wie möglich objektivier- und nachprüfbaren Folgenkalkül abhängig macht. Im Gegensatz dazu hat sich die ökologische Ethik gerade die letzten Jahre immer unmissverständlicher in Richtung eines „ethischen Sentimentalismus" entwickelt, nach dem „Intuitionen", Gefühle und spontane Reaktionen über ihre (auch vom Utilitarismus geschätzte) heuristische Bedeutung hinaus an die Stelle nüchterner Folgeabschätzungen treten und einen unmittelbaren Zugang zur ethischen Wahrheit eröffnen sollen."* [38] Birnbacher (2006, S. 102). Vgl. daneben: [35] Birnbacher (2001) und [37] (2006) und [36] (2006b).

rückgeht, gibt es meiner Meinung nach keinerlei Grund, sich abschätzig über „ethischen Sentimentalismus" zu äußern und „nüchterne Folgenabschätzung" für wertvoller zu halten als allgemein geteilte moralische Intuitionen. Eine Kritik an einem „ethischen Sentimentalismus", wie sie aus Sicht einer „rationalen" ethischen Theorie zum Beispiel in der oben zitierten Form von Birnbacher formuliert wird, fällt insofern auf sich selbst zurück, als man die Geltung jeder Grundüberzeugung der großen klassischen Theorien letztlich auch nur mit dem Hinweis auf allgemeine Plausibilität fundieren kann. Insbesondere gilt das Gesagte, da die De-facto-Bedeutung von Eigenwerten der Natur meistens anerkannt und in irgendeiner Form rekonstruiert wird.[93]

Je nachdem, welche der genannten Intuitionen im Vordergrund steht, wird der Begriff der Nachhaltigkeit unterschiedlich ausformuliert. Viele inhaltliche Spezifizierungen stellen den Gedanken der inter- und intragenerationellen Gerechtigkeit in den Mittelpunkt, einige aber auch den der Umweltgerechtigkeit. Ich halte den Gedanken des Schutzes der natürlichen Ressourcen in Verantwortung für zukünftige Generationen für den Kern des Nachhaltigkeitsbegriffes und möchte daher „Nachhaltigkeit" in „klassischer Form" relativ eng verstehen, als normativ gehaltvolles Konzept, das eine dauerhaft umweltgerechte Entwicklung ermöglicht. Der Begriff „dauerhaft umweltgerecht" stammt dabei vom Sachverständigenrat für Umweltfragen (SRU). Dieser benützt für Sustainable Development die Umschreibung *„dauerhaft-umweltgerecht, da auf diese Weise am ehesten das sicherzustellen ist, was der Begriff SD [. . .] konzeptuell enthält."*[94] Diese Aussage halte ich auch heute noch für richtig. Ich sehe den Kern des Nachhaltigkeitsbegriff in der Problematik einer intergenerationell gerechten Nutzung von natürlichen Ressourcen. Deswegen verwende ich „nachhaltig" im Sinne von „dauerhaft umweltgerecht". Soziale Gerechtigkeit, sowohl intra- als auch intergenerationell, ist damit nicht unmittelbares Ziel nachhaltigen Handelns, sondern nachhaltiges Handeln ist Teil der Gerechtigkeit gegenüber jetzt und zukünftig lebenden Generationen[95] insofern der Gebrauch von natürlichen Ressourcen betroffen ist.

---

93 Dies ist auch der Fall bei der von mir zitierten ethischen Theorie Birnbachers. Vgl.: *„Insgesamt sind dies deutliche Hinweise auf die Berechtigung der Konvergenzhypothese selbst in ihrer dritten und stärksten Variante: Die von den Ökozentrikern für die Natur postulierten Eigenwerte lassen sich erfolgreich als inhärente Werte im Sinne der anthropozentrischen Umweltethik rekonstruieren. Das heißt nicht, dass damit alle Differenzen aufgehoben wären. Unterschiede bleiben in Bezug auf das jeweilige Verständnis der übereinstimmend anerkannten Werte und der ihnen zuerkannten Priorität bestehen."* [38] Birnbacher (2006, S. 116).

94 Vgl.: [240] SRU (1994, S. 45ff.).

95 Auch für Löffler (2004) ist soziale Gerechtigkeit *„[...] sachlich gesehen das fundamentalere und damit vorgeordnete Leitbild [...]. Ich vertrete also – vermutungsweise – die These, dass sich aus Nachhaltigkeitsüberlegungen mehr für eine brauchbare Konzeption sozialer Gerechtigkeit lernen lässt, als dies umgekehrt der Fall ist. Diese sachliche Vorordnung der sozialen Gerechtigkeit schließt allerdings nicht aus, dass Nachhaltigkeit vielleicht das effektivere, da konsensfähigere Leitbild sein könnte." (Abschnitt1). "* [169] Löffler (2004).

6.6.1.3 Welche Theorie der Nachhaltigkeit?

Bei der Ausformulierung des Begriffs „Nachhaltigkeit" zu einem Konzept beziehungsweise zu einer ethischen Theorie der Nachhaltigkeit werden unterschiedliche inhaltliche Schwerpunktsetzungen vorgenommen. Ott (2003) nennt fünf Ansätze, an denen man „sich im Nachdenken über Nachhaltigkeit konzeptionell orientieren" kann.[96] Es sind dies erstens die „partizipativen bottom-up-Ansätze" auf der Ebene lokaler Agenden. Zweitens ist das vom Wuppertal-Institut im Auftrag vom BUND und Misereor in den Studien „Zukunftsfähiges Deutschland" und „Zukunftsfähiges Deutschland in einer globalisierten Welt" entwickelte Konzept des Umweltraumes[97] zu nennen. Drittens spielt das so gennante Drei-Säulen-Modell eine sehr große Rolle. Der Grund für die große Bedeutung dieses Modells ist insbesondere in der Entscheidung der Enquete-Kommision „Schutz des Menschen und der Umwelt" für dieses Modell, in der leichten Verständlichkeit und in der fast schon universellen Anschlussfähigkeit zu suchen. Diese Gründe machen das Drei-Säulen-Modell zwar insbesondere für die Politik sehr geeignet,[98] gleichzeitig ist das Konzept aus philosophischer Sicht aus den gleichen Gründen problematisch.[99] Viertens wurde am Institut für Technikfolgensabschätzung

---

96 *„– Die partizipativen „bottom-up"-Ansätze (lokale Agenden)*
   – Das Umweltraum-Konzept (BUND&Misereor 1996)
   – Das Säulen-Modell: Umwelt, Soziales, Ökonomie (Enquete-Kommission 1998, Verbundprojekt „Arbeit und Ökologie")
   – Ein System von bereichsübergreifenden Grundregeln (HGF-Projekt; s. Jörissen et al. 1999, Jörissen 2002)
   – Die Kontroverse zwischen starker Nachhaltigkeit („strong sustainability, StS) und schwacher Nachhaltigkeit („weak sustainability", WS)." [203] Ott (2003, S. 208).

97 Vgl. dazu [52] BUND&Misereor (1996) und die „Neuauflage" [51] BUND, eed, Brot für die Welt (2009).

98 Vgl. den Zwischenbericht der Enquete-Kommission Schutz des Menschen und der Umwelt [69] Dt. Bundestag Referat Öffentlichkeitsarbeit (1997) und den Abschlussbericht, in dem das Konzept Nachhaltigkeit in Form des Drei-Säulen-Modells übernommen wird [70] Dt. Bundestag Referat Öffentlichkeitsarbeit (1998).

99 Vgl. dazu Ott, der die Wahl dieses Konzeptes durch die Enquete-Kommission „Schutz des Menschen und der Umwelt" des 13. Deutschen Bundestages und verschiedener anderer Institutionen kritisiert: *„Als Begründung für die Wahl dieses Modells wird angeführt, dass die im WCED-Bericht enthaltenen Ziele durch das ‚Säulen-Modell' am besten erfasst würden. Dies ist nur teilweise zutreffend, da die Definition der WCED sich stets auf die Grundbedürfnisse (‚basic needs') bezog. Die ‚soziale Säule' hingegen ist offen für sämtliche sozialpolitische Zielsetzungen. Ähnliches gilt für die ökonomische Säule. Wie Brand und Jochum (2000) feststellten, entwickeln sich die Säulen mittlerweile zu einer Art Wunschzettel, in die jeder eintragen kann, was er für wichtig hält. Auf der Ebene lokaler Agenden werden die Betreuungszeiten im Kinderhort und der Warmbadetag für Senioren im örtlichen Hallenbad zu Zielen nachhaltiger Entwicklung. Die ökonomische Säule ist weit geöffnet für all das, was üblicherweise unter ‚wirtschaftlicher Entwicklung' verstanden wurde und wird: (nachhaltige) Belebung des Arbeitsmarktes, (nachhaltige) Erhöhung des Steueraufkommens, (nachhaltige) Haushaltskonsolidierung, (nachhaltige) Sicherung*

(ITAS) am damaligen Forschungszentrum Karlsruhe der Helmholtz-Gesellschaft (HGF) eine „integrative Konzeption von Nachhaltigkeit" als ein System von bereichsübergreifenden Regeln spezifiziert.[100] Fünftens ist der maßgeblich von Konrad Ott entwickelte, so genannte „Greifswalder Ansatz starker Nachhaltigkeit" zu nennen, der insbesondere in scharfer Abgrenzung zum Konzept „schwacher Nachhaltigkeit" in überzeugender Weise im Rahmen der Diskursethik ein System starker Nachhaltigkeit, mit der Idee intra- und intergenerationeller Gerechtigkeit als Grundlage und einer detaillierten Ausarbeitung auf verschiedenen Ebenen, etabliert.[101]

Eine genauere inhaltliche Spezifizierung verschiedener Nachhaltigkeitskonzepte ist an dieser Stelle nicht erforderlich. Ich halte das Konzept starker Nachhaltigkeit, wie es von Konrad Ott und seinen Kollegen im so genannten Greifswalder Ansatz entwickelt wurde, für die überzeugendste philosophische Konzeption des Begriffes der Nachhaltigkeit.

6.6.2 Konzeptionen von Nachhaltigkeit in der Architektur

Die genannte Konzeption einer starken Nachhaltigkeit sehe ich, trotz möglicher Kritik in Detailfragen, als geeignete Grundlage für eine sinnvolle Bestimmung dessen, was nachhaltige Architektur sein könnte. Im Folgenden soll dies in groben Zügen skizziert werden, wobei einige Defizite aktueller Diskurse benannt und mit Alternativen kontrastiert werden.[102]

---

des Industriestandortes, (nachhaltiger) Exportüberschuss, (nachhaltiger) Ausbau der Verkehrswege usw. Das Drei-Säulen-Modell ist der große ‚Weichspüler‘ der Nachhaltigkeitsidee. [...] Das Drei-Säulen-Modell bezahlt seine vordergründige politische Anschlussfähigkeit mit systematischen Defiziten. Dadurch wird es (hoffentlich) letztlich auch für die Politik unattraktiv; denn es ist fraglich, worin (über Rhetorik hinaus) der Wert dieser Nachhaltigkeitskonzeption liegt." [206] Ott und Döring (2004, S. 35f.).

100 Vgl. dazu z.B. [147] Kopfmüller (2001) und für den Bereich Architektur [135] Jörissen et al. (2005).

101 Vgl. dazu [206] (2004) und daneben: Ott [201] (1993), [207] (2000), [203] (2003), [204] (2005), [205] (2007). Vgl. daneben die Gutachten des Sachverständigenrats für Umweltfragen, z.B.: [240] SRU (1994) und Beiträge weiterer Autoren wie z.B. [285] Vogt (2009) oder [87] Ekardt (2005).

102 Dazu ist anzumerken, dass eine detaillierte Betrachtung des Nachhaltigkeitsprinzips in der Architektur aus philosophischer Sicht sehr wohl wünschenswert, aber sicher nur im Rahmen einer eigenen größeren Studie möglich wäre. Als Beispiel für die „integrative Konzeption von Nachhaltigkeit" im Bereich Architektur: [135] Jörissen et al. (2005). Ebenso wäre die detaillierte Ausarbeitung des Greifswalder Ansatzes der Nachhaltigkeit für den Bereich Architektur zwar sehr wünschenswert, aber nur im Rahmen einer eigenen größeren Studie zufriedenstellend möglich. Die folgenden Ausführungen verstehen sich also nicht als eine genaue Ausarbeitung einer „Theorie starker Nachhaltigkeit in der Architektur", sondern lediglich als grobe Skizze dazu.

Der Diskurs über Nachhaltigkeit in der Architektur dreht sich ganz überwiegend um Möglichkeiten des ressourcenschonenden Bauens. Nachhaltiges Bauen wird häufig mit energiesparendem Bauen gleichgesetzt und als moralische Aufgabe des Architekten gesehen, die aber mit technischen Mitteln lösbar ist. Es erfolgt praktisch keine Diskussion über ethisch-moralische Grundlagen des Nachhaltigkeitskonzepts und nur in geringem Maße wird erörtert, was Nachhaltigkeit konzeptionell und inhaltlich genauer bedeutet, und wenn doch, erfolgen kaum Verweise auf andere Disziplinen oder darauf, welches Konzept von Nachhaltigkeit zugrunde gelegt ist.[103] Am ehesten ist als theoretischer „Background" wohl das Drei-Säulen-Modell zu nennen, das zwar nach wie vor sehr populär ist, aber aus philosophischer Sicht als überholt gelten darf.[104] Zudem ist innerhalb des

---

103 Als Beispiel eines eher dünnen Verständnisses von Nachhaltigkeit ein Auszug aus dem 2009 beschlossenen Berufsbild der Bayerischen Architektenkammer: „[Architekten] *sind verpflichtet, Verantwortung für die Wahrung von Ressourcen und Natur zu übernehmen. Qualität am Bau, Nachhaltigkeit und Sinn für Ästhetik sind Werte, die von Architekten immer gefördert, gestärkt und vermittelt werden müssen.*" und weiter „*Die Nachhaltigkeit von Gebäuden wird erreicht durch eine verringerte Gesamtenergiebilanz, den Einsatz erneuerbarer Energien und einer Materialwahl, die ökologisch vertretbare Stoffkreisläufe berücksichtigt.*" [26] BayAK (2010, S. 10/11).
Weiter könnte man auf die vielen verschiedenen Zertifizierungssysteme für nachhaltige Gebäude verweisen, die zwar teilweise in detaillierter Form Fragen des Energie- und Ressourcenverbrauchs beurteilen, aber so gut wie keine Hinweise auf moralische und konzeptionell zugrunde liegende Nachhaltigkeitskonzeptionen enthalten. Zu nennen wären hier aus Großbritannien BREEAM (Building Research Establishment Environmental Assessment Method), LEED (Leadership in Energy and Environmental Design) aus den USA, GREEN STAR aus Australien, MINERGIE aus der Schweiz, die Association HQE (Association pour la Haute Qualité Environnemental) aus Frankreich, CASBEE (Comprehensive Assessment System for Building Environmental Efficiency aus Japan etc. Für Deutschland sind die Veröffentlichungen und die Nachhaltigkeits-Zertifizierung der Deutschen Gesellschaft für Nachhaltiges Bauen (DGNB) einschlägig. Dem verwendeten Nachhaltigkeitsbegriff scheint jeweils allein das Drei- oder Fünf-Säulen-Modell zugrunde zu liegen. „*Das DGNB Zertifikat zeichnet umweltschonende, wirtschaftlich effiziente und nutzerfreundliche Gebäude aus.*" ([72] Quelle: www.dgnb.de, accessed 100901) Eine weitergehende Diskussion über moralische Grundlagen, umweltethische Konzeptionen oder inter- und intragenerationeller Gerechtigkeitsaspekte, erfolgt in keinem der genannten Nachhaltigkeits-Zertifizierungssysteme.
Ein ebenfalls unterkomplexes Verständnis von Nachhaltigkeit zeigt sich bei [92] Fewings (2008), [93] Fisher (2008) oder auch bei Norman Foster: „*Aus meiner Sicht muss eine optimale Designlösung zugleich soziale wie technologische, ästhetische, ökonomische und umweltrelevante Aspekte berücksichtigen.*" [94] Foster in: Maar/Burda (2005, S. 248). Im gleichen Artikel lobt Foster sich für die nachhaltige Architektur seines Flughafens in Hongkong, für den ein kompletter Berg mit Urwäldern zerstört und abgetragen werden musste, was aber offensichtlich für Foster in keinerlei Zusammenhang mit Nachhaltigkeitsüberlegungen steht. Hier zeigt sich eine Instrumentalisierung des Nachhaltigkeitsbegriffes zu Zwecken des eigenen geschäftlichen Interesses.
Dagegen bietet [262] Spector (2006) eine fundierte Auseinandersetzung mit der Verwendung des Nachhaltigkeitsbegriffs in der Architektur.
104 Vgl. dazu das unter Fußnote 99 angeführte Zitat in: [206] Ott und Döring (2004, S. 35–36).

Drei-Säulen-Modells eine gewisse Überbetonung der wirtschaftlichen Aspekte zu konstatieren.[105] Die Verkürzung der konzeptionellen Diskussion über den Nachhaltigkeitsbegriff, die oftmals sehr optimistische Einschätzung technischer Möglichkeiten und die gleichzeitig zu konstatierenden intensiven Bemühungen, nachhaltiges Bauen praktisch umzusetzen, bergen Gefahren: Wenn Nachhaltigkeit einseitig und auf Kosten anderer, gleichermaßen zu berücksichtigender Faktoren überbetont wird und gleichzeitig vor allem der Weg der technischen Aus- und „Aufrüstung" von Gebäuden gewählt wird, könnte dies zu einer unbefriedigenden Einseitigkeit der gebauten Architekturen führen.

Die Gefahren eines unreflektierten und überbetonten Nachhaltigkeits-Dogmas in der Architektur können anhand struktureller Parallelen zwischen der Architektur-Moderne und dem Bemühen um nachhaltiges Bauen – mit aller Vorsicht und den nötigen Differenzierungen im Einzelfall – aufgezeigt werden:[106] Der Mangel an theoretischer Reflexion über die moralischen Grundlagen und die anzustrebenden Ziele ist insofern problematisch, als sich aus einer vertieften Diskussion eventuell andere Methoden zur Erreichung anderer Ziele ergeben könnten. Es besteht die Gefahr, dass sich die Architektur allgemein in eine falsche Richtung entwickelt, weil sie auf einem defizitären oder zu inhaltsleeren Nachhaltigkeitsbegriff aufbaut. Das Beispiel der Architektur-Moderne und insbesondere des Städtebaus der Architektur-Moderne zeigt, dass die Kombination von hoher moralischer Motivation und geringer theoretischer Reflexion der moralischen Grundlagen nicht unbedingt geeignet ist, den Bedürfnissen zukünftiger

---

105 Im unter anderem von der Bundesarchitektenkammer formulierten Leitbild Bau heißt es zum Beispiel:
„*3. Die Qualität von Bauwerken ist über den Lebenszyklus zu bewerten und soll nach wirtschaftlichen, ökologischen und sozialen Nachhaltigkeitskriterien verbessert werden. Bauqualität bezieht sich auf den gesamten Lebenszyklus eines Bauwerkes und endet nicht mit seiner Fertigstellung. Die anspruchsvollen Nachhaltigkeitsziele und auch die Fähigkeit der Unternehmen, aktiv neue Märkte zu gestalten, sind nur mit einer neuen Qualitätsorientierung erreichbar. Qualität und Preis sind über den Lebenszyklus von Bauwerken betrachtet kein Gegensatz. Der rechtliche Rahmen soll marktkonforme Anreize für eine stärkere Orientierung an Nachhaltigkeit und am Lebenszyklus setzen. Der Staat und auch private Unternehmen sollen eine Vorreiterrolle beim nachhaltigen Bauen mit hoher Produkt- und Gestaltungsqualität übernehmen.*" [54] Bundesarchitektenkammer et al. (2009).

106 Einige Autoren sehen auch eine inhaltliche Nähe von Bauhaus und Ökoarchitektur und betonen, dass eine direkt Entwicklungslinie vom Bauhaus zur Ökoarchitektur führt. Als Beispiel ist Anker zu nennen, der die ressourcen- und materialsparende Bauweise, sowie den kompakten Städtebau nennt. Vgl. dazu [15] (in: Süddeutsche Zeitung Magazin vom 17.4.2009). Und an anderer Stelle: "*Global warming has brought ecological design to the forefront of recent architectural journalism and academic debate. Despite claims to novelty, much of this discussion reflects back on earlier ideas. These largely forgotten antecedents deserve notice among practitioners and students of design as sources of inspiration.*" [16] Anker (2010, p. 1). Daneben betont Anker auch die umfassende Berücksichtigung des Menschen durch das Bauhaus und die Ökoarchitektur. Diese These bedürfte allerdings sicher einer genaueren Differenzierung.

Generationen gerecht zu werden. In beiden Fällen gibt es eine sehr hohe moralische Motivation und die Überzeugung, ein großes gesellschaftliches Problem mittels Architektur lösen zu können.[107] In beiden Fällen scheint die einfachste Lösung im Einsatz naturwissenschaftlicher Methoden[108] und modernster technischer Mittel zu bestehen. In beiden Fällen droht dabei allerdings auch eine Reduktion des Menschen auf ein reines Modell, das den Bedürfnissen „wirklicher Menschen" nicht gerecht wird.[109] Heidegger gibt in seinem 1951 gehaltenen Vortrag „Bauen, Wohnen, Denken" genau das zu bedenken, wenn er davon spricht, dass das Grundproblem der Zeit eventuell gar nicht die Wohnungsnot sei, sondern das Unvermögen des Menschen zu „wohnen", das heißt seiner eigentlichen Art gemäß in der Welt zu sein.[110] Diese Parallelisierung ist nicht als Kritik am Ziel der Ressourcenschonung beim Bauen zu verstehen, sondern als Warnung vor der Vernachlässigung der theoretischen und moralischen Grundlagendiskussion und der Festlegung auf eine bestimmte Methode der Ressourceneinsparung, nämlich die einer weitgehenden Ausstattung von Gebäuden mit techni-

---

107 Vgl. z.B. Le Corbusier in seinem Buch „Städtebau": *„Der Fragesteller fordert: einen neuen Humanismus; Achtung vor der menschlichen Person; menschlichen Maßstab. Die Götter mögen uns zermalmen, wenn wir nicht aus innerstem Herzen und mit unserem ganzen Verstand daran geglaubt haben, eben dies im Verlaufe unserer Arbeiten zu verwirklichen; unser ganzes Schaffen war letztlich dem hingebungsvollen Studium unserer Menschenbrüder geweiht (und das in ganz besonderem Maße, als wir die vorliegende kleine Schrift über den Städtebau verfaßten)."* [161] Le Corbusier (1954, S. 139).

108 Die sehr positive Bewertung rationaler und systematischer quasi „natur-wissenschaftlicher" Planungs- und Entwurfsmethoden ist im Übrigen nicht auf die Architektur-Moderne beschränkt. Es finden sich im gesamten 20. Jahrhundert immer wieder einflussreiche Autoren, die in ähnlicher Weise argumentieren. Vgl. z.B.: [10] Alexander (1964), [235] Rossi (1973, in: Pehnt, 1983), oder Frei Otto: *„Die technische Innovation beruht auf ständiger Verbesserung. Sie ist im Bereich des Bauens notwendig, um Unbilden der Natur abzuwenden. Sie gehört untrennbar zur Baukunst und hat weltweite Bedeutung. Sie ist der Kern des globalen Anteils eines jeden Bauwerkes."* [209] Otto (in: Nerdinger 2005, S. 127). Vgl. daneben auch das in Abschnitt 6.8 Fußnote 200 angeführte Zitat von [63] Chermayeff/Alexander (1971; S. 14).

109 Le Corbusier kann man als Beispiel für eine etwas „verzerrte" Anthropologie und den „Kurzschluss" von theoretisch-systematischen auf ästhetische Aussagen heranziehen: *„In Freiheit neigt der Mensch zur reinen Geometrie. Er schafft dann, was man Ordnung nennt."* [160] Le Corbusier (1929c, S. 20) oder *„Kultur ist ein Geisteszustand der Rechtwinkligkeit."* [160] Le Corbusier (1929c, S. 33) oder *„Wir behaupten, dass die Aufgabe des Menschen darin besteht, Ordnung zu schaffen, und dass sein Handeln und Denken regiert werden von der Geraden und dem rechten Winkel; dass die Gerade ein ihm angeborenes Mittel ist und für sein Denken ein erhabenes Ziel darstellt."* [160] Le Corbusier (1929c, S. 16). Bisweilen sind die Ausführungen Le Corbusiers auch unfreiwillig komisch oder performativ widersprüchlich, zum Beispiel wenn er in geradezu poetischer Sprache feststellt, dass die schmückende Kunst tot sei: *„Die schmückende Kunst ist tot. Der moderne Städtebau gebiert eine neue Architektur. Eine ungeheure, blitzeschleudernde, brutale Entwicklung hat die Brücken zu der Vergangenheit abgerissen."* [160] Le Corbusier (1929c, S. X).

110 Vgl. [123] Heidegger, in: Bartning (1952). Daneben ist insbesondere für den Kontext, in dem der Vortrag „Bauen, Wohnen, Denken" gehalten wurde, aufschlussreich: [21] Bartning (1952).

schen Hilfs- und Steuerungsmitteln. Angesichts des zu konstatierenden großen
Vertrauens in technische Lösungen halte ich eine skeptische Haltung hinsichtlich zu ausgeprägter Technikgläubigkeit in der Architektur für angebracht. Insbesondere unter Berücksichtigung der Unsicherheit bezüglich der Präferenzen
zukünftiger Generationen scheint mir zum Beispiel die Anpassung des eigenen
Lebensstils im Gegensatz zur technischen Hochrüstung von Gebäuden als defen-
sivere Variante mit Problemen umzugehen, bedenkenswert.[111] Gemäß meinem
oben dargelegten Verständnis sollte das Konzept Nachhaltigkeit auch im Bereich
Architektur und Städtebau zwar konzeptionell in erster Linie das Ziel einer dau-
erhaften Umweltgerechtigkeit[112] bedeuten, aber gleichrangig zu anderen Zielen
beziehungsweise Prinzipien behandelt werden.

6.6.3 Inhaltliche Spezifizierungen von Nachhaltigkeit in der Architektur

Inhaltlich sind im Konzept starker Nachhaltigkeit insbesondere die Constant Natural Capital Rule (CNCR) als bestimmende Regel bezüglich des Gebrauchs
von Naturkapital und die so genannten „Leitplanken" Resilienz, Suffizienz und
Effizienz[113] wichtig. Dabei ist in Bezug auf den Gebrauch von Naturkapital festzuhalten, dass jedes Bauvorhaben prinzipiell als aggressiver Akt gegen „die Natur" bewertet werden kann, da es immer natürliche Ressourcen in verschiedener Form verbraucht. In diesem Sinn steht das Bauen in einer nicht auflösba-
ren Grundspannung zum Gedanken des Erhaltes von Naturkapital. Die Frage für

---

111 Vgl. dazu auch Ott: *„Da viele Präferenzen zukünftiger Generationen unbekannt sind und wir
auch nicht mit ihnen über faire Kompensationen verhandeln können, ist es ungewiss, ob und
inwieweit zukünftige Personen in unsere Kompensationsangebote einwilligen würden. Dies ist
ein Grund zur Vorsicht."* [206] Ott und Döring (2004, S. 118).

112 Ein ähnliches Verständnis legt der Code of ethics der AIA zugrunde. Im Code wird die Verantwortung gegenüber der natürlichen Umwelt angesprochen und dabei wird besonderer Wert
auf Nachhaltigkeit gelegt, wobei offensichtlich ein Nachhaltigkeitskonzept zugrunde liegt, das
besonders die Umweltverträglichkeit betont. [14] AIA (2007).

113 Ott beschreibt die Leitplanken mit Verweis auf Simonis (1998) folgendermaßen: *„Simonis
(1998) hat drei strategische Leitlinien unterschieden, die sich mit den Begriffen Effizienz, Suffizienz, Konsistenz überschreiben lassen. Effizienz bezieht sich auf umwelttechnischen Fortschritt
bei der Nutzung natürlicher Ressourcen (Faktor 4, Faktor 10). Dieser Fortschritt kann auch in
industriellen Gesellschaften einen steady state herbeiführen, der über das physische Ausmaß der
Ökonomie definiert ist und daher weiteres Wirtschaftswachstum zulässt. Suffizienz bezieht sich
global auf die Befriedigung der grundlegenden menschlichen Bedürfnisse aller und in Bezug auf
die reichen Industrieländer auf das Problem der Lebensqualität, auf neue Wohlstandsmodelle
und post-materielle Lebensstile. Konsistenz (besser: ökologische Resilienz) bezieht sich auf den
Erhalt des Naturkapitals im Hinblick auf die umfassende Leistungsfähigkeit des Naturhaushal-
tes. Im Sinne von Arrow et al. ist ökologische Resilienz eine Bedingung von Nachhaltigkeit."*
[203] Ott (2003, S. 224).

einen Architekten ist also dahingehend zu präzisieren, wie man mit einem Bau die verschiedenen Interessen der von Architektur Betroffenen befriedigen kann und dabei möglichst wenig natürliche Ressourcen ge- bzw. verbraucht. Als „Königsweg" wird in der Diskussion über Nachhaltigkeit in der Architektur bis dato relativ einseitig die Effizienzsteigerung gesehen. Während Effizienzsteigerungen mit technischen Mitteln oft in hohem Maße erreicht werden können, werden Fragen der Konsistenz und der Suffizienz so gut wie überhaupt nicht behandelt. Da der Verbrauch von Energie, Wasser, Fläche und diverser natürlicher Rohstoffe zu einem großen Teil dem Bau und dem Betrieb von Gebäuden geschuldet ist, ist die Steigerung der Effizienz ohne Zweifel eine wichtige Komponente nachhaltiger Architektur. Für die eingesetzten natürlichen Ressourcen gilt dabei, dass eine Effizienzsteigerung dringend nötig ist, aber nicht allein über technische Lösungen erfolgen kann. So sind beispielsweise die technischen Lösungen zum effizienten Einsatz von Energie sehr weit entwickelt, aber Probleme wie den Flächenverbrauch wird man eher durch ordnungspolitische Instrumente und durch eine Änderung des Lebensstils beeinflussen können.[114] Außerdem ist der Einsatz von technischen Lösungen zum Beispiel im Bereich des Energieverbrauchs von Bestandsbauten nicht immer möglich, so dass auch hier über Suffizienzstrategien und ordnungspolitische Anreize als Maßnahmen zur Effizienzsteigerung nachzudenken ist. Eine Effizienzsteigerung ist für Nachhaltigkeit in der Architektur also dringend nötig, sie darf allerdings nicht auf die Ressource Energie beschränkt werden und zur Erreichung müssen auch andere als technische Mittel in Erwägung gezogen werden.

Häufig wird in der Debatte davon ausgegangen, dass nachhaltige und intelligente Architektur gleichbedeutend ist mit einem sehr hohen Technisierungs- und Automatisierungsgrad. Allerdings ist es fraglich, ob ein System, dessen technische

---

114 Das Problem des Flächenverbrauchs wurde sehr früh von Le Corbusier beschrieben. Unter anderem wegen des Flächenverbrauchs konzipierte Le Corbusier viele seiner Bauten auf Stelzen, um eine „Durchlaufen" der Landschaft zu ermöglichen, und mit Dachgärten, um zusätzliche grüne Flächen zu gewinnen. Er kritisiert bereits 1945 bemerkenswert hellsichtig:
„*Die USA haben die Liberty Ships konstruiert. Heute gehen sie daran, jährlich eineinhalb Millionen vorbildlicher Einfamilienhäuser zu produzieren, alle mit dem letzten Komfort eingerichtet. Jeder Soldat wird mit seiner Demobilisationsprämie Haus und Möbel erwerben können. An die grenzenlosen Außenviertel von New York und Chicago werden sich neue, unbegrenzte Außenviertel anschließen. Eine weitere städtebauliche Katastrophe, die lawinenartig anwachsen wird. Gleichgültig! Den Amerikanern gefällt es in überfüllten Autobussen, Untergrundbahnen und Vorortzügen. Die riesige Landvergeudung ist das Gesetz dieses vom Überfluß gequälten Landes.*" [161] Le Corbusier (1945, S. 128).
Im Weiteren (S. 134 ff.) spricht sich Le Corbusier gegen eine unbegrenzte Beschleunigung und Globalisierung aus und betont die Wichtigkeit natürlicher Rhythmen und regionaler Besonderheiten. Dies ist insbesondere vor dem Hintergrund der Nachhaltigkeitsdebatte, und genauer vor dem Hintergrund der Forderung nach einer Anpassung des eigenen Lebensstils und einer Entschleunigung (Vgl. dazu auch [284] Vogt (2005) und [285] (2010)) interessant.

Komponenten eine Halbwertszeit von ca. 15 Jahren haben und deren Software entweder permanent auf dem neuesten Stand gehalten werden muss oder nach 5 Jahren voraussichtlich veraltet ist, wirklich als nachhaltig gelten darf.[115] Dieser Punkt betrifft die Konsistenz einer architektonischen Lösung. Es ist nicht unvernünftig, anzunehmen, dass bewährte Low-Tech-Lösungen für funktionale Probleme nachhaltiger sein können als High-Tech-Lösungen. Eine voraussetzungslose Befürwortung von Low-Tech-Lösungen oder eine generelle Abwertung technischer Lösungen erscheint aber genau so unangemessen wie die Gleichsetzung von intelligenter beziehungsweise nachhaltiger Architektur mit einem hohen Technisierungsgrad. So mag zum Beispiel in bestimmten Fällen ein Klapp-Fensterladen aus Holz insgesamt nachhaltiger sein als ein sensorgesteuertes vollautomatisches Verschattungssystem, allerdings wird sich ein modernes Bürogebäude kaum mit Klapp-Fensterläden ausstatten lassen. Beide Systeme können ihre Berechtigung haben. Welches der beiden angemessen ist und welche Lösung konsistent ist, muss im Einzelfall entschieden werden. Wichtige Kriterien zur Beurteilung der Konsistenz einer Lösung sind in jedem Fall die technische Komplexität, die Wartungsintensität, die „Alterungsfähigkeit" und die Recyclingfähigkeit.

Das Thema Suffizienz oder die Lebensstilfrage schließlich spielt im Diskurs zu Nachhaltigkeit in der Architektur bislang eine eher geringe Rolle.[116] Dies wird an der Berechnung der Energieeffizienz deutlich. Die Bewertung der Energieeffizienz und damit häufig auch der Nachhaltigkeit eines Gebäudes erfolgt laut Energie-Einspar-Verordnung (EnEV) über den rechnerischen Höchst-Jahres-Primärenergiebedarf und den Bauteil-spezifischen Transmissionswärmeverlust.[117] Die pro Person bewohnte Fläche spielt keine Rolle. Abgesehen davon erfolgt die Berechnung nur nach physikalischen Werten; das Benutzerverhalten ist nicht Teil der Berechnung. Sowohl das Benutzerverhalten als auch die bewohnte Fläche spielen aber für die tatsächlich verbrauchte Energie pro Person eine entscheidende Rolle. Auch abgesehen von Luxusobjekten steigt in Deutschland die durchschnittlich bewohnte Fläche seit Jahren kontinuierlich an.[118] Das heißt,

---

115 Mit ähnlicher Intention weist [107] von Gerkan (1982, S. 46ff.) bereits 1982 darauf hin, dass viele Gebäude mit „technischen Spielereien" überversorgt sind und zieht dementsprechend (an anderer Stelle) die Schlussfolgerung: *„Kreatives Können erweist sich nicht in der Ausschöpfung aller technischer Möglichkeiten, sie zeigt sich eher in der Beschränkung und durch bescheidenen Einsatz der Werkstoffe."* [107] Gerkan (1982, S. 77f.).

116 Vgl. dazu zum Beispiel: *„Es geht nicht um eine Änderung unseres Lebensstils oder eine Rückkehr zur Steinzeit, wenn wir jedoch bereit sind zu akzeptieren, dass es im Sommer wärmer und im Winter kühler ist, dann bin ich überzeugt, dass wir einen annehmbaren Grad an Komfort erreichen können, indem wir den Regeln der Natur folgen."* [105] Behnisch, in: Gauzin-Müller (2002, S. 17).

117 Vgl. [58] EnEV 2009.

118 Vgl. dazu [51] BUND et al. (2009, S. 148).

auch wenn ein Gebäude alle Richtwerte zur Energieeinsparung erfüllt, kann es passieren, dass der Gesamtenergieverbrauch pro Person sehr hoch ist, nur weil die bewohnte Fläche sehr hoch ist oder weil einen besonders energieintensiver Lebens- und Wohnstil gepflegt wird. Die durch erhöhte Energieeffizienz eingesparte Energie wird unter Umständen zu einem beträchtlichen Teil durch eine Erhöhung des Komforts und der Fläche wieder „aufgefressen".[119] Umgekehrt kann es sein, dass ein schlecht gedämmter Altbau insgesamt wenig Energie verbraucht, weil die Nutzer sich besonders energiebewusst verhalten. Selbstverständlich müssen in einer Verordnung nachprüfbare technische Richtwerte festgesetzt werden, das weitgehende Desinteresse an einer Suffizienz-Diskussion ist allerdings unverständlich. Über Suffizienz wird im Diskurs über Nachhaltigkeit in der Architektur derzeit kaum gesprochen, höchstens in negativer Form, in dem Sinne, dass Nachhaltigkeit nichts mit Verzicht oder einer Ästhetik des Einfachen zu tun habe. Demgegenüber halte ich es nicht nur für legitim sondern aus moralischen Gründen für geboten, den „westlichen Lebensstil", der durch ausgeprägtes Konsumverhalten geprägt ist, zu hinterfragen. Es könnte sich dabei auch für den Bereich der Architektur zeigen, dass „mehr" nicht gleichbedeutend mit „besser" ist.

Fazit Die Forderung nach nachhaltiger Architektur ist als berechtigte moralische Forderung anzuerkennen. Sie ist aber nur sinnvoll zu erheben, wenn das Konzept inhaltlich stärker präzisiert wird, als dies momentan der Fall ist. Wenn Nachhaltigkeit als übergeordnetes Prinzip mit Spezifizierung durch das Drei-Säulen-Modell verstanden wird, besteht die Gefahr, dass der Begriff letztlich zu einer inhaltlichen Leerformel „verkommt". Daher schlage ich vor, den Begriff auf seinen „Kern" zurückzuführen und „nachhaltige Architektur" als „dauerhaft umweltgerechte Architektur" zu verstehen. Für die Ausformulierung des Prinzips ist das Konzept starker Nachhaltigkeit eine geeignete Grundlage. Dabei wäre auf Grundlage der Regel des Erhalts von Naturkapital (CNCR) auch auf die Elemente Effizienz, Konsistenz und Suffizienz gleichberechtigt einzugehen, entgegen der derzeit vorherrschenden einseitigen Betonung des Effizienz-Kriteriums.

---

119 Vgl. dazu [301] Weizsäcker (1997) und [300] (2010). Weizsäcker beschreibt dieses Problem als „Rebound-Dilemma".

6.7 Wahrheit

Die Einführung und Diskussion eines Prinzips der Wahrheit in der Architektur mag aus der Perspektive des Ethikers auf den ersten Blick überraschend erscheinen. Zum einen ist Wahrheit oder Unwahrheit im Gegensatz zu Ehrlichkeit oder Lüge für den Ethiker zunächst moralisch neutral. Zum anderen ist der direkte Bezug von Wahrheit zur Architektur für den Philosophen nicht offensichtlich. Aus der Perspektive des Architekten und insbesondere des Architekturhistorikers ist dieser allerdings sehr nahe liegend. Der „Ruf nach Wahrheit und Wahrhaftigkeit in der Architektur" bildete schon für herausragende Architekten im 19. Jahrhundert,[120] für relativ viele Architekten und Autoren der Moderne und für eine Mehrheit von Architekten und Denkmalpflegern in der Zeit nach dem 2. Weltkrieg die zentrale architekturtheoretische Forderung.[121] Aber auch in aktuellen

---

120 Hier kann man Architekten und Theoretiker wie Pugin, Viollet-le-Duc, Ruskin oder Göller anführen, die die Wichtigkeit von Wahrheit in der Architektur betonen. In Ruskins Buch „Die sieben Leuchter der Baukunst" ist beispielsweise der zweite „Leuchter" der Wahrheit gewidmet. [238] Ruskin ([1880]/1994, S. 55ff.). Hier sei ein Zitat unter vielen ähnlichen angeführt: *„In der Baukunst ist nun eine noch verächtlichere Verletzung der Wahrheit möglich, eine unwürdige Vorspiegelung falscher Thatsachen in Bezug auf Material, Masse, und Wert der Arbeit. Einen ebenso strengen Tadel, wie ein schweres moralisches Vergehen, verdient dieser Betrug, der eines großen Architekten und eines großen Volkes unwürdig ist;"* [238] Ruskin ([1880]/1994, S. 63). Vgl. dazu auch [239] Ruskin ([1853]/2003). Oder Viollet-le-Duc, der zur Wahrheit in der Architektur schreibt: *„Wir sagen, macht es in der Architektur genauso: Geht von dem Prinzip ‚eins' aus, nehmt euch nur ein Gesetz, und das ist die Wahrheit und immer nur die Wahrheit, von der ersten Idee bis zur letzten Ausformung des Werks."* [282] Viollet-le-Duc (1993, S. 14).
Göller versucht in seinem 1887 gehaltenen Vortrag eine etwas genauere Erörterung dessen, was Wahrheit in der Architektur bedeuten soll und äußert sich differenziert zur Forderung nach Wahrheit in der Architektur. Er stellt aber fest, dass diese Forderung weit verbreitet ist und ihr eine hohe Bedeutung zukommt: *„Zu allen Zeiten eines lebhaften Schaffens in der Architektur macht sich ein Bestreben bemerkbar, die Aufgabe des entwerfenden Baumeisters aus einer Arbeit des unbewusst schaffenden Gefühls so wie möglich in eine solche der bewussten Erkenntnis umzuwandeln, mit anderen Worten, die Ursachen, auf denen für das reife Kunsturtheil das Wohlgefallen an schönen Bauwerken oder Entwürfen beruht, in diesen Werken selber aufzufinden. Als eines dieser Gesetze des wahrhaft Schönen wird oft in unseren Tagen – leider zumeist ohne nähere Erklärung des unbestimmten Ausdrucks – die ‚Wahrheit' bezeichnet."* [113] Göller, in: Neumayer (2002, S. 283). Auch Schinkel fordert vehement *„In der Architectur muss alles wahr sein".* Vgl. dazu ausführlich Fußnote 140 im folgenden Abschnitt 6.7.2.
121 Vgl. dazu: *„Diese Forderung nach Wahrheit, nach Ehrlichkeit, nach dem ‚Absoluten' ist die gemeinsame Wurzel aller modernen Architekturströmungen zu Anfang unseres Jahrhunderts."* [155] Kühn (1989, S. 74).
Oder: *„Erst nach dem zweiten Weltkrieg begannen – angeführt von Architekten und Denkmalpflegern – die öffentlichen Moraldebatten um Rekonstruktion, die angesichts der Zerstörung und der Verbrechen eine besondere ethische Dimension und Überzeugungskraft erhielten. Moderne Architekten, deren Geschichts- und Selbstverständnis aus dem Kampf gegen die ‚lügenhafte' Architektur des 19. Jahrhunderts, gegen die angeblich unschöpferisch-eklektische Verwendung historischer Formen geprägt worden war, erklärten jede Rekonstruktion zur Lüge und zum Be-*

Architektur-Debatten ist Wahrheit immer noch ein Thema und auch ein Argument. Dies zeigt sich zum Beispiel in der Debatte um den Wiederaufbau des Berliner Stadtschlosses. Von beiden Seiten wird sie mit Argumenten geführt, die sich auf „Wahrheit der Architektur" beziehen. Befürworter wollen das Schloss wieder herstellen, weil in ihren Augen nur so eine städtebauliche Situation hergestellt werden kann, wie sie vor ca. 150 Jahren bestand. Diese Situation ist aber insofern erstrebenswert, weil sie die einzig „wahre" beziehungsweise die „authentische" ist. Die Gegner wiederum lehnen eine Rekonstruktion des Stadtschlosses ab, weil sie es für „verlogen" halten, hinter neu errichteten Barockfassaden moderne Gebäude und Nutzungen zu verstecken. Stattdessen plädieren sie dafür, dass eine heute errichtete Architektur „der Zeit" zu entsprechen und in diesem Sinn „wahr" zu sein habe.

In diesem Beispiel und im ganzen Themenkomplex lassen sich verschiedene Verwendungsweisen des Begriffs „Wahrheit" unterscheiden. In der Regel wird die Forderung nach Wahrheit aber – egal wie genau sie zu verstehen ist – von den Autoren mit starkem „moralischem Furor", das heißt also dezidiert als moralische Forderung vorgebracht.[122] Dies gilt insbesondere für Autoren, die der Architektur-Moderne zuzurechnen sind.[123] Insofern aber viele der in der Architektur-Moderne erhobenen Forderungen als quasi-dogmatische Lehrsätze zumindest hintergründig immer noch persistieren[124] und insofern die Forderung nach Wahrheit in unterschiedlicher Form immer noch diskutiert wird,[125] muss das Thema der Wahrheit in der Architektur auch aus ethischer Perspektive untersucht

---

trug an der Gegenwart. So heißt es in einem Manifest 1947 kategorisch: ,Das zerstörte Erbe darf nicht historisch rekonstruiert werden, es kann nur für neue Aufgaben in neuer Form entstehen.' (Ein Aufruf: grundsätzliche Forderungen, in: Baukunst und Werkform 1947, S. 18) Mit den materiellen sollten die seelischen Trümmer beseitigt und dann eine neue, bessere Welt aufgebaut werden. Der Gebrauch historischer Form und der Ausdruck der Gegenwart wurden auf das moralische Gegensatzpaar von Lüge und Ehrlichkeit reduziert, eine Polarisierung, die auch nach der Rückkehr von Geschichte über die Architektur der Postmoderne vielfach dominant blieb." [190] Nerdinger (2010, S. 10).

122 Das Thema der Wahrheit in der Architektur hat zu Zeiten der Architektur-Moderne durchaus nicht nur Architekten, sondern auch Philosophen bewegt. So beklagt beispielsweise Oswald Spengler die „Verlogenheit der Architektur" mit anklagendem Unterton: *„Was besitzen wir heute unter dem Namen Kunst? [...] eine verlogene Architektur, die auf dem Formenschatz vergangener Jahrtausende alle zehn Jahre einen neuen Stil ,begründet', in dessen Zeichen jeder tut, was er will, [...]"* Spengler, Der Untergang des Abendlandes, Wien, Leipzig 1918, zit. in: [120] Harrison/Wood (2003, S. 271–273); vgl. auch [263] Spengler (1998).

123 Vgl. z.B.: *„Die Lüge ist unerträglich. Man geht an der Lüge zugrunde"* [163] Le Corbusier ([1923]/1982, S. 30).

124 [190] Nerdinger (2010) verweist darauf, dass Rekonstruktion, Bewahrung, Reparatur und Wiederaufbau immer auch Teil der Architekturgeschichte waren, und durchaus ihre Berechtigung haben. Dieses „Plädoyer" ist allerdings nur verständlich vor dem Hintergrund des fast schon dogmatischen Charakters der Ehrlichkeitsforderung in der Architektur zumindest ab der 2. Hälfte des 20. Jahrhunderts.

125 Vgl. z.B. [165] Lederer (1998).

werden, unabhängig davon, ob, und wenn ja in welcher Form, sich die Forderung als normativ-moralischer Anspruch an das Handeln des Architekten tatsächlich erheben lässt. Für eine Diskussion des Prinzips der Wahrheit in der Architektur ist es hilfreich, auch einige Schlaglichter auf die Architekturgeschichte zu werfen.[126]

Gemäß der Adäquations- oder Korrespondenztheorie der Wahrheit gibt es zwei grundsätzlich unterschiedliche Verwendungsweisen von „wahr". Zum einen eine „Seinswahrheit" bei Aussagen wie „das ist wahre Kunst", wo ein Gegenstand einer Idealvorstellung des Menschen entspricht und zum andern eine „logische Wahrheit" bei Aussagen, die anhand von Tatsachen als wahr bestätigt werden können.[127] Träger des Wahrheitswertes wäre im Fall der Architektur ein Gebäude oder dessen Teile, nicht die textlichen Erläuterungen dazu und auch nicht Inschriften auf einem Gebäude. Der Begriff der „Wahrheit" in der Architektur wird also entweder gebraucht, um eine Architektur, die einer durch Menschen definierten Idealvorstellung entspricht, zu charakterisieren, oder um eine Architektur, durch die eine wahre, anhand von Tatsachen nachprüfbare Aussage getroffen wird, zu bezeichnen. Ersteres Verständnis lässt sich durch den Ausruf „Das ist wahre Architektur!" illustrieren, während letzteres eher im Sinne von „ehrlicher Architektur" zu verstehen wäre.

„Wahrheit in der Architektur" hat dementsprechend verschiedene Bedeutungen beziehungsweise kann verschieden interpretiert werden. Ich unterscheide über die Dichotomie der Korrespondenztheorie hinausgehend insgesamt fünf unterschiedliche Verständnisse von Wahrheit in der Architektur: Erstens als Wahrheit der Konstruktion und Materialgerechtigkeit, zweitens als Möglichkeit, innere Funktionen von außen abzulesen, drittens als Übereinstimmung mit dem Zeitgeist oder als Authentizität, viertens als Wahrheit bestimmter Gestaltungsgrundsätze und fünftens als Übereinstimmung mit der Topographie eines Ortes. Die ersten drei Aspekte wurden vor allem in der Architektur-Moderne zum Teil

---

126 Für eine ausführliche architekturhistorische Untersuchung zum Thema Rekonstruktion vgl. [191] Nerdinger et al. (2010).

127 Vgl. dazu die klassische Formulierung von Thomas v. Aquin:
„Die Wahrheit besteht in der vollkommenen Angleichung von Ding und Verstand. Der Verstand aber, der die Ursache des Dinges ist, verhält sich zu diesem wie Regel und Maß: umgekehrt verhält es sich bei jenem Verstande, der das Wissen von den Dingen empfängt. Sind also die Dinge Regel und Maß des Verstandes, so besteht die Wahrheit in der Angleichung des Verstandes an das Ding, wie es bei uns ist. Denn deswegen, dass das Ding ist, ist unsere Meinung und unsere Aussage wahr oder falsch. Ist aber der Verstand Regel und Maß der Dinge, so besteht die Wahrheit in der Angleichung der Dinge an den Verstand; wie man z.B. sagt, der Künstler mache ein wahres Kunstwerk, wenn es mit der Kunst [-Idee] übereinstimmt. [. . .]" S.Th.I, q.21, a2, [17] Th.v. Aquin (1934, S. 203–204). Zur Korrespondenztheorie allgemein vgl. auch [143] Keller (1990). Erwähnt sei auch, dass die Korrespondenztheorie der Wahrheit große philosophische Probleme aufwirft, die aber an dieser Stelle nicht von Bedeutung sind.

sehr vehement und als moralisches Prinzip vertreten.[128] Der vierte Punkt ist eher lose mit einer moralischen Forderung konnotiert. Und im Fall der Wahrheit als Übereinstimmung mit der Topographie ist nicht so sehr von einem Prinzip des Handelns zu sprechen, sondern von einem Ideal, das gegebenenfalls angestrebt werden sollte. Generell kann man aus Sicht der Philosophie eine gewisse Konfusion der Begriffe feststellen. Die Begriffe „wahr" und „ehrlich" werden bei Autoren wie Le Corbusier, Gropius, Mies van der Rohe oder Loos, und damit bei herausragenden Architekten ihrer Zeit, die sowohl praktisch wie auch theoretisch maßgebliche Vorbilder mindestens einer ganzen Generation von Architekten waren, in der Regel nicht klar voneinander abgegrenzt. Durch diese oft synonyme Verwendung von „wahr" und „ehrlich" wird das Handeln des Architekten zusätzlich moralisch „aufgeladen". Dies ist allerdings – wie zu zeigen sein wird – nur zum Teil gerechtfertigt. Im Folgenden werden unterschiedliche „Spielarten" der Forderung nach Wahrheit in der Architektur vorgestellt. Dabei wird die jeweilige „Spielart" beschrieben, anschließend erfolgt ein kursorischer Blick auf Positionen in der Architekturgeschichte, gefolgt von einer ethischen Analyse der jeweiligen Argumente.

6.7.1 Architektur als Lüge?

Aus philosophischer Sicht ist vor der Erörterung einzelner Wahrheitsverständnisse die Frage zu klären, ob ein Gebäude überhaupt eine wahre oder falsche Aussage oder eine Lüge enthalten kann. Außerdem ist zu klären, ob ein Architekt mittels einer Architektur wahre oder falsche Aussagen treffen oder sogar lügen kann. Eine Lüge ist eine von einem Sprecher bewusst geäußerte unwahre Aussage. Sie ist angewiesen auf eine Sprache, in der sich Aussagen treffen lassen, und auf einen Sprecher, der diese Aussage bewusst als Lüge, das heißt mit einer Täuschungsabsicht, trifft. Insofern eine Architektur keine Intentionen hat, scheint es also zunächst unsinnig davon zu sprechen, dass eine Architektur lügt. Ein Gebäude hat keine Absichten und dementsprechend auch keine Täuschungsabsichten. Damit ist allerdings noch nichts darüber gesagt, ob eine Architektur Aussagen enthalten kann und ob ein Architekt mittels Architektur sogar lügen kann.[129]

---

128 Häufig wird im Zusammenhang mit den ersten drei Arten von Wahrheit auch von Authentizität gesprochen. Dabei wird aber im Wesentlichen das gleiche intendiert. Daher betrachte ich im Folgenden die „Authentizität" der, beziehungsweise einer Architektur nicht gesondert.

129 Hier wurde zum Teil von philosophischer Seite nicht ausreichend differenziert. Ott (1997) diskutiert beispielsweise das Problem der Lüge in der Architektur und die Frage, ob ein Gebäude oder ein Architekt mit seinen Architekturen wahr oder ehrlich sein kann. Er kommt zu dem Schluss, dass der Begriff der Lüge im Zusammenhang mit Gebäuden generell unsinnig ist: „*Verlogenheit ist eine Untugend. Aber die Kritik am ‚verlogenen' Historismus oder der ‚zynischen' Postmoderne moralisiert ja vielleicht nur einen ästhetischen Widerwillen? Verletzt der Neo-Historismus*

Somit bleibt zu fragen, ob eine Architektur Aussagen enthalten kann. Dies ist der Fall, wenn man Architektur als eine Art Sprache versteht, die Aussagen enthalten und in der zum Beispiel der Architekt Aussagen machen kann. Intuitiv und im Alltag würde man dies vermutlich eher verneinen. In einem reflektierten Verständnis von Architektur, das den Begriff von dem der gebauten Umwelt absetzt,[130] kann man die Frage, ob Architektur eine Aussage enthalten könne, allerdings bejahen. In diesem Verständnis kann eine Architektur über ihre reine Nutzfunktion hinaus im Ganzen und in ihren Teilen eine Aussage enthalten, die von einem Architekt intendiert sein kann aber nicht muss. Dies wurde zum einen auch von philosophischer Seite so gesehen,[131] und zum anderen gehen sowohl

---

die Norm, nicht lügen zu sollen? Liegt eine Täuschungsintention vor, wie sie für Lügen konstitutiv ist? Dies ist nicht der Fall. Ein Stil-Zitat oder ein Ornament ist ein präsentatives Symbol (im Sinne von Langer, 1979). Es mag geschmacklos sein; eine Lüge ist es nicht, sofern nur Sprechakte Lügen sein können. Es gibt keine verlogenen Gebäude so, wie es verlogene Menschen gibt." [202] Ott (1997, S. 722).

130 Vgl. dazu die Definitionen in Abschnitt 2.1.

131 Vgl.: *"Certainly, inasmuch as architecture has entered into and became party to what may be thought of as a broader socio-cultural and political discourse, and as making contributions to such dicscourse, then one might well be inclined to attribute, that is, to particular architectural constructions or designs, the capacity to make assertions and so to make assertions that can also be judged to be true or correct – or as false or incorrect."* [174] Malpas (2010, p. 4–5).

[75] Dreyer, in: Führ (2000) nennt drei unterschiedliche Theorien zur Interpretation von Architektur, die alle darin übereinkommen, dass Architekturen eine Aussage beinhalten können: Danto sieht gemäß Dreyer die Struktur eines Kunstwerks als Metapher, Eco erkennt in Architektur ein Zeichensystem mit deren Hilfe eine ästhetische Botschaft ausgedrückt und vermittelt werden kann, und der strukturalistische Ansatz von Bonta (1979) begreift eine architektonische Form als ein System von Zeichen, die als Vermittler von teils beabsichtigten, teils unbeabsichtigten Botschaften aufgefasst und entsprechend interpretiert werden können.

Botton ist ebenfalls der Meinung, dass Gebäude zu sprechen vermögen. *„Material und Farben können derart beredt sein, dass uns eine Fassade zu sagen vermag, wie ein Land regiert werden müsste und welche Prinzipien seine Außenpolitik bestimmen sollten. Manchmal sind politische und ethische Ideen in Fensterrahmen und Türgriffen eingeschrieben. Und ein abstrakter Glaskasten auf einem Steinsockel kann eine Hymne auf Frieden und Zivilisation sein."* [44] Botton (2008, S. 92).

Vgl. daneben auch [22] Baudrillard (1999) und [23] Baudrillard und Nouvel (2004). Auch Gadamer hat in „Über das Lesen von Bauten und Bildern" gezeigt, dass man Bauwerke „lesen" und von ihnen Antworten erhalten kann. Vgl. [102] Gadamer (1993). Daneben [118] Harries (1997), davon insbesondere „Part Two: Representaion and Re-Presentation" (p. 84ff.).

Zum Zusammenhang von Architektur und Philosophie schreibt Illies: *„Bauwerke können komplexe oder schlichte Weltsichten ausdrücken, zu sehr unterschiedlichen Themen Stellung nehmen und die Weltsichten der Architekten mehr oder weniger bewusst sein. Dabei ist die jeweilige Weltsicht in der Regel von der Philosophie einer Zeit geprägt – selbst dort, wo sich Architekten davon absetzen wollen. Die Architekturtheorie reagiert sogar oft* explizit *auf philosophische Ideen. Aber unabhängig davon, ob und wie weit Weltsichten überhaupt in Worte gefasst werden,* verkörpert *jedes Gebäude eine Deutung der Welt. Man könnte von der* Architektur als Philosophie *sprechen. Philosophie begegnet uns so mehrfach: Erstens wird die Architektur (und Architekturtheorie) durch die Philosophie ihrer Zeit geprägt. Zweitens drückt die Architektur*

die zeitgenössische Architektur als auch die Architekturtheorie[132] völlig selbstverständlich von dieser Tatsache aus. Architekturen können also Aussagen enthalten und der Architekt kann mit einer Architektur eine Aussage treffen, ebenso wie mit der Verwendung bestimmter Bauteile. Insofern ist es auch sinnvoll, über „Wahrheit in der Architektur" nachzudenken.

Eine generelle Ablehnung im Zusammenhang mit Gebäuden über Lüge zu sprechen,[133] erscheint also voreilig, wenn sich die Ablehnung auf rein sprachlich-formale Gründe bezieht. Diese scheinen nicht stichhaltig, da man Architektur durchaus als Sprache verstehen kann, in der sich gegebenenfalls auch unwahre Aussagen mit Täuschungsabsicht formulieren lassen. Unabhängig davon ist es allerdings sehr fraglich, ob sich die Forderung nach Wahrheit in der Architektur zurecht als moralische Forderung erheben lässt. Wenn dies nicht der Fall ist, dann wäre das Ergebnis zwar gleich – es wäre nicht gerechtfertigt mit moralischer Geste „verlogene Gebäude anzuprangern" –, die Ablehnung dieser „Anprangerung" muss aber mit einer moralischen Argumentation erfolgen und nicht mit einem sprachlich-formalen Argument.

6.7.2 Wahrheit der Konstruktion und Materialgerechtigkeit

Definition   Die Forderung nach konstruktiver Ehrlichkeit meint, dass die tatsächliche Konstruktion auch die sichtbare sein sollte.[134] Ihr kommt, als einer der prominentesten Forderungen in der gesamten Architekturtheorie des 20. Jahrhunderts, bisweilen ein fast schon dogmatischer Charakter zu.[135] Der Betrachter eines Gebäudes, das „konstruktiv ehrlich" ist, kann die Konstruktion direkt aus den beteiligten Bauelementen ablesen und nachvollziehen. Als Beispiel stelle man sich eine Klinkerwand mit Fensteröffnung vor. Die Last der Mauer über der

---

eine Philosophie aus. Drittens ist Architektur ein Gegenstand philosophischen Nachdenkens –
nämlich der Philosophie der Architektur. " [129] Illies (2009, S. 3).

132 Vgl. dazu: *"The idea that a building may carry some assertoric content seems to be particularly evident in much contemporary architectural theory and criticism, and in many architects own exegeses of their work."* [174] Malpas (2010, p. 6).

133 So wie dies zum Beispiel Ott tut, wie unter Fußnote 129 in diesem Abschnitt zitiert.

134 Vgl. auch folgende Erklärung: *„Zu den zentralen Forderungen der Moderne gehört die nach konstruktiver Ehrlichkeit. Ehrlich konstruieren heißt mehr als nur richtig konstruieren. Es bedeutet: Konstruktion erkennbar, ablesbar zu machen und damit zum Element der Gestaltung werden zu lassen, oft sogar zu deren bestimmenden Faktor. Dies gilt nicht nur für technisch oder statisch besonders anspruchsvolle Bauaufgaben."* [270] Tafel (2008, S. 6).

135 Diese Einschätzung, so zumindest meine eigene Erfahrung, kann man während des Studiums der Architektur immer noch gewinnen. Sie wird neben dieser eher anekdotischen Evidenz aber auch von anderen Autoren geteilt. So zum Beispiel Tafel: *„Ehrlichkeit der Konstruktion ist (neben der Funktionalität) so sehr zur zentralen ethischen Forderung der modernen Architekturtheorie geworden, dass sie, so schien es wenigstens bis vor Kurzem, nicht zu hinterfragen ist und Anspruch auf quasi zeitlose Gültigkeit beanspruchen kann."* [270] Tafel (2008, S. 6).

Fensteröffnung muss von einem Fenstersturz abgetragen werden. Dieser Sturz kann prinzipiell waagrecht sein, allerdings nicht, wenn er aus waagrecht vermauerten Klinkern ist. Waagrechte Stürze müssen aus Holz, Beton, Stahl oder einem sonstigen geeigneten Material sein. Aus statischen und konstruktiven Gründen müssen gemauerte Stürze normalerweise bogenförmig sein, in Klinkern ausgeführt sind sie nur möglich, wenn diese vertikal verbaut werden. Die trotzdem häufig zu findenden Abschlüsse aus waagrecht vermauerten Klinkern über Wandöffnungen widersprechen der Forderung nach konstruktiver Ehrlichkeit, weil immer ein dahinter liegender Beton-, Stahl- oder Holzträger die über den Sturz befindliche Mauer trägt und die sichtbaren Klinker somit nicht die tragenden Elemente sind. Die Klinker sind in diesem Fall lediglich vorgeblendet, es wird aber trotzdem der (falsche) Eindruck erweckt, sie würden die darüber liegenden tragen. Dies könnte man als bewusste Täuschung verstehen.

Der Ruf nach Materialgerechtigkeit ist als Forderung, Baumaterialien nur gemäß ihren eigenen Gesetzen zu verwenden, eine Variante der konstruktiven Ehrlichkeit. Die materialgerechte Verwendung von Ziegeln lässt beispielsweise nur relativ kleine Öffnungen zu, die sich mit Ziegel- oder relativ einfachen Betonstürzen überbrücken lassen. Materialgerechte Ziegelmauern sind lotrecht, eine bestimmte Höhe wird nicht überschritten etc. Insofern ich die Forderung nach Materialgerechtigkeit als Variante derjenigen nach konstruktiver Ehrlichkeit betrachte, wird erstere im Folgenden nicht gesondert betrachtet.

Da weder durch die theoretische Erläuterung noch bei der Betrachtung des Klinker-Fenstersturz-Beispiels intuitiv klar ist, warum und in welcher Weise genau das Problem der Konstruktionsehrlichkeit und Materialgerechtigkeit ein moralisches sein sollte, ist eine ethische Analyse vonnöten. Dass das Problem aber tatsächlich als ein moralisches gesehen wurde, soll die Betrachtung einiger Position aus der Geschichte zeigen.

Geschichte Die Idee von konstruktiver Ehrlichkeit lässt sich zurückverfolgen bis ins 18. Jahrhundert. Die Forderung kommt in verschiedenen Varianten vor und wandelt sich im Laufe der Zeit leicht, der Kern ist allerdings gleich. Marc-Antoine Laugier[136] leitet in seinem Essay zu Theorie und Praxis der Architektur die grundlegenden Prinzipien der Architektur von einer Urhütte ab. Jeder Bau, der sich konstruktiv nicht an der Logik der Urhütte mit Säule, Gebälk und Dach orientiert, ist für ihn zumindest potentiell fehlerhaft.[137] Dadurch verleiht

---

136 Vgl. [158] Laugier (1756), original auf französisch bereits 1753 erschienen. Daneben [159] Laugier (1768).

137 Vgl.: *"The little rustic cabin that I have just described, is the model upon which all the magnificencies of architecture have been imagined, it is in coming near in the execution of the simplicity of this first model, that we avoid all essential defects, that we lay hold on true perfection. Pieces*

Laugier der Konstruktion eine ungeheure Bedeutung und bereitet den Boden dafür, dass eine „falsche" Konstruktion als moralisch verwerflich gesehen wird.[138] Obwohl Wahrheit oder Falschheit keine moralische Bedeutung haben müssen, wird falsch und unwahr im Anschluss an Laugier mehr und mehr gleichbedeutend mit verlogen bzw. unehrlich, das heißt als dezidiert moralisch falsch gesehen. Offensichtlich fand die Idee der konstruktiven Ehrlichkeit viele Anhänger und weite Verbreitung. Dabei schwingt die moralische Komponente zum Teil nur in der Wortwahl mit und wird nicht besonders betont. So lassen sich beispielsweise einige Passagen bei Goethe in diese Richtung deuten.[139] Auch im 19. Jahrhundert wird der Gedanke der konstruktiven Wahrheit weiter verwendet und „gepflegt", ebenfalls mit Verwendung der moralischen Kategorien von Lüge und Ehrlichkeit zum Beispiel bei Schinkel.[140] Das Ideal konstruktiver Ehrlichkeit hat

---

of wood raised perpendicularly, give us the idea of columns. The horizontal pieces that are laid upon them, afford us the ides of entablatures. In fine the inclining pieces which form the roof give us the idea of the pediment.[...] It is in the essential parts that all the beauties consist; in the part, added thereto by caprice, consist all the defects: this requires explaining." [158] Laugier (1756, p. 11–12).

138 Kruft (1995) geht sogar noch weiter und unterstreicht den dezidiert moralischen Charakter von Laugiers Forderungen:

„[...] das Postulat konstruktiver Logik, die als Naturprinzip verstanden wird, wird mit einem Wahrheitsanspruch in der Architektur verbunden. Begriffe Architecture vrai und crime sind moralische Kategorien. Architektur wird zum ethischen Problem. [...] Die Wahrheit von Architektur liegt in ihrer konstruktiven Logik. Laugier formuliert hier einen neuen Funktionalismusbegriff, der den älteren des Jahrhundertbeginns ablöst, der sich an usage (im Sinne von Funktionsabläufen) orientiert hatte. Laugier wird damit zu einem der Begründer der Funktionalismus-Diskussion des 19. und 20. Jahrhunderts." [152] Kruft (1995, S. 171).

139 Goethe beschwört in seinem Essay „Von deutscher Baukunst" *„[...] den Geist des Forschens nach Wahrheit und Schönheit [...]"* [112] Goethe, in: Ges. Werke, Bd.1 (o.J., S. 791). Und in seiner „Italienischen Reise" schreibt er in einem Eintrag aus Vicenza vom 19. September 1786 über Palladio. Insbesondere geht er dabei auf das Problem der Verbindung von Säule und Wand ein, die für Goethe prinzipiell problematisch ist, weil das Wesen der Säule für ihn darin besteht, frei zu stehen (vgl. dazu auch „Von deutscher Baukunst"). Goethe attestiert auch Palladio Schwierigkeiten bei der Verbindung von Säule und Wand, hält ihm aber zugute, dass er es doch relativ gut löst, obwohl nur „überredet". Dabei setzt auch Goethe „Wahrheit" in Opposition zu „Lüge": *„Die höchste Schwierigkeit, mit der dieser Mann wie alle neueren Architekten zu kämpfen hatte, ist die schickliche Anwendung der Säulenordnungen in der bürgerlichen Baukunst; denn Säulen und Mauern zu verbinden, bleibt doch immer ein Widerspruch. Aber wie er das untereinander gearbeitet hat, wie er durch die Gegenwart seiner Werke imponiert und vergessen macht, dass er nur überredet! Es ist wirklich etwas Göttliches in seinen Anlagen, völlig wie die Force des großen Dichters, der aus Wahrheit und Lüge ein Drittes bildet, dessen erborgtes Dasein uns bezaubert."* [111] Goethe, in: Ges. Werke, Bd.4 (o.J., S. 670). Vgl. dazu auch [152] Kruft (1995, S. 172).

140 Die besondere Rolle der Konstruktion wird von Schinkel betont und die Forderung nach Wahrheit der Konstruktion wird an verschiedenen Stellen gestellt. Vgl. dazu zum Beispiel: *„Architectur ist Construction. In der Architectur muss alles wahr sein, jedes Maskiren, Verstecken der Construction ist ein Fehler. Die eigentliche Aufgabe ist hier jeden Theil der Construction in seinem Charakter schön auszubilden."* Schinkel, Das architektonische Lehrbuch, Heft III, Blatt

also eine lange Tradition. Besonders im 20. Jahrhundert und insbesondere in der Architektur-Moderne wird es dann umfassend vertreten. Als ein Beispiel, das auch die Gleichsetzung von „wahr" und „ehrlich" deutlich macht, sei die sechste der 1913 verfassten „Regeln für den, der in den Bergen baut" von Loos zitiert: *„Sei wahr! Die natur hält es nur mit der wahrheit. Mit eisernen gitterbrücken verträgt sie sich gut, aber gotische bogen mit brückentürmen und schießscharten weist sie von sich. "*[141] Dezidiert wird hier darauf bestanden, dass eine Brücke, die konstruktiv nur in Stahl zu bauen ist, auch als Stahlbrücke zu erkennen sein

---

22–24 (um 1830) zit. gem. [192] Neumeyer (2002, S. 222). Oder: *„Ein Gebrauchsfähiges Nützliches Zweckmäßiges schön zu machen ist Aufgabe der Architectur, dies Wort soll diese Bedeutung haben im Gegensatz von Bauwerk schlechtweg, welches eben nur das Zweckmäßige, Tüchtige, Solide, Nützliche aber vom Schönheitselemente noch nicht durchdrungene bezeichnen soll. [...] Um das Bauwerk schön zu machen ist die Annahme folgenden Grundsatzes unerläßlich:* Von der Konstruction des Bauwerkes muß alles Wesentliche sichtbar bleiben. *Man schneidet sich die Gedankenreihe ab, sobald man wesentliche Theile der Konstruction verdeckt; das überdeckende Mittel führt sogleich auf Lüge, ein anderer Gegenstand tritt an die Stelle der Konstruction, der Willkühr nach Laune ist der Weg geöffnet, der Character der Wahrheit und Naivität am Werke ist verschwunden. "* Schinkel, a.a.O. Heft III, Blatt 17–18 (um 1825), in: [192] Neumeyer (2002, S. 216). Zur Erläuterung der „konstruktiven Ehrlichkeit" verweist Schinkel auch darauf, dass gemauerte Gebäude so gemacht sein sollen, dass sie „ohne Mörtel Halt und Festigkeit zu geben im Stand sind". Das heißt ein sichtbarer Sturz aus (scheinbar) waagrecht vermauerten Ziegeln wäre für Schinkel inakzeptabel: *„Zugleich wird eine Characteristik schärfer werden, wenn jeder Theil eines Bauwerks frei und ungebunden nach den allgemeinen Gesetzen der Statik wirkt (oder zu wirken scheint), seine Wirksamkeit nicht durch ein verbindendes Mittel indifferent gemacht wird, welches verbindende Mittel in anderem Betracht von Nutzen sein kann. Daher wird z.B. bei der Construction von Gemäuer auf dessen Zusammensetzung aus guter Steinfügung ohne Mörtel bei einer kräftigen Characteristik der Architectur zu rechnen sein. Weil das vollkommene Zusammenkleben der einzelnen Stücke, woraus am Ende ein einziges Stück entsteht, alle Wirksamkeit statischer Gesetze aufhebt und der Begriff von Bauwerk zerstört wird. Sind alle sichtbaren Constructionen von Gemäuer so angeordnet, daß sie ohne Mörtel halt und Festigkeit zu geben im Stand sind, so werden sie die Dauer noch in höherem Grade und für ungewöhnliche, außerordentliche unfälle, mit dem Mörtel, besitzen, das Werk wird aber die äußeren Empfindung des Beschauers seinen inneren Character frei und auf den ersten Blick entgegen bringen. "* Schinkel, a.a.O. Heft III, Blatt 17–18 (um 1825), in: [192] Neumeyer (2002, S. 217). Dieser Punkt berührt auch die Materialgerechtigkeit, die Schinkel u.a. mit folgenden Worten fordert: *„Jede vollkommene Construction in einem bestimmten Material hat ihren ganz entschiedenen Character und würde in keinem anderen Material auf die gleiche Weise, vernunftgemäß ausgeführt werden können. Dieses individuelle Ausschließen der einen von der anderen, verbiethet jede völlige Vermischung der Constructionen in verschiedenen Materialien, wobei immer die eine, der inneren Vollendung und Vollkommenheit der anderen schaden, auch die Einfachheit für die Auffassung des Beschauers verloren gehen würde. In einer stylvollen Architectur sei daher jede, aus bestimmtem Material erzeugte Construction rein in sich selbst abgeschlossen und vollendet. Sie bestehe neben oder auf der anderen, aber ohne sich mit dieser zu vermischen, sie bleibe selbständig in sich und trage ihren vollkommenen Character. "* Schinkel, a.a.O., Heft III, Blatt 22–24 (um 1830), in: [192] Neumeyer (2002, S. 222). Auf die Rolle, die die Wahrheit der Konstruktion für Schinkel spielt, weist auch [270] Tafel (2008 S. 6) hin, ebenso wie [152] Kruft (1995, S. 342).

141 [171] Loos (1913, in: Loos, [1931]/1997, S. 121).

sollte. Sie sollte „konstruktiv ehrlich" sein. Auch in anderen Schriften der Moderne wird zunehmend die moralische Komponente betont, und dazu kommt, dass „Ehrlichkeit der Konstruktion" und „Wahrheit der Architektur" in der Regel gleich gesetzt werden. Die Forderung nach konstruktiver Ehrlichkeit als moralischem Wert taucht zwar wie gesehen nicht erst in der Moderne auf, hier aber vermehrt. Wie bedeutsam diese Forderung und allgemein die Idee von Wahrheit in der Architektur ist, zeigt sich auch in den Übertreibungen und Formalisierungen, die sich in der Geschichte der Architektur-Moderne ergeben haben. Es lassen sich viele Gebäude finden, in denen die Konstruktion nicht nur gezeigt, sondern inszeniert wird.[142] Die Entwicklung der Konstruktion zum dekorativen, gestalterischen Element basiert auch auf der moralischen Überlegenheit, die für ehrliche Konstruktionen beansprucht wird.

In den der Architektur-Moderne nachfolgenden Strömungen lässt sich sowohl eine Fortsetzung als auch eine Ablehnung des Prinzips der konstruktiven Ehrlichkeit finden. Im New Brutalism wird das Prinzip der Ehrlichkeit gleichsam „auf die Spitze getrieben", indem es auch auf Haustechnik-Installationen angewendet wird. Offensiv werden die so – quasi „nackt" – konzipierten Gebäude als besonders ehrlich präsentiert. Die absolute „Ehrlichkeit" wird hier zum alles bestimmenden Gestaltungsprinzip.[143] Als ein späteres Echo auf die Idee der Ehrlichkeit der Konstruktion kann man z.B. auch das Centre Pompidou in Paris von Renzo Piano und Richard Rogers betrachten, wobei „die Ehrlichkeit" hier iszeniert und zum formalen Element wird. Auch die so genannte High-Tech-Architektur insgesamt ist maßgeblich beeinflusst vom Gedanken der ehrlichen Konstruktion. Die konstruktiven Belange der Architektur spielen auch bei den Architekten eine große Rolle, die sich dem Thema der Ökologie verschrieben haben. Als Beispiel seien die prägenden Figuren Buckminster Fuller und Frei Otto genannt, wobei bei letzterem die konstruktive Ehrlichkeit sehr im Vordergrund steht. Dies wird deutlich, wenn er versucht, systematisch eine Geschichte des Konstruierens zu erzählen. Dabei taucht zum einen interessanterweise das Thema der Urhütte wieder auf und zum anderen beklagt er die Trennung von Architekt und Ingenieur. Dadurch verleiht er der Konstruktion enorme Bedeutung und setzt – wie andere vor ihm[144] – Architektur weitgehend mit Konstruie-

---

142 Als ein bekanntes Beispiel wurde u.a. von [270] Tafel (2008) auf die Crown-Hall am Illinois Institute of Technology (IIT) in Chicago von Mies van der Rohe hingewiesen. Hier wird die Konstruktion auffällig inszeniert und in den Mittelpunkt gestellt, nicht nur einfach gezeigt. Die berühmte Gebäudeecke ist so gestaltet, als ob die das Gebäude tragende Stahlstütze ganz bewusst sichtbar wäre. Ironischerweise liegt das tragende Element aber hinter der sichtbaren Konstruktion, da der tatsächlich tragende Stahlträger aus Gründen des Feuerschutzes verhüllt werden musste.

143 Vgl. dazu [20] Banham (1966).

144 Von Auguste Perret soll beispielsweise das Zitat stammen: *„Architektur, das ist Konstruktion"*, zit. gem. [125] Hilpert (1984, S. 24). Dabei klingt dieses Zitat allerdings radikaler als es von

ren gleich. Immer präsent ist für Otto dabei sein dezidiert moralischer Anspruch, dem menschlichen Individuum und der menschlichen Gesellschaft ein besseres Leben zu ermöglichen.[145]

Im Gegensatz dazu brechen die Architekten der Postmoderne mit der Forderung nach konstruktiver Ehrlichkeit. Für Robert Venturi spielt konstruktive Ehrlichkeit keine besondere Rolle mehr, wenn er die „dekorierten Schuppen" fordert.[146] Und mit Blick in die Architekturgeschichte zeigt er, dass z.B. Komplexität und Widerspruch auch in Bezug auf konstruktive Verhältnisse und Aussagen immer

---

Perret gemeint war. Vgl. dazu auch [152] Kruft (1995, S. 454–456) . Schinkel schreibt ebenfalls *„Architectur ist Construction."* Vgl.: Schinkel, Das architektonische Lehrbuch, Heft III, Blatt 22–24 (um 1830) zit. gem. [192] Neumeyer (2002, S. 222). Auch einige Zeitgenossen von Otto betonen den besonderen Stellenwert der Konstruktion. Otl Aicher ist beispielsweise der Meinung, dass die Architektur des Mittelalters rein von der Konstruktion geprägt sei und verbindet damit im Übrigen auch eine moralisch positive Wertung. Vgl. [7] Aicher (1993b).

145 Vgl. dazu: *„Architektur ist für Frei Otto ein existentielles Anliegen, denn es geht ihm nicht darum, nur etwas für einen einzelnen Bauherrn zu schaffen oder sich selbst darzustellen, sondern er will mit dem Bauen für eine Verbesserung der Lebensbedingungen aller beitragen. Es geht ihm nicht um die Errichtung einzelner Werke, sondern um die Arbeit an einem Prozess, der auf eine Vision, auf die Schaffung einer Architektur für eine friedliche Gesellschaft im Einklang mit der Natur ausgerichtet ist:* ‚Meine Hoffnung ist, dass sich mit leichten flexiblen Bauten auch eine neue offene Gesellschaft einfinden möge'." [189] Nerdinger (2005, S. 9). Vgl. auch [209] Otto (2005) und [208] (1994) zur Geschichte des Konstruierens. Zum Gedanken einer Ur-Hütten-Architektur, die rein konstruktiv, minimal und moralisch gut ist: *„Die Urarchitektur ist eine Architektur der Notwendigkeit. sie hat nichts zu viel, gleichgültig, ob Steine, Lehm, Schilf oder Holz, Tierhäute oder Haare verwendet werden. Sie ist minimal. Sie kann selbst in Armut sehr schön sein und sie ist im ethischen Sinn gut. Die minimale Urarchitektur kann Struktur und Ornament zugleich sein. Schmuck ist sinnvoll, wenn er unverzichtbar ist. Gute Architektur ist wichtiger als schöne Architektur. Schöne Architektur ist nicht unbedingt gut. Ideal ist ethisch gute Architektur, die auch ästhetisch ist."* [210] Otto (1995, S. 13).

146 Vgl. dazu: *„Wir sind der festen Überzeugung, dass die Wahrnehmung und ebenso der Entwurf von Architektur auf vorhergegangene Erfahrung und daraus gespeiste Assoziationen angewiesen sind, ferner, dass diese symbolischen, Anderes repräsentierenden Elemente oftmals der Form, Konstruktion und Nutzung widersprechen, mit denen sie am gleichen Gebäude zusammentreffen. Wir werden diesen Widersprüchen in den beiden wichtigsten Erscheinungsformen nachgehen: 1. Da, wo die architektonischen Dimensionen von Raum, Konstruktion und Nutzung durch eine alles zudeckende symbolische Gestalt in ihrer Eigenständigkeit aufgelöst und bis zur Unkenntlichkeit verändert werden. Diese Art eines zur Skulptur werdenden Hauses werden wir ‚Ente' nennen – zu Ehren des entenförmigen Auto-Restaurants ‚The Long Island Duckling', das Peter Blake in seinem Buch ‚God´s own Junkyard' abbildet. 2. Da, wo Raum und Struktur direkt in den Dienst der Nutzung gestellt und Verzierungen ganz unabhängig davon nur noch äußerlich angefügt werden. In diesem Fall sprechen wir von einem ‚dekorierten Schuppen'. Die Ente ist ein Bau spezifischer Nutzung, der als Ganzes Symbol ist; der dekorierte Schuppen ist ein normales, schützendes Gehäuse, das Symbole verwendet. Wir betonen, dass selbstverständlich beide Typen ihre volle Berechtigung haben – die Kathedrale von Chartres ist eine Ente (obwohl natürlich auch dekorierter Schuppen), und der Palazzo Farnese ist ein dekorierter Schuppen –, glauben jedoch, dass die Ente heute eine seltene Ausnahme bleiben muss, obwohl sie in der Architektur der Moderne immer wieder vorkommt."* [281] Venturi et al. (1997, S. 104–105).

Teil der Architektur waren.[147] Allerdings taucht das Thema der Ehrlichkeit auch bei Venturi auf, wenn auch eher im Sinne einer „Ehrlichkeit der Architektur", ein Thema, das weiter unten zu besprechen ist.[148] Dezidiert abgelehnt wird das „ehrliche Konstruieren" von Peter Eisenman, der die Betrachter und Benutzer seiner (frühen) Gebäude mit falschen konstruktiven Elementen bewusst in die Irre führen und verunsichern will.[149]

Insgesamt ist zu konstatieren, dass dem Argument der konstruktiven Ehrlichkeit eine enorme Bedeutung in der Geschichte der Architektur zukommt, auch wenn es heute nicht mehr einhellig vorgebracht wird. Eine philosophische Analyse soll daher Auskunft über Aufbau und Gültigkeit des Arguments liefern.

Ethische Analyse Die Begriffe Ehrlichkeit und Wahrheit werden in der Architekturtheorie überwiegend synonym verwendet. Aus Sicht der Ethik sind „Wahrheit" und „Ehrlichkeit" aber keinesfalls gleichwertig. Während „Wahrheit" zunächst ein Wort ist, das nicht aus dem Bereich der Moral oder Ethik kommt, so bezeichnet „Ehrlichkeit" eine moralisch gewünschte Eigenschaft eines Sprechers. Eine nicht ehrliche Antwort ist eine Lüge oder verlogene, bewusste Vorspiegelung falscher Tatsachen, während eine nicht wahre Aussage zunächst einfach sachlich falsch ist, also nicht den Tatsachen entspricht. In der Formulierung der „konstruktiven Ehrlichkeit" tritt zum einen deutlich die moralische Komponente hervor, auf die entsprechende Autoren besonderen Wert gelegt haben. Und zum anderen liefert die synonyme Verwendung der Ausdrücke „konstruktive Ehrlichkeit" und „konstruktive Wahrheit" einen Hinweis darauf, wie genau diese zu verstehen sind. Gemäß der Korrespondenztheorie der Wahrheit könnte man den Ausdruck „wahre Konstruktion" als Seinswahrheit im Sinne von „das ist wahre Konstruktion" verstehen oder als Übereinstimmung einer

---

147 Vgl. vor allem [279] Venturi (2003) aber auch [280] Venturi et al., in Pehnt (1983) und [281] (1997). Dezidiert wendet sich Venturi gegen die moralischen Forderungen von Vertretern der Architektur-Moderne: *„Die Architekten können es sich nicht länger mehr leisten, durch die puritanisch-moralische Geste der orthodoxen modernen Architektur eingeschüchtert zu werden."* [279] Venturi (2003, S. 23).

148 Venturi wendet sich gegen die Verengung der Architektur auf die Konstruktion und die Funktion. Dabei bestätigt er jedoch das Konzept einer Wahrheit in der Architektur, die es zu erreichen gilt, allerdings mit einer neugefassten Definition von Wahrheit in der Architektur: *„Gute Architektur spricht viele Bedeutungsebenen an und lenkt die Aufmerksamkeit auf eine Vielzahl von Zusammenhängen: ihr Raum und ihre Elemente sind auf mehrere Weisen gleichzeitig erfahrbar und benutzbar. Eine Architektur der Komplexität und des Widerspruchs hat aber auch eine besondere Verpflichtung für das Ganze: ihre Wahrheit muß in ihrer Totalität – oder in ihrer Bezogenheit auf diese Totalität – liegen. Sie muß eher eine Verwirklichung der schwer erreichbaren Einheit im Mannigfachen sein als die leicht reproduzierbare Einheitlichkeit durch die Elimination des Mannigfachen. Mehr ist nicht Weniger!"* [279] Venturi (2003, S. 24).

149 Vgl. dazu [83, 81] Eisenman (1995) und (1987).

Aussage mit den Tatsachen im Sinne von „diese Konstruktion ist wahr". Beide Verständnisse wären möglich, aber der synonyme Gebrauch von Ehrlichkeit und Wahrheit legt ein Verständnis im letzteren Sinne nahe. Seinswahrheit dagegen ist eher in der Bedeutung der „wahren Architektur" gemeint, die im nächsten Abschnitt behandelt wird.

Begründet wird die Forderung nach Ehrlichkeit mit einem allgemeinen moralischen Prinzip, dem Verbot oder der Ablehnung der Lüge. Eine Lüge wird in ethischen Untersuchungen, egal in welcher Tradition sie argumentieren, im Normalfall abgelehnt oder nur in Ausnahmefällen zugelassen. Insofern ist die Ablehnung einer Lüge zunächst plausibel. Trotzdem scheint sich intuitiv die Forderung nach ehrlichen Konstruktionen heute nicht mehr so selbstverständlich mit moralischer Begründung aufrechterhalten zu lassen wie dies z.B. in der Architektur-Moderne der Fall war. Die Forderung nach Ehrlichkeit der Konstruktion betrifft in erster Linie den Architekten, weil sie normalerweise spezifische Fachkenntnisse erfordert und insofern die Sache des Architekten ist. Der Architekt hätte also seine Entwürfe und v.a. seine Konstruktionen so zu gestalten, dass sie ehrlich sind in dem Sinne, dass die ablesbare Konstruktion auch die tatsächliche ist. Allerdings muss man der Forderung nach konstruktiver Ehrlichkeit als einer moralischen Forderung nach einer ehrlichen Aussage des Architekten nicht zustimmen. Man kann eine starke moralische Verbindlichkeit dieser Forderung mit verschiedenen Gründen ablehnen.

Erstens sagt das Vorhandensein einer „unehrlichen Konstruktion" noch nichts über eine mögliche Täuschungsabsicht des Architekten. Ein Architekt lügt noch nicht, wenn er eine „unehrliche Konstruktion" verwendet. Dies wäre erst der Fall wenn er bewusst in die Irre führen wollte, was aber in den seltensten Fällen der Fall sein wird.[150] Somit hat auch eine „unehrliche Konstruktion" im Normalfall keine moralischen oder normativen Implikationen.

Zweitens ist fraglich, ob die Aussage, die ein Architekt durch Verwendung eines bestimmten Bauteils trifft, überhaupt eindeutig wahr oder falsch sein kann. Eine konstruktive Lösung kann auch aus ökonomischen, technischen oder ästhetischen Gründen richtig sein, aber gleichzeitig „unehrlich", in dem Sinne, dass die tatsächliche nicht die ablesbare Konstruktion ist. Die geforderte Ehrlichkeit bezieht sich immer nur darauf, dass die sichtbare Konstruktion auch die tatsächliche sein sollte. Insofern aber Architektur multifaktoriell bestimmt ist und multiintentional konzipiert wird, stellt die Betonung eines einzigen Faktors als entscheidend eine Vereinfachung dar, die willkürlich erscheint und moralisch nicht zu rechtfertigen ist. Die Funktionen einzelner Bauteile und die durch sie getroffenen Aussagen sind vielfältig. Die durch die Verwendung eines Bauteils

---

150 Eine Ausnahme bildet wie gesagt Eisenman, wobei er ironischerweise dezidiert mit „guten Absichten" täuscht. Vgl. dazu Fußnote 149 und Abschnitt 6.7.4.

intendierte Aussage nur auf dessen konstruktive Rolle festzulegen, erscheint verkürzt beziehungsweise rein ideologisch oder ästhetisch begründet. Wenn man die Voraussetzung, dass der Konstruktion eine Vorrangstellung in der Architektur zukommt, nicht teilt, muss man auch nicht den Schluss, dass die durch ein Bauteil getroffene Aussage dessen konstruktive Rolle betonen sollte, akzeptieren. Die Rede von „Ehrlichkeit der Konstruktion" erscheint vor diesem Hintergrund unpassend. Von einer ehrlichen Konstruktion zu sprechen ist nur ohne moralische Konnotation als quasi technische Bezeichnung sinnvoll.

Drittens kann die moralische Relevanz der Forderung nach konstruktiver Ehrlichkeit mit einem weiteren Argument bestritten werden.[151] Die Rede von einer bewussten Falschaussage des Architekten durch die Verwendung bestimmter Bauteile, setzt ein Verständnis von Architektur als einer Kunstform voraus, in der vom Künstler bestimmte Aussagen getroffen werden können. Diese Auffassung von Architektur als einer Kunstform impliziert aber zumindest nach heutigem Verständnis eine Freiheit des Künstlers, die es gestattet, bei der Erstellung des Gesamtkunstwerkes und in Einzelteilen so zu verfahren wie es ihm am besten erscheint. Insofern ist es nicht einsichtig, den Architekt bei der Verwendung eines Bauteils auf eine Aussage über die korrekte Konstruktion dieses Bauteils festzulegen.

Die Forderung nach konstruktiver Ehrlichkeit muss insgesamt also zwar als Teil der Forderung nach Wahrheit in der Architektur angesehen werden und ist damit auch mit einem moralischen Prinzip der Wahrheit verbunden; aber als *moralische* Forderung hat sie aus den genannten Gründen nur eine sehr schwache Verbindlichkeit. Davon unberührt könnte man „konstruktive Ehrlichkeit" aus ästhetischen Gründen nach wie vor fordern, die Berufung auf die Autorität moralischer Gründe ist aber nicht gerechtfertigt.

6.7.3 Wahrheit der Architektur als Ablesbarkeit der Funktionen

Wahrheit in der Architektur kann auch verstanden werden als Forderung, Entwürfe und Gebäude so auszuführen, dass der funktionale Zweck des gesamten Gebäudes und seiner einzelner Teile von außen ablesbar ist.[152] So wie die

---

151 Vgl. zu einer Kritik am ethischen Argument von Wahrheit und Betrug in der Architektur auch: [271] Taylor, in: Fox (2000).

152 Vgl. dazu die Formulierung von Göller von 1887: „*Die erste Seite dieser Wahrheit betrifft die Komposition, das Entwerfen im grossen und ganzen, und es wird hier darunter verstanden, dass das Aeussere der Gebäude der treue Ausdruck des Inneren sei. Hiernach soll ein Gebäude die wesentlichen Züge seiner Grundrissanlage im Aeusseren zur Erscheinung bringen; insbesondere sollen die Haupträume nach Gestalt und Lage als formgebende Faktoren für die Gesammterscheinung des Bauwerks verwerthet sein, d.h. im Aeusseren sich klar aussprechen und bedeutend ankündigen.*" [113] Göller, in: Neumeyer (2002, S. 283).

sichtbare auch die tatsächliche Konstruktion sein soll, soll die von außen annehmbare Funktion eines Gebäude auch die tatsächliche sein. Die ästhetische Codierung bestimmter Bauaufgaben soll zudem nicht von vorgegebenen traditionellen Mustern abweichen.[153] In diesem Sinn soll eine Garage aussehen wie ein Gebäude zum Unterstellen von Fahrzeugen und eine Kirche wie ein Gebäude, in dem Menschen Gottesdienst feiern. Die Forderung nach Ablesbarkeit des funktionalen Zweckes ist zwar nicht identisch mit der nach konstruktiver Ehrlichkeit, allerdings sind beide sich in ihrer Struktur ähnlich. Deshalb kann hier ähnlich argumentiert werden. Auch die Forderung nach Ablesbarkeit der Funktionen lässt sich zwar als ästhetisches Konzept gut vertreten,[154] aber aus den genannten Gründen nicht als ein moralisch-normatives beziehungsweise nur in sehr schwacher Form.

Somit ist auch die Forderung nach Ablesbarkeit der Funktionen zwar mit dem moralischen Prinzip der Wahrheit verbunden, allerdings besitzt sie, wie die Forderung nach konstruktiver Ehrlichkeit, als moralische Forderung nur eine sehr schwache Verbindlichkeit. Davon unberührt bleibt die Forderung allerdings Teil eines ästhetischen Prinzips in der Architektur, das auch heute noch oft vertreten wird.

6.7.4 Wahrheit der Architektur als Übereinstimmung mit dem „Zeitgeist" und Wahrheit als Authentizität

Definition Insbesondere in der Architekturtheorie des 20. Jahrhunderts findet sich auch häufig die Forderung nach Seins-Wahrheit der Architektur, im Sinne von „wahrer Architektur" oder Authentizität. Es geht hier nicht darum, dass eine einzelne Aussage einer Architektur den Tatsachen zu entsprechen habe, wie bei der Wahrheit der Konstruktion, sondern eine Architektur muss einer bestimmten Vorstellung beziehungsweise einem bestimmten Ideal entsprechen, um wahr zu sein.

In der Architekturtheorie wird dieses Ideal, dem die Architektur zu entsprechen hat, häufig nicht als ein individuell zu formulierendes bestimmt, sondern als eines, das durch „die Zeit" oder „den Zeitgeist" bestimmt sei. Architektur soll „zeitgemäß" sein, also ihrer Zeit oder dem Ideal der Zeit entsprechen. In diesem Sinne wäre es heute zum Beispiel „unwahr", ein Gebäude im Jugendstil

---

153 Dass zum Beispiel Kant in einem anderen Zusammenhang und quasi nebenbei, aber völlig selbstverständlich erwähnt, wie bestimmte Gebäudetypen auszusehen haben, lässt sich als Beleg für die weite Verbreitung dieser Forderung deuten: *„Ein Arsenal muss edel und einfältig, ein Residenzschloß prächtig und ein Lustpalast schön und geziert sein."* [139] Kant (1913, S. 6).

154 Vgl. dazu als Beispiel *„Wenn die Form den Gegenstand klar und deutlich bezeichnet, wenn sie erkennen läßt zu welchem Zweck er geschaffen ist, dann ist sie schön."* [282] Viollet-le-Duc (1993, S. 28).

zu errichten, während es Anfang des 20. Jahrhunderts „wahr" gewesen wäre. Der Anspruch der Zeitgemäßheit impliziert häufig auch die Forderung, moderne Materialien und Konstruktionen zu verwenden und Grundrisse entsprechend den aktuellen Bedürfnissen der Menschen zu entwerfen. Moralisch relevant wird die Forderung nach einer Architektur, die ihrer Zeit entspricht, durch die Gleichsetzung von „wahrer Architektur" und „ehrlicher Architektur". Wenn eine „ehrliche Architektur" im Sinne einer „wahren Architektur" gefordert wird, erhält diese Forderung moralisches Gewicht durch die Berufung auf die Autorität der moralischen Begriffe „ehrlich" beziehungsweise „verlogen". Ebenso wird der Begriff „authentisch" in weiten Teilen des 20. Jahrhunderts aber zum Teil auch heute noch als normativer Begriff verwendet: Das „nicht authentische" wird mit „verlogen" gleichgesetzt. Damit ist nur das Authentische auch moralisch erstrebenswert und Rekonstruktionen von Bauten sind als nicht authentisch auch moralisch verwerflich.[155]

Im Folgenden wird die Behandlung des Themas Wahrheit der Architektur als Übereinstimmung mit dem „Zeitgeist" in einigen Theorien des 20. Jahrhunderts verfolgt, da hier die Forderung nach wahrer Architektur besonders hervorsticht. Dies bedeutet allerdings keinesfalls, dass diese Spielart von Wahrheit in der Architektur erst im 20. Jahrhundert auftaucht. So illustriert beispielsweise schon Thomas von Aquin seine Wahrheitstheorie mit einem Verweis auf das „wahre Haus"[156] und auch bei Schinkel finden sich einschlägige Passagen, die belegen, dass der Gedanke einer Architektur, die „der Zeit entspricht", nicht erst im 20. Jahrhundert auftaucht.[157] Die ethische Analyse der Forderung nach Sein-

---

155 Zahlreiche Beispiele von Rekonstruktionen in der Architekturgeschichte führen [191] Nerdinger, et al. (2010) auf.

156 So ist in der Erläuterung der Seinswahrheit die Rede von einem „wahren Haus": *„Das erkannte Ding aber kann eine Hinordnung zum Verstande aufweisen an sich oder zufällig. An sich hat es eine Hinordnung zu dem Verstande, von dem es seinem Sein nach abhängt und zufällig zu dem Verstande, von dem es erkannt werden kann. Ähnlich könnten wir sagen, ein Haus hat zum Verstande des Künstlers eine Bezieung an sich, eine zufällige aber zu jenem Verstande, von dem es nicht abhängt. Das Urteil wird nun nicht aus dem gebildet, was ihm zufällig, sondern aus dem, was ihm an sich zukommt. So heißt jedes Ding schlechthin wahr durch seine Hinordnung zum Verstande, von dem es abhängt. So werden auch Kunstdinge durch ihre Hinordnung auf unseren Verstand wahr genannt. Denn das Haus wird wahr genannt, das Ähnlichkeit gewinnt mit der Form, welche im Geiste des Künstlers vorliegt. Und ein Satz heißt wahr, so weit er Zeichen einer wahren Erkenntnis ist. [...]"* S.Th. I, q.16, a1, [17] Th.v. Aquin ([1265–1273]/1934, S. 79f.). Auch in der quaestio 17 zur Falschheit spricht Thomas von einem „falschen Werk", das ein Künstler schaffen kann, „wenn er vom künstlerischen Schaffen abweicht". Vgl. dazu S.Th. I, q.17. a.1 [17] Th.v. Aquin ([1265–1273]/1934, S. 104f).

157 Auch Schinkel fordert, dass Architektur ihrer Zeit gemäß sein solle: *„Zuvörderst ist zu erwägen was unsere Zeit in ihren Unternehmungen der Architectur nothwendig verlangt. Hierbei tritt zugleich eine Critik ein über das was dem Geiste der Zeit selbst in diesen Unternehmungen ganz klar oder nicht klar ist, was durch falsche Ansichten, Vorurtheile, durch Unwissenheit, Mangel an Phantasie, Mistrauen in technischer Möglichkeit unserer Zeit, in mögliche neue Erfindungen,*

Wahrheit der Architektur erfolgt im Anschluss an die architekturgeschichtlichen Hinweise. Generell lässt sich feststellen, dass normalerweise nicht genauer untersucht wird, inwiefern „wahr" als Begriff für Architektur zutreffend ist. Zudem wird „Wahrheit" in der Regel als moralischer Begriff im Gegensatz zu „Lüge" gebraucht.

Positionen in der Architekturtheorie des 20. Jahrhunderts

Architektur-Moderne Für die Epoche der Architektur-Moderne seien stellvertretend drei prominente Vertreter erwähnt. Mies van der Rohe sieht das gesamte Wesen der Architektur darin, „raumgefaßter Zeitwille" zu sein. Moralisch werden seine Thesen zur Architektur, insofern er einen „Kampf um die Grundlagen neuer Baukunst" führen will und „unbedingte Wahrhaftigkeit" fordert.[158] Hannes Meyer, von 1928 bis 1930 Leiter des Bauhauses, sieht den „Wil-

---

zur Beseitigung von Hindernissen, die Unternehmungen dieser Art beschränkt und die Freiheit bei den Ausführungen hemmt, und in conventionellen Anordnungen wiederholend immer weiter fortfährt bis das schöpferische ganz erloschen ist." Schinkel, Das architektonische Lehrbuch, Heft IV, Blatt 1–2 verso (um 1835), zit. gem. [192] Neumeyer (2002, S. 224f.).

158 *„Nicht die baukünstlerischen Leistungen lassen uns die Bauten früherer Zeiten so bedeutungsvoll erscheinen, sondern der Umstand, daß antike Tempel, römische Basiliken und auch die Kathedralen des Mittelalters nicht Werke einzelner Persönlichkeiten, sondern Schöpfungen ganzer Epochen sind. Wer fragt angesichts solcher Bauten nach Namen und was bedeutet die zufällige Persönlichkeit ihrer Erbauer? Diese Bauten sind ihrem Wesen nach ganz unpersönlich. Sie sind reine Träger eines Zeitwillens. Hierin liegt ihre tiefste Bedeutung. Nur so konnten sie Symbole ihrer Zeit werden.*
Baukunst ist immer raumgefaßter Zeitwille, nichts anderes. Ehe diese einfache Wahrheit nicht klar erkannt wird, kann der Kampf um die Grundlagen einer neuen Baukunst nicht zielsicher und mit wirksamer Stoßkraft geführt werden; bis dahin muß er ein Chaos durcheinander wirkender Kräfte bleiben. Deshalb ist die Frage nach dem Wesen der Baukunst von entscheidender Bedeutung. Man wird begreifen müssen, daß jede Baukunst an ihre Zeit gebunden ist und sich nur an lebendigen Aufgaben und durch die Mittel ihrer Zeit manifestieren läßt. In keiner Zeit ist es anders gewesen." Mies van der Rohe (1924, zit. gem.: http://www.tu-cottbus.de/BTU/Fak2/TheoArch/Archiv/ accessed 090226).
Auch an anderer Stelle betont Mies van der Rohe die Bedeutung von „unbedingter Wahrhaftigkeit":
„Auf dem Land ist es ein selbstverständlicher Brauch, einen mit Unkraut überwucherten Acker umzupflügen ohne Rücksicht auf die paar Halme, die noch die Kraft fanden, sich zu entwickeln. Uns bleibt keine andere Wahl, erstreben wir wirklich eine neue Baugesinnung. Ihnen allen ist der Zustand unserer Bauten bekannt, und doch möchte ich Sie noch an den Kurfürstendamm und Dahlem erinnern, um ihnen den ganzen steingewordenen Irrsinn vor Augen zu halten. Ich habe mich vergeblich bemüht, den Sinn dieser Bauten zu erkennen. Sie sind weder wohnlich, wirtschaftlich, noch zweckmäßig, und doch sollten sie Heimstätten sein für Menschen unserer Zeit. Man hat uns nicht sehr hoch eingeschätzt, wenn man wirklich glaubte, dass diese Kästen unsere Lebensbedingungen erfüllen könnten. Man hat nicht versucht, die ganz anders gearteten Bedürfnisse elementar zu erfassen und zu gestalten. Die inneren Notwendigkeiten wurden übersehen,

lensdrang zur Wahrheit" als entscheidend für eine Architektur, die der „neuen Zeit" entspricht.[159] Auch Le Corbusier macht gleich zu Beginn des Hauptteils von „Vers une Architecture", dem wohl einflussreichsten theoretischen Werk der Architektur-Moderne aphorismenartig deutlich, dass er es als eine Frage des moralisch richtigen Verhaltens betrachtet, wahr, und das heißt für ihn modern, zu bauen.[160] Der Anspruch an die Architektur, „wahr" zu sein, wird bei den genannten Autoren mit moralischem Unterton erhoben. Eine Architektur, die nicht der Zeit entspricht, ist in ihren Augen unwahr, damit eine Lüge und insofern unmoralisch. Mit der gleiche „Geisteshaltung" werden – insbesondere in der Zeit

und man glaubt, mit einem gewandten Jonglieren historischer Mittel auszukommen. Der Zustand dieser Bauten ist verlogen, dumm und verletzend. Wir fordern im Gegensatz hierzu für Bauten unsere Tage: unbedingte Wahrhaftigkeit und Verzicht auf allen formalen Schwindel." Rohe, In: „Die Bauwelt", 14.1923, H.52, S. 719 zit. nach [192] Neumeyer (2002b, S. 719).

159 Meyer schreibt zu seinem Beitrag für den Wettbewerb zum Neubau des Völkerbundpalastes 1927: *„als übernationaler organismus ist der völkerbund eine neuheit und ohne vorgänger. auf seinem programme steht vorab die beseitigung der versteckten methoden einer veralteten geheimdiplomatie und deren ersatz durch die offene behandlung aller internationalen fragen im öffentlichen plenum einer vereinigung von vertretern aller angeschlossenen staaten. der völkerbund will die praktiken eines verlebten nationalismus bekämpfen und erstrebt als neue form der völkergemeinschaft den zwischenstaatlichen zweckverband.* voraussetzung jeder baulichen verwirklichung ist der willensdrang zur wahrheit — wenn die absichten des völkerbundes wahrhaft sind, so kann er seine neuartige gesellschaftseinrichtung nicht in ein gehäuse baulicher überlieferung quetschen. keine säulengespickten empfangsräume für müde souveräne, sondern hygienische arbeitsräume für tätige volksvertreter. keine winkelgänge für die winkelzüge der diplomaten, sondern offene glasräume für die öffentlichen unterhandlungen offener menschen. die baulichen einrichtungen des völkerbundes erstehen durch zweckentsprechende erfindung und nicht durch stilistische komposition."* [179] Meyer, in: „Bauhaus" (1927, Heft 2, S. 6); (zit. in: http://www.tu-cottbus.de/Theo/D_A_T_A/Architektur/20.Jhdt/ accessed 090226).

160 *„Frage der Ethik. Die Lüge ist unerträglich. Man geht an der Lüge zugrunde."* [163] Le Corbusier ([1923]/1982, S. 30). Daneben finden sich zahlreiche weitere Aussagen Le Corbusiers, die seine Forderungen nach einer wahren, der Zeit entsprechenden Architektur belegen: *„Wenn ich an Architektur im Sinne ‚menschlicher Häuser' denke, dann werde ich zum Rousseau-Anhänger: ‚Der Mensch ist gut'. Und wenn ich denke, dass Architektur Architektenhäuser bedeutet, dann werde ich zum Skeptiker, zum Pessimisten, zum Voltairianer und sage: ‚in dieser verabscheuungswürdigsten aller Welten ist alles zum Schlimmsten ausgerichtet.' (Candide) Da sieht man, wohin die Auslegung an Hand der Architektur führt, denn die Architektur ist das Resultat der geistigen Richtung einer Epoche. Wir sind in einer Sackgasse gelandet; das soziale und moralische Räderwerk ist in Unordnung geraten. Wir tragen die Sehnsucht eines Montaigne oder eines Rousseau in uns, der sich auf die Reise begibt, um den nackten Menschen zu erforschen. Die Reform, die unternommen werden muss, ist tiefgreifend: Liebe, Ehe, Gesellschaft, Tod; wir sind ganz und gar verfälscht, wir sind unecht!"* [162] Le Corbusier ([1929]/1964, S. 23). Oder: *„Der Stil als Wesens-Einheit, die alle Werke einer Epoche durchdringt und aus einer fest umrissenen Geisteshaltung hervorgeht. Unsere Zeit prägt täglich ihren Stil. Leider sind unsere Augen noch nicht fähig, ihn zu erkennen."* [163] Le Corbusier ([1923]/1982, S. 23). Oder die Erklärung von Sarraz der CIAM: *„Sie [die unterzeichnenden Architekten, d.A.] legen besonderes Gewicht auf die Tatsache, dass bauen eine elementare Tätigkeit des Menschen ist. Es ist die Bestimmung der Architektur, den Geist einer Epoche auszudrücken."* [64] CIAM (1984, S. 95).

nach dem 2. Weltkrieg – Rekonstruktionen von zerstörten historischen Bauten abgelehnt mit dem Verweis darauf, dass diese nicht authentisch seien. Dieses Argument möchte ich hier als „Lüge-Argument" bezeichnen.

Daneben wird ein weiterer Grund genannt, warum nicht zeitgemäße Architektur unmoralisch sei. Er wird zum Beispiel von Le Corbusier ins Spiel gebracht, taucht aber auch danach immer wieder auf. Le Corbusier verlangt eine wahre, das heißt für ihn ehrliche Architektur und wendet dies auch auf Teilbereiche an. So fordert er, „ehrliche Wohnungen" zu bauen und verurteilt die „Lüge der Wohnung". Allerdings ist nicht ohne weiteres klar, inwiefern das Bewohnen einer Wohnung moralisch relevant ist. Le Corbusier bezeichnet das Haus als ein Werkzeug zum Wohnen, eine Wohnmaschine. Da er das gegenwärtige Werkzeug zum Wohnen für veraltet hält, fordert er dazu auf, es wegzuwerfen und durch ein besseres zu ersetzen. Dies sieht er als moralisch notwendig an, weil der Gebrauch veralteter Werkzeuge für ihn eine Vergeudung von individueller Kraft bedeutet, die dann der Gesellschaft nicht mehr zur Verfügung gestellt werden kann. Deshalb hat, gemäß Le Corbusier niemand das Recht, in veralteten und „unwahren" Wohnungen zu wohnen.[161] In diesem Argument drückt sich eine Sorge um die Gesellschaft aus.[162] Daher bezeichne ich dieses Argument als „Sorge-Argument".

Postmoderne Auch bei Robert Venturi, der als theoretischer Begründer der Postmoderne gilt, findet sich die Forderung nach Wahrheit der Architektur, insbesondere in Form des Sorge-Arguments. Bei Venturi lassen sich zwei große übergeordnete Forderungen erkennen.[163] Er fordert zum einen, anzuerkennen, dass es eine Art ewiges Prinzip in der Architektur gebe, dass darin bestehe, dass Architektur vielschichtig, widersprüchlich und komplex sei. Auf diesen Punkt

---

161 *„Man wirft das alte Werkzeug zum alten Eisen: die Stutzflinte, die Feldschlange, die Droschke und die alte Lokomotive. Diese Geste ist ein Zeichen von Gesundheit, von moralischer Gesundheit und auch von Moral; man hat nicht das Recht, Schlechtes zu schaffen, einem schlechten Werkzeug zuliebe; man hat nicht das Recht, seine Kraft, Gesundheit und seinen Mut einem schlechten Werkzeug zuliebe zu vergeuden; man wirft es fort, man ersetzt es."* [163] Le Corbusier ([1923]/1982, S. 30). Interessant ist an dieser Stelle auch der Hinweis auf das in Fußnote 158 dieses Abschnitts angeführte Zitat von Mies van der Rohe, der wie Le Corbusier einen bildgewaltigen Vergleich bemüht, um eine Erneuerung der Architektur zu fordern. Auch Mies van der Rohe untermauert seine Forderung mit Hinweis auf eine ursprüngliche, selbstverständliche und daher für ihn anscheinend richtige Vorgehensweise, nämlich *„einen mit Unkraut überwucherten Acker umzupflügen ohne Rücksicht auf die paar Halme, die noch die Kraft fanden, sich zu entwickeln".*

162 Huse weist darauf hin, dass das Argument der „Volkskraft" von den Vertretern des „neuen Bauens" häufig als Argument für das „neue Wohnen" angeführt wurde. Vgl. [128] Huse (1985, S. 67).

163 Entwickelt in den Büchern „Complexity and Contradiction in architecture" (1966) und „Learning from Las Vegas" (1978). Vgl. [279] Venturi (2003) und [281] Venturi (1997).

wird später einzugehen sein. Zum Zweiten mahnt er an, die „tatsächlichen Bedürfnisse" der Menschen ernst zu nehmen, auch wenn diese nicht den idealisierten Ästhetikvorstellungen der Architektenschaft entsprechen. Dazu gehört für ihn wesentlich, auch die symbolische Funktion von Architektur zu akzeptieren.[164] Er fordert die Architekten dazu auf, „ehrlich" zu sein in dem Sinne, dass sie mit ihrer Architektur auf die tatsächlichen Bedürfnisse der Menschen einzugehen hätten. Venturi sieht also Komplexität und Widersprüche in der Architektur positiv und drängt auf eine Bauweise, die ohne elitäre ästhetische Ideale konsequent an den Bedürfnissen der Menschen ausgerichtet ist und zugleich vielschichtig und intelligent ist. „Wahr" ist für ihn eine Architektur also dann, wenn sie das Prinzip der Komplexität und der Widersprüchlichkeit anerkennt und wenn sie aufrichtig und ehrlich an den Bedürfnissen der Menschen orientiert und insofern „zeitgemäß" ist. Paradoxerweise kann eine Architektur im Sinne Venturis auch wahr sein, wenn sie historische Bauformen zitiert. Eine von Venturi gebaute dorische Säule ist damit zwar keine authentische dorische Säule – und insofern für viele auch moralisch verwerflich – sie kann aber ein Bedürfnis der Menschen nach symbolischen Ausdruck von Architektur befriedigen und insofern – für Venturi – „zeitgemäß" und „wahr" oder „ehrlich" sein. In Klammern sei dazu noch angemerkt, dass im Vorwort zu Venturis erstem Buch[165] der Architekturkritiker und -theoretiker Vincent Scully die Ehrlichkeit von Venturi als besondere Qualität heraushebt. Dies zeigt, welchen Stellenwert die Wahrheit der Architektur, die häufig als Ehrlichkeit verstanden wird, im allgemeinen theoretischen Verständnis der Architektur auch in der Postmoderne hatte und immer noch hat.

Dekonstruktivismus Auch für Peter Eisenman, als einen Vertreter des Dekonstruktivismus, spielt Wahrheit in der Architektur eine Rolle und zwar im Sinne des Sorge-Arguments. Er wehrt sich gegen das Verständnis von Architektur als funktionales Mittel, weil dieses Verständnis von einer anthropozentrischen Perspektive geprägt sei, die er ablehnt. Eine wesentliche Aufgabe der Architektur besteht für Peter Eisenman darin, dass sie den Menschen die Wahrheit über seine eigene Situation deutlich mache. Dies könne sie paradoxerweise z.B. dadurch erreichen, dass sie konstruktiv „unehrlich" ist. Eisenman geht davon aus, dass der Mensch nach dem Scheitern des Humanismus und des damit ver-

---

164 Vgl. die Fußnoten 146, 147 und 148 in diesem Kapitel. Vgl. auch: *„Robert Venturi hat in seiner Kritik an der Moderne betont, dass Architektur – weder ihr Entwurf noch ihre Wahrnehmung – zu trennen sei vom Prozeß einer symbolischen Zuschreibung. Obwohl gegen Ornament und Symbol polemisierend, sei die Architektur der Moderne einer uneingestandenen Ausprägung industrieller Symbolik gefolgt. Dies hat er als Argument benutzt für eine Architektur erneut bewusster Symbolik, von architektonischen Zitaten."* [125] Hilpert (1984, S. 43).
165 Vgl. [279] Venturi (2003).

bundenen anthropozentrischen Weltbildes in einer Situation existentieller Unbehaustheit[166] lebe. Eine Aufgabe der Architektur sei es dann, diese Wahrheit den Menschen deutlich zu machen.[167] Die Besonderheit bei Eisenman ist, dass Architektur zwar eine übergeordnete Wahrheit über die gesellschaftliche Situation ausdrücken soll, dass dafür aber „konstruktive Unwahrheit" ein Mittel sein kann. So plant Eisenman in seinen relativ frühen Arbeiten an den Häusern I–X bisweilen bewusst konstruktiv unsinnige Bauteile oder täuscht konstruktive Funktionen vor, die nicht existieren. Dies alles geschieht, weil Eisenman der Meinung ist, dass Architektur die „Wahrheit der Zeit" deutlich zu machen habe beziehungsweise weil er die Meinung vertritt, *„Architektur habe die Kosmologie ihrer Zeit zu spiegeln"*[168].

High-Tech-Architektur und ökologisches Bauen

Auch in den Bestrebungen ökologisch korrekt zu bauen findet sich das Argument der Wahrheit in der Architektur als Übereinstimmung mit den Anforderungen der Zeit, denen mit modernsten Methoden und Mitteln zu begegnen sei. Ein Architekt wie Frei Otto spricht beispielsweise in völlig selbstverständlicher Weise von einer „echten Baukunst des neuen Jahrhunderts"; diese muss insofern ehrlich sein, als sie den Anforderungen einer Zeit mit allen modernen technischen Möglichkeiten und Mitteln begegnen soll.[169] Ähnliches gilt für die Richtung der so genannten High-Tech-Architektur: Insofern sowohl die gesellschaftlichen Anforderungen

---

166 Vgl. dazu: [85] Eisenman (1995, S. 238). Zititert in Abschnitt 2.1.3 Fußnote 6.

167 Zumindest in seinen frühen Werken strebt Eisenman an, „wahre Architektur" zu machen bzw. mit seiner Architektur Wahrheit auszudrücken; vgl. dazu etwa: *„Daher versuchte die nostalgische Postmoderne, eine Rückkehr der Architektur zu ihrem wahren, natürlichen Erbe zu bewirken. Doch entgegen dieser Auffassung ist es möglich, eine Architektur zu konzipieren, die nicht einfach den Traum von einer verlorenen Wahrheit verfolgt, sondern die die Instabilitäten und Dislozierungen umfaßt, die heute tatsächlich Wahrheit ausmachen."* [82] Eisenman (1995, S. 147).

168 [251] Schwarz, in: Eisenman, Schwarz ed. (1995, S. 14). Zu einer scharfen Kritik an Eisenman vgl.: [136] Jouin, in: ARCH+ (156/2001, S. 106). Der Gegensatz beziehungsweise die Parallele zu Venturi besteht darin: wenn Ventrui eine griechische Tempelfront zitiert, lässt er einen „nicht authentischen" griechischen Tempel, aber ein authentisches, dem Geist der Zeit entsprechendes postmodernes Gebäude entstehen. Wenn Eisenman statisch unsinnige Träger plant, „lügt" er konstruktiv, schafft damit aber authentische, der Zeit entsprechende dekonstruktive Architektur.

169 Vgl. dazu: *„Unsere Kunst zu bauen ist an einem Wendepunkt. Nachdem sich Moden und Stilversuche der letzten Jahrzente totgelaufen haben, sehe ich die Architektur des neuen Jahrhunderts in grünen Landschaften mit individuellen Häusern als Teil der Natur, jedes für sich in unverfälschter Gestalt und als Teil des sich ständig verändernden Ganzen in einer Welt des Friedens und der Liebe. Die Baukunst ist frei und muss frei bleiben. Daher ist auch die echte Baukunst des neuen Jahrhunderts unbekannt. Ich hoffe, dass sie gut wird und Schönheit ausstrahlt."* [209] Otto, in: Nerdinger (2005, S. 128). Oder: *„Unsere Zeit verlangt leichtere, energiesparendere, mobilere und anpassungsfähigere, kurz gesagt natürlichere Häuser, ohne die Forderung nach Sicherheit und Geborgenheit zu mißachten."* [210] Otto und Rasch (1995, S. 13).

an Architektur als auch die technischen Möglichkeiten zu Ende des 20. und zu Beginn des 21. Jahrhunderts enorm sind, sei es ein Zeichen von Wahrhaftigkeit, die technischen Mittel der Zeit auch in der Architektur zu verwenden. In den skizzierten Positionen zeigt sich zum einen ein Wahrheitsanspruch im Sinne des Lüge-Arguments, aber auch im Sinne des Sorge-Arguments. Häufig verschmelzen diese Dimensionen auch.

Ethische Analyse Im Fall des Lüge-Arguments und der Forderung nach Authentizität ist wie unter Abschnitt 6.7.2 eine ausführliche ethische Analyse unnötig. Eine unwahre Aussage ist nicht per se eine moralisch verwerfliche Lüge. Eine Aussage wie zum Beispiel „der höchste Berg Deutschlands liegt im Ruhrgebiet" ist eine unwahre Aussage, die moralisch allerdings unproblematisch ist, solange sie nicht in der Absicht der arglistigen Täuschung geäußert wird. Ebenso ist eine „unwahre" oder nicht authentische Architektur moralisch weitgehend unproblematisch, solange sie nicht in der Absicht arglistiger Täuschung entworfen wird. Dies ist aber in der Regel nicht der Fall.[170] Die Rekonstruktion beziehungsweise der Neubau von Bauten wie zum Beispiel dem Berliner Stadtschloß oder der Dresdner Frauenkirche geschieht oder geschah nicht in der Absicht der arglistigen Täuschung. Der moralische Unterton in der Rede von „wahrer Architektur", Authentizität und der Vorwurf der Lüge hat aus Sicht der Ethik also nur eine sehr schwache oder keine Verbindlichkeit.

Das zweite von Le Corbusier, Mies van der Rohe und in verschiedenen Variationen von anderen Autoren vorgebrachte „Sorge-Argument" stellt das Problem allerdings anders dar. So wird zunächst eine gesellschaftliche Analyse und eine entsprechende Utopie vorgelegt, die häufig nicht begründet, sondern lediglich sozusagen ex cathedra verkündet wird. Das Ideal soll durch die Architektur erreichbar werden, so dass dieser die Rolle der Retterin und dem Architekt die Rolle des Messias zufällt, der in Sorge um die Gesellschaft die „wahre Architektur" verkündet, die eine Antwort auf die Erfordernisse „der Zeit" ist. Wenn dieses angestrebte Ideal allerdings nur mit der vorher definierten wahren Architektur zu erreichen sein soll, kommt wieder ein moralisches Moment ins Spiel. Der Schöpfer einer unwahren Architektur weigert sich offenbar, an der Verwirklichung des angestrebten gesellschaftlichen Ideals mitzuwirken, da dieses ja nur durch die „wahre Architektur" zu erreichen sei. Da aber die Erreichung des gesellschaftlichen Ideals z.B. von Le Corbusier als existentielle Notwendigkeit verstanden wird,[171] handelt derjenige, der sich dieser Mitarbeit verweigert, in den Augen

---

170 Darauf weist auch [190] Nerdinger (2010) aus Sicht des Architekturhistorikers hin.

171 Vgl. zum Beispiel den geradezu dramatischen Appell in „vers une architecture": *„Das Räderwerk der Gesellschaft ist ernstlich gestört, es schwankt zwischen einem Aufschwung historischer Bedeutung und einer Katastrophe. Der Urinstinkt eines jeden Lebewesens ist darauf ausgerich-*

Le Corbusiers unmoralisch. Insofern kann er die „Lüge der alten Wohnung" ver-
urteilen und mit „moralischem Nachdruck" eine „wahre Architektur" fordern.
Die Rigidität der Forderung erscheint dem unbefangenen (heutigen) Beobachter freilich dennoch etwas skurril. Aus philosophischer Sicht ist insbesondere Le
Corbusiers Berufung auf moralische Gründe auch so nicht haltbar. Zum einen
stellt sich die Frage, warum das Bewohnen alter Wohnungen Kraftvergeudung
sein sollte, und zum anderen ist nicht klar, warum man als freies Individuum
nicht das Recht haben sollte, „seine Kraft, Gesundheit und seinen Mut einem
schlechten Werkzeug zuliebe zu vergeuden"?

Le Corbusiers Argument gegen die Lüge der Wohnung lautet in der Form eines klassischen Schlusses folgendermaßen: Prämisse 1.) Wer in alten Wohnungen wohnt, vergeudet Kraft, Gesundheit und Mut und kann zum Allgemeinwohl
nicht mehr das Maximum beitragen. Prämisse 2.) Das Allgemeinwohl ist aber
unbedingt anzustreben. Konklusion: Also hat das Individuum in einer Wohnung
zu wohnen, die seine Kraft nicht verbraucht. Die Wohnung, in der man nach dieser Argumentation zu wohnen hat, ist eine Wohnung, die nach den Kriterien des
modernen Wohnungsbaus errichtet wurde.

Allerdings lassen sich sowohl Prämisse 1.) als auch Prämisse 2.) bestreiten.
Prämisse 1.) setzt eine bestimmte Anthropologie und ein bestimmtes Verständnis
von guten Wohnungen voraus. Eine gute Wohnung ist demnach nur eine Wohnung, die sehr funktional in Grundriss und Einrichtung ist, die ohne überflüssige
Verzierungen und ohne Verschwendung von Raum auskommt. Um diese Wohnungen als ideal für den Menschen einschätzen zu können, muss der Mensch
als sehr rationales Wesen gedacht werden, der Gefallen an einer Wohnung findet, weil sie funktional und schnörkellos entwickelt ist. Das heißt „der neue
Mensch", den die Architektur-Moderne und Le Corbusier postulieren, ist ein
Mensch, der sich entsprechend dem Zeitalter vorwiegend über sein technisch-
funktionales Verständnis und seine ratio definiert.

Prämisse 2.) stellt einen höchsten anzustrebenden Wert dar. Le Corbusier sieht
diesen Wert im Allgemeinwohl bzw. in der Nutzenmaximierung. Dies wird nicht
näher begründet, sondern scheint eher auf dem etwas diffusen Gefühl zu beruhen,
wonach man machen sollte, was den meisten Menschen Nutzen beziehungsweise
insgesamt am meisten Nutzen bringt. Dies kann man als die grundlegende moralische Intuition des Utilitarismus verstehen, allerdings in einer vulgären und
unreflektierten Form, in der auch nicht zwischen Allgemeinwohl und Gesamtnutzen unterschieden wird. Die Forderung danach, die „richtigen Wohnungen"
zu bewohnen, lässt sich allerdings nur begründen, wenn die Nutzenmaximierung

---

*tet, sich eine Ruhestätte zu schaffen. Die verschiedenen arbeitenden Klassen der Gesellschaft
haben heute keine angemessene Ruhestätte mehr, weder der Arbeiter der Hand noch der des
Geistes. So ist der Schlüssel für die Wiederherstellung des heute gestörten Gleichgewichts ein
Bauproblem: Baukunst oder Revolution."* [163] Le Corbusier ([1923]/1982, S. 25).

als Wert über die individuelle Freiheit gestellt wird, so dass, um dieses Wertes willen, die Freiheit des Einzelnen eingeschränkt werden kann und ihm das Bewohnen bestimmter Wohnungen vorgeschrieben werden darf. Aus ethischer Sicht ist die Einschränkung individueller Freiheit nur mit einer utilitaristischen Ethik zu rechtfertigen, nach der in moralisch strittigen Situationen gemäß einer Nutzenoptimierungsstrategie zu entscheiden ist. Diese Maxime lässt sich mit guten Argumenten in Frage stellen, wie dies z.B. durch Rawls oder Williams[172] geschehen ist. Doch selbst wenn man die utilitaristische Argumentation vertritt, bleibt es doch fraglich, ob Prämisse 1.), nach der das Wohnen in alten Wohnungen Kraft vergeude, zutrifft. In ähnlicher Form ließe sich die Argumentation von Venturi, Eisenman oder Otto für eine zeitgemäße Architektur aus moralischen Gründen beurteilen. Zwar ist jeder Architekt aufgefordert, sich um die von seiner Architektur Betroffenen zu sorgen, daraus folgt aber nicht, dass dies nur mit einer bestimmten Architektur geschehen kann, die mit dem Attribut „wahr" belegt werden könnte.[173]

Somit erscheint eine Beurteilung „wahrer Architektur" als moralisch besser als „unwahre Architektur" nicht zwingend. Dies gilt zum einen für den Fall, in dem die Forderung nach „wahrer Architektur" moralisch mit dem Hinweis auf das Verbot der Lüge begründet wird. Zum anderen gilt dies auch für den Fall, in dem die Forderung nach „wahrer Architektur" moralisch letztlich mit der Sorge um Gesellschaft und betroffene Individuen begründet wird. Das schließt aber nicht aus, dass eine Bestimmung der kunstgeschichtlichen oder ästhetischen Bedeutung anhand von vorher definierten Kriterien als wahr oder falsch vorgenommen wird. Eine ausgeprägte moralische Verbindlichkeit ist damit aber nicht verbunden.

6.7.5 Wahrheit „ewiger" Gestaltungsgrundsätze, konkreter Gestaltungsregeln und bestimmter Formen und Typologien

Definition   Ein dritter Bereich, in dem der Begriff der Wahrheit in der Architektur auftaucht, ist Wahrheit im Sinne ewig gültiger Gestaltungsregeln in ab-

---

172 Vgl. dazu [230] Rawls (1979) oder [257] Smart und Williams (1973).

173 Zu einem ähnlichen Schluss kommt Ott in seiner Diskussion des Ideals der zeitgemäßen Architektur: *„Natürlich ist Architektur immer auch und ganz unvermeidbar ,Ausdruck ihrer Zeit' – und die ordinärste und kopistenhafteste ist es in einem besonders hohem Maße. Aber in dieser generellen, vom Architekturhistoriker retrospektiv immer wieder in concreto zu bestimmenden Tatsache kann nicht die moralisch-ethische Grundlage der Architektur liegen. In der Gegenwart können wir uns aus prinzipiellen Gründen kein sicheres Urteil darüber erlauben, wie ,zeitgemäß' einzelne Bauwerke wirklich sind. Wir können nicht wissen, was die geschichtlichen Ereignisse, deren Zeitzeugen wir sind, für spätere Generationen bedeuten werden (Danto)."* [202] Ott (1997, S. 732).

strakter und konkreter Form sowie ewig gültige Schönheit bestimmter Formen. Diese Regeln werden durch logische, ästhetische und/oder kunstgeschichtliche Untersuchungen gefunden. Es erfolgt im Gegensatz zu den anderen Wahrheitsverständnissen in der Architektur in der Regel keine direkte moralische Begründung dieser Gestaltungsregeln oder Architekturgesetze. Somit besteht auch kein wirklich enger Bezug zur Ethik bzw. zur Moral. Auch hier verbinden die Autoren mit dem Begriff der Wahrheit zwar eine gewisse moralische Autorität. Da diese Verbindung aber lose und von nachrangiger Bedeutung ist, seien hier nur kurz verschiedene Formen dieser Wahrheiten aufgelistet.

Geschichte Erstens findet sich in der Architekturtheorie der Versuch, ein oder mehrere Prinzipien in der Architektur als ewig gültig und „wahr" darzustellen. So ist es bei Le Corbusier der Versuch, die Richtigkeit eines bestimmten Vorgehens mit Verweis auf antike Tempel und moderne Industrieprodukte zu „beweisen"; für Venturi besteht eine Konstante guter Architektur in Komplexität und Widerspruch. Seine These begründet er mit zahlreichen Beispielen aus der Architekturgeschichte, wobei der Ausgangspunkt seiner Kritik die Architektur-Moderne ist, deren Haltung und Architekturauffassung er als elitär und eindimensional kritisiert und gegen deren moralischen Anspruch er sich verwahrt.[174] Zweitens findet sich der Versuch, neben abstrakten Vorgehensweisen konkrete Gestaltungsregeln, Maßordnungen und Proportionsregeln vorzugeben. Als Beispiel sei Le Corbusiers „Modulor" genannt, eine Proportionslehre, die ausgehend von einem idealisierten Menschenmaß anhand des goldenen Schnittes entwickelt wird.[175] Zu dieser Art Wahrheitsfindung gehören auch Typensammlungen, wie sie in der Geschichte der Architekturtheorie zahlreich zu finden sind.[176] Drittens wird bisweilen die ewig gültige Schönheit bestimmter Formen und Typologien verkündet. So betont Rossi[177] die ewige Gültigkeit bestimmter Typologien und Ungers vertritt die Meinung, dass bestimmte geometrische Formen immer als schön empfunden werden. Ein weiteres Beispiel ist Krier,[178] der die klassische Architektur für ewig gültig und wahr erkannt hat.

---

174 „*Gute Architektur spricht viele Bedeutungsebenen[...] Eine Architektur der Komplexität und des Widerspruchs hat aber auch eine besondere Verpflichtung für das Ganze: ihre Wahrheit muss in ihrer Totalität – oder in ihrer Bezogenheit auf diese Totalität – liegen. [...] Mehr ist nicht Weniger!*" [279] Venturi (2003, S. 24).

175 Von Le Corbusier wurde der Modulor in zwei Büchern von 1948 und 1955 entwickelt.

176 Vgl. dazu [152] Kruft (1995).

177 Vgl. [236] Rossi (1988).

178 Krier vertritt gemäß Pahl eine „*[...] Theorie von der ewigen Gültigkeit und allzeit gebotenen Wiederverwendbarkeit der Prinzipien und des Formenspiels klassischer Architektur [...]*" [212] Pahl (1999, S. 102).

Ethische Analyse Die Wahrheit bestimmter Gestaltungsgrundsätze ist aus ethischer Sicht zu behandeln wie die Wahrheit der Architektur als Übereinstimmung mit der Zeit, wie sie oben beim Lüge-Argument besprochen wurde:[179] „Wahrheit" ist zunächst keine moralische Kategorie und die synonyme Verwendung von „unwahr" und „verlogen" ist aus ethischer Sicht nicht legitim.

6.7.6 Wahrheit als Übereinstimmung mit der Topographie eines Ortes

Definition Wahrheit in der Architektur kann neben den oben besprochenen Verständnisssen auch verstanden werden als Offenlegung und Schaffung eines Ortes.[180] „Offenlegung" dabei verstanden als Betonung des Genius loci, also des spezifischen Charakters eines Ortes. Und „Schaffung" verstanden als Schaffung eines Ortes, der als ein Ort im Sinne Heideggers[181] dem Menschen mit seiner gesamten intellektuellen und sensorischen Ausstattung entspricht, ihm gerecht wird und ihn „wohnen" lässt.[182] Nicht zu verwechseln ist dabei die Topographie eines Ortes mit der Geographie eines Bauplatzes. Während die Geographie lediglich die physikalischen Bedingungen meint, umfasst die Topographie eines

---

179 Vgl. dazu Paragraph 6.7.4 unter Abschnitt 6.7.4.

180 Darauf weist unter anderem Malpas (2010) hin: *"There is a third sense of truth that I have not so far considered: truth as that which enables the grasping or appearing of anything as true (or indeed as false). This is a sense of truth as, to use a visual term, disclosure or appearing, or, to talk in a way that need not implicate the visual alone, as opening – an opening that is always also a placing."* [174] Malpas (2010, p. 11–12) und [173](1999).

181 Heidegger erläutert diesen Gedanken in „Bauen, Wohnen, Denken" am Beispiel einer Brücke. Eine Brücke wird nicht einfach nur beispielsweise irgendwo an einem Fluss abgestellt, sondern sie macht ihn Stelle des Ufers zum Ort. Vgl. [123] Heidegger, in: Bartning (1952).

182 Vgl.: *„Die Bauten verwahren das Geviert. Sie sind Dinge, die auf ihre Weise das Geviert schonen. Das Geviert zu schonen, die Erde zu retten, den Himmel zu empfangen, die Göttlichen zu erwarten, die Sterblichen zu geleiten, dieses vierfältige Schonen ist das einfache Wesen des Wohnens. So prägen denn die echten Bauten das Wohnen in sein Wesen und behausen dieses Wesen. [...] Aber das Wesen des bauenden Hervorbringendes läßt sich weder aus der Baukunst noch aus dem Ingenieurbau, noch aus einer bloßen Verkoppelung beider zureichend denken. Das bauende Hervorbringen wäre auch dann nicht angemessen bestimmt, wollten wir es im Sinne der ursprünglich gepriesenen Techne nur als Erscheinenlassen denken, das ein Hervorgebrachtes als ein Anwendes in dem schon Anwesenden anbringt. Das Wesen des Bauens ist das Wohnenlassen. Der Wesensvollzug des Bauens ist das Errichten von Orten durch das Fügen ihrer Räume. Nur wenn wir das Wohnen vermögen, können wir bauen."* [123] Heidegger, in: Bartning (1952, S. 82f.). Vgl. in diesem Zusammenhang auch die Konzeption Heideggers, wonach sich im Kunstwerk Wahrheit zeige. Dabei sei auch angemerkt, dass Heidegger seine Theorie auch an einem Bauwerk als Beispiel – einem griechischen Tempel – deutlich macht. Vgl.: [124] Heidegger (1960, S. 37ff.). Vgl. dazu auch: [101] Gadamer, Die Wahrheit des Kunstwerks (1960), in: Gadamer (1987, S. 249f.) sowie: [102] Gadamer, Über das Lesen von Bauten und Bildern (1979), in: Gadamer (1993, S. 331ff.).

Ortes als sehr viel „weiterer" Begriff alles, was den jeweiligen Ort in seiner Wechselwirkung mit Menschen auszeichnet, das heißt auch menschliche Geschichten, Erinnerungen und Gefühle, die mit dem jeweiligen Ort verbunden sind. Die „Wahrheit" in diesem Sinn wird nicht nur verstanden oder gesehen, sondern zudem über alle Sinne erfahren. Sie ist nicht wie die anderen oben diskutierten Wahrheiten in erster Linie an das Visuelle und Intellektuelle geknüpft. Und sie ist weniger ein Prinzip des Handelns als ein Ideal, das man anstreben sollte. Es gibt tatsächlich Architekturen, von denen man mit allen Sinnen spürt und intellektuell versteht, dass sie „wahr" sind,[183] weil sie den Mensch im Sinne Heideggers „wohnen" lassen, das heißt ihm als Mensch, als sinnen- und intellektbegabten Wesen, gerecht werden, indem sie den Ort durch Offenlegung der jeweiligen Topographie zu einer „Heimat" machen. So wird beispielsweise häufig die Villa Mareia von Alvar Aalto als „wahr" in diesem Sinn verstanden und empfunden.[184]

Eine Architektur kann also auch „wahr" genannt werden, wenn sie der Topographie eines Ortes entspricht und dadurch dem Mensch gerecht wird.[185] Dies beinhaltet auch die Berücksichtigung der leiblichen und intellektuellen Anwesenheit von Menschen mit Stimmungen und Gefühlen genau so wie die Beachtung der Geschichte eines Ortes sowie der Natur und Landschaft.

---

183 Ich verstehe Vossenkuhl in diesem Sinne, wenn er von ästhetischer Wahrheit der Kunst schreibt: *„Sichtbare, hörbare und lesbare Bilder haben darüber hinaus einen anderen, ganz eigenständigen Wahrheitsbezug. Es gibt nämlich die ästhetische Wahrheit von Bildern. Damit ist die Beziehung zwischen Bildern und menschlichen Empfindungen gemeint. Relativ zu den Empfindungen von Menschen können ästhetische Urteile über Bilder wahr oder falsch sein. Diese Wahrheit oder Falschheit bezieht sich ausschließlich auf die ästhetische Wirkung von Bildern. Ein Bild kann unterschiedliche ästhetische Wertungen auslösen. Die ästhetische Wahrheit bezieht sich ausschließlich auf diese Wertungen, nicht aber auf die Frage, ob es das, was die Bilder abbilden, gibt oder nicht. Es gibt nicht nur eine ästhetische Wahrheit. Für jede dieser Wahrheiten muß es aber eine Begründung geben, sonst verdient sie den Namen nicht."* [295] Vossenkuhl (2005, S. 72).

184 Z.B.: *"From an earlier time, this attentiveness to the felt experience of a building is also evident in the work of Alvar Aalto, and his Villa Mareia provides an excellent illustration."* [174] Malpas (2010, p. 14). Daneben nennt der gleiche Autor auch die Oper in Sydney von Utzon als Beispiel. Meiner Meinung nach kann man als weitere Beispiele für Wahrheit im oben erläuterten Sinn neben den erwähnten Bauten von Alvar Aalto, die Markuskirche von Sigurd Lewerentz, die Baegsvard-Kirche von Jorn Utzon oder in jüngerer Zeit das Thermalbad in Vals von Peter Zumthor nennen.

185 An dieser Stelle kann man fragen, ob eine Architektur, die – wie gerade beschrieben – durch Entsprechung ihrer selbst mit der Topographie eines Ortes dem Menschen als Menschen gerecht wird, mit dem Ausdruck "wahr" richtig bezeichnet wird. In der Tat lässt sich dieses Verständnis von Wahrheit mit den Wahrheitsbegriffen der Korrespondenztheorie nicht wirklich angemessen erfassen. Dennoch bin ich der Meinung, dass bestimmte Architekturen mit „wahr" passender bezeichnet sind, als mit „angemessen" oder „richtig". Zur Erläuterung sei auf die bereits zitierten Äußerungen verwiesen. Vgl.: [174] Malpas (2010), [101] Gadamer (1960) oder [123] Heidegger, in: Bartning (1952).

Geschichte In der Architekturtheorie des 20. Jahrhunderts findet sich der Gedanke an Wahrheit in der Architektur, verstanden als Übereinstimmung mit der Topographie eines Ortes, eher selten.[186] Vorherrschend ist ein intellektueller und visueller Zugang zu Architektur.[187] Demgegenüber findet sich aber bei einigen Philosophen das Konzept einer Architektur, die den Menschen in umfassender Weise als Mensch sein lässt, wobei der Begriff der Wahrheit in diesem Zusammenhang allerdings nur gelegentlich verwendet wird. Allen voran ist dabei Heidegger zu nennen, der in „Bauen, Wohnen, Denken" die Frage stellt, welche Architektur den Menschen „wohnen", und das heißt in umfassender Weise als Mensch sein lasse und in „Der Ursprung des Kunstwerks" davon spricht, dass auch ein Bauwerk „Wahrheit ins Werk setzen" könne.[188] Einige Autoren setzen sich mit Heidegger auseinander und entwickeln seine Gedanken weiter, etwa Norberg-Schulz[189] oder Harries.[190] Diesen Autoren ist gemeinsam, dass sie das oben erläuterte Konzept diskutieren und sogar eine an diesem Konzept ausgerichtete Architektur fordern, aber dafür nicht den Begriff der „Wahrheit" verwenden. Böhme verwendet wie Zumthor den Begriff der Atmosphären;[191] beide intendieren damit aber ähnliches, nämlich eine Architektur, die dem Menschen in umfassenderer Weise gerecht wird als die weitgehend rein intellektuell und visuell konzipierte Architektur des 20. Jahrhunderts.

Ethische Analyse Im Gegensatz zu den anderen Formen von Wahrheit in der Architektur geht es bei Wahrheit als Übereinstimmung mit der Topographie eines Ortes nicht um das Verbot der Lüge und es geht auch nicht darum, der Gesellschaft einen Dienst zu erweisen. Stattdessen geht es um den Versuch,

---

186 Aldo Rossi benutzt zwar den Begriff der Topographie und nennt viele Elemente, die zweifellos wichtig sind für eine wahre Architektur im Sinne der Übereinstimmung mit der Topographie des Ortes. Sein Verständnis des Begriffes Topographie ist aber enger gefasst, eher im Sinne der geschichtlichen und geographischen Bedingungen eines bestimmten Platzes. Vgl. [236] Rossi (1988).

187 Als Ausnahme muss man allerdings auf [214] Pallasmaa (2007) verweisen.

188 Vgl. dazu [124] Heidegger (1960, S. 30) und Fußnote 182 in diesem Teil.

189 Vgl. [197] Norberg-Schulz (1982).

190 Vgl. [118] Harries (1997).

191 *„Atmosphäre wurde als Grundtatsache menschlicher Wahrnehmung deutlich, nämlich der Wahrnehmung, in der der Mensch durch sein Befinden zugleich spürt, wo er sich befindet. So gesehen sind Atmosphären etwas, was das menschliche In-der-Welt-Sein im Ganzen bestimmt, also seine Beziehung zu Umgebungen, zu anderen Menschen, zu Dingen und Kunstwerken."* [42] Böhme (2006, S. 105).
„Der Titel ‚Atmosphären' leitet sich daher: Mich interessiert – denn natürlicherweise muß mich das interessieren – schon lange: Was ist das eigentlich: Architektonische Qualität? Es ist für mich relativ einfach zu sagen: Architektonische Qualität ist nicht – für mich –, in Architekturführern vorzukommen oder publiziert zu werden usw. Architektonische Qualität, das kann sich bei mir nur darum handeln, dass ich von einem Bauwerk berührt bin." [308] Zumthor (2006, S. 11).

individuellen Menschen gerecht zu werden, indem man einen Ort als einen der Topographie und dadurch dem Menschen entsprechenden Ort schafft. Hier geht es tatsächlich darum, das Glück und das gute Leben des Menschen zu ermöglichen, indem man Architekturen schafft, die seine Verfasstheit als geistiges und leibliches Wesen berücksichtigen und fördern.[192] Architekturen, mit denen das gelingt, kann man als „wahr" bezeichnen.

Sich um dieses Ideal einer wahren Architektur zu bemühen, betrachte ich für Architekten als moralisch geboten, insofern Architektur eben nicht nur Dienstleistung ist, sondern auf fundamentale Art und Weise das gute Leben des Menschen betrifft.[193] Gleichzeitig ist zu betonen, dass es sich hierbei weniger um ein Prinzip handelt als um ein Ideal, weil man die Erreichung dieses Zieles nie sicherstellen kann.

Fazit Zum Prinzip der Wahrheit insgesamt bleibt zunächst festzuhalten, dass unterschiedliche Verständnisse von „Wahrheit in der Architektur" nebeneinander existieren. Dazu zählt erstens das Verständnis als „Wahrheit der Konstruktion" und zweitens das von „Wahrheit als Ablesbarkeit der Funktion". Drittens wird Wahrheit in der Architektur verstanden als Übereinstimmung mit der Zeit oder dem Zeitgeist und viertens wird die Wahrheit abstrakter und konkreter Gestaltungsgrundsätze sowie bestimmter Formen und Typologien behauptet. Auf die ein oder andere Weise wurden und werden – zumindest zum Teil immer noch – alle diese Forderungen als dezidiert moralische erhoben oder zumindest durch

---

192 Böhme sieht eine Architektur der Atmosphäre als eine, die dem Menschen in der erwähnten Form gerecht wird: *„Indem die Architektur von der ästhetischen Ökonomie in Dienst genommen wurde, trat ein Element heraus, das im Prinzip immer schon zur Architektur gehörte, doch von anderen Gesichtspunkten in den Hintergrund gedrängt wurde: Nämlich dass sie für Menschen baut. Für Menschen, die sich in Räumen bewegen, Menschen, die in ihren Häusern leben, Menschen, die ihren Anblicken ausgesetzt, Menschen, die von den durch Architektur geschaffenen Atmosphären gestimmt werden. Vor aller Kritik sollte man feststellen, dass die neue Architektur eine neue Zuwendung zum Menschen nicht in abstracto, sondern zu dem Menschen, der sich in ihren Räumen aufhalten wird, darstellt. Der Mensch ist in diesem neuen Sinne das Grundmaß für Architektur geworden, nicht als Grundmaß für die Geometrie der Gebäude wie bei Vitruv, sondern gewissermaßen als Seismograph für die Frage, was das für Räume sind, die die Architektur schafft. Wie fühlt man sich in einem Gebäude, in Plätzen, vor einem Gebäude, in einer U-Bahnstation, einem Flughafen, einem Museum? Es geht in der Architektur – das ist die neue Sicht – nicht um Großskulpturen, sondern es geht darum, Atmosphären zu schaffen."* [42] Böhme (2006, S. 175).

193 Malpas beschreibt den Zusammenhang zwischen dieser Art von Wahrheit in der Architektur und der Ethik folgendermaßen: *"It is precisely in the topographic character of built form that it seems to me that one finds the primary sense in which truth operates architecturally, and also, although I have not made much of this, the ethical character of the architectural. The essential concern of the ethical is precisely our mode of relationship to self, to others and to the world, and it is these relationships that are articulated in and through architecture in a particularly significant way."* [174] Malpas (2010, p. 15–16).

die Verwendung „moralisch aufgeladener" Worte wie „verlogen" mit morali-schen Forderungen in Verbindung gebracht. Eine ethische Analyse zeigt jedoch, dass sich keine der genannten Forderungen zweifelsfrei als ein moralisches Prin-zip des Handelns erheben lässt. Im Gegensatz dazu halte ich die Forderung an den Architekten, sich um das Ideal einer wahren Architektur zu bemühen, für eine berechtigte moralische Forderung, wenn „Wahrheit" verstanden wird als Übereinstimmung mit der Topographie eines Ortes. Es ist aber zu betonen, dass es sich dabei um ein Ideal handelt, um das man sich zwar bemühen muss, wel-ches aber – zumindest in der Regel – ein Ideal bleiben wird.

6.8 Schönheit

„Schönheit" gilt heute im Allgemeinen als ein subjektiver Begriff und als einer, der zunächst nichts mit moralischen Fragen zu tun hat. Beide Annahmen sind al-lerdings aus philosophischer Sicht zu kritisieren. Zum einen kann man sich über Schönheit – wie zu zeigen sein wird – sehr wohl bis zu einem gewissen Grad intersubjektiv verständigen. Zum anderen besteht zwischen dem „Schönen" und dem „Guten" durchaus eine gewisse Affinität. In jedem Fall ist aber die Feststel-lung des Sokrates am Ende des Dialogs Hippias I nach wie vor aktuell, nämlich *„dass das Schöne schwer ist"*.[194]

6.8.1 Das Schöne und das Gute

Der Zusammenhang zwischen dem Schönen und dem Guten wurde insbesonde-re in der Antike betont, spielt aber in der gesamten Philosophiegeschichte eine große Rolle. Platon lässt den Sokrates mit Hippias über die Verbindung des Schö-nen und Guten diskutieren, im Symposion beschreibt er, wie man zur „Schönheit der Seele" gelangt und generell betont er den Zusammenhang des Strebens nach dem Guten und dem Schönen.[195] Die enge Verbindung des Schönen und Guten

---

194 Vgl. dazu Platon, Hippias I, 304e, in: [221] Platon, Wolf (ed.) (2009, S. 540): *„Ich nun, Hippias, glaube allerdings Nutzen zu haben von euer beider Umgang. Was wenigstens das Sprichwort meint, dass das Schöne schwer ist, das glaube ich nun zu verstehen."*
195 Vgl. [221] Platon, *Hippias I*, in: [222] Platon, Wolf (ed.) (2009). [220] Platon, *Symposion*, (1998). Zum Zusammenhang des Strebens nach dem Guten und Schönen vgl. den Dialog Phile-bos, in dem Platon den Sokrates das Gute als eine Mischung von Schönheit, Verhältnismäßigkeit und Wahrheit bestimmen lässt: *„Wenn wir also nicht in einer Form das Gute auffangen kön-nen, so wollen wir es in diesen dreien zusammenfassen: Schönheit und Verhältnismäßigkeit und Wahrheit, und wollen sagen, daß diese als eines mit Recht als Ursache angesehen werden kön-nen, dessen, was in der Mischung ist, und daß um dieses als des Guten willen sie auch eine solche geworden ist."* [223] Platon, *Philebos* 65a, [in: Platon, Wolf (ed.) (2010, S. 501)]. Vgl.

beziehungsweise des Ethischen und Ästhetischen, die besondes in der griechischen Antike gesehen wurde, wird auch daraus deutlich, dass καλοκαγαϑία die Einheit des Schönen und Guten in einem Wort ausdrückte[196] und als hohes anzustrebendes Ideal galt. Auch für Kant besteht ein enger Zusammenhang von Ethik und Ästhetik wenn er „Schönheit als Symbol der Sittlichkeit" begreift.[197] In jüngster Zeit wird der Zusammenhang des Guten und des Schönen erneut aufgegriffen und dient als Grundlage ethischer Überlegungen.[198] Dennoch mag es zunächst überraschen, Schönheit als *moralisches* Ideal für die Architektur einzuführen. Intuitiv ist nicht sofort klar, welche *moralischen* Gründe es für die Forderung nach Schönheit geben könnte. Dementsprechend wurde sowohl von Architektenseite[199] als auch von philosophischer Seite dafür plädiert, dass das Streben nach Schönheit im architektonischen Entwurfsprozess keine Rolle spielen solle.

---

zu den Themen Schönheit und das Gute bei Platon: [232] Rese, in: Schäfer (2007, S. 244–248); [247] Schönberger, in: Schäfer (2007, S. 145–150); [303] Westermann, in: Horn et al. (2009, S. 320–323).

196 Vgl. dazu auch [106] Gemoll, Vretska (1965).

197 Vgl. [142] Kant ([1790]/2001) AA351-354 KdU: „§59 Von der Schönheit als Symbol der Sittlichkeit". Vossenkuhl erläutert die „gemeinsame Wurzel von Ethik und Ästhtik bei Kant". Vgl. [289] Vossenkuhl, in: Philosophisches Jahrbuch 99/1 (1992).

198 Zu den Philosophen der jüngsten Zeit, die die Verbindung von Ethik und Ästhetik betonen gehören zum Beispiel Iris Murdoch ([186] 1998b; [185] 1970b; [184] 1967) oder Elaine Scarry, die „On beauty and being just" schreibt ([241] Scarry (2006)). Vgl. dazu auch: [272] Trampota (2003).

199 Spätestens seit Viollet le Duc gibt es den Gedanken, dass Schönheit quasi als Abfallprodukt zweckmäßiger Gestaltung auftaucht: „*Wenn die Form den Gegenstand klar und deutlich bezeichnet, wenn sie erkennen läßt zu welchem Zweck er geschaffen ist, dann ist sie schön.*" [282] Viollet-le-Duc (1993, S. 28). Im Weiteren gilt der Gedanke insbesondere für einige Vertreter der Architektur-Moderne. Gemäß Kühn begreift beispielsweise zumindest der frühe Mies van der Rohe Schönheit mit Verweis auf Augustinus als Abglanz des Wahren und dementsprechend ist Schönheit nicht als direktes Ziel anzustreben, sondern nur über die Wahrheit und Ehrlichkeit der Architektur und der Konstruktion zu erreichen. „*Es gibt für ihn ‚wahre' und ‚falsche' Schönheit. Falsch ist – wie anders – die Schönheit des Historismus, aber auch manch anderer Spielarten des Expressionismus: [...] Wahrheit bedeutet für den jungen Mies vor allem Objektivierung, und als Mittel dazu erscheint ihm die Industrialisierung des Bauens geeignet.*" [155] Kühn (1989, S. 91).

Auch in der Bewegung des New-Brutalism, die in den 50er und 60er Jahren vor allem in England auftrat und in erster Linie mit Peter und Allison Smithson in Verbindung gebracht wird, stand der ethische Aspekt einer Entwurfshaltung im Vordergrund. Schönheit ist hier tatsächlich sekundär, insofern Schönheit über die als moralisch richtig erkannte Entwurfshaltung definiert wird. Vgl. dazu: [20] Banham (1966). Ähnliches gilt für einige „Erben der Architektur-Moderne" oder Gestalter, die in der Tradition der Architektur-Moderne stehen wie beispielsweise Aicher. Aus den Schriften Aichers spricht eine Haltung der Skepsis gegenüber einem Ziel wie „Schönheit". Demgegenüber betont er die funktionalen Notwendigkeiten, die die Gestaltung eines Gebrauchsgegenstandes bestimmen sollten. Das heißt, auch hier kann man die Überzeugung erkennen, dass „Schönheit" nicht angestrebt werden solle, sondern sich aus einer möglichst „schnörkellosen" Orientierung an funktionalen Erfordernissen des Gebrauchs ergebe. Vgl. dazu: [1, 2, 3, 6, 8] Aicher (1982, 1984, 1991, 1991b, 1993).

Schönheit ergebe sich demnach entweder nur mehr oder weniger zufällig bei der Verfolgung anderer Ziele oder eben überhaupt nicht, was auch kein großes Problem darstellt. Für Ott ist *„Das Schöne [...] in der Architektur eine abgeleitete Größe, kein primäres Ziel*"[200] und Otto ist der Meinung, *„dass wir heute keine Lehre vom Schönen in der Architektur benötigen*"[201]. Dieser Aufassung möchte ich allerdings widersprechen. Zum einen stehen ihr mehrere tausend Jahre Architekturgeschichte entgegen, in denen die Entstehung zumindest der Mehrzahl der herausragenden Werke ohne das planerische Streben nach einer, wie immer verstandenen, „Schönheit" nicht erklärbar wäre. Zum anderen gehört es wesentlich zur Architektur, die gebaute Umwelt mit dem Ziel der Schönheit zu gestalten.[202] Freilich handelt es sich hierbei zunächst um ein rein ästhetisches Ziel; dieses aber stellt mit Sicherheit ein primäres Motiv für jeden Architekten und jeden Bauherren dar. Abgesehen davon wird im Folgenden dafür argumentiert, dass Schönheit in der Architektur auch ein aus moralischen Gründen anzustrebendes Ideal ist und insofern auch in der Architektur das Gute und das Schöne eng miteinander zusammenhängen und aufeinander verweisen.

6.8.2 Schönheit als nicht subjektiver Begriff

Schönheit wird heute im allgemeinen vorphilosophischen Sprachgebrauch als ein rein subjektiver Begriff verwendet. Außer mittels mehr oder weniger künstlicher und radikaler Ausschlusskriterien lässt sich gemäß dieser Auffassung nicht objektiv bestimmen, wer oder was schön sei. Gegenüber den beiden Extrempositionen des „rein subjektiv" und des „vollständig objektivierbar" darf es in der Ästhetik aber als Konsens gelten, dass man sich über die Schönheit bestimm-

---

200 Vgl.: „*Was in bezug auf Kunstwerke deren Authentizität als Werk ausmacht, nämlich das Absehen von allen sozialen Zwecken, kann in bezug auf Architektur als ästhetisierender Eigendünkel bewertet werden, der sich eigenmächtig der Aufgabe modaler Transformation als Vermittlung entzieht. Das Schöne ist in der Architektur eine abgeleitete Größe, kein primäres Ziel. Wenn bei der modalen Transformation von jedem ehrgeizigen ‚Kunstwollen' abgesehen wird, stellt sich im Gelingen von Vermittlung das Schöne (vielleicht) ein. Der Architekt muß das Interesse an der Schönheit zunächst verlieren, um sie zuletzt als unverhoffte Emergenz modaler Transformation zu finden. (Das Verhältnis des Architekten zur Schönheit ähnelt insofern dem Verhältnis des Mystikers zu Gott, der Gott ‚lassen' muss, um ihn zu finden. Die Schönheit ist in bezug auf die Aspekte der Vermittlung ‚überflüssig'.)*" [202] Ott (1997, S. 767).
Ähnlich äußert sich Chermayeff „*Das Buch tritt ein für die Entwicklung einer Wissenschaft der Umweltgestaltung, die den hohen Zielen, der schöpferischen Fähigkeit und der technischen Geschicklichkeit zu Hilfe kommen soll, ehe es zu spät ist. Dann wird, nach den Worten von Eric Gill, ‚Schönheit für sich selbst sorgen'.*" [63] Chermayeff (1971, S. 14).
201 Vgl.: „*Ich meine, dass wir heute keine Lehre vom Schönen in der Architektur benötigen. Was wir bestimmt brauchen, ist ein intensives Bekenntnis zur baumeisterlichen Ethik, ohne die ein Haus zwar schön, aber noch nicht human sein kann.*" [209] Otto, in: Nerdinger (2005, S. 127).
202 Vgl. dazu meine Definition von „Architektur" unter Abschnitt 2.1.3.

ter Dinge oder Personen durchaus intersubjektiv verständigen kann. Dies gilt auch für Schönheit in der Architektur. Auseinandersetzungen über das rechte Verständnis von Schönheit werden zwar seit Jahrhunderten auf hohem philosophischem Niveau geführt, allerdings herrscht eben weitgehende Einigkeit darüber, dass sich über Schönheit zumindest bis zu einem gewissen Grad Einigkeit erzielen lässt. Beispielsweise kann man auf die „Analytik des Schönen" in Kants Kritik der Urteilskraft[203] oder auf Schillers „Briefe zur ästhetischen Erziehung", die sich dezidiert mit Kantischen Positionen auseinandersetzen,[204] verweisen. Auch der tägliche Umgang mit Architektur und die Tradition der Architekturkritik zeigen, dass über die Schönheit und die Bedeutung bestimmter Architekturen diskutiert werden und dass hier auch Einigkeit erzielt werden kann. Dies beweist zwar nicht die These, dass Schönheit zumindest zum Teil objektivierbar ist, lässt sie aber plausibel erscheinen.

Was man unter Schönheit in der Architektur genau versteht, lässt sich auf verschiedene Art und Weise konkretisieren. Erstens kann man Schönheit formal näher bestimmen, als „Sorgfalt in der Gestaltung". Architektonische Schönheit kann man in diesem Sinn als das Ergebnis sorgfältiger und einem näher zu bestimmenden gestalterischen Ideal folgender Gestaltung und Ausführung begreifen. Der Gegenbegriff zu diesem Verständnis von Schönheit wäre damit so etwas wie gestalterische Indifferenz oder ästhetische Gleichgültigkeit. Damit ist der Begriff zwar inhaltlich noch nicht „gefüllt", aber schon in einem für meine Zwecke ausreichendem Maße als nicht subjektiv bestimmt.

---

203 Vgl.: Immanuel Kant: Kritik der Urteilskraft (1.Teil, 1. Abschnitt, 1. Buch: Analytik des Schönen). Kant hält Urteile über das Schöne für insofern verallgemeinerbar, als man sie jedem anderen „ansinnen" kann, das heißt mit einiger Berechtigung davon ausgehen kann, dass andere ein solches Urteil genauso fällen würden: *„[...] wenn er aber etwas für schön ausgibt, so mutet er anderen ebendasselbe Wohlgefallen zu; er urteilt nicht bloß für sich, sondern für jedermann, und spricht alsdann von der Schönheit, als wäre sie eine Eigenschaft der Dinge."* (KdU, B19–B20; in: [142] Kant 2001, S. 60).
Gadamer äußert sich über die Kantsche Konzeption des Geschmacksurteils folgendermaßen: *„Kant hat dann in seiner dritten Kritik, der Kritik der Urteilskraft, die systematische Bedeutung des ästhetischen Problems gefestigt. Er entdeckte in der subjektiven Allgemeinheit des ästhetischen Geschmacksurteils den überzeugenden Rechtsanspruch, den die ästhetische Urteilskraft gegenüber den Ansprüchen des Verstandes und der Moral behaupten kann. Der Geschmack des Betrachters läßt sich so wenig wie das Genie des Künstlers als die Anwendung von Begriffen, Normen oder Regeln begreifen. Was das Schöne auszeichnet, läßt sich nicht als bestimmte erkennbare Eigenschaften an einem Gegenstande ausweisen, sondern bezeugt sich durch Subjektives: die Steigerung des Lebensgefühls bei der harmonischen Entsprechung von Einbildungskraft und Verstand. Es ist eine Belebung des Ganzen unserer geistigen Kräfte, ihr freies Spiel, was wir angesichts des Schönen in Natur und Kunst erfahren. Das Geschmacksurteil ist nicht Erkenntnis und ist doch nicht beliebig. Es liegt darin ein Allgemeinheitsanspruch, auf den sich die Autonomie des ästhetischen Bereichs begründen läßt."* [101] Gadamer (1987, S. 254).
204 Vgl. Friedrich Schiller: „Über die ästhetische Erziehung des Menschen in einer Reihe von Briefen" von 1795; in: [242] Schiller ([1795]/1964).

Zweitens kann man Schönheit mit Kant auch inhaltlich näher bestimmen als das, was „bloß gefällt" oder auch als „interesseloses Wohlgefallen".[205] Diese Bestimmung enthält eine gewisse Zeitabhängigkeit, insofern sich das, was gefällt, zumindest zum Teil im Laufe der Zeit ändert. Allerdings ist es eben auch nichts völlig Kontingentes und Unbestimmbares. Das, was gefällt, wandelt sich zum einen zumindest in der Architektur nur relativ langsam und zum anderen ist es bis zu einem gewissen Grad allgemein bestimmbar. Ob es möglich ist, das Schöne noch weiter inhaltlich festzulegen mittels bestimmter Kennzeichen wie Reinheit, Harmonie, Ebenmaß, angemessene Proportionalität oder Ähnlichem, ist eine offene philosophische Frage, die aber an dieser Stelle nicht von Bedeutung ist. Wenn ein Architekt aber eine Theorie der Schönheit entwickelt, die Schönheit in einer nicht alltäglichen[206] oder sogar extravaganten Form begreift, muss sich ein solches Verständnis von Schönheit dem intersubjektiven, rationalen Diskurs stellen. Wenn man dabei auf vehemente und überwiegende Ablehnung von Seiten der Nutzer einer Architektur stößt, liegt ein guter Grund vor, die Position noch einmal zu überprüfen.[207]

6.8.3 Schönheit als Sorgfalt in der Gestaltung

Das Streben nach Schönheit als sorgfältiger Gestaltung, das heißt in diesem Fall die sorgfältige Gestaltung nach einem näher zu bestimmenden ästhetischen Ideal, meint eine ästhetische Bewusstheit im Gegensatz zu einer gestalterischen Gleichgültigkeit. Dieses Ideal der Schönheit kann man in der Architektur als eine moralische Forderung verstehen, insofern sich gestalterische Gleichgültigkeit nicht mit der dem Architekten aufgegebenen Sorge um die von seiner Architektur Betroffenen vereinbaren lässt.[208] Dies gilt sowohl für die Sorge um Individuen als auch für die Sorge um die Gesellschaft. Letztere ist geboten, weil der Ar-

---

205 Vgl. dazu Kant, KdU B15, in: [142] Kant (2001, S. 56). Im Übrigen verweist Kant zur Erläuterung seiner Theorie bisweilen auch auf Gebäude als Beispiele. So unter B5 auf ein *„regelmäßiges, zweckmäßiges Gebäude"*, was er als Beispiel für ein schönes Gebäude verwendet.

206 Beispielsweise als Abglanz einer ehrlichen konstruktiven und funktionalen Durchbildung eines Gebäudes.

207 Schuster spricht in diesem Fall von einem „narzisstischen Architekturstil": *„ Unter einem ‚narzisstischen Architekturstil' soll hier der Rückbezug der Architektinnen und Architekten auf die eigene Perspektive verstanden werden, mit dem Ziel, dass der eigene Entwurf aus der Menge der anderen Entwürfe besonders heraus fällt und von den Juroren beklatscht wird. Dies ist im Regelkanon der Architektur ein erfolgsversprechender – und damit sogar an ökonomisch notwendiger – Weg zur Existenzsicherung. Sowohl die Ausbildung in der Hochschule als auch die spezifischen Formen der architektonischen Wettbewerbe fördern die Suche nach ‚großen Würfen' und stärken die Expertenrolle der Architekten – gleichzeitig wird damit der Perspektivenwechsel hin zu und die Kommunikation mit den Nutzern/innen in den Hintergrund gedrängt.*[248] Schuster (2006).

208 Dieses Argument wird auch vertreten von [271] Taylor, in: Fox (2000, S. 193–206).

chitekt auch das baukulturelle Niveau einer Umgebung prägt, was insbesondere für die Gesellschaft einen Wert darstellt. Eine Architektur entsteht in den meisten Fällen innerhalb eines bestehenden architektonischen Kontextes, der häufig einen spezifischen kulturellen Wert hat, auf den der Architekt um der Menschen willen Rücksicht zu nehmen hat. Und in den Fällen, in denen die Umgebung keinen besonderen kulturellen Wert hat, ist es die Aufgabe des Architekten, diese Umgebung durch die Schönheit des eigenen Werks aufzuwerten.

De facto streben Architekten danach, ein bestimmtes ästhetisches Ideal zu verwirklichen und insofern auch nach „Schönheit". Dies ist aber nicht nur eine deskriptive Feststellung, sondern auch eine normative Forderung. Architekten sollen auch aus moralischen Gründen nach Schönheit streben, insofern sie sich sonst der Gleichgültigkeit gegenüber den von der Architektur Betroffenen schuldig machen würden und insofern ihrer Pflicht zur Sorge nicht gerecht würden.

6.8.4 Schönheit als fundamentales Bedürfnis des Menschen

Im Folgenden wird „Schönheit" verstanden als das, was gefällt. Und auch gemäß diesem Verständnis betrachte ich es für den Architekten als moralisch geboten, Schönheit als Ideal anzustreben. Dabei sind verschiedene Gründe denkbar, warum Schönheit für den Menschen sehr wichtig ist. So ist beispielsweise für Schiller Schönheit deshalb wichtig, weil er letztlich nur durch sie zur Freiheit gelangen könne.[209] Wenn man Freiheit als eine Bedingung des Glücks der Menschen versteht, was zumindest nach heutigem Verständnis der Fall sein dürfte, dann ist Schönheit gemäß Schiller also eine Voraussetzung des Glücks und des guten Lebens. Allerdings muss man nicht, wie Schiller, Schönheit nur als Bedingung und somit indirekt für wichtig halten. Schönheit scheint auch sehr direkt und unmittelbar ein fundamentales Bedürfnis des Menschen zu sein. Dies zeigt sich neben der langen Tradition der philosophisch-theoretischen Erörterung der Schönheit[210] auch darin, dass künstlerische und schöne Gestaltung Teil der menschlichen Geschichte seit ihren Anfängen ist. Archäologische Funde aus prä-

---

209 Diesen Gedanken entwickelt Schiller vor allem in seiner Schrift „Über die ästhetische Erziehung des Menschen in einer Reihe von Briefen" von 1795. Vgl. [242] Schiller ([1795]/1964, S. 148): „Die Schönheit allein beglückt alle Welt, und jedes Wesen vergißt seiner Schranken, solang es ihren Zauber erfährt."

210 Als zwei Beispiele, die die direkte Notwendigkeit von Schönheit für den Menschen implizit oder explizit betonen: "[...] I want to suggest that today more than ever before we need beauty, and most fundamentally the beauty of nature; we need to open windows in the edifice of objectifying reason and its offspring technology." [119] Harries (2007, p. 148). Oder: „Unser Gefühl für Schönheit und unsere Vorstellung von einem guten Leben sind miteinander verwoben." [44] Botton (2008, S. 99).

historischer Zeit lassen den Willen erkennen, Dinge bewusst schön zu gestalten, und bestätigen so diese These.[211] Zu dem grundlegenden menschlichen Bedürfnis nach Schönheit muss ein Architekt sich in irgendeiner Form verhalten und in den meisten Fällen wird der Architekt danach trachten, „schön" zu gestalten.[212] Schönheit als wichtiges Ziel architektonischer Gestaltung gering zu schätzen, hieße eine wesentliche Dimension und ein fundamentales Bedürfnis des Menschen missachten und führt letztlich zu der von Mitscherlich kritisierten „Unwirtlichkeit unserer Städte"[213]. Trabantenstädte wie zum Beispiel in der Pariser Banlieue zeigen letztlich die Folgen der Missachtung von Schönheit bzw. die Folgen eines Schönheitsideals, das Schönheit als „Abfallprodukt" anderer Bestimmungen versteht,[214] wobei darunter durchaus auch moralische Ideale als „andere Bestimmungen" fallen kön-

---

211 Man denke hier zum Beispiel an die „Venus von Willendorf" oder die Felszeichnungen in der Altamira-Höhle.

212 Perez-Gomez zum Beispiel betont den Zusammenhang von Schönheit und Ethik, wie er bei Platon durchaus noch vorhanden war, aber in der Moderne zunehmend geleugnet wurde. Er geht davon aus, dass erst gegen Ende des 20.Jahrhunderts der Zusammenhang wieder mehr gesehen und Geschmack als Form der Phronesis begriffen wird. Dementsprechend hält Perez-Gomez ein Plädoyer für den „erotischen Raum": *"In short, the writer, like the lover and the architect, must aim to seduce, even if the attempt means a loss of control and a challenge to communication. In that moment we may catch a glimpse of reality. Despite all the dangers, engaging in the play of eros is therefore fundamentally ethical."* [217] Perez-Gomez (2006, p. 68).
Böhme fordert die Beachtung von „Atmosphären" und intendiert mit diesem Begriff eine Architektur, die dem Menschen in umfassender Weise gerecht wird. Allerdings versteht er Schönheit wesentlich enger: *„Schönheit ist nur eine unter vielen Atmosphären, und Kunst ist nur eine besondere Art, mit Atmosphären umzugehen."* [42] Böhme (2006, S. 20).
Alexander und Koolhaas bekennen sich beide in einem Gespräch zum Ziel der Schönheit: *„Schauen Sie mein eigentliches Ziel ist: Ich möchte, dass die Welt wieder schön wird."* Rem Koolhaas antwortet: *„Das ist ein sehr schönes Ziel."* [11] Alexander, Koolhaas, Obrist (in: Arch+, Oktober 2008, S. 23).
[44] Alain de Botton (2008, S. 48) zitiert Schinkel: *„Es ist die Pflicht der Architektur, Nützliches, Praktisches und Zweckmäßiges in etwas Schönes zu verwandeln."*
Rossi erkennt im Streben nach Schönheit ein menschliches Grundbedürfnis: *„Die Bautypen entwickeln sich also entsprechend den menschlichen Bedürfnissen und dem Streben nach Schönheit."* [236] Rossi (1988, S. 21).

213 Vgl. dazu: [182] Mitscherlich (1996).

214 Als Beispiel könnte man Le Corbusier anführen, der in seinem berühmten „plan voisin" von 1925 vorsah, weite Teile der Bebauung von Paris abzureißen und durch Hochhäuser zu ersetzen, was er durchaus als „Verschönerung" begriff. Die Schönheit wurde allerdings nicht direkt angestrebt, sondern ergab sich aus der Rationalität der Planung, die er für den „neuen Mensch" als angemessen betrachtete, und dem (moralischen) Ziel, die Wohnsituation für die Menschen zu verbessern. *„Paris, gefährliche Ablagerung übereinandergeschichteter, erobernder und annektierter Volksmassen, jahrhundertealte Lagerstatt der Zigeuner von allen großen Straßen der Erde, Paris, Sitz der Macht, Brennpunkt des Geistes, der die Welt erleuchten will, Paris untergräbt und zerhackt in seinem Weichbild und schreit mit seinen Wunden nach Ordnung, Geraden und rechten Winkeln, nach einer notwendigen Organisation seiner Lebendigkeit, seiner Gesundheit, seiner Dauer, nach einer Ordnung, unerläßlich für den Ausdruck seines Geistes, den sie*

nen.[215] Eine moralisch gute Gestaltung ist in diesem Sinn einer schönen Gestaltung also nicht vorzuziehen; umgekehrt ist aber auch eine schöne Gestaltung nicht einer moralisch guten Gestaltung vorzuziehen.[216] Eine Vorrangstellung von ästhetischen Werten gegenüber ethischen zu fordern hieße, das Problem quasi von der anderen Seite her zu verkennen. Dabei würde nicht gesehen, dass die Suche nach Schönheit und das Bemühen um Schönheit selbst auch moralische Forderungen sind.

Die Unterscheidung in entweder gut oder schön ist also eine nur scheinbar plausible.[217] Es gibt nicht die moralisch guten, beispielsweise ökologischen oder sozialen Aspekte und die unwichtigen ästhetischen. Das Streben nach Schönheit ist ebenso auch aus moralischen Gründen zu wollen wie die Beachtung von ressourcenschonenden Bau-Techniken oder sozialer Ausgewogenheit. Die Opposition zwischen Schönheit und Moral ist nur eine scheinbare. Dies ist unter anderem ein wichtiger Hinweis für heutige Probleme. Auch in der neueren Architektur gibt es Stimmen, die insbesondere ökologischen Aspekten der Gestaltung mit einer moralischen Begründung absoluten Vorrang einräumen vor ästhetischen. In diesem Sinn verstehe ich beispielsweise Otto, obwohl er sich in etwas widersprüchlicher Form äußert: Für ihn ist es einerseits Aufgabe der Architekten, neben der Bereitstellung von schützenden Hüllen und der Lösung technischer Aufgaben mittels technischer Mittel, mehr zu tun, nämlich „Schönheit [zu] schenken" und „Heimat [zu] vermitteln". Trotzdem sieht er Schönheit in der Architektur nicht als vordringliche Aufgabe an und räumt der Ethik eine Vorrangstellung in dezidierter Absetzung von Schönheit ein: „Gute Architektur ist wichtiger als schöne Architektur"[218]. Im Gegensatz dazu würde ich betonen, dass die Unterscheidung zwischen „guter Architektur" und „schöner Architektur" auf einem Missverständnis beruht. Eine Nichtbeachtung von Schönheit wird dem Menschen nicht gerecht und insofern ist moralisch gute Architektur immer

---

klar will und in Schönheit." [160] Le Corbusier (1929c, S. 23) Vgl. dazu auch Abschnitt 6.6.2 und Fußnote 107.

215 Ein konkretes Beispiel ist der Wohnkomplex Pruit Igoe, der als sozialer Wohnungsbau 1954 in St. Louis (USA) mit hohen moralischen Idealen gebaut, aber bereits 1972 wieder gesprengt wurde, weil er von den Bewohnern nicht „angenommen" und durch Vandalismus immer weiter zerstört wurde. Vgl. dazu: [248] Schuster (2006), ausführlich zitiert in Abschnitt 6.4.2 Fußnote 58.

216 In diesem Sinne kann man beispielsweise Pallasmaa verstehen. Vgl. dazu [213] Pallasmaa (2007).

217 Ähnlich dazu äußert sich auch [66] Day (2000).

218 Vgl.: „Gute Architektur ist wichtiger als schöne Architektur. Schöne Architektur ist nicht unbedingt gut. Ideal ist ethisch gute Architektur, die auch ästhetisch ist." [210] Otto/Rasch (1995, S. 13). Vgl. auch in ähnlichem Sinn: „Ich meine, dass wir heute keine Lehre vom Schönen in der Architektur benötigen. Was wir bestimmt brauchen, ist ein intensives Bekenntnis zur baumeisterlichen Ethik, ohne die ein Haus zwar schön, aber noch nicht human sein kann." [209] Otto (2005, S. 126–127).

auch schöne Architektur. In diesem Sinne sollte ein Architekt auch aus moralischen Gründen nach Schönheit streben.

Fazit Man muß das „Prinzip Schönheit" als ein aus moralischen Gründen in
der Architektur anzustrebendes Ideal begreifen.

Dies gilt erstens, wenn man Schönheit als Gegenbegriff zu gestalterischer Indifferenz und Gleichgültigkeit begreift. Eine Nichtbeachtung von Schönheit in diesem Sinn kann als Gleichgültigkeit gegenüber Nutzern und weiteren von einer
Architektur Betroffenen begriffen werden, was aus moralischen Gründen abzulehnen ist.

Zweitens kann man das Streben nach Schönheit in der Architektur auch aus moralischen Gründen fordern, wenn der Begriff inhaltlich näher bestimmt ist als
das, was gefällt. Schönheit, so verstanden, ist ein Grundbedürfnis des Menschen,
das es für den Architekten zu beachten gilt, wenn er dem Menschen gerecht werden will, was er aus moralischen Gründen sollte. Dabei ist insbesondere im Blick
auf das gute Leben die Gegenüberstellung von „moralisch gut" oder „schön" als
falsche Opposition zurückzuweisen.

7 Architektur für ein gutes Leben – Ausblick

Baut doch endlich weniger, dafür aber gut.
(Frei Otto)

Zum Inhalt dieses Kapitels

In diesem Kapitel werden wesentliche Ergebnisse der vorangegangenen Untersuchung knapp zusammengestellt. Des Weiteren wird in einem Ausblick skizziert, welche Schritte von Seiten der Philosophie und der Architektur unternommen werden könnten, um der Gestaltung der gebauten Umwelt insgesamt und der Architektur im Besonderen die angemessene Aufmerksamkeit zukommen und entsprechende Kompetenzen bei den Handelnden entstehen zu lassen.

7.1 Ergebnisse

Es bleiben vier wesentliche Ergebnisse festzuhalten.

1) Architektur und Moral hängen eng zusammen. Dies zeigt sich zum einen darin, dass normative Konflikte strukturell zur Architektur gehören, insofern es an jede Architektur von verschiedenen Personen eine Vielzahl von auch moralisch begründeten Interessen und Erwartungen gibt, zwischen denen der Architekt zu vermitteln hat.[1] Zum anderen zeigt sich der Zusammenhang von Architektur und Moral, beziehungsweise von Architektur und Ethik, darin, dass die Frage nach dem guten Leben in beiden Disziplinen eine große Rolle spielt: *„Die Frage nach der richtigen und guten Gestaltung ist [...] genauso wichtig wie die Frage nach dem guten Leben; letztlich sind beide Fragen gar nicht voneinander zu trennen."*[2] In diesem Sinn handelt es sich also bei Architektur und Ethik um zwei Disziplinen, die mit der Frage nach dem guten Leben letztlich dieselbe Sache bearbeiten.

2) Die Gestaltung und Errichtung von Architekturen ist eine verantwortungsvolle Aufgabe. Dies ist intuitiv einsichtig, lässt sich aber auch rational begründen. Die Verantwortung des Architekten lässt sich in einem Drei-Dimensionen-Modell systematisieren. Demnach trägt der Architekt Verantwortung gegenüber verschiedenen Individuen, gegenüber der Gesellschaft und gegenüber dem eigenen Stand. Die Verantwortung des Architekten hat dabei entweder einen retrospektiven und individuellen Charakter im Sinne einer Rechenschaftspflicht des einzelnen Architekten für Fehler in der Vergangenheit oder einen prospektiven und sozialen Charakter im Sinne von Sorge um einen positiven Zustand in der Zukunft, der in der Regel mehrere Menschen betrifft. Insbesondere die Verantwortung als „Sorge um" ist dabei typisch für den Beruf des Architekten, da die

---

1   [202] Ott (1997) spricht sogar davon, dass Architektur wesentlich Vermittlung sei. Vgl. dazu Abschnitt 6.2 Fußnote 19.

2   Vgl. [293] Vossenkuhl, in: Staatl.Akad.d.b.Künste Stuttgart (1997, S. 36). Vgl. auch Abschnitt 3.1.2 Fußnote 18.

Planung von Architekturen stets darauf zielt, einen bestehenden Zustand zukünftig positiver zu gestalten.

3) Verantwortung ist ein Zuschreibungsbegriff, der für seine Geltung angewiesen ist auf ein System normativer Aussagen. Für die Verantwortung des Architekten finden sich im Wesentlichen drei Bereiche der Moral, die seine Verantwortung „rückbinden". Es sind dies zum einen basale und universale Grundnormen, die sich auch in Architektur-spezifischen Gesetzen finden. Zum Zweiten finden sich im Architekten-Ethos, wie es sich in Texten von Standesvertretungen widerspiegelt, zahlreiche spezifische Aussagen zum moralisch-richtigen Verhalten des Architekten. Zum Dritten spielen die je individuellen moralischen Überzeugungen jedes Architekten eine große Rolle für sein Verhalten in moralischen Fragen.

4) Das Ethos der Architekten lässt sich in intuitiv nachvollziehbare und rational begründete Prinzipien des Handelns überführen, an denen ein Architekt sein Handeln orientieren kann. Die Prinzipien Gerechtigkeit, Autonomie, Schadensvermeidung, Sorge und Nachhaltigkeit sowie die Ideale Wahrheit und Schönheit stehen hierbei prima facie gleichberechtigt nebeneinander. Dies führt zwar dazu, dass nicht in jedem Fall moralisch strittige Fragen aus den Prinzipien des Handelns direkt auf deduktivem Wege entschieden werden können und somit in jedem konkreten Fall die Urteilskraft des Architekten gefordert ist. Die erörterten Prinzipien können aber das Handeln des Architekten in moralischer Hinsicht sehr gut strukturieren und orientieren.

7.2 Ausblick

Es bleibt die Frage, wie ein Architekt auch in „der architektonischen Praxis" zu einem, der Wichtigkeit von Architektur angemessenen, professionellen Verhalten in moralischen Fragen gelangen kann.

7.2.1 Der Architekt als *uneasy professional*

Ein Architekt hat die Aufgabe, die Ansprüche verschiedener Beteiligter zu berücksichtigen und einen Ausgleich der Interessen zu finden. Er will gesellschaftliche und individuelle Werte moralischer und ästhetischer Art mit geschäftlichen Normen und Anforderungen verschiedenster Individuen vereinbaren. Dabei muss er auch eigene ästhetische Intuitionen, individuelle Werte, gesellschaftliche Idealvorstellungen, ökonomische Aspekte und rationale Funktions- und Konstruktions-Konzepte so lange ausbalancieren, bis ein Gleichgewicht der verschiedenen Aspekte erreicht ist, das heißt eine möglichst ideale Einheit von ästhetischer Idee bzw. Intuition, rational entwickelten Antworten auf funktionale, konstruktive, ökonomische und sonstige „technische" Anforderungen der jeweiligen Bauaufgabe und nicht zuletzt moralischen Aspekten.

Es ist also charakteristisch für den Beruf des Architekten, sich in einem Spannungsfeld von diversen Ansprüchen verschiedener Individuen, der Gesellschaft und der eigenen Ideale zu bewegen. Dabei kann es zu Konflikten unterschiedlichster Art und „inneren" Spannungen kommen. Zur Beschreibung der Situation des Architekten ist auf Basis des von Bernard Williams entwickelten Modells des „uneasy professional" ein Modell des „uneasy architect" vorgeschlagen worden.[3] Dieses sieht vor, die diversen Rollenkonflikte, mit denen ein Architekt in seiner Arbeit konfrontiert ist, als grundlegende Struktur des Berufs zu begreifen. Der Vorteil läge dabei darin, dass die moralischen Konflikte, bei denen der Architekt vermitteln muss und die eudaimonistische Dimension des eigenen Handelns von vorneherein explizit gemacht würden. Ein weiterer Vorteil läge darin, dass der Architekt eine eigene normative Überforderung bewusst vermeiden könnte,[4] wenn er sich der „Gefahr" bewusst ist, die mit der Struktur des Berufes als uneasy professional verbunden ist.

Der erste Schritt auf dem Weg zu einem professionellen Verhalten von Architekten auch in moralischen Fragen könnte es also somit sein, sich über die eigene Rolle als uneasy professional und den damit einhergehenden moralischen Pflichten gegenüber verschiedensten direkt oder indirekt Beteiligten klar zu werden.[5]

7.2.2 Schulung der Urteilskraft

Für das Handeln des Architekten gelten mehrere moralische Prinzipien prima facie gleichberechtigt nebeneinander.[6] Dies impliziert auch, dass jeder moralisch problematische Einzelfall neu bewertet und entschieden werden muss. Eine Entscheidung kann nicht deduktiv aus der Vorgabe einer allgemeinen Ethik geschlossen werden, sondern muss immer mittels der eigenen Urteilskraft nach Abwägung und Bewertung der Fakten und der relevanten Prinzipien getroffen werden. Hierzu sollte die moralische Urteilskraft „geschult" werden, wobei es hilfreich wäre, wenn die zahlreichen systematischen und praktischen Facetten

---

3 Vgl. [261] Spector (2001, p. 8ff.) und Williams: „Professional Morality and its Dispositions" [304] Williams, in: Williams (1995).

4 Im Übrigen gibt es gute Gründe, die Vermeidung einer normativen Überforderung als eine moralische Pflicht zu betrachten, insofern ein überforderter Architekt – wie ein Arzt auch – eher Fehler macht, die eventuell das Wohlergehen von Menschen negativ beeinflussen können.

5 Vgl. dazu: "Willingness to recognize the importance of character and to embrace one's uneasy position is only the first step, however, toward re-establishing architectures' moral mission and securing a defensible role for architecture in the world at large." [261] Spector (2001, p. 10).

6 Vgl. dazu die ausführliche Erläuterung unter Abschnitt 6.1 und 5.3.3.

des Zusammenhangs von Architektur und Moral in Zukunft größere Aufmerksamkeit fänden und verstärkt Gegenstand philosophischen und architektonischen Interesses würden. Das Thema „Architektur und Ethik" bedarf noch weiterer Vertiefung sowohl von Seiten der Architekten als auch der Philosophen. Der zweite Schritt auf dem Weg zu einem „professionellen" Umgang mit moralischen Fragen in der Architektur könnte also darin bestehen, verstärkte Anstrengungen zur Reflexion einschlägiger Probleme zu unternehmen.

7.2.3 Sorge als Methode der Architekten

Architektur ist eine komplexe, verantwortungsvolle und moralisch relevante Aufgabe. Um dieser Aufgabe und der damit verbundenen Verantwortung gerecht zu werden, sollte das Handeln des Architekten von der Sorge um die von seinen Architekturen Betroffenen geprägt sein. Dabei ist „Sorge" nicht im Sinne von „vorsorgen für", sondern im Sinne von „sorgen um" zu verstehen, als grundlegendes Verhältnis, in dem Menschen zueinander stehen.[7] Eine Situation für alle Betroffenen durch eine Architektur zu verbessern, sollte das primäre Ziel jedes Architekten sein. Als Methode könnte eine bewusst gemachte, sorgende Arbeitsweise das Handeln des Architekten prägen. Dies allein bewahrt natürlich nicht vor moralischen Konflikten, aber es könnte die Basis des Handelns bilden. Um der Wichtigkeit von Architektur für das Leben der Menschen und der eigenen Verantwortung in moralischer Hinsicht gerecht zu werden, könnte ein dritter Schritt somit darin bestehen, als Architekt bewusst eine sorgende Arbeitsweise anzustreben.

7.2.4 Ausblick

Abschließend möchte ich betonen, dass die Gestaltung einer an der Ermöglichung von „gutem Leben" orientierten gebauten Umwelt und Architektur nicht allein Aufgabe von Architekten ist. Auch Bauherren und andere gesellschaftliche Akteure oder Gruppen sind hier involviert und tragen je spezifische Verantwortlichkeiten, denen sie gerecht werden müssen. Hierzu ist es unerlässlich, dass auch sie sich zunächst Rechenschaft ablegen über die Bedeutung von gebauter Umwelt und Architektur für Individuen und Gesellschaft,[8] aber auch über die Bedeutung der je eigenen Rolle und des je eigenen Tuns bei der Entstehung von Architektur. Aus einer solchen Reflexion auf die eigenen Verantwortlichkeiten

---

7 Vgl. dazu Abschnitt 6.5 und insbesondere Fußnote 64.
8 [107] Gerkan (1982, S. 96) spricht von der Notwendigkeit einer „*Veränderung des allgemeinen Bewusstseins für Architektur*".

und Pflichten müssen dann natürlich auch entsprechende Konsequenzen für das je eigene Handeln abgeleitet werden.

Für Architekten ist das, was Heidegger 1952 zum Problem der Wohnungsnot gesagt hat,[9] immer noch bedenkenswert und es bringt die hier vorgelegten Überlegungen auf eine Art Kurzformel: Vor jeglichem Bemühen zur Beseitigung vermeintlicher oder echter Probleme individueller oder gesellschaftlicher Art mittels der Gestaltung von Architektur sollte das Nachdenken darüber stehen, was es überhaupt heißt und was es dazu braucht, dass Menschen „wohnen", und das heißt als Menschen ihrem Wesen gemäß in der Welt sein zu können. Die Maxime, an der ein Architekt sein Handeln zuvörderst orientieren sollte, kann in diesem Sinne nicht nur von einzelnen Teilbereichen wie Fragen nach Kosten, nach Terminen, nach Energieeffizienz, nach Materialien oder Konstruktionen her bestimmt werden, sondern muss an der Leitfrage orientiert sein, wie denn Architektur dem Menschen als Menschen in umfassender und sorgender Art und Weise gerecht werden kann.

---

9 *„Die eigentliche Not des Wohnens beruht darin, dass die Sterblichen das Wesen des Wohnens immer wieder suchen, dass sie das Wohnen erst lernen müssen. Wie, wenn die Heimatlosigkeit des Menschen darin bestünde, dass der Mensch die eigentliche Wohnungsnot noch gar nicht als die Not bedenkt? Sobald der Mensch jedoch die Heimatlosigkeit bedenkt, ist sie bereits kein Elend mehr. Sie ist, recht bedacht und gut behalten, der einzige Zuspruch, der die Sterblichen in das Wohnen ruft. Wie anders aber können die Sterblichen diesem Zuspruch entsprechen als dadurch, dass sie an ihrem Teil versuchen, von sich her das Wohnen in das Volle seines Wesens zu bringen? Sie vollbringen dies, wenn sie aus dem Wohnen bauen und für das Wohnen denken."* [123] Heidegger, in: Bartning (1952, S. 84). Vgl. dazu auch die Diskussion des Prinzips der „Wahrheit als Übereinstimmung mit der Topographie eines Ortes" unter Abschnitt 6.7.6.

Mottos

1. Kapitel: [202] Ott (1997, S. 715)
2. Kapitel: [160] Le Corbusier (1929c, S. 33)
3. Kapitel: [5] Aicher (1991, S. 92)
4. Kapitel: [9] Alberti ([1452]/2005, S. 13)
5. Kapitel: [288] Vossenkuhl, in: Aicher (1991, S. 15)
6. Kapitel: [61] Camus (2008, S. 15)
7. Kapitel: [211] Otto (2001, S. 8)

Literatur

[1]   Aicher, Otl, *Die Küche zum Kochen. Das Ende einer Architekturdoktorin*, München 1982.

[2]   Aicher, Otl, *kritik am auto. schwierige verteidigung des autos gegen seine anbeter; eine analyse*, München 1984.

[3]   Aicher, Otl, *analog und digital*, Berlin 1991.

[4]   Aicher, Otl, *architektur als abbild des staates*, in: Aicher, Otl, Aicher-Scholl, Inge (Hrsg.), *die welt als entwurf*, Berlin, 1991b, S. 96–115.

[5]   Aicher, Otl, *architektur und erkenntnistheorie*, in: Aicher, Otl, analog und digital, Berlin 1991, S. 92–107.

[6]   Aicher, Otl, Aicher-Scholl, Inge (Hrsg.), *die welt als entwurf*, Berlin 1991b.

[7]   Aicher, Otl, *die aktualität des mittelalters beispiel architektur*, in: Aicher, Otl; Aicher-Scholl, Inge (Hrsg.), *schreiben und widersprechen*, Berlin 1993, S. 21–28.

[8]   Aicher, Otl; Aicher-Scholl, Inge (Hrsg.), *schreiben und widersprechen*, Berlin 1993.

[9]   Alberti, Leon Battista, *Zehn Bücher über die Baukunst [1452]*, hrsg. von Theuer, Max, Darmstadt 2005 [Nachdr. Wien, Leipzig 1912].

[10]   Alexander, Christopher, *Notes on the Synthesis of Form*, Cambridge, Mass. 1964.

[11]   Alexander, Christopher; Koolhaas, Rem; Obrist, Hans-Ulrich, *Von fließender Systematik und generativen Prozessen. Christopher Alexander im Gespräch mit Rem Koolhaas und Hans-Ulrich Obrist*, in: Arch+, Oktober 2008 (Heft 189), S. 20–25.

[12]   Alpermann, Holger; Nowak, Wolfgang, *Thermische Behaglichkeit in Passivhäusern. Experimentell-messtechnische Untersuchung*, in: HLH, 2007 (5/2007) S. 35–40.

[13]   Altner, Günter, *Naturvergessenheit*, Darmstadt 1991.

[14]   American Institute of Architects (AIA), *Code of ethics and professional conduct*, Washington 2007.

[15]   Anker, Peder, *Die Ökoarchitektur kann viel vom Bauhaus lernen. Interview mit Peder Anker*; in: Süddeutsche Zeitung Magazin, 17.4.2009, S. 30–33.

[16]   Anker, Peder, *From Bauhaus to ecohouse. A history of ecological design*, Baton Rouge 2010.

[17]   Aquin, Thomas von, *Summa Theologica. 1. Buch; Band 2; Frage 14–26: Gottes Leben; sein Erkennen und Wollen [1265–1273]*, hrsg. von Katholischer Akademikerverband, Salzburg 1934.

[18]   Aristoteles, *Nikomachische Ethik*, hrsg. von Bien, Günther, Hamburg 1985.

[19]   Augustinus, Aurelius, *Bekenntnisse [ca.400 n.Chr.]*, hrsg. von Bernhart, Joseph, Frankfurt am Main 1987.

[20]   Banham, Reyner, *Brutalismus in der Architektur. Ethik oder Ästhetik?*, Stuttgart, Bern 1966.

[21]   Bartning, Otto (Hrsg.), *Mensch und Raum. 2. Darmstädter Gespräch 1951*, Darmstadt 1952.

[22]   Baudrillard, Jean, *Architektur: Wahrheit oder Radikalität?*, Graz 1999.

[23]   Baudrillard, Jean; Nouvel, Jean, *Einzigartige Objekte. Architektur und Philosophie*, Wien 2004.

[24]   Bauer, Steffen, *Leitbild der Nachhaltigen Entwicklung*, in: Informationen zur politischen Bildung, 2005 (Heft 287), S. 16–20.

[25]   Bayerische Architektenkammer, Berufsordnung der Bayerischen Architektenkammer vom 27. Juni 2008; in: Staatsanzeiger; 27. Juni 2008.

[26]   Bayerische Architektenkammer, *Berufsbild der Architektinnen und Architekten,* in: Deutsches Architektenblatt, 2010, Jahrgang 41 (03/10) DABregional, S. 10–12.

[27]   Bayerische Architektenkammer (Hrsg.), *Architekturpolitik in Bayern*, München 2002.

[28]   Bayertz, Kurt, *Eine kurze Geschichte der Herkunft der Verantwortung*, in: Bayertz, Kurt (Hrsg.), *Verantwortung*, Darmstadt 1995, S. 3–71.

[29]   Bayertz, Kurt (Hrsg.), *Verantwortung. Prinzip oder Problem?*, Darmstadt 1995b.

[30]   Beauchamp, Tom; Childress, James, *Principles of biomedical ethics*, New York 2009.

[31]   Biella, Burkhard, *Ein Denkweg an den anderen Anfang des Wohnens*, in: Führ, Eduard (Hrsg.), *Bauen und Wohnen*, Münster 2000, S. 53–77.

[32]   Biella, Burkhard, *Immer nach Hause. – Zum Verhältnis Philosophie und Architektur*, in: Wolkenkuckucksheim, 2006, Jahrgang 10 (Heft 1).

[33]   Birnbacher, Dieter, *Rawls´ Theorie der Gerechtigkeit und das Problem der Gerechtigkeit zwischen den Generationen*, in: Zeitschrift für philosophische Forschung, 1977 (Heft 31), S. 385–401.

[34]   Birnbacher, Dieter, *Verantwortung für zukünftige Generationen*, Stuttgart 1988.

[35]   Birnbacher, Dieter (Hrsg.), *Ökologie und Ethik*, Stuttgart 2001.

[36]   Birnbacher, Dieter (Hrsg.), *Bioethik zwischen Natur und Interesse*, Frankfurt am Main 2006.

[37]   Birnbacher, Dieter, *Natürlichkeit*, Berlin 2006b.

[38]   Birnbacher, Dieter, *Utilitarismus und ökologische Ethik: eine Mesalliance?*, in: Birnbacher, Dieter (Hrsg.), *Bioethik zwischen Natur und Interesse*, Frankfurt am Main 2006, S. 101–123.

[39]   Bischof, Werner (Hrsg.), *Sick Building Syndrome. Forschung und Erkenntnisumsetzung; Dokumentation*, Karlsruhe 1993.

[40]   Böhme, Gernot, *Für eine ökologische Naturästhetik*, Frankfurt am Main 1989.

[41]   Böhme, Gernot, *Natürlich Natur. Über Natur im Zeitalter ihrer technischen Reproduzierbarkeit*, Frankfurt am Main 1992.

[42]   Böhme, Gernot, *Architektur und Atmosphäre*, München 2006.

[43]   Botta, Mario, *Ethik des Bauens*, Basel, Boston, Berlin 1997.

[44]   Botton, Alain de, *Glück und Architektur. Von der Kunst, daheim zu Hause zu sein*, Frankfurt am Main 2008.

[45]   Brand, Karl-Werner (Hrsg.), *Nachhaltige Entwicklung. Eine Herausforderung an die Soziologie*, Opladen 1997.

[46]   Brand, Karl-Werner und Jochum, Georg, *Der deutsche Diskurs zu nachhaltiger Entwicklung*, München 2000.

[47]   Brandt, Willy (Hrsg.), *North-South. A programme for survival; report of the Independent Commission on International Development Issues*, Cambridge, Mass. 1980.

[48]   Brandt, Willy (Hrsg.), *Das Überleben sichern. Der Brandt-Report*, Frankfurt am Main 1981.

[49]   Braum, Michael, *„Alle müssen einbezogen werden". Interview mit dem Vorsitzenden der Bundesstiftung Baukultur*, in: Deutsches Architektenblatt, 2009 (Heft 06), S. 19–24.

[50]   Brundtland, Gro Harlem (Hrsg.), *Our common future*, Oxford 1987.

[51]   BUND; eed; Brot für die Welt (Hrsg.), *Zukunftsfähiges Deutschland in einer globalisierten Welt: ein Anstoß zur gesellschaftlichen Debatte; eine Studie des Wuppertaler Instituts für Klima, Umwelt, Energie*, Frankfurt am Main 2009.

[52]   BUND & MISEREOR (Hrsg.), *Zukunftsfähiges Deutschland. Ein Beitrag zu einer global nachhaltigen Entwicklung; Studie des Wuppertal Instituts für Klima, Umwelt, Energie GmbH*, Basel 1997.

[53]   Bund Deutscher Architekten, *Satzung*, verfügbar unter: http://www.bda-bund.de/der-bda/satzung.html (21.04.2010).

[54]   Bundesarchitektenkammer et al., *Leitbild Bau*, Berlin 2009.

[55]   Bundesministerium für Wirtschaft und Technologie (BMWi), *Energie in Deutschland. Trends und Hintergründe zur Energieversorgung in Deutschland*, April 2009.

[56]   Bundesrepublik Deutschland, *Baugesetzbuch, BauGB*; in: Bundesgesetzblatt; 2010, S. 1.2414; 1.2585.

[57]   Bundesrepublik Deutschland, *Verordnung über die Honorare für Architekten- und Ingenieurleistungen, Honorarordnung für Architekten und Ingenieure – HOAI*; in: Bundesgesetzblatt 1, S. 2732.

[58]   Bundesrepublik Deutschland, *Verordnung über energiesparenden Wärmeschutz und energiesparende Anlagentechnik bei Gebäuden, Energieeinsparverordnung – EnEV*; in: Bundesgesetzblatt 1; 2009, S. 1519 (2007), S.954 (2009).

[59]   Bundesrepublik Deutschland, *Verordnung zum Schutz vor Gefahrstoffen, Gefahrstoffverordnung – GefStoffV*; in: Bundesgesetzblatt, S. 3758, 3759.

[60]   Burckhardt, Jacob, *Die Kultur der Renaissance in Italien. Ein Versuch [1869]*, hrsg. von Rehm, Walther, Herrsching 1981.

[61]   Camus, Albert, *La chute*, Paris 2008.

[62]   Chappell, Timothy, *Bernard Williams*, in: Zalta, Edward (ed.), *The Stanford Encyclopedia of Philosophy*, 2006.

[63]   Chermayeff, Serge; Alexander, Christopher, *Gemeinschaft und Privatbereich im neuen Bauen. Auf dem Wege zu einer humanen Architektur*, Mainz 1971.

[64]   CIAM, *Die Charta von Athen*, in: Hilpert, Thilo (Hrsg.), *Le Corbusiers „Charta von Athen" Texte und Dokumente*, Braunschweig 1984, S. 81–166.

245

[65] Corlett, J. Angelo, *Responsibility and Punishment*, Dordrecht 2006.

[66] Day, Christopher, *Ethical Building in the Everyday Environment. A Multilayer approach to building and place design*, in: Fox, Warwick (ed.), *Ethics And The Built Environment*, London, New York 2000, p. 127–138.

[67] Delitz, Heike, *Architektursoziologie*, Bielefeld 2009.

[68] Derrida, Jacques, *Ein Brief an Peter Eisenman*, in: Eisenman, Peter; Schwarz, Ulrich (Hrsg.), *Aura und Exzeß*, Wien 1995, S. 165–175.

[69] Deutscher Bundestag Referat Öffentlichkeitsarbeit, *Konzept Nachhaltigkeit. Fundamente für die Gesellschaft von morgen*, Bonn 1997.

[70] Deutscher Bundestag Referat Öffentlichkeitsarbeit, *Konzept Nachhaltigkeit: Vom Leitbild zur Umsetzung*, Bonn 1998.

[71] Deutscher Werkbund (Hrsg.), *Bau und Wohnung*, Stuttgart 1927.

[72] DGNB Deutsche Gesellschaft für Nachhaltiges Bauen, *Ressourcen schonen. Werte bewahren*, verfügbar unter: http://www.dgnb.de/_de/verein/dgnb/index.php (01.09.2010).

[73] Die deutschen Bischöfe – Kommission für gesellschaftliche und soziale Fragen, *Handeln für die Zukunft der Schöpfung*, Bonn 1998.

[74] Dittmar, Gunter, *The (Endless) Question of Architecture*, in: Wolkenkuckucksheim, 2007, Jahrgang 12 (Heft1/August 2007).

[75] Dreyer, Claus, *Über das Interpretieren von Architektur*, in: Führ, Eduard (Hrsg.), Architektur-Sprache, Münster u.a. 1998.

[76] Droste, Magdalena, *Bauhaus. 1919–1933*, Köln 1993.

[77] Dürr, Alfred, *Kein Großumbau des Olympiastadions. Architekt Günter Behnisch steigt aus dem Projekt aus, weil die technischen Probleme offenbar zu groß sind*; in: Süddeutsche Zeitung, 07.12.2000.

[78] Düwell, Marcus, *Bioethik. Methoden, Theorien und Bereiche*, Stuttgart 2008.

[79] Dworkin, Gerald, *Paternalism*, in: Zalta, Edward (ed.), *The Stanford Encyclopedia of Philosophy*, Summer 2010.

[80] Eilenberger, Wolfram, *Totale Mobilmachung. Nachhaltigkeit, das neue Paradigma des letzten Menschen, ist fast schon lebensgefährlich*; in: Süddeutsche Zeitung, 22.3.2010.

[81] Eisenman, Peter, *Houses of cards*, New York 1987.

[82] Eisenman, Peter, *Die blaue Linie*, in: Eisenman, Peter, Schwarz, Ulrich (Hrsg.), *Aura und Exzeß*, Wien 1995, S. 145–150.

[83] Eisenman, Peter, Misreading Peter Eisenman, in: Eisenman, Peter, Schwarz, Ulrich (Hrsg.), *Aura und Exzeß*, Wien 1995, S. 109–136.

[84] Eisenman, Peter, *Post/El Cards: Eine Antwort an Jacques Derrida*, in: Eisenman, Peter, Schwarz, Ulrich (Hrsg.), *Aura und Exzeß*, Wien 1995, S. 177–183.

[85] Eisenman, Peter; Alexander, Christopher, *Harmonie und Ganzheitlichkeit in der Architektur – Ein Streitgespräch*, in: Eisenman, Peter; Schwarz, Ulrich (Hrsg.), *Aura und Exzeß*, Wien 1995, S. 227–239.

[86] Eisenman, Peter; Drobnick, Jim, *Das Wilde und das Zivilisierende in der Architektur – ein Gespräch anläßlich der Ausstellung Cities of Artificial Excavation. The Works of Peter Eisenman, 1978–1988 in Montreal (1994)*, in: Eisenman, Peter; Schwarz, Ulrich (Hrsg.), *Aura und Exzeß*, Wien 1995, S. 307–328.

[87] Ekardt, Felix, *Das Prinzip Nachhaltigkeit. Generationengerechtigkeit und globale Gerechtigkeit*, München 2005.

[88]   Ekardt, Felix (Hrsg.), *Generationengerechtigkeit und Zukunftsfähigkeit*, Hamburg 2006.

[89]   Erlinger, Rainer, *gute form böse form*; in: Süddeutsche Zeitung Magazin; 16, 17.4.2009, S. 8–13.

[90]   Evans, Gary; Mitchell McCoy, Janetta, *When Buildings don't work: The Role of Architecture in Human Health*, in: Journal of Environmental Psychology, 1998 (Heft 18), p. 85–94.

[91]   Fateh-Moghadam, Bijan; et al. (Hrsg.), *Grenzen des Paternalismus*, Stuttgart 2010.

[92]   Fewings, Peter, *Ethics for the built environment*, London 2008.

[93]   Fisher, Thomas, *Architectural design and ethics. Tools for survival*, Amsterdam 2008.

[94]   Foster, Norman, *Hightech-Gestaltung-Ästhetik und Nachhaltigkeit prägen die Regeneration der Städte*, in: Burda, Hubert; Maar, Christa (Hrsg.), *Iconic Turn //// Iconic turn*, Köln 2005, S. 247–259.

[95]   Fox, Warwick (ed.), *Ethics And The Built Environment*, London, New York 2000.

[96]   Freistaat Bayern, *Bayerische Bauordnung, BayBO*; in: Gesetz- und Verordnungsblatt; 2010.

[97]   Freistaat Bayern, *Gesetz über die Bayerische Architektenkammer und die Bayerische Ingenieurekammer-Bau, Baukammerngesetz – BauKaG*, in: Gesetz- und Verordnungsblatt, 9. Mai 2007, S. 308ff.

[98]   Frieling, Ekkehart; Sonntag, Karlheinz, *Lehrbuch Arbeitspsychologie*, Bern 1999.

[99]   Fuksas, Massimiliano; Mandrelli, Doriana O. (ed.), *Città: less aesthetics, more ethics*, Venezia 2000b.

[100] Fuksas, Massimiliano; Mandrelli, Doriana O. (ed.), *Città: less aesthetics, more ethics – Pavilions*, Venezia 2000.

[101] Gadamer, Hans-Georg, *Die Wahrheit des Kunstwerks (1960)*, in: Gadamer, Hans-Georg (Hrsg.), *Gesammelte Werke*, Tübingen 1987, S. 249–261.

[102] Gadamer, Hans-Georg, *Über das Lesen von Bauten und Bildern (1979)*, in: Gadamer, Hans-Georg (Hrsg.), *Gesammelte Werke*, Tübingen 1993, S. 331–338.

[103] Gähde, Ulrich, *Empirische und normative Aspekte der klassischen utilitaristischen Ethik*, in: Eckensberger, Lutz (Hrsg.), *Ethische Norm und empirische Hypothese*, Frankfurt am Main 1993, S. 63–91.

[104] Gall, Alexander, *Das Atlantropa-Projekt. Die Geschichte einer gescheiterten Vision; Herman Sörgel und die Absenkung des Mittelmeers*, Frankfurt am Main 1998.

[105] Gauzin-Müller, Dominique, *Nachhaltigkeit in Architektur und Städtebau*, Basel, Boston, Berlin 2002.

[106] Gemoll, Wilhelm; Vretska, Karl (Hrsg.), *Griechisch-deutsches Schul- und Handwörterbuch*, Zug 1965.

[107] Gerkan, Meinhard von, *Die Verantwortung des Architekten. Bedingungen für die gebaute Umwelt*, Stuttgart 1982.

[108] Gerkan, Meinhard von; Ingenhoven, Christoph, *Bauen für Despoten?*, in: Spiegel Special, 2008 (Heft 4), S. 84–87.

[109] Gert, Bernard; et al., *Bioethics: a systematic approach*, Oxford 2006.

[110] Godish, Thad, *Sick buildings. Definition, diagnosis and mitigation*, Boca Raton Fla. u.a. 1995.

[111] Goethe, Johann Wolfgang von, *Italienische Reise*, in: Goethe, Johann Wolfgang von, *Gesammelte Werke, Bd.4 Autobiographische Schriften*, Gütersloh, o.J., S. 633–910.

247

[112] Goethe, Johann Wolfgang von, *Von deutscher Baukunst*, in: Goethe, Johann Wolfgang von, *Gesammelte Werke, Bd.1 Gedichte, Epen, Essays*, Gütersloh o.J., S. 787–793; S. 869–873.

[113] Göller, Adolf, *Was ist Wahrheit in der Architektur?*, in: Neumeyer, Fritz; Cepl, Jasper (Hrsg.), *Quellentexte zur Architekturtheorie*, München 2002, S. 283–299.

[114] Gorke, Martin, *Artensterben. Von der ökologischen Theorie zum Eigenwert der Natur*, Stuttgart 1999.

[115] Greusel, David; et al., *Architecture as Moral Art: Surveying the Moral Dimensions of Architecture*, in: Wolkenkuckucksheim, 2007, Jahrgang 12 (Heft 1).

[116] Grober, Ulrich, *Modewort mit tiefen Wurzeln*, in: Altner; et al. (Hrsg.), *Jahrbuch Ökologie 2003*, München 2002, S. 167–175.

[117] Gympel, Jan; et al., *Geschichte der Architektur. Von der Antike bis heute*, Köln 1996.

[118] Harries, Karsten, *The Ethical Function of Architecture*, London 1997.

[119] Harries, Karsten, *The Ethical Significance of Environmental Beauty*, in: Caicco, Gregory (ed.), *Architecture, ethics, and the personhood of place*, Hanover 2007, p. 134–150.

[120] Harrison, Charles; Wood, Paul (Hrsg.), *Kunsttheorie im 20. Jahrhundert*, Ostfildern-Ruit 2003.

[121] Hauff, Volker, *Unsere gemeinsame Zukunft; [der Brundtland-Bericht der Weltkommission für Umwelt und Entwicklung]*, Greven 1987.

[122] Heidegger, Martin, *Sein und Zeit* [1926], Tübingen 1993.

[123] Heidegger, Martin, *Bauen, Wohnen, Denken*, in: Bartning, Otto (Hrsg.), *Mensch und Raum*, Darmstadt 1952, S. 72–84.

[124] Heidegger, Martin, *Der Ursprung des Kunstwerkes*, Stuttgart 1960.

[125] Hilpert, Thilo (Hrsg.), *Le Corbusiers „Charta von Athen" Texte und Dokumente. Kritische Neuausgabe*, Braunschweig 1984.

[126] Höper, Wolfgang, *Asbest in der Moderne. Industrielle Produktion, Verarbeitung, Verbot, Substitution und Entsorgung*, Münster 2008.

[127] Hübener, Simone, *Giebelhaus und Wohnmaschine. Glaubenskämpfe am Bau sind nicht neu: Vor 75 Jahren tobten sie zwischen Weißenhof und Kochenhof in Stuttgart. Heute werden beide Siedlungen geachtet*, in: Deutsches Architektenblatt, 2009 (Heft 01), S. 20–23.

[128] Huse, Norbert, *Neues Bauen 1918 bis 1933. Moderne Architektur in d. Weimarer Republik*, Berlin 1985.

[129] Illies, Christian, *Architektur als Philosophie – Philosophie der Architektur*, in: Aus Politik und Zeitgeschichte, 15. Juni 2009 (25/2009), S. 3–6.

[130] Illies, Christian, *Architektur als ethische Aufgabe. In welcher Hinsicht ist es moralisch relevant, wie wir bauen?*, in: Bund Deutscher Architekten in Bayern; Aigner, Marie (Hrsg.), *Daedalus Code 190820082108*, München 2008, S.81–92.

[131] Illies, Christian, *Hauptbahnhof Heidegger. Hat das technisch Machbare noch einen Sinn oder wird es zum Selbstzweck? Der Streit um „Stuttgart 21" ist ein Kampf um die Zukunft unserer Gesellschaft*; in: Süddeutsche Zeitung, 2.9.2010.

[132] Illies, Christian; Ray, Nicholas, *Philosophy of Architecture, in: Meijers, Anthonie (ed.), Philosophy of technology and engineering sciences*, Amsterdam 2009, S. 1199–1256.

[133] Jaeggi, Annemarie; Thöner, Wolfgang (Hrsg.), *Modell Bauhaus*, Ostfildern 2009.

[134] Jonas, Hans, *Das Prinzip Verantwortung. Versuch einer Ethik für die technologische Zivilisation*, Frankfurt am Main 2003.

[135] Jörissen, Juliane; et al., *Zukunftsfähiges Bauen und Wohnen. Herausforderungen, Defizite, Strategien*, Berlin 2005.

[136] Jouin, Celine, *Eisenman oder die Post-Philosophie*, in: Arch+, 2001, Jahrgang 34 (Heft 156) S. 104–106.

[137] Kannheiser, Werner, *Überlegungen zur Büroraumgestaltung*, in: Zeitschrift für Personalforschung, 1989, Jahrgang 3 (Heft 4), S. 327–337.

[138] Kant, Immanuel, *Über ein vermeintes Recht aus Menschenliebe zu lügen [1797]*, AA VIII, S. 423ff., http://www.korpora.org/Kant/.

[139] Kant, Immanuel, *Beobachtungen über das Gefühl des Schönen und Erhabenen [1764]*, Leipzig 1913.

[140] Kant, Immanuel, *Die Metaphysik der Sitten [1797]*, hrsg. von Ebeling, Hans, Stuttgart, 1990.

[141] Kant, Immanuel, *Grundlegung zur Metaphysik der Sitten [1785]*, hrsg. von Kraft, Bernd; Schönecker, Dieter, Hamburg 1999.

[142] Kant, Immanuel, *Kritik der Urteilskraft [1790]*, hrsg. von Klemme, Heiner, Hamburg 2001.

[143] Keller, Albert, *Allgemeine Erkenntnistheorie*, Stuttgart 1990.

[144] Kirchner, Thomas, *Unter Wasser*, in: Süddeutsche Zeitung, 8.7.2010.

[145] Kirsch, Karin, *Die Weißenhofsiedlung*, Stuttgart 1982.

[146] Kluge, Friedrich; Seebold, Elmar, *Etymologisches Wörterbuch der deutschen Sprache*, Berlin, New York 2002.

[147] Kopfmüller, Jürgen, *Nachhaltige Entwicklung integrativ betrachtet. Konstitutive Elemente, Regeln, Indikatoren*, Berlin 2001.

[148] Krebs, Angelika, *Ökologische Ethik I*, in: Nida-Rümelin, Julian (Hrsg.), *Angewandte Ethik*, Stuttgart 1996, S. 346–385.

[149] Krebs, Angelika (Hrsg.), *Naturethik*, Frankfurt am Main 1997.

[150] Krebs, Angelika, *Naturethik im Überblick*, in: Krebs, Angelika (Hrsg.), *Naturethik*, Frankfurt am Main 1997, S. 337–379.

[151] Krebs, Angelika (Hrsg.), *Gleichheit oder Gerechtigkeit. Texte der neuen Egalitarismuskritik*, Frankfurt am Main 2000.

[152] Kruft, Hanno-Walter, *Geschichte der Architekturtheorie*, München 1995.

[153] Kruse, Lenelis; *Räumliche Umwelt: Die Phänomenologie des räumlichen Verhaltens als Beitrag zu einer psychologischen Umwelttheorie*, Berlin, New York 1974.

[154] Kruse, Lenelis; Graumann, Carl, *Sozialpsychologie des Raumes und der Bewegung*, in: Kölner Zeitschrift für Soziologie und Sozialpsychologie, 1978 (Heft 20), S. 177–219.

[155] Kühn, Christian, *Das Schöne, das Wahre und das Richtige. Adolf Loos und das Haus Müller in Prag*, Braunschweig 1989.

[156] Kuttig, Lothar, *Autonomie zwischen ethischem Anspruch und medizinischer Wirklichkeit*, in: Eckensberger, Lutz (Hrsg.), *Ethische Norm und empirische Hypothese*, Frankfurt am Main 1993, S. 268–283.

[157] Lauer, Jürgen; et al., *Haftung des Architekten und Bauunternehmers*, München 2006.

[158] Laugier, Marc-Antoine, *An essay on the study and practice of architecture. Explaining the true principles of the science; And Directing the Gentleman and Builder to design and finish in every Article, with Judgment and Taste*, London 1756.

[159] Laugier, Marc-Antoine, *Neue Anmerkungen über die Baukunst*, Leipzig 1768.

[160] Le Corbusier, *Städtebau*, Stuttgart, Berlin, Leipzig 1929.

[161] Le Corbusier, *Grundfragen des Städtebaus*, Stuttgart 1954.

[162] Le Corbusier, *Feststellungen zu Architektur und Städtebau [1929]*, Berlin, Frankfurt am Main, Wien 1964.

[163] Le Corbusier, *1922. Ausblick auf eine Architektur [1923]*, Braunschweig, Wiesbaden 1982.

[164] Leatherbarrow, David, *Architecture, Ecology, and Ethics*, in: Wolkenkuckucksheim, 2007, Jahrgang 12 (Heft 1).

[165] Lederer, Arno, *Gibt es noch Werk- und Materialgerechtigkeit?*, in: Der Architekt, 1998 (Heft 7).

[166] Leising, Daniel, *Die Macht der Räume*, in: Psychologie heute, 2002 (Heft 01) S. 34.

[167] Lenk, Hans; Maring, Matthias, *Verantwortung – Normatives Interpretationskonstrukt und empirische Beschreibung*, in: Eckensberger, Lutz (Hrsg.), *Ethische Norm und empirische Hypothese*, Frankfurt am Main 1993, S. 222–243.

[168] Lenk, Hans; Maring, Matthias, *Natur – Umwelt – Ethik*, Münster 2003.

[169] Löffler, Winfried, *Was hat soziale Gerechtigkeit mit Nachhaltigkeit zu tun?*, in: Littig, Beate (Hrsg.), *Religion und Nachhaltigkeit*, Münster u.a. 2004, S. 41–70.

[170] Loos, Adolf, *Ins Leere gesprochen. Gesammelte Schriften 1897–1900*, hrsg. von Opel, Adolf [1921], Wien 1997.

[171] Loos, Adolf, *Trotzdem. Gesammelte Schriften 1900–1930*, hrsg. von Opel, Adolf [1931], Wien 1997b

[172] Mackensen-Astfeld, Sylvia von, *Das Sick-Building-Syndrom unter besonderer Berücksichtigung des Einflusses von Mobbing*, Hamburg 2000.

[173] Malpas, Jeff, *Place and experience. A philosophical topography*, Cambridge, New York 1999.

[174] Malpas, Jeff, *Truth in Architecture*, Unpublished work, Vortrag am 21.6.2010 an der LMU München; Manuskript liegt dem Autor vor.

[175] Matzig, Gerhard, *Von Gardinen und anderen Feinden. Lebenswille oder Formwille? Nach Jahrzehnten der Entfremdung kommen sich Architekten und Hausbewohner wieder näher*; in: Süddeutsche Zeitung, 23.07.2010.

[176] Matzig, Gerhard, *Sehnsucht nach gestern*; in: Süddeutsche Zeitung, 23./24.6.2007.

[177] Mazzoni, Ira, *Aus für die Generatoren der ersten Generation. Natur- vs. Denkmalschutz: In Rheinfelden/Baden soll das erste große Flusskraftwerk Europas abgerissen werden*; in: Süddeutsche Zeitung, 7.12.2009, S. 12.

[178] Merkel, Barbara; Bergner, Gerhard, *Gewerbeflächenausweisung und Flächenverbrauch. Beitrag zur naturverträglichen Siedlungsentwicklung*, Lauf a.d. Pegnitz 2004.

[179] Meyer, Hannes; Wittwer, Hans, *ein völkerbundgebäude in genf. 1927*, in: Bauhaus, 1927 (Heft 2) S. 6.

[180] Meyer-Abich, Klaus Michael, *Frieden mit der Natur*, Freiburg 1979.

[181] Meyer-Abich, Klaus Michael, *Aufstand für die Natur. Von der Umwelt zur Mitwelt*, München 1990.

[182] Mitscherlich, Alexander, *Die Unwirtlichkeit unserer Städte. Anstiftung zum Unfrieden*, Frankfurt am Main 1996.

[183] Müller, Johannes; Wallacher, Johannes, *Entwicklungsgerechte Weltwirtschaft. Perspektiven für eine sozial- und umweltverträgliche Globalisierung*, Stuttgart 2005.

[184] Murdoch, Iris, *The Sovereignty of Good over other concepts*, London, New York 1967.

[185] Murdoch, Iris, *The Sovereignty of Good*, London, New York 1970.

[186] Murdoch, Iris, *Existentialists and mystics. Writings on philosophy and literature*, New York 1998.

[187] Murdoch, Iris, *Vision and Choice in Morality*, in: Murdoch, Iris, *Existentialists and mystics*, New York 1998, p. 76–98.

[188] National Council of Architectural Registration Board – NCARB, *Rules of Conduct*, Washington 2009.

[189] Nerdinger, Winfried, *Frei Otto, Arbeit für eine bessere „Menschenerde"*, in: Nerdinger, Winfried (Hrsg.), Frei Otto, Basel 2005, S. 9–15.

[190] Nerdinger, Winfried, *Zur Einführung – Konstruktion und Rekonstruktion historischer Kontinuität*, in: Nerdinger, Winfried; et al. (Hrsg.), *Geschichte der Rekonstruktion – Konstruktion der Geschichte*, München 2010, S. 10–14.

[191] Nerdinger, Winfried; et al. (Hrsg.), *Geschichte der Rekonstruktion – Konstruktion der Geschichte*, München 2010

[192] Neumeyer, Fritz; Cepl, Jasper (Hrsg.), *Quellentexte zur Architekturtheorie. Nachdenken über Architektur*, München 2002.

[193] Nida-Rümelin, Julian (Hrsg.), *Angewandte Ethik. Die Bereichsethiken und ihre theoretische Fundierung*, Stuttgart 2005c.

[194] Nida-Rümelin, Julian, *Ethik des Risikos*, in: Nida-Rümelin, Julian (Hrsg.), *Angewandte Ethik*, Stuttgart 2005b, S. 862–885.

[195] Nida-Rümelin, Julian, *Theoretische und angewandte Ethik: Paradigmen, Begründungen, Bereiche*, in: Nida-Rümelin, Julian (Hrsg.), *Angewandte Ethik*, Stuttgart 2005, S. 2–87.

[196] Norberg-Schulz, Christian, *Logik der Baukunst*, Braunschweig 1980 [Nachdr. von 1970].

[197] Norberg-Schulz, Christian, *Genius Loci. Landschaft. Lebensraum. Baukunst*, Stuttgart 1982.

[198] Nussbaum, Martha, *Woman and Human Development. The Capabilities Approach*, Cambridge 2000.

[199] Nussbaum, Martha, *Gerechtigkeit oder Das gute Leben*, Frankfurt am Main 1999.

[200] Oliver, Paul, *Ethics and vernacular architecture*, in: Fox, Warwick (ed.), *Ethics And The Built Environment*, London, New York 2000, p. 115–126.

[201] Ott, Konrad, *Ökologie und Ethik*, Tübingen 1993.

[202] Ott, Konrad, *Ipso facto. Zur ethischen Begründung normativer Implikate wissenschaftlicher Praxis*, Frankfurt am Main 1997.

[203] Ott, Konrad, *Zu einer Konzeption „starker" Nachhaltigkeit*, in: Bobbert, Monika; et al. (Hrsg.), *Umwelt-Ethik-Recht*, Tübingen, Basel 2003, S. 202–229.

[204] Ott, Konrad, *Technikethik*, in: Nida-Rümelin, Julian (Hrsg.), *Angewandte Ethik*, Stuttgart 2005, S. 569–640.

[205] Ott, Konrad, *Eine Theorie „starker" Nachhaltigkeit*, in: Altner, Günter; Michelsen, Gerd (Hrsg.), *Ethik und Nachhaltigkeit*, Frankfurt am Main 2007, S. 30–63.

[206] Ott, Konrad; Döring, Ralf, *Theorie und Praxis starker Nachhaltigkeit*, Marburg 2004.

[207] Ott, Konrad; Gorke, Martin (Hrsg.), *Spektrum der Umweltethik*, Marburg 2000.

[208] Otto, Frei, *Alte Baumeister. Was könnten die alten Baumeister erfunden haben?; ein Beitrag zur Geschichte des Konstruierens auf dem Weg zur Baukunst*, Stuttgart 1994.

[209] Otto, Frei, *Ethik, Ästhetik, Innovation – Eine Rede*, in: Nerdinger, Winfried (Hrsg.), *Frei Otto*, Basel 2005, S. 124–128.

[210] Otto, Frei; Rasch, Bodo, *Gestalt finden. Auf dem Weg zu einer Baukunst des Minimalen*, München 1995.

[211] Otto, Frei; Sack, Manfred, *Wohin? Eine Rede*, Warmbronn 2001.

[212] Pahl, Jürgen, *Architekturtheorie des 20. Jahrhunderts*, München, London, New York 1999.

[213] Pallasmaa, Juhani, *An Archipelago of Authenticity*, in: Caicco, Gregory (ed.), *Architecture, ethics, and the personhood of place*, Hanover 2007, p. 41–49.

[214] Pallasmaa, Juhani, *The eyes of the skin. Architecture and the senses*, Chichester 2007.

[215] Pehnt, Wolfgang (Hrsg.), *Das Ende der Zuversicht. Architektur in diesem Jahrhundert. Ideen, Bauten, Dokumente*, Berlin 1983.

[216] Pelletier, Louise; Pérez-Gómez, Alberto (ed.), *Architecture. Ethics, and Technology*, Montreal 1994.

[217] Pérez-Gómez, Alberto, *Built upon love. Architectural longing after ethics and aesthetics*, Cambridge, Mass. 2006.

[218] Pevsner, Nikolaus; et al. (Hrsg.), *Lexikon der Weltarchitektur*, München 1992.

[219] Plarre, Stefanie, *Die Kochenhofsiedlung – das Gegenmodell zur Weißenhofsiedlung. Paul Schmitthenners Siedlungsprojekt in Stuttgart von 1927 bis 1933*, Stuttgart 2001.

[220] Platon, *Symposion*, hrsg. von Nickel, Rainer; Boll, Franz, Düsseldorf 1998.

[221] Platon, *Hippias I*, in: Platon, *Sämtliche Werke Bd.1*, hrsg. von Wolf, Ursula, Reinbek bei Hamburg 2009, S. 505–540.

[222] Platon, *Sämtliche Werke Bd.1*, hrsg. von Wolf, Ursula, Reinbek bei Hamburg 2009.

[223] Platon, *Philebos*, in: Platon, *Sämtliche Werke Bd.3*, hrsg. von Wolf, Ursula, Reinbek bei Hamburg 2010, S. 419–504.

[224] Potthast, Thomas, *Umweltethik*, in: Düwell, Marcus, et al. (Hrsg.), *Handbuch Ethik*, Stuttgart, Weimar 2002, S. 286–290.

[225] Rambow, Riklef, *Experten-Laien-Kommunikation in der Architektur*, Münster 2000.

[226] Rauprich, Oliver, *Prinzipienethik in der Biomedizin – Zur Einführung*, in: Rauprich, Oliver; Steger, Florian (Hrsg.), *Prinzipienethik in der Biomedizin*, Frankfurt am Main 2005, S. 11–45.

[227] Rauprich, Oliver; Steger, Florian (Hrsg.), *Prinzipienethik in der Biomedizin. Moralphilosophie und medizinische Praxis*, Frankfurt am Main 2005.

[228] Rauprich, Oliver, *Was ist und wozu dient Prinzipienethik? Versuch einer Konturenschärfung*, in: Rauprich, Oliver; Steger, Florian (Hrsg.), *Prinzipienethik in der Biomedizin*, Frankfurt am Main 2005, S. 226–251.

[229] Rauterberg, Hanno, *Räume zum Atmen. Ob Street View oder Stuttgart 21: Viele wichtige Debatten entzünden sich dezeit an Fragen der Architektur. Wie reagieren die Architekten darauf? Beobachtungen auf der Biennale in Venedig*; in: Die Zeit; No. 36, 2.9.2010.

[230] Rawls, John, *Eine Theorie der Gerechtigkeit*, Frankfurt am Main 1979.

[231] Rawls, John, *Gerechtigkeit als Fairneß. Ein Neuentwurf*, Frankfurt am Main 2003.

[232] Rese, Friederike, *Schönheit (kalios)*, in: Schäfer, Christian (Hrsg.), *Platon-Lexikon*, Darmstadt 2007, S. 244–248.

[233] Ricken, Friedo, *Allgemeine Ethik*, Stuttgart, Berlin, Köln 1998.

[234] Riehle, Wolfgang; Stimpel, Roland, *„Lasten gerechter verteilen"*. *Baden-Württembergs Kammerpräsident Wolfgang Riehle über die Schieflage der Haftpflicht und das Alternativ-Modell der Gesamtversicherung*, in: Deutsches Architektenblatt, 2010 (09/10), S. 24–26.

[235] Rossi, Aldo, *Rationale Architektur*, in: Pehnt, Wolfgang (Hrsg.), *Das Ende der Zuversicht. Architektur in diesem Jahrhundert. Ideen, Bauten, Dokumente*, Berlin 1983, S. 362–363.

[236] Rossi, Aldo, *Die Architektur der Stadt. Skizze zu einer grundlegenden Theorie des Urbanen*, München 1988.

[237] Roth, Alfred, *Zwei Wohnhäuser. von Le Corbusier und Pierre Jeanneret*, Stuttgart 1927.

[238] Ruskin, John, *Die sieben Leuchter der Baukunst* [1880], hrsg. von Kemp, Wolfgang, Dortmund 1994 [Faks.-Ausg. der dt. Übers. Leipzig 1900].

[239] Ruskin, John, *The stones of Venice* [1853], hrsg. von Links, J., Cambridge, Mass. 2003.

[240] Sachverständigenrat für Umweltfragen, *Umweltgutachten 1994. Dauerhaft-umweltgerechte Entwicklung. Leitbegriff für die Umweltpolitik der Zukunft*, Stuttgart 1994.

[241] Scarry, Elaine, *On beauty and being just*, London 2006.

[242] Schiller, Friedrich, *Schriften zur Philosophie und Kunst*, München 1964.

[243] Schlüter, Gottfried, *Pruitt-Igoe. Die Dritte*, in: Wolkenkuckucksheim, Mai 1997, Jahrgang 2 (Heft 1).

[244] Schmid, Arno, *Leidige Haftung - neue Hoffnung*, in: Deutsches Architektenblatt, 2010 (09/10), S. 3.

[245] Schmitthenner, Paul, *Das deutsche Wohnhaus*, Stuttgart 1932.

[246] Scholze-Stubenrecht, W.; Eickhoff, B. (Hrsg.), *Duden. Fremdwörterbuch*, Mannheim 1997.

[247] Schönberger, Rolf, *Das Gute (agathon)*, in: Schäfer, Christian (Hrsg.), *Platon-Lexikon*, Darmstadt 2007, S. 145–150.

[248] Schuster, Kai, *Qualität in der Architektur – Annäherung an ein vernachlässigtes Thema*, in: Wolkenkuckucksheim, 2006, Jahrgang 10 (Heft 1).

[249] Schwarz, Dietrich, *Nachhaltiges Bauen*, in: Detail, 2007 (Heft 6), S. 600–603.

[250] Schwarz, Rudolf, *Vom Bau der Kirche*, Salzburg 1998.

[251] Schwarz, Ulrich, *Another look – anOther gaze*, in: Eisenman, Peter; Schwarz, Ulrich (Hrsg.), *Aura und Exzeß*, Wien, 1995, S. 11–34.

[252] Seel, Martin, *Eine Ästhetik der Natur*, Frankfurt am Main 1996.

[253] Seel, Martin, *Ethisch-ästhetische Studien*, Frankfurt am Main 1996b.

[254] Seel, Martin, *Ästhetische und moralische Anerkennung der Natur*, in: Krebs, Angelika (Hrsg.), *Naturethik*, Frankfurt am Main 1997, S. 307–330.

[255] Sellmaier, Stephan, *Ethik der Konflikte. Über den moralisch angemessenen Umgang mit ethischem Dissens und moralischen Dilemmata*, Stuttgart 2008.

[256] Singer, Peter, *Praktische Ethik*, Stuttgart 1984.

[257] Smart, John; Williams, Bernard, *Utilitarianism for and against*, Cambridge Eng. 1973.

[258] Smiley, Marion, *Collective Responsibility*, in: Zalta, Edward (ed.), *The Stanford Encyclopedia of Philosophy*, Fall 2008.

[259] Sörgel, Herman, *Atlantropa*, Zürich 1932.

[260] Spaemann, Robert, *Technische Eingriffe in die Natur als Problem der politischen Ethik*, in: Birnbacher, Dieter (Hrsg.), *Ökologie und Ethik*, Stuttgart 2001.

[261] Spector, Tom, *The Ethical Architect*, New York 2001.

[262] Spector, Tom, *Does the Sustainability Movement Sustain a Sustainable Design Ethic for Architecture?*, in: Environmental Ethics, 2006 (Heft 28), p. 265–283.

[263] Spengler, Oswald, *Der Untergang des Abendlandes*, München 1998.

[264] Steiner, Rudolf, *Wege zu einem neuen Baustil*, Stuttgart 1957.

[265] Steiner, Rudolf, *Wege zu einem neuen Baustil. „Und der Bau wird Mensch"*, Dornach/Schweiz 1992.

[266] Stock, Wolfgang Jean, *Baumeister der Demokratie. Er schuf Münchens Olympiagelände und Bonns Plenarsaal, als Formen einer transparenten Republik: Zum Tod des Architekten Günter Behnisch*; in: Süddeutsche Zeitung, 13.7.2010.

[267] Stokols, Daniel; Altmann, Irwin (ed.), *Handbook of environmental Psychology*, New York 1987.

[268] Sundstrom, Eric, *work environments: Offices and factories*, in: Stokols, Daniel; Altmann, Irwin (ed.), *Handbook of environmental Psychology*, New York 1987, S. 733–773.

[269] Tafel, Cornelius, *Das Selbstverständnis des BDA. Formulierungen aus Satzungen und Erklärungen im Wandel der Zeit*, in: Bund Deutscher Architekten in Bayern; Aigner, Marie (Hrsg.), *Daedalus Code 190820082108*, München 2008, S. 30–31.

[270] Tafel, Cornelius, *Ehrlichkeit in der Architektur*, in: Detail, 2008, Jahrgang 48 (1/2 Bauen mit Beton), S. 6–11.

[271] Taylor, Nigel, *Ethical Arguments About The Aesthetics of Architecture*, in: Fox, Warwick (ed.), *Ethics And The Built Environment*, London, New York 2000, p. 193–206.

[272] Trampota, Andreas, *Autonome Vernunft oder moralische Sehkraft? Das epistemische Fundament der Ethik bei Immanuel Kant und Iris Murdoch*, Stuttgart 2003.

[273] UIA, *International Code of Ethics on Consulting Services*, verfügbar unter: http://www.uia-architectes.org/image/PDF/IDC_eng.pdf (31.08.2010).

[274] UIA, *Declaration of Interdependence for a Sustainable Future (UIA/AIA World Congress of Architects Chicago, 18–21 June 1993)*, verfügbar unter: http://www.uia-architectes.org/texte/england/2aaf1.html (31.08.2010).

[275] Ulich, Eberhard, *Arbeitspsychologie*, Zürich 2001.

[276] Ulrich, Peter, *Wirtschaftsethik*, in: Düwell, Marcus, et al. (Hrsg.), *Handbuch Ethik*, Stuttgart, Weimar 2002, S. 291–296.

[277] Ulrich, Peter, *Zivilisierte Marktwirtschaft. Eine wirtschaftsethische Orientierung*, Freiburg i. Br., Basel, Wien 2005.

[278] Ulrich, Peter, *Integrative Wirtschaftsethik. Grundlagen einer lebensdienlichen Ökonomie*, Bern 2008.

[279] Venturi, Robert, *Komplexität und Widerspruch in der Architektur*, Basel, Gütersloh 2003.

[280] Venturi, Robert; et al., *Die Architektur der schweigenden weißen Mehrheit (Aus learning from las Vegas, 1972)*, in: Pehnt, Wolfgang (Hrsg.), *Das Ende der Zuversicht. Architektur in diesem Jahrhundert. Ideen, Bauten, Dokumente*, Berlin 1983, S. 363–364.

[281] Venturi, Robert; et al., *Lernen von Las Vegas. Zur Ikonographie und Architektursymbolik der Geschäftsstadt*, Braunschweig, Wiesbaden 1997.

[282] Viollet-le-Duc, Eugène, *Definitionen. Sieben Stichworte aus dem „Dictionnaire raisonné de l'architecture française du XIe au XVIe siècle"*, Basel 1993.

[283] Vitruvius, *Baukunst* [hrsg. von Rode, August, Leipzig, 1796], hrsg. von Wyss, Beat [als Nachdr.,] Zürich, München 1987.

[284]   Vogt, Markus, *Natürliche Ressourcen und intergenerationelle Gerechtigkeit*, in: Heimbach-Steins, Marianne (Hrsg.), *Christliche Sozialethik*, Regensburg 2005, S. 137–162.

[285]   Vogt, Markus, *Prinzip Nachhaltigkeit. Ein Entwurf aus theologisch-ethischer Perspektive*, München 2009.

[286]   Voigt, Wolfgang, *Atlantropa. Weltbauen am Mittelmeer; ein Architektentraum der Moderne*, Hamburg 1998.

[287]   Vossenkuhl, Wilhelm, *Moralische und nicht moralische Bedingungen verantwortlichen Handelns: eine ethische und handlungstheoretische Analyse*, in: Baumgartner, Hans (Hrsg.), *Schuld und Verantwortung*, Tübingen 1984, S. 109–140.

[288]   Vossenkuhl, Wilhelm, *Einführung*, in: Aicher, Otl (Hrsg.), *analog und digital*, Berlin 1991, S. 8–17.

[289]   Vossenkuhl, Wilhelm, *Schönheit als Symbol der Sittlichkeit. Über die gemeinsame Wurzel von Ethik und Ästhtik bei Kant*, in: Philosophisches Jahrbuch 99/1 (1992), S. 91–104

[290]   Vossenkuhl, Wilhelm, *Anarchie und Design*, in: Aicher, Otl; Aicher-Scholl, Inge (Hrsg.), *schreiben und widersprechen*, Berlin 1993, S. 37–44.

[291]   Vossenkuhl, Wilhelm, *Normativität und Deskriptivität in der Ethik*, in: Eckensberger, Lutz (Hrsg.), *Ethische Norm und empirische Hypothese.* Frankfurt am Main 1993, S. 133–150.

[292]   Vossenkuhl, Wilhelm, *Ökologische Ethik – Über den moralischen Charakter der Natur*, in: Information Philosophie, 1993 (Februar), S. 6–18.

[293]   Vossenkuhl, Wilhelm, *Was hat Architektur mit menschlicher Identität zu tun?*, in: Staatl. Akademie d.b. Künste (Hrsg.), *Heinz Mohl zum Abschied*, Stuttgart, Baunach 1997, S. 27–37.

[294]   Vossenkuhl, Wilhelm, *Ethik: Die Wissenschaft vom guten Handeln*, in: Fischer, Eugen; Vossenkuhl, Wilhelm (Hrsg.), *Die Fragen der Philosophie*, München 2003.

[295]   Vossenkuhl, Wilhelm, *Philosophie für die Westentasche*, München 2005.

[296]   Vossenkuhl, Wilhelm, *Die Möglichkeit des Guten*, München 2006.

[297]   Vossenkuhl, Wilhelm, *Ethische Grundlagen ärztlichen Handelns*, in: Roxin, Claus; Schroth, Ulrich (Hrsg.), *Handbuch des Medizinstrafrechts*, Stuttgart 2007, S. 3–20.

[298]   Wasserman, Barry; et al., *Ethics and the practice of architecture*, New York 2000.

[299]   Watkin, David, *Morality and architecture. The development of a theme in architectural history and theory from the Gothic revival to the modern movement*, Chicago 1977.

[300]   Weizsäcker, Ernst Ulrich von; et al., *Faktor Fünf. Die Formel für nachhaltiges Wachstum*, München 2010.

[301]   Weizsäcker, Ernst Ulrich von; et al., *Faktor vier. Doppelter Wohlstand – halbierter [Natur]verbrauch; der neue Bericht an den Club of Rome*, München 1997.

[302]   Werner, Micha, *Verantwortung*, in: Düwell, Marcus et al. (Hrsg.), *Handbuch Ethik*, Stuttgart, Weimar 2002, S. 521–527.

[303]   Westermann, Hartmut, *Schönes/Schönheit*, in: Horn, Christoph (Hrsg.), *Platon-Handbuch*, Stuttgart 2009, S. 320–323.

[304]   Williams, Bernard, *Professional morality and its dispositions*, in: Williams, Bernard (ed.), *Making sense of humanity*, Cambridge 1995, p. 192–202.

[305]   Williams, Bernard, *Ethik und die Grenzen der Philosophie*, Hamburg 1999.

[306]   Williams, Bernard, *Kritik des Utilitarismus. A critique of utilitarianism*, Frankfurt am Main 1979.

[307] Williamson, Terry; Radford, Antony, *Building, Global Warming and Ethics*, in: Fox, Warwick (ed.), *Ethics And The Built Environment*, London, New York 2000, p. 57–72.

[308] Zumthor, Peter, *Atmosphären*, Basel 2006.

Danksagung

Diese Arbeit wurde im Februar 2011 von der Fakultät für Philosophie, Wissenschaftstheorie und Religionswissenschaften der Ludwig-Maximilians-Universität München als Dissertation im Fach Philosophie angenommen. Ohne großartige Unterstützung in verschiedenster Form hätte ich sie nicht fertigstellen können. Mein Dank gilt zuvorderst Prof. Wilhelm Vossenkuhl für sein Interesse und seine Bereitschaft, sich auf das Thema einzulassen, und dafür, dass er mir ein fachlich und menschlich perfekter Betreuer war, der es immer verstanden hat, im rechten Maß zu fordern und zu fördern. Auch mein Bruder Dr. Georg Düchs hat diese Arbeit von Anfang an begleitet und mit detaillierter, fundierter und meistens berechtigter Kritik ganz wesentlich zu ihrer Verbesserung beigetragen – herzlichen Dank.

Mein Dank gilt weiter Prof. Stefan Sellmaier, der sich bereit fand das Zweitgutachten zu erstellen und mich auch mündlich zu prüfen. Prof. Julian Nida-Rümelin danke ich für die Erstellung des dritten Gutachtens und Prof. Burcu Dogramaci dafür, als Prüferin im Nebenfach zur Verfügung gestanden zu haben. Prof. Konrad Ott, Dr. Barbara Muraca und den Stipendiaten des Stipendienschwerpunktes Umweltethik der DBU verdanke ich viele wertvolle Anregungen, die ich durch konstruktive Kritik und gemeinsames Studieren erhielt. Vor allem aber bedanke ich mich für die angenehme Zeit in Greifswald und anderswo. Bei Prof. Winfried Nerdinger bedanke ich mich für vielfältige Anregungen aus Studium, Seminaren und aus dem Doktorandenseminar, das ich besuchen durfte. Die Deutsche Bundesstiftung Umwelt (DBU) hat diese Dissertation durch ein Stipendium erst möglich gemacht. Für die finanzielle und die ideelle Unterstützung, die besonders durch die Verankerung des Stipendiums im Rahmen des Stipendienschwerpunktes Umweltethik gegeben war, bedanke ich mich bei der ganzen DBU und insbesondere bei Dr. Nicole Freyer. Die Drucklegung wurde ermöglicht durch ein Stipendium der Ludwig Sievers Stiftung, wofür ich ebenfalls sehr dankbar bin.

Eine Arbeit wie die vorliegende erfordert zum einen viele einsame Stunden des Studierens und zum anderen „seelische Unterstützung": Meinen Schwiegereltern danke ich für großartige Hilfe in allen Lebenslagen. Meinen Kindern danke ich insbesondere dafür, dass sie mich erfolgreich davon abgehalten haben, mich in der Wissenschaft zu verlieren. Meiner Frau gebührt Dank, weil sie meine Kinder erfolgreich davon abgehalten hat, mich vollständig von der Wissenschaft abzuhalten. Vor allem danke ich ihr aber für alles andere. Schließlich danke ich meinen Eltern und widme diese Arbeit meinem Vater Gerhard Düchs.

WAXMANN

Münster • New York • München • Berlin

www.waxmann.com
info@waxmann.com

Riklef Rambow

Experten-Laien-Kommunikation in der Architektur

3. Aufl. 2011, 278 Seiten, br., 24,90 €,
Internationale Hochschulschriften
ISBN 978-3-89325-933-5

Bei der Kommunikation zwischen Experten und Laien kommt es immer wieder – trotz bester Absichten auf beiden Seiten – zu grundlegenden Verständigungsschwierigkeiten. Mit den Gründen und möglichen Lösungen dieses Phänomens beschäftigt sich der psychologische Ansatz der Experten-Laien-Kommunikation.

Dieser Ansatz wird in dem vorliegenden Buch auf das Gebiet der Architektur angewandt. Anhand einer empirischen Untersuchungsreihe werden die Sichtweisen von Architekten und Laien detailliert beschrieben und miteinander verglichen. Es wird gezeigt, welche Unterschiede im Wissen, in der Wahrnehmung und im ästhetischen Urteil die Kommunikation erschweren. Der Entwurf eines Trainingskonzepts zur Verbesserung der Experten-Laien-Kommunikation rundet das Buch ab.

WAXMANN

Münster • New York • München • Berlin

www.waxmann.com
info@waxmann.com

Peter Trebsche, Nils Müller-Scheeßel,
Sabine Reinhold (Hrsg.)

Der gebaute Raum

Bausteine einer Architektursoziologie
vormoderner Gesellschaften

2010, 518 Seiten, br., mit zahlreichen Abbildungen, 34,90 €,
Tübinger Archäologische Taschenbücher, Band 7
ISBN 978-3-8309-2285-8
Dieses Buch ist bei unserem Partner E-Cademic auch als
E-Book erhältlich:
27,90 €, ISBN 978-3-8309-7285-3

Die vor wenigen Jahren etablierte Disziplin der Architektursoziologie richtete ihren Blick bislang hauptsächlich auf moderne und postmoderne Gesellschaften. Das Ziel des vorliegenden Bandes besteht darin, eine Brücke zu vormodernen, so genannten elementaren, vernakulären oder traditionellen Architekturen zu schlagen. Dabei liegt der Fokus insbesondere auf Wohngebäuden und Siedlungskonfigurationen, durch die das Alltagsleben und die Sozialstrukturen am stärksten geprägt und repräsentiert werden. Auf dem Gebiet der Wohnarchitektur besteht großer Forschungsbedarf, da den Prestige- und Monumentalbauten bisher überproportional viel Aufmerksamkeit gewidmet wurde. Erst die gemeinsame Betrachtung von Palästen und Armenvierteln, von Tempelanlagen und Wohnhütten ermöglicht aber einen angemessenen Zugang zur sozialen (Um-)Welt vergangener und gegenwärtiger Kulturen.

Das Buch, zu dem Wissenschaftlerinnen und Wissenschaftler aus Architektursoziologie, Ur- und Frühgeschichte, Mittelalterarchäologie und Ethnologie beigetragen haben, liefert eine breite Palette transdisziplinärer, kulturvergleichender, theoretisch fundierter und empirisch abgesicherter Aufsätze zu einem neuen Forschungsfeld.